# GLOBAL
# DERIVATIVE
# DEBACLES

## FROM THEORY
## TO MALPRACTICE

*Laurent L Jacque*

# 글로벌
# 파생상품 투자

## 대재앙 사례분석

**발행일**  2014년 3월 10일 초판 1쇄
**지은이**  Laurent L. Jacque
**옮긴이**  권영준 정민수
**펴낸이**  김준호
**펴낸곳**  한티미디어
**주 소**  서울시 마포구 연남로 1길 67 1층

**등 록**  제15-571호 2006년 5월 15일
**전 화**  02)332-7993~4 | **팩 스** 02)332-7995
**마케팅**  박재인 노재천 정상권 | **관 리** 김지영
**편 집**  김윤경 박새롬 | **디자인** 박새롬
**홈페이지**  www.hanteemedia.co.kr | **이메일** hantee@empal.com
**정 가**  23,000원

ISBN  978-89-6421-193-9 93320

현재 세계경제는 최악의 금융위기에 휩싸여 있다. 이런 혼란을 불러온 원흉으로 파생상품을 지목하려는 유혹이 드는 것은 당연한 일이다. 파생상품에 모든 책임을 떠넘기기에 이보다 더 좋은 시기도 없다. 파생상품은 정말로 워런 버핏(Warren Buffet)이 인정한 것처럼 '금융계의 대량 살상무기'일까? 이 책의 목적은 파생상품에 대한 전문지식을 제공하는 것이 아니다. 대신 파생상품 시장에서 치명적 손실을 입은 기업들의 이야기를 통해 신비롭게만 보이는 파생상품의 비밀을 파헤쳐 보고자 한다. 이 책에서 등장하는 기업 중 일부는 단지 금융공학을 잘못 활용해 파멸을 맞았다. 또 마음대로 투기 거래를 일삼은 사기꾼 트레이더로 인해 기업이 쓰러진 경우도 있다.

각각의 이야기는 저마다 다른 환경에서 발생한 독특한 사건들이다. 하지만 독자들은 파생상품의 잘못된 설계, 부실 감사, 잘못 수립된 위험관리와 통제체계, 취약한 지배구조, 전형적인 사기 등 많은 주제들이 서로 다른 상황에서 계속해서 등장하는 것을 발견할 수 있을 것이다. 각 장마다 하나의 이야기를 다루는데, 먼저 사건의 전말을 살펴본 후 재앙을 불러온 파생상품의 구조를 파헤친다. 그 과정에서 유니버설은행(Universal Banks), 헤지펀드(Hedge Funds), 실물 기업, 무역회사, 지방정부 등 여러 종류의 기관들과 그 기관들을 파멸로 이끈 당사자들을 만날 수 있다. 많은 사람들도 마찬가지겠지만 필자는 이야기에서 등장하는 파생상품의 기발함에 매혹되고 말았다. 이 책은 이렇게 기발한 파생상품을 그릇되게 사용해 파멸을 맞게 된 거대 기관들의 이야기다.

지난 수년 간 리서치 프로젝트, 컨설팅, 토론 등을 통해 경제계와 학계의 많은 분들로부터 금융공학, 위험관리, 파생상품 분야에서 도움을 받은 덕분에 일반적 통념을 다른 시각에서 바라볼 수 있었다. 그 분들의 깊은 통찰력이 더해져 이 책이 보다 나은 책이 될 수 있었다. 먼저 다니엘 아데스(카와펀드), 안 Y.D.(대우), 브루스 벤슨(베어링스), 알렉스 본그레인(본그레인주식회사), 에릭 브라이스(사이버리브리스), 게이렌 바이커(캘빈대학), 브라이언 카사비앙카(국제금융공사), 아사빈 친타카난다(태국증권거래소), 조지 에렌스퍼거(가란티아), 마이런 글럭스맨(씨티코프), 앤서니 그라이브(네텍시스파이낸스), 차람폰 조티쉬카티라(시암상업은행), 마가렛 뢰블(ADM), 올리버 크라츠(도이체방크), 로드니 맥로츠란(뱅커스트러스트), 아비나쉬 퍼사우드(스테이트스트리트), 가브리엘 하와위니(인시아드), 자크 올리비에(HEC), 크리스토프 슈미드(바이오디젤), 존 슈워즈(씨티코프), 마노즈 샤히, 팻 쉐나, 로저 성(싱가포르투자청), 롤랜드 포테이트(ESSEC), 찰스 타피에로(폴리테크닉대학교), 아드리안 췌글(와튼스쿨), 섹 와이 큉(싱가포르거래소)에게 감사의 말을 전한다.

책을 쓰는 과정에서 아무런 대가 없이 원고를 여러 번 읽고 다듬

어준 다리우스 하워론, 엘렌 맥도날드, 마노즈 샤히, 스콧 스트랜드, 라지브 사완트에게는 큰 빚을 졌다. 조던 파비안스키, 마틴 루피렉, 루피타 어빈은 그래픽 디자인과 원고 작성이 신속하게 진행될 수 있도록 많은 도움을 주었다. 마지막으로, 편집을 진두지휘하면서 원고 전체를 수없이 검토하고 어려운 질문들을 던진 올리비에 자크에게도 감사의 말을 전한다.

이렇게 많은 분들이 도와주셨지만 나는 아직도 책 속에 남아 있는 오류를 헤지할 궁극적인 파생상품을 찾고 있다. 하지만 아마도 빠져나갈 길은 없는 것 같다. 이는 모두 나에게 책임이 있다.

ㄴ. ㄴ. ㅣ.
윈체스터와 파리에서

로랑 L. 자크 교수는 현재 터프츠대학교의 외교 및 법학 전문 대학원인 플레쳐스쿨(The Fletcher School of Law and Diplomacy)에서 국제금융 석좌교수로 학생들을 가르치면서 국제경영학 석사과정을 이끌고 있다. 2004~2007년까지 플레쳐스쿨의 학술 담당 학장을 역임하는 동안 국제경영학 석사과정을 계획하고 신흥시장경영연구소를 설립하는 역할을 맡았다. 1990년부터는 프랑스의 HEC 경영대학원에서도 경제, 금융, 국제경영 전담 교수를 맡고 있다. 1976~1987년까지는 와튼스쿨에서 경영학과와 금융학과 양쪽에서 학생들을 가르쳤다.

그는 Management and Control of Foreign Exchange Risk (Kluwer Academic Publishers, 1996), Management of Foreign Exchange Risk: Theory and Praxis(Lexington Books, 1978)의 저자이며, 저널오브인터내셔널비즈니스스터디스(Journal of International Business Studies), 저널오브오퍼레이션스리서치소사이어티(Journal of Operations Research Society), 컬럼비아저널오브월드비즈니스(Columbia Journal of World Business), 저널오브어플라이드코퍼레이트파이낸스(Journal of Applied Corporate Finance), 인슈런스매스매틱스앤드이코노믹스(Insurance Mathematics and

Economics), 매니지먼트사이언스(Management Science)를 비롯한 여러 학술지에 국제 위험관리, 다국적기업의 통제체계, 자본시장 등에 대한 논문을 25편 이상 발표했다. 와튼이코노매트릭스(Wharton Econometrics)의 환율 예측 서비스와 포어캐스팅어소시에이츠(Forecasting Associates)의 고문 및 컨설턴트로 일했으며, 워터테크놀로지(Water Technologies)의 사외이사로 근무하기도 했다.

자크 교수는 와튼스쿨과 칼슨스쿨에서 네 차례에 걸쳐 우수강의상을 수상했으며, 플레쳐스쿨에서도 1997년 제임스 L. 패독 우수강의상을 수상했다. 그는 수많은 기업의 경영자 개발 과정을 지도했으며, 하노버트러스트(Hanover Trust), 머크(Merck), 샤프앤드돔(Sharp & Dohme), 필라델피아내셔널은행(Philadelphia National Bank), 제네럴모터스(General Motors), 브라질 번지앤드본(Bunge and Born), 프랑스 론-폴랭(Rhone-Poulenc), 태국 시암상업은행(Siam Commercial Bank), 대우, 제네럴일렉트릭(General Electric), 듀폰드느무르(DuPont de Nemours), 노르웨스트은행(Norwest Bank), 태국의 방콕은행(Bangkok Bank), 인시아드(INSEAD), 페시네(Pechiney), 페트로브라스(Petrobras), 세계은행(World Bank group) 산하의 국제금융공사(IFC) 등 여러 기관에 기업재무 및 위험관리 분야의 자문을 제공하고 있다.

자크 교수는 프랑스 파리의 HEC를 졸업했으며, 미국 펜실베이니아대학교의 와튼스쿨에서 일반 석사(MA), 경영학 석사(MBA), 경영학 박사(Ph. D.) 학위를 받았다.

　금융상품은 인류에게 축복인가 아니면 탐욕적 야망을 지닌 자들에게 부여된 탐욕의 수단인가?

　분명히 고전경제학에서 금융시장은 화폐의 시간적 가치를 활용하여 실물경제의 기회를 미래까지 확대시켜주는 축복의 선물로 정의했다.

　그러나 금융상품은 본질적으로 수요자와 공급자 사이에 발생하는 정보비대칭 문제와 소비자 보호문제, 금융시스템의 안정문제로 인해 규제와 감독을 필연시 하고 있다. 이런 가운데, 극도의 효율성을 추구하는 자본주의 3.0의 금융자본주의는 금융이, 국경은 물론이고 산업이나 국가 간의 규제 차이마저도 넘는 규제회피 유인(incentive)과 전자 및 통신기술의 발달로 인해, 소위 '인간의 상상력 자체가 유일한 한계'라고 하는 파생상품이 대거 등장했다. 계량금융기술의 발달로 지난 30년 동안 파생상품시장은 엄청나게 발전하였다.

　산이 높으면 골이 깊다고 했던 것처럼, 인간의 무절제한 탐욕이 스스로 통제하지 못하는 속성으로 인해 파생상품시장의 발전 속도만큼이나 그 폐해라 할 수 있는 재앙도 심화되었다. 2008년 서브 프라임모기지 사태가 파생상품의 복잡한 구조와 결합되면서 금융위기가 전 세계를 경제재앙의 늪으로 빠뜨렸고, 개별 국가들의 재정 취약성이나 산업구조의 취약성과 맞물려 아직도 근본적인 치유가 어려운 것이 현실이다.

이 책은 파생상품 이론의 수리적 구조를 근본적으로 다루는 책은 아니지만, 지난 30여 년 동안 글로벌 파생상품투자에 있어 인간(법인 포함)의 무절제한 탐욕이, 방치된 위험관리로 인해 얼마나 무서운 대재앙을 일으켰는지를 다양한 실제 사례를 분석하여 교훈을 찾아준다. 나아가 금융실무자들에게나 금융전공 학생들에게(물론 일반 투자자들도 포함) 유익하고 역동적인 이정표를 제시할 것이라 믿는다.

권영준

# PART 4 스왑

# 파생상품과 국부

파생상품은 금융계의 대량 살상무기다.

– 워런 버핏

세계경제는 현재 최악의 위기에 휩싸여 있다. 이 시점에서 혼란을 야기한 원흉으로 파생상품을 지목하려는 유혹이 드는 것은 당연한 일이다. 파생상품에 모든 책임을 떠넘기기에 시기도 적절하다. 하지만 이 책을 통해 '금융 대량 살상무기'로 두려움을 사고 있는 파생상품을 비난하려는 것은 아니다. 인위적인 파생상품 시장의 축소나 비확산 조약의 체결을 요구하려는 것도 아니다. 파생상품에 대한 두려움이 존재하기는 하지만 파생상품은 이미 현대 생활에 필수적인 다양한 상품과 서비스에 침투해 있어 피하거나 무시할 수 없는 존재가 됐다. 예를 들어, 원유와 천연가스 관련 파생상품은 에너지 가격을 좌우할 정도의 영향력을 지니고 있으며, 증권화(Securitized)된 소비자 금융상품(변동금리 주택담보대출 또는 자동차 할부 등)

의 비용구조에는 금리 파생상품(Interest Rate Derivatives)이나 신용부도스왑(Credit Default Swap)이 자리잡고 있다.

이 책을 통해 파생상품으로 인해 초래된 금융체계의 혼란이 금융기관과 기업들에 치명적 타격을 입힌 사건들을 되짚어 본다. 파생상품의 최종 사용자 및 중개기관이 파생상품의 잘못된 사용으로 어떻게 파멸에 이르게 됐는지를 살펴보면서 독자들은 시장위험(Market Risk)이나 거래상대위험(Counterparty Risk)뿐 아니라 이익추구를 위한 자기자본거래(Proprietary Trading)에 수반되는 운영위험(Operational Risk)에도 주의를 기울여야 한다는 것을 알게 될 것이다.

여러 이야기에서 반복되는 교훈들은 금융 분야의 관리자, 은행가, 트레이더, 감사 및 규제 당국 등 금융 파생상품에 직접적 혹은 간접적으로 노출돼 있는 여러 분야의 전문가들이 당면한 관심사다. 이 책의 또 다른 목적은 더 평범하다. 실제 일어났던 극적 사례들을 통해 신비하게만 여겨지는 파생상품의 실체를 파헤쳐 금융 분야의 초보자들에게 금융공학 및 파생상품에 대한 전반적인 그림을 보여주는 것이다. 책 전반에 걸쳐 실제 기업들을 하나씩 소개하고, 파생상품의 잘못된 사용으로 그 기업들이 어떻게 몰락하게 됐는지 살펴본다.

## 파생상품이란 무엇인가?

파생상품은 그 가치가 통화, 상품(Commodities), 금리, 주가지수 등 기반 자산의 미래 가치에서 '파생'되는 금융 계약이다. 각 장마다 특정 파생상품을 자세히 소개하겠지만 자산 유형(Asset Class)이 변하더라도 계약 구조가 크게 달라지지 않는 4가지 대표적인 파생상품을 먼저 정의한다.

- **선도(Forwards)계약**은 미래의 특정 시점에 계약 체결 당시 정해진 가격에 자산을 인도하도록 법률적 의무가 부과되는 계약이다. 예를 들어, 2009년 4월 13일에 2,500만 파운드를 파운드 당 1.47달러의 선도환율(Forward rate)에 매입하기로 하는 90일 만기 선도계약을 체결하는 경우를 보자. 이 계약은 실제로 두 단계를 거쳐 실행된다. 오늘(4월 13일) 체결된 계약은 향후 거래의 본질(파운드 선도환 구매), 금액(2,500만 파운드), 가격(파운드 당 1.47달러), 인도 시기(계약 시점으로부터 90일 뒤인 2009년 7월 17일) 등을 규정하지만 계약 당일에는 법률상의 약속이 교환되는 것 외에는 물리적으로 아무 일도 일어나지 않는다. 실제 거래가 실행되는 것은 90일 후인데, 이때 계약 당사자는 거래상대에게 3,675만 달러=2,500만 파운드×1.47달러를 인도하고, 거래 상대로부터 2,500만 파운드를 인도받는다. 이때 파운드화의 현물가격(Spot price: 인도 시점에 현물시장에서 형성된 가격)에 관계없이 미리 정해진 선도환율을 기반으로 계약이 실행된다. 선도계약은 장외거래(Over-the-counter)로서 거래당사자들이 필요에 맞게 조건을 설정하는 맞춤 거래이기 때문에 선도계약을 체결할 때 거래당사자는 거래상대방위험(Counterparty Risk: 거래상대가 인도 의무를 저버릴 위험)에 노출된다. 선도계약은 외환뿐 아니라 구리나 원유 같은 상품(Commodities)이나 그 밖의 다른 자산 유형에 대해서도 활용된다. 선도거래는 일본의 대표적 석유기업인 쇼와쉘(Showa Shell), 씨티은행(Citibank), 말레이시아 중앙은행인 네가라은행(Bank Negara)의 이야기를 다룰 2~4장에서 '금

융 대량 살상무기'로 등장한다.

- **선물(Futures)계약**은 선도거래의 사촌 격으로, 선도거래와 몇 가지 중요한 차이점을 가진다. 선물거래는 표준화된 거래로서 인도 시기 및 금액이 거래소에 의해 정해져 있다. 예를 들어, 파운드화 선물은 3월, 6월, 9월, 12월의 셋째 주 수요일에만 인도가 일어나고, 6만 2,500파운드의 배수로만 거래할 수 있다. 맞춤 계약인 선도계약에 비해 유연성이 떨어지지만 만기 이전에 계약을 매도할 수 있는 유동성이 강점이다. 선물거래는 시카고거래소(Chicago Board of Trade) 또는 뉴욕상업거래소(New York Mercantile Exchange) 등 탄탄한 자본을 갖춘 거래소를 통해 체결한다. 이런 거래소들은 현물가격에 관계없이 언제나 계약조건 이행을 보증할 수 있도록 모든 거래당사자에게 일종의 담보로 증거금(Margin)을 요구하기 때문에 계약 당사자들은 거래상대방 위험에서 자유롭다. 선물거래는 헤지펀드 아마란스투자자문(Amaranth Advisors LLC), 독일의 철강·엔지니어링 기업 메탈게젤샤프트(Metallgesellschaft), 일본의 무역상사 스미토모(住友)가 차례로 등장하는 5~7장에서 '금융 대량 살상무기'로 다뤄진다.

- **옵션(Options)**은 일정 프리미엄(Premium)을 계약 당시에 지급하는 대가로, 계약기간 동안 언제든(미국식 옵션) 또는 미래의 특정 시점에(유럽식 옵션) 통화, 상품(Commodities), 주식, 채권 등 기반 자산을 계약 당시에 정해진 행사가격(Strike Price)에 거래상대로부터 매입(콜옵션)하거나 거래상대에게 매도(풋옵션)할 수 있는 권리를 얻는 계약이다. 영

국의 엔터프라이즈오일(Enterprise Oil)이 미국 운송회사 텍사스이스턴(Texas Eastern)과 거래하면서 맺은 옵션계약은 지금까지 체결된 가장 큰 계약 중 하나로 꼽힌다. 엔터프라이즈오일은 텍사스이스턴에게 원유 탐사·생산 대가로 지급하기로 한 14억 5000만 달러 중 10억 3000만 달러에 대한 환율변동 위험을 회피하기 위해 2,600만 달러가 넘는 프리미엄을 지급하고 90일 만기 달러 콜옵션을 매입했다. 이 옵션계약을 통해 엔터프라이즈오일은 미국 달러화를 파운드 당 1.7달러에 매입할 수 있는 권리를 얻었다. 엔터프라이즈오일이 콜옵션을 매입한 3월 1일에 달러/파운드 환율은 파운드 당 1.73달러였다. "우리는 파운드가 약세를 보일 것이라 생각합니다." 엔터프라이즈오일의 재무 책임자 저스틴 웰비(Justin Welby)는 이렇게 설명했다. "우리는 옵션 프리미엄(깊은 외가격(Out-of-the-Money) 상태일수록 가격이 저렴해진다)과 우리가 수용할 수 있는 달러 강세의 정도에 대해 세심하게 계산했습니다. 우리는 이 조건이 우리가 감당할 수 있는 위험 수준과 옵션 매입에 소요되는 비용 사이에서 이상적인 균형점이라 결론을 내렸습니다."[1] 하지만 90일 후 파운드화의 가격은 1.7505달러에 머물러 있었고, 2,600만 달러짜리 옵션은 불필요했던 것으로 판명 났다. 옵션은 통화뿐 아니라 주가지수, 금리, 상품(Commodities)에도 활용된다. '금융 대량 살상무기'로서 옵션계약의 위력은 얼라이드라이온스(Allied Lyons), 베어링스은행(Barings

---

1) "Enterprise Oil $25 million call option", Corporate Finance (April 1989).

Bank), 얼라이드아이리쉬뱅크(Allied Irish Banks), 소시에테제네랄(Societe General)을 다룬 8~11장에서 확인할 수 있다.

- **스왑(Swaps)**은 두 거래 당사자가 일정 기간 동안 현금흐름을 서로 교환(Swap)하는 계약이다. 가장 흔한 스왑은 한 거래 당사자가 원금에 대해 고정금리 이자를 거래 상대에 지급하고, 상대는 동일한 원금에 대해 변동금리 이자를 지급하는 금리스왑(Interest rate swaps)이다. 크로스통화스왑(Cross Currency Swaps)이나 상품스왑(Commodity Swaps)도 흔히 활용된다. 멕시코의 구리광산 기업인 멕시카나드코브레(Mexicana De Cobre)는 중기 자금 조달에 소요되는 비용을 최소화하기 위해 런던금속거래소(London Metal Exchange)에서 거래되는 구리의 가격 변동 위험을 헤지(Hedge)하기로 결정했다.[2] 메탈게젤샤프트와 맺은 상품스왑에서 멕시카나드코브레는 3년 동안 세계시장에서 거래되는 현물가격에 관계없이 톤 당 2,000달러의 고정 가격에 월 4,000톤 씩 구리를 인도하기로 약속했다. 멕시카나드코브레는 이 스왑거래를 통해 톤 당 2,000달러의 고정 가격에 1개월 만기부터 36개월 만기까지 36개 선도거래를 체결한 것과 사실상 동일한 효과를 얻었다. 대부분의 스왑거래는 거래소를 통하지 않고 장외거래(Over-the-Counter)로 체결된다. 스왑거래는 12~16장에서 각각 프록터앤갬블(Procter & Gamble), 깁슨그리팅카드(Gibson Greeting Cards), 오렌지카운티

---

2) Jacque, L. L. and G. Hawawini. Myths and realities of the global market for capital: Lessons for financial managers, Journal of Applied Corporate Finance (Fall 1993).

(Orange Country), 롱텀캐피탈매니지먼트(Long-Term Capital Management), AIG에 치명적 타격을 가한 '금융 대량 살상무기'로 등장한다.

## 파생상품의 간략한 역사

오랜 옛날부터 무역상들은 'A 지점에서 B 지점으로 상품을 운송하는 데 필요한 자금을 어떻게 조달할 것인가?', '운송 중 분실이나 해적의 위험으로부터 상품을 어떻게 보호할 것인가?', 그리고 마지막으로 '시간차(선적 시기와 목적지 도달 시기)와 지리적 차이(A 지점과 B 지점)에서 오는 가격 변동의 위험을 어떻게 회피할 것인가?' 등 3가지 문제에 직면해 왔다. 파생상품의 역사는 여러 면에서 고대 무역상들이 어려운 상황을 헤쳐나가기 위해 혁신적 해결책을 개발한 과정과 유사하다.

**고대:** 장거리 무역은 인류의 역사만큼이나 오래 됐으며, 강대국들에게 국제무역은 힘의 원천이었다. 사실 국제무역은 인류와 문명 발전의 선봉에 있었다. 앞선 문명을 보유하였던 페니키아인, 그리스인, 로마인들은 모두 뛰어난 무역상들이었다. 시장 및 환전상의 존재는 이들 국가들의 무역활동을 더욱 활기차게 만들었다. 몇몇 역사가들은 상품을 미래에 인도하기로 하는 계약 형태가 기원전 수세기에 이미 나타났다고 주장한다. 문명의 요람이었던 고대 바빌로니아 시대에 상업 활동은 대상(隊商)들의 이동을 따라 이뤄졌다. 무역상들은 멀리 떨어진 장소로 운반할 상품을 매입하고 자금 조달 수단을 찾았다. 상인들과 자본가들은 공동으로 무역상들에게 융자를 제

공함으로써 위험을 공유했다. 무역상은 일반적인 융자보다 높은 비용에 자금을 조달했는데, 이는 운송 중 화물을 잃을 경우에 대비한 '채무불이행(Default) 옵션' 비용을 지불한 것과 마찬가지였다. 자본가들은 자금을 빌려주면서 이와 비슷한 옵션을 여러 무역상들에게 제공했는데, 이는 위험을 분산시켜 자본비용을 감당할 수 있는 수준으로 유지하는 역할을 했다.[3]

**중세:** 초기 파생상품 계약의 흔적은 중세 유럽에서도 찾을 수 있다. 로마제국의 붕괴 이후 오랜 세월 동안 위축됐던 중세 유럽의 경제활동은 12세기경 두 거점을 중심으로 다시 활기를 띠기 시작했다. 이탈리아 북부에서는 도시국가인 베니스와 제노아가 동양과의 비단, 향료, 희금속(Rare Metal) 무역권을 쥐고 있었고, 북부 유럽에는 플랜드르(Flanders: 네덜란드와 벨기에에 걸친 중세 국가)가 의류, 목재, 염장 생선, 금속제품 등으로 널리 알려져 있었다. 경제적으로 상호보완적이었던 두 지역 사이에서 무역이 번성한 것은 자연스러운 일이었다. 두 지역을 잇는 랭스(Reins)와 프랑스 동부 샹파뉴(Champagne)의 트루아(Troyes) 등지에서는 12세기에 이미 시장이 발달해 경제적 활력을 더했다. 이 지방에서 무역상들은 자금을 제공할 자본가와 물건을 보관할 창고 등을 쉽게 찾을 수 있었고, 샹파뉴 백작(Counts of Champagne)의 보호를 받으면서 무역활동을 펼칠 수 있었다. 스칸디나비아나 러시아 등지에서까지 무역상들이 몰려들었을 만큼 무역상들의 출신 지역은 광범위했는데, 이들 간에 분쟁이 점점 빈번하게 발생하면서 상업활동에 대한 규칙들이 발전하기 시작했다. 특히 '상관습법(Law Merchant)'으로 알려진 상법 체계가 꾸준히 발전했다.

---

3) Jorion, P. Big Bets Gone Bad (Academic Press, 1995), p. 138.

현물 거래가 대부분이긴 했지만 중세 시장에서는 미래의 상품 인도 시기를 정해 놓은 '레트르 드 페르(Letter de Faire)'라는 문서를 선도 거래로 사용하는 혁신이 일어났다. [4]

서기 1298년, 제노아의 상인 베네디토 자카리아(Benedetto Zaccharia)는 프로방스 지방의 에그모르트(Aigues Mortes)에서 플랑드르의 부뤼지(Bruges)로 30톤의 명반(Alum)[5]을 팔 계획을 가지고 있었다. [6] 그 시기 스페인과 프랑스의 대서양 해안을 돌아가는 항해길에는 많은 위험이 도사리고 있었다. 항해 도중 화물이 분실되거나 해적에게 약탈당할 위험이 높았다. 자카리아는 같은 제노아 출신의 자본가 엔리코 주파(Enrico Zuppa)와 발리아노 그릴리(Baliano Grilli)를 만났는데, 이들은 기꺼이 그 위험을 맡아주겠다고 나섰다.

이들 사이의 거래는 다음과 같다. 자카리아는 명반의 운송이 완료되면 주파와 그릴리로부터 재매입하는 선도계약을 체결하고 명반을 '현물'[7]가격에 주파와 그릴리에게 판매한다. 재매입 가격은 에그모르트에서 형성된 현물가격보다 훨씬 비싼 가격으로 정한다. 이는 에그모르트에서 부뤼지까지의 운송비용, 화물의 분실에 대비한 보험뿐 아니라 운반에 실패할 경우 자카리아가 대금 지급을 취소할 수 있도록 하는 옵션가격을 모두 반영한 가격이다. 상인 자카리아는 조건부 선도거래의 형태로 자금 조달 및 보험을 해결한 것이다.

---

4) Teweles, R. J. and F. J. Jones, edited by Ben Warwick, The Futures Game: Who Wins, Who Loses and Why (McGraw Hill, 1999, 3rd edn.), p. 8.

5) 미네랄을 함유한 흰 소금.

6) Favier, J. Les Grandes Découvertes (Le Livre de Poche, 1991), cited in Bryis and de Varenne (2000).

7) 현물 거래에서는 즉석에서 인도가 이루어지고 현금으로 결제된다.

**르네상스 시대:** 중세의 시장이 상품(Commodities)의 등급 결정, 검수 절차, 상품 인도 날짜·위치에 대한 표준을 설정하는 일에 많은 진전을 이루기는 했지만 중세에는 현대와 같이 중앙집중화된 거래소에서 취급되는 선물거래의 개념이 형성되지 못했다. 조직화된 선물거래소의 시초는 1700년 대 초반부터 2차대전까지 번성했던 일본의 도지마(堂島) 쌀 시장이었다. 도지마 쌀 시장의 선물거래는 불안정한 쌀 가격에 따라 수입이 결정되던 봉건 영주들이 화폐 경제의 성장에 대응할 필요성을 느끼게 되면서 발생했다. 영주들은 생산된 쌀 중 잉여분을 오사카 및 에도 지방에 판매하고, 이때 받은 영수증을 다른 도시에서 판매되는 상품들과 교환했다. 이 영수증을 매입하던 상인들은 곧 현금 부족에 시달리는 영주들에게 미래의 쌀 가격에 대한 예측을 기반으로 대출을 하기 시작했다. 서기 1730년, '쌀 장군(Shogun)'으로도 알려져 있는 도쿠가와 요시무네(德千吉宗)는 쌀 가격의 장기적인 하락을 막기 위해 도지마 쌀 시장에서 선물거래를 할 수 있도록 하는 칙령을 공표했다. 이 조치는 확실히 농부들이 추수기 사이에 쌀 가격 변동 위험을 회피할 수 있도록 하는 효과가 있었다. 흥미롭게도 현대 선물거래의 모든 특징들이 도지마 쌀 선물시장에서도 발견된다.[8] 각각의 거래는 100코쿠(1코쿠는 1섬)[9]로 정해져 있었고, 거래 기간은 봄(1월 8일~4월 28일), 여름(5월 7일~10월 9일), 겨울(10월 17일~12월 24일) 등 3개월 단위의 거래 일정표에 따라 정해져 있었다. 모든 계약은 '장부' 거래 시스템에 기록됐는데 기록에는 계약 당

---

8) West, M. D. Private ordering at the world's first future exchange, Michigan Law Review (August 2000).

9) 코쿠는 중세 일본에서 사용되었던 측량의 단위로 한 명의 일본인이 일 년동안 소비하는 쌀의 양이다. 리터로 환산하면 약 180리터다.

사자, 계약 규모, 선물가격, 인도 조건 등의 내용이 포함됐다. 결제는 계약 기간이 종료되는 시점에 현금결제 방식으로 이뤄졌다(실제로 쌀의 인도가 일어나지는 않았다). 머지않아 정산소의 역할을 맡게 된 환전상들이 각 트레이더에게 10일에 한 번씩 시장 가격으로 재조정(Marked-to market)되는 증거금(Margin)을 요구하면서 실질적으로 거래상대위험이 사라졌다.[10]

**산업혁명기:** 선도거래는 국제무역에 수반되는 가격 변동 위험을 회피하고자 하는 필요에 의해 꾸준히 발전했다. 캘리포니아에 위치한 한 광산기업의 사례를 살펴보자. 이 기업은 구리를 런던으로 운송할 계획을 가지고 있었는데, '선도' 매도(그 당시에는 '도착 기준 거래'로 알려져 있었다)를 통해 화물의 가격을 고정하기를 원했다. 선도계약을 통해 받는 가격은 나중에 현물로 팔 때 예상되는 가격보다 낮은 가격에 설정됐다. 한편 런던에 있는 구리 가공 기업 중에는 주 원료인 구리를 고정된 가격에 공급받아 건설 프로젝트에 확실한 가격에 입찰하려는 회사가 있었다. 이 경우 두 기업 중 누구도 멀리 떨어진 다른 지역에 각자의 이해관계를 만족시키는 잠재적 거래 상대가 있다는 사실을 알기는 어려웠다. 이때 두 기업이 위치한 지역 모두에서 활동하는 상업은행(혹은 그 조상뻘 되는 금융기관)이 중개기관으로 나서 거래를 성사시키는 중매쟁이와 같은 역할을 수행했다. 중개기관은 두 거래 당사자를 맺어주고 거래를 보증하는 역할을 함으로써 상당한 보수를 챙겼다.

1800년대 초반에 미국 내 곡물 교역은 큰 폭의 가격 변동에 취약한 상태였다. 농가에서는 추수가 끝나자마자 농작물을 시장에 대량으로 쏟아내 곡물 가격의 폭락을 야기하곤 했다. 몇 달이 지나지

---

10)  Op. Cit. p. 2588.

않아 수요가 공급을 넘어서면 가격은 다시 상승했다. 농작물의 가격 변동에 대처하기 위해 농장주들은 농작물을 여러 시기에 걸쳐 인도하기 시작했고, 농장주들(매도인)과 제분업자(매입인)들은 선도거래를 빈번히 활용하기 시작했다. 시카고는 곡물의 저장·거래의 중심지였을 뿐 아니라 철길이나 5대호의 수로를 따라 미국 동부로 통하는 곡물 유통의 중심지로 떠올랐다. 1848년에는 선물거래가 시카고거래소에 처음으로 소개됐다. 계약 조건이 표준화됨에 따라 상품(Commodity)의 등급 기준이 균일해져 거래가 더욱 용이해졌고, 증거금 제도는 거래상대위험을 제거해 거래의 안전성을 높이는 역할을 했다. 그동안 거래되던 선도거래는 점차 선물거래로 바뀌어 갔다. 선물계약의 취급 범위도 광물 등의 하드 커머디티(Hard Commodity)와 농작물과 같은 소프트 커머디티(Soft Commodity) 모두를 포괄하는 방향으로 넓어지기 시작했다.

**정보화 시대:** 그로부터 100년 이상이 지난 후, 1971년 브레튼 우즈(Bretton-Woods) 체제에서의 고정환율제가 붕괴되면서 상품을 기반으로 하지 않는 금융 파생상품에 폭발적인 혁신이 일어나기 시작했다. 불안정한 환율로 인해 통화선물(Currency Futures), 옵션(Options), 스왑(Swaps), 스왑션(Swaptions) 등이 등장하면서 세계 금융체제는 규제 완화와 금융 혁신의 새로운 시기로 진입했다([그림 1] 참조). 1972년 시카고상업거래소(Chicago Mercantile Exchange)의 자회사 중 하나인 국제통화시장(International Monetary Market)에서 통화선물 거래가 처음 체결됐다. 미국의 금리 규제 완화는 얼마 지나지 않아 금리파생상품(Interest Rate Derivatives)의 도입으로 이어졌으며, 금리파생상품은 결과적으로 통화 및 상품 기반 파생상품보다 훨씬 큰 규모로 성장했다. 1977년, 시카고거래소(Chicago Board of trade)는

머지않아 역사상 가장 성공적인 파생상품으로 자리매김하게 되는 미
재무성 채권(U.S. Treasury Bond) 선물거래를 도입했다. 세계경제에
위험성이 증가하면서 실물기업과 금융기관들은 피난처를 찾게 됐고,
금융 파생상품은 자연스럽게 위험을 헤지하는 역할을 맡았다.

■ 그림 1 엔/달러 환율의 변동

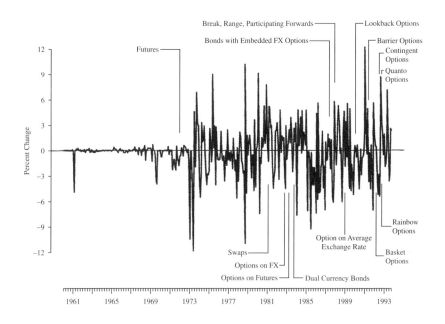

* 출처: Smithson, Charles W. and Clifford W. Smith, Jr., with D. Sykes Wilford Managing
  Financial Risk (Irwin, 1995), p.22

# 파생상품과 국부

파생상품은 매우 정교한 금융상품으로, 상품(Commodity), 통화, 주가, 금리 등의 불안정한 가격 변동 덕분에 급속한 성장을 이뤘다. 파생상품은 근본적으로 위험을 감당할 능력이 부족하고 위험을 부담하기 싫어하는 기업들로부터 위험을 부담할 충분한 능력을 가지고 있고 기꺼이 위험을 지고 싶어 하는 기업들에게로 위험을 효율적으로 이전시키는 역할을 한다.

첫 번째 그룹은 위험 회피자(Hedgers)로, 이들은 위험을 줄이거나 없앨 목적으로 파생상품 거래에 참여한다. 예를 들어, 항공사들은 제트 연료의 가격 변동에 대한 노출을 최소화하기 위해 등유 관련 파생상품을 적극적으로 활용한다. 두 번째 그룹은 대개 투기자 그룹이다. 투기자들은 가격 변동으로부터 이익을 얻기 위해 파생상품 거래에 참여하기 때문에 위험에 대한 노출을 늘리고 싶어 한다. 투자은행의 자기자본거래 부서나 헤지펀드가 전형적인 투기자 그룹에 속한다. 컴퓨터 기술과 금융이론의 약진에 힘입어 파생상품이 급격히 성장하고 비용이 낮아지면서, 현재 그 어느 때보다 더욱 정확하고 효율적으로 위험을 이전하는 것이 가능해졌다.

파생상품은 가계, 금융기관, 실물 기업 등 경제 주체들이 노동 분업이나 비교 우위의 혜택을 누리는 것을 가능하게 한다. 하지만 파생상품이 실제로 가치를 창출하고 국부 향상에 기여하는가? 이 책의 주제이기도 한 파생상품 관련 재앙은 언제 일어날지 예상이 가능할 만큼 자주 일어나고 세계 최고의 기업들에게도 엄청난 타격을 안기는데, 이를 부의 창출보다는 부의 파괴를 입증하는 증거로 간주해야 하지 않을까? 파생상품의 실패로 인해 지금까지 발생한 손실은

250억 달러를 넘어서고, AIG의 사례를 포함할 경우에는 2,000억 달러에 이른다. 하지만 이 질문들에 대한 대답은 "파생상품은 부를 창출하는 것도, 파괴하는 것도 아니다"이다. 파생상품은 제로섬게임이며, 한쪽의 이익은 거래를 맺은 상대의 손실이 된다.

허리케인 카트리나 혹은 고베 대지진 등 자연재해가 일으키는 물리적 파괴와는 달리 파생상품의 실패는 최악의 경우에도 부를 파괴하기보다는 이전시키는 역할을 한다. 이 책에 등장하는 기업에 투자해 엄청난 손실을 본 주주들에게는, 그들의 부가 사라진 것이 아니라 파생상품 계약의 반대편에 있던 운 좋은 은행가, 트레이더, 헤지펀드 등에게 고스란히 이전된 것이라는 경제학적으로 흠 잡을 데 없이 합리적인 설명이 큰 위안이 되지는 않을 것이다. 하지만 경영자들이 파생상품 실패의 나락으로 떨어지는 것을 막기 위해서라도 더 강력한 규제가 필요한 것은 아닐까?

이 책의 표지 그림에 표현돼 있는 '줄타기 곡예사(트레이더, 재무 책임자, 위험 관리자 등)'는 한 봉우리에서 다음 봉우리로 수평 이동(파생상품 활용으로 인한 부의 창출을 의미한다) 함으로써 산에서 내려갔다가 다시 다른 봉우리로 올라가는 데 드는 비용과 시간 낭비를 피할 수 있다. 하지만 이것은 어디까지나 곡예사가 균형봉(파생상품)을 침착하게 다루는 것을 가정했을 때의 이야기다. 만약 그렇지 않다면 그 곡예사는 균형을 잃고 계곡으로 떨어지고 말 것이다(파생상품의 잘못된 사용으로 인한 손실을 의미한다).

이 책은 두껍고 지루한 파생상품 전문 서적이 아니다. 이 책의 목적은 파생상품 시장에 참여했다가 큰 손실을 입은 기관들에 대한 이야기를 다룸으로써 파생상품의 비밀을 파헤치는 데 있다. 이야기에 등장하게 된 불행한 몇몇 기업에게는 금융공학적으로 결함이 있었던 파생상품 계약이 엄청난 손해를 몰고 왔다. 다른 기업들은 제대로 된 감시를 받지 않은 사기꾼 트레이더가 극단적인 투기 거래를 저지르면서 치명적인 손실을 입었다.

이 책의 각 장마다 새로운 사례들이 등장한다. 독자들은 사건을 둘러싸고 있던 독특한 상황을 이해하는 동시에 한 번에 한 가지씩 파생상품에 익숙해질 수 있을 것이다. 사례를 다룰 때는 먼저 사건의 전말을 살펴보고, 전반적인 파생상품 거래 구조에 어떤 결함이 숨겨져 있었는지를 하나씩 해체할 것이다. 각 장은 파생상품에 대한 이해를 돕기 위해 필요한 것을 모두 갖추고 있다. 핵심적인 개념들은 책 전반에 걸쳐 여러 가지 형태로 계속해서 등장한다. 한 기업의 실수를 다른 기업에서 똑같이 반복하는 것을 볼 때, 조직의 학습 역량이 부족한 것이 사실인 것 같다. 따라서 각 장은 '이야기의 교훈'을 제시하면서 끝을 맺는다.

이 책을 읽으면서, 독자들은 파생상품의 실패를 초래한 주요 인물들에 익숙해지는 동시에 다국적기업, 유니버설은행(Universal Banks), 무역회사, 헤지펀드, 지방정부 등 여러 기관들을 섭렵한다. 이 책은 시간의 순서를 따르기보다 선도거래, 선물거래, 옵션, 스왑 등 동일한 종류의 파생상품을 한 데 묶는 형식으로 구성됐다([표 1]에 각 장에서 등장할 실패 사례가 간략하게 요약돼 있다). 각 파생상품의 구조는 파생상품 계약이 통화, 상품(Commodities), 금리, 주가지수 등 어디에서 '파생'되는지에 관계없이 동일하다는 것을 알게 될 것이다.

이 책은 대학 교육을 받은 독자라면 금융 분야에 전문적인 지식 없이도 읽을 수 있도록 쓰여졌다. 따라서 각 사례에서 등장하는 중요한 기술적 개념들은 별도의 공간을 마련해 설명한다. 또 생소한 파생상품에 대한 이해를 돕기 위해 간단한 수식과 도표를 본문에 포함했다. 이 책을 통해 미지의 영역을 발견하는 기쁨을 누릴 수 있기를 바란다.

### ▓ 표 1  책의 내용

| Chapter 1 | 도입: 파생상품과 국부 |
|---|---|
| Part I 선도거래 | |
| Chapter 2 | 쇼와쉘(1993). 쇼와쉘의 외환트레이더들은 초반의 손실을 만회하려고 미국 달러 선도 거래를 지속적으로 갱신했다. 외환트레이더들이 은폐한 손실이 드러났을 때 손실은 이미 10억 7,000만 달러를 넘어서고 있었다. |
| Chapter 3 | 씨티은행(1964). 씨티은행의 한 외환 트레이더는 영국 파운드화가 평가절하되지 않을 것으로 보고 투기를 감행했다. 투기 계획은 800만 달러의 손실을 남긴 채 예상보다 빠르게 폐기됐다. |
| Chapter 4 | 네가라은행(1994). 네가라은행은 선도거래를 활용해 외환시장에서 투기를 했지만, 31억 6,000만 달러의 손실을 기록하고 말았다. |
| Part II 선물거래 | |

## 참고문헌

1. Briys, E. and F. de Varenne. The Fisherman and the Rhinoceros: How International Finance Shapes Everyday Life (John Wiley & Sons Inc., 2000). Chew, L. Managing Derivative Risks: The Use and Abuse of Leverage (John Wiley & Sons, 1996). Edwards, F. R. and C. W. Ma. Futures and Options (McGraw Hill, 1992).

2. Jorion, P. Value at Risk: The New Benchmark for Managing Financial Risk (McGraw Hill, 3rd edn., 2007). Marthinsen, J. Risk Takers: Uses and Abuses of Financial Derivatives (Pearson Addison-Wesley, 2005). Miller, M. H. Merton Miller on Derivatives (John Wiley & Sons, 1997).

3. Teweles, R. J. and F. J. Jones, edited by Ben Warwick. The Futures Game: Who Wins, Who Loses and Why (McGraw Hill, 1999 3rd edn).

# 선도 거래 Forwards

구멍이를 대하는 첫 번째 원칙은,
내가 그 속에 들어가 있을 때는 더 이상 파지 않는 것이다.

– 무명씨


쇼와쉘세키유(Showa Shell Sekiyu K.K.)는 로열더치쉘(Royal Dutch Shell)의 일본 자회사로 로열더치쉘이 50%의 지분을 보유하고 있다. 1993년 초, 쇼와쉘은 1,250억 엔(10억 7,000만 달러)이라는 믿기 힘든 규모의 외환 손실을 발표했다. 이는 쇼와쉘이 1년 동안 벌어들인 세전 순이익의 5배에 해당하는 금액이었다. 쇼와쉘의 회장이었던 타카시 헨미(Takashi Henmi)는 본사 경영진에게 먼저 이 사실을 알렸는데, 경영진은 소수점 표기가 잘못된 것으로 생각하고 10억 달러 단위로 돼 있는 예상 손실을 백만 달러 단위로 정정하라고 수차례 요구했을 정도였다.[11]

---

11) Y. Shibata, Japan's currency scandal could spread, Global Finance, 7(3), 111.

# 쇼와쉘에게 닥친 재앙

이 외환 손실의 시작은 1989년 쇼와쉘의 재무부서가 달러 강세의 위험에 대비하기 위해 원유 구매대금에 대해 90일짜리 선도거래를 체결했을 때로 거슬러 올라간다. 지극히 정상적으로 시작된 헤지거래는 이상하게도 64억 달러의 외환 위험 노출 포지션으로 변해 버렸다. 이는 내부 통제 규정을 명백하게 위반하는 수준이었다. 재무부서는 외환 손실이 드러나는 것을 막기 위해 선도계약의 만기가 돌아올 때마다 포지션을 연장하면서 정산을 피했다. 하지만 일본 엔화가 지속적으로 상승하면서 외환 손실은 곧 감당할 수 없을 만큼 불어났다.

결국 1992년 한 은행 직원이 우연히 쇼와쉘의 재무 담당 임원에게 외환 포지션의 규모를 알려주면서 엄청난 손실을 입은 사실이 드러났다. 1993년 2월 20일에 공시가 발표됐을 때는 손실 규모가 이미 쇼와쉘 자본금의 82%에 육박한 상태였고, 쇼와쉘의 주가는 하루 동안 1,500엔에서 800엔으로 추락했다. 그 다음 날 재무 담당 임원이 해고됐고 이사회 의장과 회장은 동시에 사임을 발표했다.

어떻게 원유 정제와 국내 시장에서의 석유제품 유통에 집중하는 석유기업이 연간 순이익의 5배에 이르는 외환 손실을 입을 수 있을까? 애초에 잘못 수립된 위험 회피 전략이 빗나간 결과일까, 아니면 사기꾼 트레이더가 무모하게 외환투기를 감행한 결과일까? 이 장에서는 쇼와쉘뿐 아니라 영국-네덜란드계 모회사인 로열더치쉘의 경영진까지도 무기력하게 당할 수밖에 없었던 무모한 도박을 되짚어본다. 아무런 감시도 받지 않은 외환 트레이더가 어떻게 상사의 눈을 피해 대규모 투기 선도거래를 원유 구매대금에 대한 헤지거래로 위장했는지는 특별히 관심 있게 지켜봐야 할 부분이다.

## 석유기업의 외환 위험 헤지

쇼와쉘이 무슨 이유로 원유 수입대금을 헤지하려고 했는지 더 잘 이해하기 위해 먼저 쇼와쉘이 어떤 사업을 하는지를 살펴보자. 엑손(Exxon)이나 로열더치쉘과 같이 원유 탐사와 시추, 유통까지 전체를 포괄하는 수직 통합을 이룬 거대 다국적기업과 달리 일본의 석유기업들은 국내 시장에서 주로 활동하면서, 정유나 직영 주유소를 통한 유통 등 다운스트림(Down-stream) 영역에 집중하고 있었다. 쇼와쉘이 원유를 구매하는 것은 이를 정제한 뒤 소매시장에 판매하기위해서였다. 원유가격이 미국 달러화로 표시되는 까닭에 쇼와쉘은다음과 같이 원유가격과 엔/달러 환율이라는 2가지 위험에 동시에노출됐다.

1) 쇼와쉘이 현물시장에서 원유를 구입하는지[12] 아니면 모기업으로부터 장기 계약을 통해 구매하는지에 따라 달러 표시 원유 구매가격의 변동성이 달라진다(석유시장에 대한 개요는 박스 A 참조, 이야기가 진행되던 시기의 원유가격은 [그림 1] 참조)

---

### 박스 A    석유시장

1970년대 초반까지만 해도 석유수출국기구(OPEC)가 원유가격을 철저히 통제하면서 국제 원유시장은 비교적 안정적으로 운

---

12) 석유 현물시장은 미래 시점의 교환에 특화된 선도시장이나 선물시장과 반대로 원유가 즉시 인도되는 시장을 말한다.

영됐다.[13] 사실 산유국들이 엑손모빌, 브리티시페트롤륨(British Petroleum), 로열더치쉘 등 '세븐 시스터즈(Seven Sisters)'라 불리던 거대 석유기업들과 직접 장기 계약을 맺고 원유를 판매했기 때문에 석유시장이라 부를 만한 것이 존재하지 않았다. 1973년 석유금수조치로 원유가격이 폭등하자 에너지 절약 노력과 함께 비OPEC 국가의 원유 매장량을 늘리려는 시도가 나타났는데, 북해와 소련에서 이런 노력이 특히 활발했다. 머지않아 수요가 줄어들고 공급이 증가하면서 원유의 과잉 공급이 일어나 OPEC이 정한 공식 유가를 위협하기 시작했다.

70년대 후반 들어 국가별 산유량을 제한하기가 점점 어려워지고 사우디아라비아가 공급 조절자(Swing Producer)와 가격 안정 장치(Price Stabilizer)로서의 역할에서 한 발짝 물러나면서 OPEC은 원유가격에 대한 독점적 영향력을 잃기 시작했다. 석유기업들은 자연스레 점점 더 많은 원유를 현물시장에서 조달하기 시작했고, 현물시장에서의 원유 구매 비율은 역대 최고 수준으로 상승했다. 80년대 중반에 이르러서는 국제 원유 구매의 2/3 이상이 현물시장을 통해 조달됐고, 여전히 직접 계약으로 거래되는 나머지 1/3도 계약기간이 크게 단축됐다. 이에 따라 원유와 석유제품의 가격 변동이 심화됐고, 이는 석유제품 선물시장의 설립을 가속화하는 계기가 됐다.

## 2) 달러당 엔화 가격(환율)의 변동 위험(환율 변동폭은 [그림 2] 참조)

---

12) OPEC은 1960년대에 수립된 세계 석유 카르텔(Cartel)로 현재 회원국은 이란, 이라크, 쿠웨이트, 카타르, 아랍에미리트연합(UAE), 사우디아라비아, 리비아, 알제리, 에콰도르, 베네수엘라, 나이지리아, 앙골라 등 12개국이다. 회원국을 모두 합하면 세계 석유 매장량의 2/3 정도를 통제하고 세계 원유 생산량의 약 1/3을 차지한다. 세계 석유 수요와 OPEC에 가입하지 않은 산유국들의 생산량을 고려하여 회원국에 대해 반년마다 원유 생산 쿼타(Quota)를 부여함으로써 세계 원유가격에 대한 영향력을 행사한다.

[그림 3]은 쇼와쉘 같은 일본 내 정유 및 유통기업의 현금흐름 형태를 나타낸 것이다. 매출 측면을 보면 원유를 정제해 자동차와 기타 운송 수단, 공공 서비스 등에 판매한 대금이 엔화로 들어온다. 정부가 일본 시장의 석유가격 및 판매량(일본 시장 내 12.5% 수준의 점유율로 판매량이 비교적 안정돼 있다)을 통제하고 있어 쇼와쉘 입장에서는 매우 안정적인 환경에 의존할 수 있다. 하지만 비용 측면에서는 단기간에 원유 매입단가를 크게 변동시킬 수 있는, 서로 연관된 2가지 위험을 고려해야 한다.

정부가 휘발유 가격을 통제하고 있어 단가 인상분을 판매가격에 반영시키는 것이 어렵기 때문에 원유가격의 급등으로 예상치 못하게 운영비용이 증가할 경우 이는 고스란히 영업 이익의 축소로 이어진다. 따라서 쇼와쉘 입장에서는 달러화 계약에 따른 위험과 원유가격 변동에 대한 위험을 회피해야 할 필요성이 존재했던 것이다. 그 중 원유가격 변동 위험에 대한 노출 정도는 쇼와쉘이 사들인 원유 중 모기업으로부터 구매한 비중이 얼마나 되는지에 달려 있었다. 이를 정리하면 다음과 같다.

1) 쇼와쉘이 국제 현물시장에서 원유를 매입하면 유가 변동 위험과 외환 위험에 동시에 노출된다.

2) 모기업과의 장기 계약을 통해 정해진 가격에 원유를 매입하는 경우 쇼와쉘은 외환 위험에 노출된다.

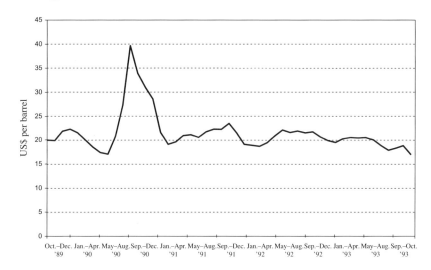

■ 그림 1  월간 원유 현물가격(1989~1993)

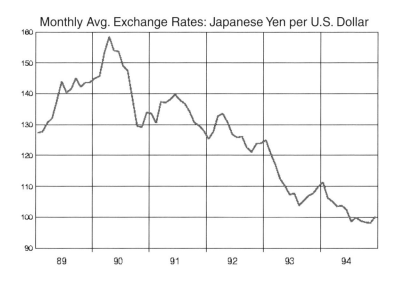

■ 그림 2  달러당 엔화 가격(1989~1994)

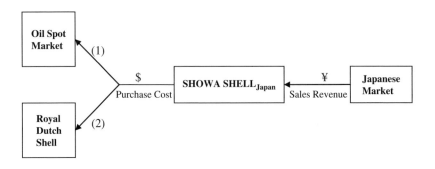

(1) 쇼와쉘이 국제현물시장에서 석유를 사고 석유가격위험과 환위험에 노출된다.
(2) 쇼와쉘이 모회사로부터 고정 석유가격으로 장기매입계약을 체결한다. 이 경우 환위험에만 노출된다.

## 위험 헤지의 기술

하루 약 50만 배럴의 정제 능력을 보유한 쇼와쉘은 매월 평균 1,500만 배럴의 원유를 수입했는데, 외환 위험에 대한 노출을 제거하기 위해 일반적으로 90일 만기 선도거래를 활용했다(선도환 거래의 정의는 박스 B 참조). 선도거래를 체결하면서 미 달러화로 표시되는 원유의 일본 엔화가격을 고정해 미 달러화 가격 상승(일본 엔화가격 하락) 위험을 회피하고자 했던 것이다.

선도환 거래는 일정 금액의 외화를 미래의 특정한 날짜(선도 거래의 만기일)에 계약 당시 정해진 가격(선도가격)으로 사거 나 팔기로 하는 약속이다. 예를 들어, 1989년 9월 30일에 쇼와 쉘이 3억 달러를 90일 후에 달러 당 145엔의 선도환율에 매입 하는 선도환 거래를 체결하는 경우를 생각해보자. 1989년 12월 31일에 쇼와쉘은 현물환율과는 관계없이 435억 엔(3억 달러× 145)를 인도하고, 동시에 3억 달러를 인수한다. 만약 12월 31일 의 엔/달러 현물환율이 달러 당 140엔일 경우 쇼와쉘은 현물시 장에서 달러를 매입하는 것보다 달러 당 5엔을 더 지불해야 하 기 때문에 선물계약으로 인해 3억 달러×(140-145)=-15억 엔 의 손실(달러 당 140엔 환율을 가정할 때 1,071만 4,285달러)을 입는다. 선도환 계약 시에는 현금 교환이 일어나거나 증거금이 요구되지 않고, 단지 만기 시에 두 거래 당사자가 현물환율에 관계없이 통화를 실제로 인도하도록 하는 구속력이 있는 약속 만을 교환한다는 것을 이해하는 것이 중요하다.

쇼와쉘은 선도거래를 체결하는 대신 일본의 거래 은행으로부터 대 출을 받은 뒤 대출금을 곧바로 달러화로 환전해서 이자를 지급하는 달 러화 계좌에 예치해 두고 3억 달러로 불어날 때까지 기다리는 방법을 사용할 수도 있었다. 이 방법을 '머니마켓 헤지(Money Market Hedge)' 또는 '합성 선도거래(Synthetic Forward)'라 한다(박스 C 참조).

그리고 등가격(At-the-Money) 달러 콜옵션(Call Option)을 매 입하는 방법도 쇼와쉘이 선택할 수 있는 방법이었다. 이 방법을 사 용하는 경우, 만약 달러화가 145엔/달러(행사가격)보다 비싸지면 쇼와쉘은 145엔/달러에 달러화를 매입하는 옵션을 행사할 수 있다. 반대로 달러화 가치가 145엔/달러보다 하락하는 경우 쇼와쉘은 옵션을 포기하고 더 유리한 현물가격으로 달러를 구매하면 된다. 어떤 경우에도 유리한 선택만을 취할 수 있는 유연성을 얻는 대가로 쇼와쉘은 계약 규모의 3% 정도에 해당하는 옵션 프리미엄을 옵션 매입 당시 지급해야 하는데, 거래 규모가 3억 달러인 경우 옵션 프리미엄은 3억 달러×0.03=900만 달러가 된다. 위에서 설명한 헷징 기법은 박스 C에 자세히 설명돼 있다.

---

**박스 C**　　**월간 원유 구입대금 3억 달러를 어떻게 헤지할까?**

달러 가치 상승(달러 당 엔화 가격의 상승) 위험을 회피하기 위해 쇼와쉘은 다음과 같은 3가지 방법으로 엔화 비용을 고정시킬 수 있다.

(1) 선도환 헤지: 90일 선도환율 F(90)=145엔/달러를 적용해 3억 달러를 435억 엔(3억 달러×145=435억 엔)에 매입하는 선도거래를 체결한다.

(2) 머니마켓 헤지(합성 선도거래): 3억 달러를 분기 미국 이자율(0.06/4)로 할인한 현재 가치에 해당하는 3억 달러/(1+0.06/4)=2억 9,500만 달러를 이자를 지급하는 달러화 계좌에 90일 동안 예치한다. 이 거래를 위해서는 현물환율을 S(0)=147엔으로 가정할 때 일본의 은행에서 [3억 달러/(1+0.06/4)]×147=434억 4800만 엔을 대출을 받아야 한다. 이 헤지거래를 통해 쇼와쉘이 90일 후 원유 대금으로 최종적으로 지불하게 되는 엔화 금액은, 일본의 분기 이자율이=0.03/4이라고 가정할 때 [3억 달러/(1+0.06/4)]×147×(1+0.03/4)=437억 7,400만 엔으로 고정된다.

(3) 달러 콜옵션: 900만 달러(0.03×3억 달러)의 옵션 프리미엄을 지급하고 달러화에 대한 등가격 콜옵션(선도환율과 동일한 달러 당 145엔의 행사가격)을 매입한다.

처음의 2가지 경우에 선도환 거래를 체결하거나 단기 금융시장에서 여러 포지션을 조합해 달러화 자산 포지션을 취함으로써 3억 달러의 원유 구입 계약에 따라 발생하는 달러화 부채에 대한 노출을 회피한다는 것을 알 수 있다. 비용 측면에서는 두 경우 중 선도환 헤지에 드는 비용이 머니마켓 헤지에 소요되는 비용보다 약간 더 저렴한 수준이다.

쇼와쉘의 외환 트레이더들이 선도거래를 통한 헷징을 선택한 이유는 단순했다. 머니마켓 헤지나 콜옵션을 통해 헤지할 경우 재무제표에 쉽게 알아볼 수 있는 기록이 남을 것을 우려했던 것이다. 머니마켓 헤지는 쇼와쉘의 대차대조표에서 엔화 부채 및 달러화 표시 단기 자산 모두를 증가시키는 결과를 가져왔을 것이고, 통화 옵션을 사용했더라면 손익계산서에 비용 항목으로 남았을 것이다.

위에서 말한 것과 같이 쇼와쉘은 유가 변동 위험에도 노출돼 있었는데, 유가 변동 위험의 파괴력은 외환 위험에 결코 뒤지지 않았다. 유가 변동 위험은 선도환 거래와 본질적으로 동일한 방식인 원유 선도거래를 통해 회피할 수 있었다. 1989년 9월 30일의 미국 서부 텍사스 중질유의 현물가격이 21달러라고 가정하자. 쇼와쉘은 필요한 일정에 맞춰 원유 선도 매입 계약을 체결함으로써 매월 구매하는 1,500만 배럴의 원유에 대한 가격 변동 위험에서 벗어날 수 있었다. 1989년 9월 30일 원유 선도가격은 배럴 당 20달러에 형성돼 있었고, 쇼와쉘은 선도거래를 통해 12월 인도되는 원유 매입 금액을 3

억 달러로 고정할 수 있었다. 하지만 쇼와쉘은 유가 변동 위험에 대해 크게 우려하지 않은 것처럼 보이는데, 이는 아마도 모기업과의 장기 구매 계약이나 로열더치쉘의 세계적 생산망을 통해 안정된 가격에 원유를 공급받고 있었기 때문이었을 것이다.

## 헤지와 투기 사이

선도 유가가 배럴 당 20달러였기 때문에, 쇼와쉘은 3억 달러(1,500만 배럴×20달러)를 선도환율 145엔/달러에 매입하는 선도환 계약을 체결함으로써 원유 구매에 따른 거래 노출(Transaction Exposure)을 헤지했다. 이는 결과적으로 헷징 계약에서 결제까지 90일의 기간 동안 최대 9억 달러의 선도환 달러 매입 거래가 미결제 상태로 존재한다는 뜻이다. 다시 말해, 어떤 특정 시점에 원유 수입 대금을 헤지하기 위해 발생시킨 달러화에 대한 노출은 9억 달러 이하여야 한다. 만약 월간 포지션 한도가 2억 달러라고 가정하면 선도환 거래의 포지션을 6억 달러 이하로 유지해야 하는 것이다. 2가지 경우 모두 실제 미청산 계약 규모였던 64억 달러와는 큰 차이가 있는데, 이는 64억 달러 중 55억 달러에 달하는 포지션이 정상적인 헤지로 설명할 수 없는 명백한 투기였다는 것을 의미한다.

정당한 헤지 규모와 정신 나간 도박으로밖에 볼 수 없는 실제 금액 사이에 엄청난 격차가 존재하는 이유에 대한 설명은 단 하나뿐이다. 쇼와쉘의 외환 트레이더들이 향후 달러 가치가 다시 상승할 때 지금까지 입은 손실을 더 빨리 만회할 수 있도록 달러 매입 포지션을 정상적인 규모의 2배로 부풀려 왔던 것이다. 그들은 손실이 나는 거래를 이익이 나는 거래보다 지속적으로 오래 보유하는 '손실 실현 회피 증후군'에 걸렸던 것으로 보인다. 쇼와쉘의 외환 트레이더들에게는 '손실이 나는 투자는 빨리 정리하고 이익이 나는 투자에 집중하라'는 기본 원칙이 존재하지 않았던 모양이다. 사실, 실현될지도 모르는 작은 손실을 피하기 위해 대규모의 투기 포지션을 고수하는 비이성적 경향이 인간에게 존재한다는 것은 이미 많은 기록을 통해 입증된 사실이다.[14]

## 외환 손실의 은폐

정상적인 경우 선도환거래는 거래 만기 시에 현금 결제가 이뤄진다. 쇼와쉘은 1989년 9월 30일에 90일 만기 달러화 선도환 매입 거래를 달러당 145엔에 체결함으로써 3억 달러를 인수함과 동시에 435억 엔을 인도하기로 약속한 것이다. 그런데 만기일인 12월 30일이 됐을 때 엔/달러 현물환율은 달러당 140엔에 머물러 있었고, 3억 달러의 현물 가치가 420억 엔으로 하락하면서 쇼와쉘은 15억 엔(달러로 환산하면 약 1,000만 달러)에 이르는 손해를 보았다. 기회비용의 측면에서 보면 쇼와쉘이 더 이상 헤지거래를 하지 않고 엔화 가치 상승에 기대는 편이 오히려 더 나은 결과를 가져왔을 것이다. 현금 결제와 동시에 손실이 실현됐다면 선도거래가 손익계산서에 별도의 계정으로 표시됐을 것이고, 이를 통해 결국 회사의 최고경영진, 이사회, 은행, 투자자 등이 선도거래 손실에 일찍 주목하게 됐을 것이다.

---

14) Locke, P. R. and S. C. Mann, Do Professional Traders Exhibit Loss Realization Aversion? (Georges Washington University: working paper, 2000).

하지만 쇼와쉘은 특이한 일본 회계규정과 선도환 거래에서 거래 상대 역할을 했던 은행들의 협조 덕분에 초기에 설정된 145엔/달러의 선도환율에 선도환 계약을 갱신해 손실이 실현되는 것을 막을 수 있었다. 실현되지 않고 장부상 손실로만 남게 된 손실은, 선도거래가 부외거래(Off-Balance Sheet)로 취급되는 까닭에 재무제표의 주석으로 묻혔다. 일본 은행들은 현금 결제를 요구하는 대신 오히려 도박에 실패한 외환 트레이더들이 행운이 찾아올 때까지 손실을 쌓아 두도록 내버려둔 셈이다. 하지만 외환 트레이더들에게 행운은 결코 찾아오지 않았다. 고집스러운 쇼와쉘의 외환 트레이더들이 달러 가치가 상승할 것이라는 확신에 차서 선도환 거래를 계속 체결하는 동안 외환거래 손실은 쌓여만 갔다.

이 손실은 현금으로 결제되지 않았을 뿐더러 축적되는 속도도 빨랐기 때문에 결국 쇼와쉘에게 호의적이었던 은행들조차 크게 우려하기 시작했다. 쇼와쉘의 거래 은행은 이제 심각한 거래상대방위험에 직면하게 된 것이다. 만약 손실을 실현시켜야 하는 시기가 오면 쇼와쉘은 거래은행에게 1,250억엔(10억 7,000만 달러)에 달하는 금액을 지불할 수 있을까? 이 금액이 1992년 예상 순이익의 5배에 달하는 금액임을 감안하면 선도거래에 대한 채무불이행 가능성도 있는 상황이었다. 하지만 어떤 다국적기업도 해외의 자회사가 파산하도록 내버려두지는 않을 것이다. 이는 로열더치쉘도 마찬가지였다. 자금 압박을 받던 쇼와쉘은 모기업 로열더치쉘의 도움으로 가까스로 살아날 수 있었다.[15]

---

15) 이렇게 해외에 본사를 둔 모기업이 어려움을 겪고 있는 자회사에 대해 법적 의무가 없더라도 도의적 책임을 지고 구제금융을 지원하는 것을 명시하는 문서를 '지급확약서(Letter of Comfort)'라 한다.

## 사건의 전말이 드러나다

1992년, 한 은행가가 쇼와쉘의 경영진 중 한 명에게 쇼와쉘이 보유한 엄청난 규모의 선도거래를 무심코 알려주면서 은폐됐던 투기 전략이 밝혀졌다. 쇼와쉘의 외환 트레이더들은 그 이전에 이미 2명의 재무 담당 고위 임원에게 손실을 털어놓았는데, 그 두 임원이 헨미 회장에게 이 사실을 보고하기까지는 또다시 9개월이 더 걸렸다. 체면을 구기면서 엄청난 손실을 인정하는 것은 어디서든 쉽지 않은 일이지만 용맹한 사무라이의 나라 일본에서는 훨씬 더 어려운 일이었다. 재미있는 사실은, 그 외환 트레이더들은 1985년에 쇼와와 쉘이 합병해 쇼와쉘이 탄생할 당시 쉘 측에서 건너온 인력이라는 것이다. 트레이더들이 손실을 털어놓은 임원들과 회장도 모두 쉘 출신이었다. 추측컨대 일찍 해결될 수도 있었던 문제를 두 기업 문화 사이의 경쟁의식이 더 복잡하게 만들었던 것 같다.

결과적으로 쇼와쉘 외의 다른 기업에서도 유사한 사례가 더 있는 것으로 드러났다. 몇몇 다른 에너지 기업과 운송회사들도 쇼와쉘과 마찬가지로 선도거래를 현금 결제하지 않고 계속해서 연장하다가 대규모 외환 손실을 입게 된 것이다. 그중 카시마오일(Kashima Oil)은 1994년 4월 9일, 쇼와쉘의 실패 사례와 많은 부분에서 유사한 내용으로 15억 달러의 외환 손실을 공시했다.[16] 머지않아 일본 재무성에서 '외가격(Out-of-Money)' 선도거래를 결제하지 않고 연장하는 행위를 금지시켰다. 쇼와쉘이나 카시마오일처럼 사건을 일으킨 기업들은 이른 시일 내에 선도거래를 해소(Unwind)하라는 재무성의

---

16) The Economist, "Determined Loser" (April 16, 1994).

지시에 따라 1993~1995년 사이에 모든 선도거래를 해소했다. 두 회사 모두 현금 손실을 처리하기 위해 대규모 부동산 자산 매각과 주식 발행을 할 수밖에 없었다.

## 환율: 위험한 존재

'위험 공포형'[17] 헷징 전략의 이면에는 환율에 대한 예측이 존재한다. 처음 달러화 외환 위험을 헤지할 때 쇼와쉘의 외환 트레이더들은 미래의 엔/달러 환율 변동 방향에 대해 강력한 느낌을 가지고 있었던 것 같다. 그들은 분명 일본 엔화 가치의 지속적인 하락을 우려하고 있었다. [그림 2]에서 볼 수 있는 것처럼 달러화 가치가 엔화 가치에 비해 상승했던 1989년 중 잠깐 동안의 기간을 제외하면 엔화 가치는 1989~1994년에 이르는 기간 동안 꾸준히 상승했다. 더 흥미로운 사실은 이 기간 동안 일본이 지속적으로 높은 경상수지 흑자를 기록하는 동시에 일본은행의 외환보유고가 지속적으로 증가한 것인데, 이는 일본은행이 엔화 가치 상승을 늦추기 위해 대규모로 개입하고 있었다는 것을 의미한다. 경상수지 및 외환보유고 변동 모두 일반적으로 엔화 가치의 상승과 관련된 추세를 나타낸다.

이와 유사하게, 같은 기간 동안 1개월, 3개월, 6개월, 12개월 만기 선도환율에서는 엔화가 달러 대비 프리미엄(Premium: 선도시장의 통화 가치가 현물시장의 가치보다 높은 경우-옮긴이)에 거래되고 있

---

17) '위험 공포증(Risk-paranoia)'은 항상 모든 위험을 회피하는 헤지 정책을 가리킨다. 이는 노출된 위험의 100% 미만을 선별적으로 헤지하는 위험회피(Risk Aversion) 정책과 대비되는 개념이다.

었다. 이는 물론 상대적으로 높은 미국 금리와 낮은 일본 금리 간의 차이로 설명할 수 있다. 두 금리 간 차이는 이자율평가(Interest Rate Parity) 이론에 따라 선도거래의 가치를 결정짓는다(박스 D 참조).

이자율평가이론(Interest Rate Parity)에 의하면 선도환율은 본질적으로 금리에 의해 결정된다. 향후 360일 간 유동자금 1,000억 엔을 관리해야 하는 후지금융(Fuji Finance Company)의 재무 담당 임원의 경우를 살펴보자. 정관에 따르면 후지금융은 미국이나 일본의 재무성 채권 같은 위험도가 아주 낮은 증권에만 자금을 투자할 수 있다. 1년 만기 미국 재무성 채권의 수익률은 6%이고, 유사한 만기의 일본 재무성 채권 수익률은 3%라 가정하자. 30억 엔 더 많은 이자 수익을 얻을 수 있는 달러화 증권의 높은 수익률이 유혹적이지만 이 계산에는 엔/달러 환율이 145엔/달러에 고정돼 있다는 전제가 깔려 있다. 환율이 고정돼 있지 않다면 달러화의 가치는 3%까지 하락할 가능성이 큰데, 이 경우 두 채권 사이의 이자율 격차는 결국 사라지게 될 것이다.

따라서 재무 담당 임원은 거래상대방 위험과 외환위험이 없는 국내 투자를 통해 얻을 수 있는 1,000억 엔×(1+0.03)=1,030억 엔의 수익률과, 달러화 증권에 대한 투자에서 기대되는 수익률을 비교할 것이다. 미국에 투자하는 경우 후지금융의 임원은 아래와 같은 방법을 사용할 것이다.

1) 145엔/달러의 환율에 달러화 현물을 1,000억 엔/145=6억 8,965만 5,170달러 매입한다.

2) 6%의 수익률로 360일간 투자해 6억 8,965만 5,170달러×(1+0.06)=7억 3,103만 4,480달러를 수취한다.

3) $F$=140엔/달러의 선도환율에 360일 후 달러 원금과 이자 금액을 매도하고 7억 3,103만 4,480달러×140=1,023억 4,482만 7,228엔을 인수하는 선도거래를 체결해 달러화 투자의 엔화 가치를 고정한다.

결국, 두 가지 투자 대안의 비교 결과에 따라 자금을 어디에 투자할지 결정될 것이다. 이 사례에서는 엔화 투자의 경우 약간 더 큰 수익을 올릴 수 있다. 일반적으로, 달러화 자산이 더 높은 무위험(Covered) 투자 수익률을 제공하는 경우 단기자금이 도쿄에서 뉴욕으로 옮겨가고, 이에 따라 양쪽 투자 대안의 수익률이 같아질 때까지 일본 금리와 엔/달러 환율은 상승 압력을 받는 반면 미국 금리와 선도환율은 하락 압력을 받게 된다. 두 수익률이 균형을 이루는 상태를 이자율 평형(Interest Rate Parity)이라 한다.[18] 더 수식적으로 표현하면, 이자율평가이론에 따르면 국내 금리($i$), 해외 금리($i^*$), 현물환율($S$), 선도환율($F$) 간에 다음과 같은 관계가 존재한다.

$$(1+i)=(1/S)(1+i^*)F, \text{ 또는 } F=S(1+i)/(1+i^*)$$

이때 현물환율 변동에는 엄격한 한계가 부과될 수 있지만 이때도 여전히 선도환율 $F$=145×[(1+0.03)/(1+0.06)]=141엔/달러는 금리 차이 $i-i^*$에 의해 결정된다는 사실을 이해하는 것이 중요하다.

선도환율은 일반적으로 미래 현물환율의 불편추정치(Unbiased Predictor)로 생각할 수 있다. 이는 물론 선도환율이 30, 60, 90, 180일 후에 현물환율을 정확히 예측한다는 의미는 아니다. 불편추정치는 현재 형성돼 있는 선도환율이 미래의 현물환율이라는 확률 변수에 대한 평균 또는 기댓값이라는 말이다. 실제 미래의 현물환율은 선도환율의 예측치보다 예측 오류만큼 높거나 낮게 형성될 것이다.

---

18) 이자율평가이론에서 의미하는 동일한 금리는 명목금리가 아니라 외환 위험을 커버하는 선도거래 비용을 감안해 조정된 실질 이자율이라는 것을 알 수 있다.

예측 오류는 현재 시점(0)에서 형성돼 있는 미래($t$) 시점 만기 선도
환율 $F(0, t)$와 실제 미래($t$) 시점에서 형성된 현물환율 $S(t)$ 간의 차
로, $F(0, t)-S(t)$는 0에 수렴하는 경향이 있다. 쇼와쉘의 사례를 보
면, 선도환율을 통해 나타나는 증거들은 일본 엔화의 가치가 하락하
지 않고 오히려 상승할 것을 나타내고 있다([그림 4] 참조).

■ **그림 4** **미래 현물환율에 대한 불편추정치로서의 선도환율.**
**30일 만기 선도환율 대비 현물 엔/달러 환율 월간 자료**

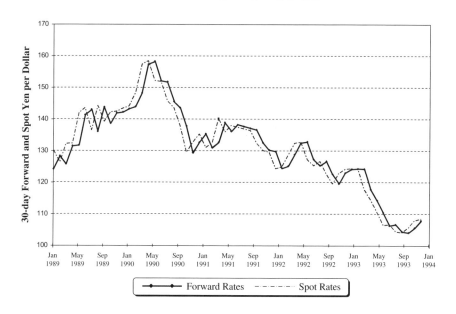

## 💡 이야기의 교훈

**교훈 1_ 통제의 실패:** 대부분의 대기업이나 금융기관의 트레이딩 부서에는 파생상품 거래 포지션의 한도를 엄격하게 제한하는 규정이 있다. 쇼와쉘은 2억 달러의 포지션 한도를 보유하고 있다고 알려졌지만 계획적으로 투기를 시도한 트레이더들은 이 규정을 쉽게 피해갈 수 있었다. 사실 포지션 한도를 제한하는 것만으로는 충분하지 않다. 그 대신 훨씬 중요한 지표인 거래 손실 한도에 대한 제한이 이뤄져야 한다. 거래 손실 제한은 각 파생상품 거래를 시가평가(Mark-to-Market)함으로써 강제성을 띠도록 할 수 있다.

선도환 거래는 선물환 거래와 달리 연속적으로 거래되지 않기 때문에 시가평가를 위해서는 매 영업일 종료 시점에 각 거래의 가치를 평가해야 한다. 선도환 거래의 가치는 이자율평가 이론을 통해 쉽게 평가할 수 있다(박스 D 참조). 또 후방부서에서는 각 거래가 체결되는 시점에 거래의 근거를 첨부한 거래 티켓(Trade Ticket)을 기록으로 남겨야 한다. 추측컨대 중공업 기업인 쇼와쉘은 실물 거래와 짝이 맞는 통화만 거래했을 것이다. 선도환 거래를 실행하기 위해서는 실제 상품이나 서비스의 수입/수출과 관련이 있어야만 했던 것이다. 어떤 형태로든 투기는 규정에 어긋나는 행위였다. 불행히도 쇼와쉘의 지나치게 느슨한 규정으로 인해 외환 트레이더들은 원유 정제나 유통 등의 사업과 전혀 관계없는 64억 달러의 선도거래를 계속해서 연장할 수 있었다.

**교훈 2_ 보고의 실패:** 쇼와쉘이 체결한 선도거래들은 재무부서 외부의 고위 경영진이 지속적으로 면밀히 관찰했어야만 했던 큰 규모의 거래들이었다. 무엇을, 언제, 누구에게 보고할지는 대기업이 종종 잘못 다루는 중요한 질문들이다. 기업을 망가뜨릴 수 있는 투기를 예방하기 위해서는 전체 포지션 규모를 만기별로 나누어 관리하는 것이 필요하다(3장에 등장하는 씨티은행의 사례 참조). 또 보고는 매일 이루어져야 하며, 재무부서의 고위 임원뿐 아니라 회사의 최고 경영진에게까지 보고가 전달돼야 한다. 일본의 최대 정유 기업인 니폰오일(Nippon Oil)의 경우, 재무부서의 외환 담당 부장이 외환 포지션 규모와 헷징 정책을 매월 이사회에 보고하도록 돼 있다.[19]

**교훈 3_ 감사의 실패:** 트레이딩룸에서 체결되는 파생상품 거래의 복잡성과 규모를 고려하면, 보고체계를 보완하기 위해서는 체계적인 감사가 필수적이다. 감사는 내부와 외부 모두에서 진행돼야 하고, 감사자와 피감사자 사이에 독립성이 지켜져야 한다. 거래티켓은 감사자가 전방부서와 후방부서에서 기록한 거래를 대조할 때 부정거래를 잡아내는 근거 정보로 활용된다. 또 어떤 거래라도 거래 상대가 있기 마련인데, 파생상품 거래에서 거래상대가 되는 조직들(대개는 은행의 트레이딩 부서)과 의사소통 채널을 구축하는 것도 효과적인 감사를 위해 핵심적이다. 사실 쇼와쉘의 사례를 포함한 많은 파생상품 실패 사례에서 사건의 전말이 비정상적인 거래에 대

---

19) Cf. Shibata, op. cit. p. 111.

해 알려준 거래 상대에 의해 드러났다.

**교훈 4_ 소통의 실패:** 쇼와쉘의 원유 구매를 책임지는 구매부서는 재무부와 소통을 하지도 않았을 뿐더러, 원유 구매대금 헤지를 담당하는 트레이더들에게 연락을 취하지도 않았다. 당연한 이야기지만 여러 부서 간의 긴밀한 협력은 효과적인 헷징 정책의 운용에 있어 매우 중요하다. 국제 가격 변동에 대한 위험이 달러가격과 원유가격에 집중돼 있는 일본 국내 기업이 두 위험 요소를 독립적으로 관리했다는 것은 사실 놀라운 일이다. 원유 구매 담당자와 재무 책임자는 서로 독립적으로 혹은 순차적으로 의사결정을 내리기보다는 협력해서 공동으로 의사결정을 내려야 한다.

# Question

1. 원유가격 변동 위험과 외환 위험을 똑같이 중요하게 여겨야 하는가? 어느 한쪽에 더 역점을 두어야 한다면 어느 한쪽을 더 강조할지 선택할 때 사용할 수 있는 기준은 무엇인가?

2. 90일 만기 선도 유가가 21달러, 원유의 보관/보험 비용이 배럴 당 0.45달러, 미국과 일본의 연간 이자율이 각각 5%와 2%일 때 쇼와쉘이 어떻게 원유가격 변동 위험을 헤지할 수 있는지 설명하라.

3. 왜 쇼와쉘의 외환 트레이더들은 경제 지표가 엔화 가치의 상승을 가리키는데도 불구하고 집요하게 달러화에 대한 노출을 헤지했을까?

## 참고문헌

1. "Enterprise Oil $25 million call option", Corporate Finance (April 1989).

2. Jacque, L. L. and G. Hawawini. Myths and realities of the global market for capital: Lessons for financial managers, Journal of Applied Corporate Finance (Fall 1993).

3. Jorion, P. Big Bets Gone Bad (Academic Press, 1995), p. 138.

4. Teweles, R. J. and F. J. Jones, edited by Ben Warwick, The Futures Game: Who Wins, Who Loses and Why (McGraw Hill, 1999, 3rd edn.), p. 8.

**Chapter**

**03**

# 씨티은행의 외환 손실[20]

Citybank's Forex Losses

투기꾼은 남들보다 앞서 미래를 내다보고 미래가 실현되기 전에
먼저 행동하는 사람이다.

— 버나드 버룩(Bernard Baruch)

　　브레튼우즈 체제 하에서 고정 환율제도가 한창 전성기를 맞고 있
던 1965년 6월 19일, 58개 국가에 177개의 지점을 거느린 미국 제
2의 상업은행 퍼스트내셔널씨티뱅크(First National City Bank)는
800만 달러의 손실을 공시했다. 이 손실은 브뤼셀 지점에서 한 벨기
에 출신 트레이더가 허가도 받지 않은 채 선도거래를 활용해 투기
에 나섰다가 입게 된 것이었다. 손실을 일으킨 기초 자산의 거래 규
모가 무려 8억 달러에 육박한다는 소문이 파다하게 퍼졌다. 하지만
1965년을 2:1의 주식 분할로 시작한 씨티은행은 800만 달러의 선도

---

20) 이 사건은 금융 분야의 많은 언론에 의해 크게 다뤄졌다. 다음을 참조: Rodriguez,
R. M. and E. M. Carter's International Financial Management (Prentice Hall:
Englewood Cliff, New Jersey, 1979).

거래 손실에도 불구하고 9,400만 달러의 기록적인 영업이익으로 한 해를 마무리했다.

어떻게 일개 트레이더가 세계에서 가장 크고 정교한 상업은행 중 하나인 씨티은행을 감쪽같이 속일 수 있었을까? 어떻게 그렇게 큰 투기성 거래가 회계 부서와 통제 부서에 발각되지 않았으며, 어떻게 환율이 사실상 고정돼 있는 상황에서 외환거래로 은행에 큰 손실을 입힐 수 있었을까? 이 장에서는 벨기에의 트레이더가 치밀하게 계획했던 투기 거래를 재구성한다. 그 과정에서 모든 금융 파생상품의 시초격인 선도거래를 소개하고, 선도계약의 가치 평가 방법과 선도거래가 투기에 어떻게 사용될 수 있는지를 살펴본다.


## 브레튼우즈 체제의 평화로운 날들

먼저 씨티은행의 벨기에 트레이더가 영국 파운드화로 러시안 룰렛을 즐겼던 외환 트레이딩 부서가 어떤 곳인지 먼저 살펴보고, 씨티은행이 외환 손실을 입었을 당시의 환율 결정 과정을 알아보자.

뉴욕증권거래소나 시카고거래소처럼 주식, 채권, 상품 등을 거래하기 위해 물리적으로 조성된 시장과 달리 외환시장은 상업은행이나 증권회사 등의 트레이딩룸이 서로 연결된 형태로 구성돼 있어 인터뱅크 시장(Interbank Market)이라 불린다. 컴퓨터와 인터넷을 통해 실시간 의사소통이 이루어지는 현재만큼 빠르지는 않지만 60년대의 외환 트레이딩룸은 전화선(이후 텔렉스로 바꿨었다)으로 서로 연결돼 있어 장외시장(Over-the-Counter Market)에서 신속한 의사소통이 가능했다.

각 외환 트레이더 앞에는 외환 브로커, 유선 케이블 회사, 고객 객들을 유선으로 연결하는 특수한 전화기 한 대씩이 놓여 있었다…통신망은 한 통화에 여러 트레이더들이 동시에 참여할 수 있도록 설계돼 있었다.[21)]

당시 씨티은행은 하루 약 500건의 거래를 통해 5,000만 달러에 달하는 금액을 거래했다. 약 50가지 다른 국가의 통화를 거래했는데, 달러/파운드화($/£) 거래가 전체 거래량 중 상당 부분을 차지했고, 뒤이어 달러/마르크($/DM)와 달러/엔화($/¥) 거래가 주를 이뤘다. 사실 외환 트레이딩은 씨티은행의 급속한 해외 확장에 핵심적인 역할을 하고 있었다.

씨티은행이 유럽과 아시아의 새로운 나라에 진출해 지점을 열 때마다 외환 트레이딩이 열쇠 역할을 하면서 외환 트레이딩은 모든 트레이딩 업무 중에서 가장 중요한 역할을 했다. 트레이더들은 지점에서 시장을 개척하는 동안 재무제표를 흑자로 유지해야 하는 엄청난 부담을 안고 있었다.[22)]

외환 트레이딩이 종종 비밀에 싸여 있는 경우가 있기는 하지만 외환 트레이딩의 기본은 기업 고객들을 대신해서 거래를 체결해주면서 수익을 얻는 것이라는 점은 널리 알려져 있다. 예를 들면, IBM이 5,000만 파운드의 배당금을 영국의 자회사에서 미국으로 송금하면서

---

21) Holmes, A. R. and F. H. Schott. The New York Foreign Exchange Market (Federal Reserve Bank of New York: New York, 1965).

22) Zweig, P. L. Walter Wriston, Citibank, and the Rise and Fall of American Financial Supremacy (Crown Publishers: New York, 1995), p. 172.

씨티은행의 런던 지점을 통해 현물환 시장에서 외화를 구매하는 경우가 해당한다. 현물 및 선도 외환시장에서 환율 예측치를 기반으로 전면적인 투기에 나서는 것을 완곡하게 표현한 용어인 방향성거래(Directional Trade)는 은행의 주요 수익원이 아닌 것이다.

1965년에 영국 파운드화(£) 가격은 파운드 당 2.8달러의 환율로 미국 달러화에 고정돼 있었다. 사실 이 체제는 브레튼우즈 협정(Bretton Woods Agreement)이 체결된 1944년에 시작된 체제였다(박스 A 참조). 각 통화의 기준환율은 국제통화기금(International Monetary Fund)과 각 당사국의 중앙은행이 공동으로 결정했으며, 한 번 결정되면 각 중앙은행이 지켜야 하는 약속으로 간주돼 쉽게 변하지 않았다. 가끔씩 개별 국가(특히 프랑스)가 자국 통화를 10%에서 25% 정도 평가절하하거나 절상해 그 당시 세계 통화체제의 기반 역할을 하던 미 달러에 대한 기준환율을 조정했다.

## 박스 A  브레튼우즈 체제와 고정환율제도

1944~1971년까지 모든 선진국들은 미 달러에 대한 기준환율에서 상하 0.75% 이내로 환율을 유지했다. 금으로 교환할 수 있는 유일한 통화였던 미 달러는 다시 금 온스(Ounce) 당 35달러에 가격이 고정돼 있었다. 각 통화는 미국 달러 가격과 평형을 유지함으로써 실질적으로 금으로 환산할 수 있었으며, 기준환율은 바로 이것을 의미하는 것이었다. 예를 들어 프랑스 프랑(FF)의 환율이 달러 당 5프랑일 때, 프랑스 프랑의 금 1온스에 대한 기준환율은 금 1온스×1/5=0.2온스다. 현재 금 가격은 온스 당 약 1,000달러 정도이고, 더 이상 미국 달러와 연계돼 있지도 않다. 금 가격은 다른 귀금속과 마찬가지로 시장 상황에

　　분명히 고정환율제도이기는 했지만 브레튼우즈 체제는 환율이 기준환율에서 조금씩은 움직일 수 있도록 허용했다. 예를 들어, 달러/파운드화 관계에서 환율은 다음과 같이 움직인다. 영란은행(Bank of England)이 기준 환율의 -0.75%인 2.80×(1-0.0075)=2.78달러/파운드를 하한 환율(Floor Rate)로 설정해놓은 경우, 수요 공급에 따라 현물환 가격이 2.78달러 아래로 내려갈 때마다 영란은행이 즉시 시장에 참여해 환율을 하한 환율 이상으로 올려놓기에 충분할 만큼 파운드화를 매입한다. 이를 중앙은행의 외환시장 개입이라고도 하는데, 중앙은행이 충분한 외환보유고를 확보하고 있을 때만 실행할 수 있는 방법이다.

　　반대로 영란은행이 파운드화 기준환율보다 0.75% 높은 2.80(1+0.0075)=2.82달러/파운드를 상한 환율(Ceiling Rate)로 설정해 놓았다면 장세에 따라 현물환율이 그 이상으로 높아질 때 시장에 개입해 상한 환율 아래로 환율을 떨어뜨리기에 충분할 만큼 파운드화를 매도할 것이다. 하한 환율과 상한 환율 모두 통화의 기준 환율과 마찬가지로 공개적으로 정해졌으며, 중앙은행은 실질적으로 환율 안정에 대한 보증인 역할을 했다. 현물환 거래는 파운드 당 2.78~2.82달러 사이에서 이루어지고, 영란은행이 이를 보증하는 것이다. 이는 어떻게 보면 영란은행이 외환시장의 모든 참가자들에게 환율 변동 위험에 대한 보험을 무료로 제공해주는 것과 같았다(1964~1965년까지 환율 변동 폭은 [그림 1] 참조).

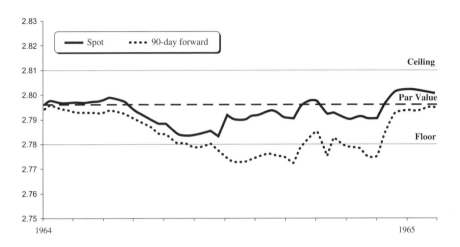

■ 그림 1  달러/파운드($/£)환율 변동(1964~1965)

　　물론 국제수지, 인플레이션 위기, 투기자본의 공격, 자연재해 또는 정치 파동 등의 결과로 때때로 기준환율이 평가절상 또는 절하되기도 했다. 1964년 가을에 새로 선출된 영국 노동당 정부는 심화되는 국제수지 적자 때문에 거센 파운드화 평가절하 압력을 받았지만 영란은행의 대규모 시장 개입과 단기자금 유입을 유도하기 위한 큰 폭의 단기금리 인상으로 외환위기를 가까스로 넘겼다. 씨티은행의 외환 트레이더가 향후 9~12개월 동안 파운드화의 평가절하 없이 환율이 파운드 당 2.78달러 이상으로 유지될 것으로 예측하고 투기를 계획한 것은 바로 이런 배경 속에서였다.

## 선도환 거래로 도박하기

외환시장에서의 투기 거래는 다음과 같이 직접적인 현물환 매매나, 더 복잡한 선도환 계약을 통해 실행할 수 있다.

1) 현물환 투기 거래는 한 통화(미국 달러라고 가정하자)가 다른 통화(영국 파운드화라고 가정하자)에 비해 저렴(저평가)할 때 매입해서 가치가 오를 때까지 기다렸다가 더 높은 가격에 되파는 것이다. 영국 파운드화가 평가절하(달러 가치 상승)될 것으로 예상될 때는 외환 투기꾼이 현물시장에서 달러를 매입(파운드화 매도)하고 기다렸다가 파운드화를 훨씬 싼 가격에 다시 매입할 것이다. 예를 들어, 영국 파운드화가 파운드 당 2.8달러에서 2.4달러로 평가절하된다고 가정해보자. 평가절하되기 이전에 1파운드로 2.8달러를 살 수 있고 파운드화가 평가절하되고 난 후에는 2.8달러로 1.1667파운드($2.80/2.40=£1.1667)를 살 수 있어 결국 화폐의 시간가치를 고려하지 않는다면 이 거래로 £1.1667-£1.00=£0.1667의 이익을 얻을 것이다. 하지만 이때 자금은 어느 정도가 될지 미리 알 수 없는 투기 기간 동안 계속 묶여 있어야 하는데, 만약 투기 거래를 위해 자금을 빌리는 경우 금융비용이 발생한다. 이 '보유비용(Cost of Carry)'에 수반되는 이자 부담은 현금흐름에 즉각적인 영향을 미칠 것이고 지점 통제부서의 주목을 끌 것이 확실했기 때문에, 씨티은행의 트레이더는 현물환 시장에서의 투기를 아예 배제했다.

2) 현물환 거래 대신 선도환 거래를 투기에 활용할 수도 있는데(박스 B 참조), 선도환 거래는 매매 시점에서 현금이 전혀 소요되지 않기 때문에 훨씬 은밀하게 실행할 수 있는 방법이다. 예를 들어, 1964년 9월 30일의 시장 상황이 다음과 같다고 가정해보자. 1965

년 3월 31일 인도되는 9개월 만기 선도환율이 파운드 당 2.72달러인데, 씨티은행의 트레이더는 현물환율이 하한 환율인 파운드 당 2.78달러 위로 유지될 것이라고 예측하고 있다. 만약 트레이더가 선도환 매매로 1억 파운드를 2.72달러에 매입하고 1965년 3월 31일 파운드화의 환율이 2.78달러 이상으로 유지된다는 예측이 맞아 떨어진다면 트레이더는 2억 7,200만 달러를 지불하고 2억 7,800만 달러(혹은 그 이상)로 가치가 높아진 1억 파운드를 인수한다. 이 거래로 그는 600만 달러의 수익을 얻게 되는데, 이는 아무 돈도 들이지 않은 투자치고는 매우 짭짤한 금액이다. 물론 만약 예측이 빗나가 파운드화가

---

**박스 B**    **선도환 거래**

선도환 거래는 일정 금액의 외화를 미래의 특정한 날짜(선도 거래의 만기일)에 계약 당일 정해진 가격(선도환율)으로 사거나 팔기로 하는 약속이다. 예를 들어 한 트레이더가 1964년 9월 30일, 1,000만 파운드를 파운드 당 2.7650달러의 선도환율에 30일 만기 선도환 거래를 통해 매입한다고 가정하자. 30일 후 1964년 10월 30일에 트레이더는 2,765만 달러를 인도하고 1,000만 파운드를 인수한다. 만기 시점에 현물환율이 파운드 당 2.8달러라면 그 트레이더는 파운드 당 3.5센트($2.80–$2.7650) 싸게 사는 셈이고, 결국 선도환 거래로 35만 달러의 수익을 얻는다. 선도환 거래 체결 시점에서는 단지 변경 불가능한 법적 구속력이 있는 약속(현금 교환이 일어나지 않음)만을 교환하고, 두 거래당사자가 현물환율에 상관없이 미리 계약된 환율에 통화를 실제로 인도(혹은 현금 결제)하는 것은 계약 만기 시점에서라는 점을 이해하는 것이 중요하다.

2.4달러로 평가절하되면 2억 4,000만 달러의 가치밖에 없는 1억 파운드를 받는 대가로 2억 7,200만 달러를 지불해야 하기 때문에 트레이더는 3,200만 달러의 어마어마한 손실을 입는다.

## 외환 트레이딩 부서를 어떻게 통제할 것인가?

씨티은행의 트레이더가 꾸민 도박 계획을 본격적으로 들여다보기 전에, 외환시장의 규칙에 대해 윤곽을 먼저 잡을 필요가 있다. 외환 트레이더는 개별 매매에 대한 거래 한도를 준수해야 한다. 은행에서는 개별 거래와 순 포지션 규모 한도를 각각 1,000만 달러와 2,500만 달러로 제한하고, 만일의 상황에 대비해 영업일 종료 시점에 외환 포지션을 0에 가깝게 조정하도록 할 수도 있다. 이런 규정이 없다면 은행의 CEO들은 해외 지점에서 발생할지도 모르는 부정거래에 대한 걱정으로 밤에 잠을 이루지 못할 것이다.

사실 은행이 외환 업무에서 벌어들이는 주요 수익은 기업고객의 요청으로 현물환이나 선물환 시장(최근에는 이 책 전반에 걸쳐 소개되는 옵션, 스왑 등 파생상품으로 영역이 확대되고 있다)에서 외화를 거래하면서 매수가격과 매도가격을 다르게 책정함으로써 얻게 되는 매수/매도 가격차(Bid/Ask Spread)이다. 이는 앞에서 설명한 투기 포지션을 발생시키지 않기 때문에 비교적 안전하게 수익을 얻는 방법이다. 대부분의 은행들은 트레이더들의 정직성을 확보하기 위해 스퀘어 포지션(Square Position) 규정을 통제체계의 일부로 활용한다. 스퀘어 포지션은 각 트레이더로 하여금 전체 매수/매도 포지션을 동일하게 유지하면서 각 통화에 대해서도 선도환 매수/매도 규모를 동일하게 유지하도록 제한하는 규정이다.

예를 들어, 씨티은행의 트레이더가 1개월 만기 선도환 거래를 통해 1,000만 파운드를 파운드 당 2.777달러의 선도환율에 매도하고, 동시에 1,000만 파운드를 파운드 당 2.775달러에 매입하는 6개월 만기 선도환 계약을 체결하는 경우를 생각해보자. 만약 15일 후에 파운드화 가격이 2.74달러로 떨어진다면 이 트레이더는 30일 만기 선도환 매도 거래에서 1,000만 파운드×(2.777-2.740)=37만 달러의 이익을 얻게 되겠지만 동시에 6개월 만기 매수 거래에서는 1,000만 파운드×(2.740-2.775)=35만 달러의 손해를 보게 된다. 이 사례에서 은행의 순 노출 규모는 1개월과 6개월 선도환율의 차이에 해당하는 (2.777-2.775)×1,000만 파운드=2만 달러[23]로 제한되는데, 이 정도는 대부분의 은행에서 감당할 수 있는 규모다. [표 1]은 달러/파운드 또는 달러/독일 마르크 거래의 경우 포지션을 어떻게 취할 수 있는지에 대한 간단한 사례를 보여준다.

### ▨ 표 1  만기별 외환 포지션 조합

| 만기 | 30일 | 60일 | 90일 | 180일 | 360일 |
|------|------|------|------|-------|-------|
| £ | −1,000만 | | | +1,000만 | |
| DM | | −500만 | −500만 | | +1,000만 |

---

23) 이는 화폐의 시간가치를 고려하지 않은 수치다. 1개월 만기 선도환 거래에서 수익을 얻으면 순이익, 손실을 보면 순손실이 된다.

선도환 계약의 만기를 고려하지 않는다면 두 통화 모두에 대해 아래와 같은 관계가 성립한다.

$$매입(자산) 포지션(+)=매도(부채) 포지션(-)$$

이때 파운드화에 대해 1,000만 파운드(매입/자산 포지션)£1,000만 파운드(매도/부채 포지션)=0이므로, 씨티은행의 트레이더가 스퀘어 포지션을 유지하는 것을 알 수 있다.

## 상업은행 외환 트레이더의 조지 소로스 따라하기[24]

씨티은행의 트레이더가 향후 12~18개월 동안은 영국 파운드화가 평가절하되지 않고 당시의 투기성 압력에서 살아남을 것이라는 확신에 차 있었다는 사실을 상기해보자. 이 확신을 바탕으로 수익을 얻기 위해 그는 9~18개월 사이의 선도환 계약을 활용해 2.69달러에 파운드를 매입했다. 여기서 '현물환율은 영란은행이 엄격하게 관리하는 변동 폭 내에서만 움직일 수 있는데 선도환율은 어떻게 하한환율 아래로 떨어질 수 있을까' 하는 의문을 가질 수 있다. 이는 미국 달러와 영국 파운드화 사이의 금리 차이와 관련이 있다.

---

24) 1992년, 소로스는 영국 파운드화가 독일 마르크를 비롯해 유럽통화제도를 구성하는 유럽연합의 통화에 대해 평가절하되어 유럽통화제도에서 떨어져 나올 것이라고 예측하고, 자신이 운영하는 퀀텀(Quantum) 헤지펀드를 통해 투기를 실행했다. 소로스는 선도환 거래를 통해 파운드화를 대규모로 매도함으로써 1992년 9월 16일 영국 파운드화가 실제로 평가절하됐을 때 10억 달러가 넘는 차익을 남겼다. 물론 헤지펀드는 어떤 식으로든 투기가 허용되기 때문에 퀀텀펀드에는 씨티은행의 트레이더와는 다르게 스퀘어 포지션 규정이 적용되지 않았다.

영란은행이 환율을 파운드 당 2.8달러로 방어하려 하면서 단기 자금 유입을 유도하기 위해 금리를 4.5%에서 7.5%로 상향조정했는데, 이는 현물환 시장에서 파운드화 가치를 끌어올렸다(1964년 ~1965년 미국과 영국의 금리 차이는 [그림 2] 참조). 두 국가 간 금리 차이가 확대되면서 선도환율의 할인 폭도 더 커졌다(박스 C 참조). 이를 더 자세히 살펴보자. 1964년 9월에 4.5%였던 영국 금리가 10월에는 7.50%로 상승한 반면 미국 금리는 계속 4.25%에 머무르면서 1964년 9월에 F=2.78달러×[(1+0.0425)/(1+0.0470)]=2.77달러를 유지하던 선도환율은 10월에는 F*=2.78 달러×[(1+0.0425)/(1+0.0750)]=2.69달러로 떨어졌다(실제 선도환율의 할인폭은 [그림 2]의 아래 열 참조).

■ 그림 2 **달러/파운드 환율 및 미국과 영국의 금리 차이(1964~1965)**

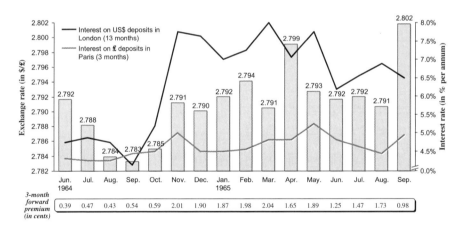

영국의 금리가 오를수록 선도환율은 더 많이 떨어졌고, 씨티은행 트레이더의 투기 계획도 점점 더 매력적으로 보였다. 하지만 그가 투기 계획을 실행에 옮겨 수억 파운드를 매입하기 전에 스퀘어 포지션 규정이 위험신호를 보낼 것은 충분히 예상할 수 있는 일이었다.

사실 스퀘어 포지션 규정에는 허점이 있었다. 씨티은행의 트레이더는 이 규정의 허점을 악용해 들키지 않고 파운드화가 평가절하되지 않을 것이라는 예측에 돈을 걸 수 있었다. 그 트레이더가 파운드화를 2.69달러에 매입하는 360일 만기 선도환 거래를 체결했다는 사실을 상기해보자. 이 거래로 그는 매입/자산 포지션을 취하게 됐는데 이는 같은 규모(만기는 동일하지 않아도 된다)의 매도/부채 포지션을 통해 중화해야만 했다. 중화하지 않을 경우 그 정도의 대규모 파운드화 자산 포지션이 감사 부서의 관심을 끌게 될 것은 당연한 일이었다. 만기가 긴 매입 포지션과 균형을 맞춰 스퀘어 포지션을 유지하기 위해서는 파운드화를 매도해 부채 포지션을 만들어야 했다. 트레이더는 거래금액을 정확히 일치하도록 만들어 항상 스퀘어 포지션으로 보고했지만 사실은 파운드화를 매도하는 데 활용한 선도환 거래의 만기가 30일에서 60일에 불과해 270일과 360일이던 선도환 매입 거래의 만기와 크게 어긋나 있었다.

처음 30일 동안은 아무런 현금 손실도 발생하지 않았다. 파운드화 선도환 매도 거래(1965년 10월 30일 만기로 파운드 당 2.77달러의 환율에 파운드 선도환을 매도했다)의 첫 만기가 돌아왔을 때 트레이더는 1억 파운드를 인도하고 2억 7,700만 달러를 인수했다. 하지만 파운드화가 평가절하되지 않았기 때문에 이 1억 파운드는 시장에서 2.78달러 혹은 그 이상의 환율에 매입할 수밖에 없었다. 이는 계약 1건으로 100만 파운드가 넘는 손실을 입은 것을 의미하는 것이었다. 아마도 이 손실은 그날 정산된 다른 계약에서 발생한 손익에 합쳐졌을 것이다. 첫 번째 파운드화 매도 거래를 청산하고 난 후에는 파운드화 자산 포지션만 남았고, 트레이더는 다시 파운드화를 매도해야 하는 상황에 처했다. 그는 다시 파운드화를 만기가 짧은 선도환 거래를 통해 매도해 긴 만기의 자산 포지션과 균형을 맞추었다.

아마도 트레이더는 단기 선물환 매도 거래의 만기가 돌아올 때마다 매도 계약을 계속 갱신할 생각이었던 것 같다. 이 경우 매번 계약을 연장할 때마다 선도환율(영국의 금리가 계속 오르면서 할인 폭이 점점 더 커지고 있었다)과 계약 만기일에 형성된 현물환율(파운드화가 평가절하되지 않았기 때문에 항상 하한환율인 2.78달러 이상을 유지했다)의 차이에 해당하는 손실이 발생하게 돼 있었다. 1964년 가을 내내 지속적으로 오른 파운드화 금리로 선도환 계약을 갱신할 때마다 선도환율은 점점 더 불리해졌고, 거래가 결제될 때마다 손실 규모는 늘어나기만 했다. 하지만 파운드화가 평가절하되지만 않으면 매도 포지션에서 대규모 손실이 발생하지 않는 이상 그는 장기 매수 포지션으로 준수한 수익을 남길 수 있었다. 이를 더 공식적으로 표현하자면, 우리의 트레이더는 다음과 같은 상황을 기대하고 있었다.

|  단기 파운드화 선도환 매도로<br>발생할 손실 | < | 장기 파운드화 선도환 매입에서<br>발생할 이익 |
| --- | --- | --- |

사실 씨티은행 트레이더의 도박 계획은 편향된 기대에 근거한 것이었다. 파운드화 매입 포지션이 큰 수익을 안겨 줄 가능성이 꽤 있긴 했지만 파운드화에 대한 단기 매도 포지션으로 대규모 손실이 날 가능성도 적지 않았다. 트레이더는 기대한 대로 수익이 누적 손실보다 클 것인지 확실히 알 길이 없었다. 씨티은행의 트레이더에게 있어 한 가지 확실한 것은 수익률 곡선(Yield Curve)이 단기적으로 45도 선보다 더 가파른 경향이 있어 장기적으로 파운드화 할인폭이 단기에 비해 더 크다는 것이었다. 이는 1년 동안의 수익률이 6개월, 3개월, 1개월 동안의 연 환산 수익률보다 더 높다는 뜻이다. 다시 말해, 360일 만기 파운드화 선도환율의 할인 폭은 1개월 만기 선도환율의 할인폭에 12를 곱한 것보다 크다는 말이다.

　　이 도박으로 수익을 남기기 위해서는 파운드화 매입 계약의 만기가 돌아오는 12개월 후에 한 달 만기 선도환 계약을 연장하면서 발생하는 손실의 12배 이상의 수익을 얻을 수 있어야만 했다. 하지만 이는 향후 12개월간 현물환율과 두 국가 간 금리차이가 일정하게 유지된다는 전제 하에서만 가능한 일이었다. 결국 단기 선도환 파운드화 매도로 입게 되는 누적 손실이 선도환 매입 거래를 통해 회수되고도 남을 것이라는 씨티은행의 트레이더의 확신은 아무런 근거가 없었던 것이다.

이자율평가이론(Interest Rate Parity)에 의하면 선도환율은 현물환율과 달리 중앙은행의 환율 변동 제한폭에 얽매이지 않고, 본질적으로 금리에 의해 결정된다. 향후 360일 간 유동자금 1억 달러를 관리해야 하는 피델리티인베스트먼트(Fidelity Investment) 머니마켓뮤추얼펀드(Money Market Mutual Fund: MMMF)의 재무 담당 임원의 경우를 살펴보자. 정관에 따르면 MMMF는 미 재무성 채권이나 영국 국채(Glit) 같은 위험도가 아주 낮은 증권에만 자금을 투자할 수 있다. 1년 만기 미 재무성 채권의 수익률은 4%이고, 유사한 만기의 영국 국채 수익률은 6%라고 가정하자. 표면적으로는 영국 파운드화 증권에 투자하면 미 재무성 채권에 투자하는 것보다 200만 달러라는 매력적인 이자 수익을 더 얻을 수 있을 것 같아 보인다. 하지만 이 계산에는 달러/파운드 현물환율이 2.8달러/파운드로 고정돼 있다는 전제가 깔려 있다. 환율이 고정돼 있지 않은 경우, 파운드화의 가치가 2% 하락함으로써 두 채권 사이의 이자율 격차는 사라지게 될 것이다. 따라서 피델리티의 임원은 거래상대 위험과 외환 위험이 없는 국내 투자를 통해 얻을 수 있는 1억 달러×(1+0.04)=1억 400만 달러에 대한 수익률과, 영국 국채에 투자해 얻을 수 있는 수익률을 비교할 것이다. MMMF의 임원이 영국 국채에 투자하는 경우에는 아래와 같은 방법을 사용할 것이다.

1) 2.8달러/파운드의 환율에 1억 달러/2.8=3,571만 4,000파운드를 현물시장에서 매입한다.

2) 6%의 금리로 1년간 투자해 3,571만 4,000파운드×(1+0.06)=3,785만 7,000파운드를 회수한다.

3) 파운드를 현물환으로 매입함과 동시에 360일 후 원금과 이자 금액을 모두 인도하고 F=2.7475달러/파운드의 선도환율에 3,785만 7,000파운드×2.7475=1억 401만 2,000달러를 인수하는 선도환 거래를 체결해 파운드화 투자의 달러 가치를 고정한다.

실질적으로 두 투자 대안의 결과를 비교해 어디에 자금을 투자할지가 결정될 것이다. 이 사례에서는 파운드화에 투자하는 쪽이 약간 더 높은 수익을 얻을 수 있다. 더 일반적으로, 파운드화 자산이 더 높은 무위험(Covered) 투자수익률을 제공하는 경우 단기자금이 뉴욕에서 런던으로 옮겨가고, 이에 따라 양쪽 투자 대안의 수익률이 같아질 때까지 미국 금리와 달러/파운드 현물환율은 상승 압력을 받는 반면 영국 금리와 선도환율은 하락 압력을 받는다. 두 수익률이 균형을 이루는 상태는 이자율 평형(Interest Rate Parity)이라고도 한다.[25] 수식을 사용해 표현하면, 이자율평가이론에 따라 국내 금리(i), 해외 금리(i*), 현물환율(S), 선도환율(F) 간의 관계를 다음과 같이 정리할 수 있다.

$$(1+i)=(1/S)\times(1+i^*)\times F \text{ or } F=S(1+i)/(1+i^*)$$

여기서 현물환율 변동에는 엄격한 한계가 부과될 수 있지만 이때도 선도환율은 여전히 금리 차이 i-i*에 의해 결정된다. 이때 금리 차이에 의해 균형을 이루게 되는 선도환 F=2.80×[(1+0.04)/(1+0.06)]=2.7472달러/파운드는 현물환율에 부과된 하한환율인 2.78보다 낮은 수준이라는 는 것을 확인할 수 있다.

---

25) 이자율평가이론에서 의미하는 동일한 금리는 명목금리가 아니라 외환 위험을 커버하는 선도거래 비용을 감안해 조정된 실질 금리라는 것을 알 수 있다.

## 성급한 결론

씨티은행 트레이더의 기발한 계획은 결실을 맺을 기회를 얻지 못했다. 결과적으로 파운드화는 평가절하되지 않았고, 최소한 파운드화 매수 거래는 만기가 돌아오면 수익을 낼 수 있었지만 그는 끝내 결과를 확인하지 못했다. 1965년 봄의 어느 날, 당시 씨티은행의 외환 트레이딩 부서를 책임지고 있던 월터 리스턴(Walter Wriston)은 뜻하지 않은 연락을 받았다.

> 리스턴은 그의 친구이자 당시 세계 최대의 금 중개회사였던 영국 기업 사뮤엘몬태규(Samuel Montague)의 파트너로 있던 폴 진틀리(Paul Jeantly)로부터 연락을 받았다. 진틀리는 씨티은행의 외환 부서에 대해 마음을 놓지 못하고 있었다. 그는 리스턴에게 몬태규가 씨티은행의 벨기에 지점과 맺은 1억 달러 규모의 거래가 다음 주에 만기가 돌아온다고 알려줬다. "그 말을 듣고 너무 놀라 입을 다물 수 없을 지경이었습니다." 리스턴이 말했다. "1억 달러는 그 정도 규모의 지점에서 체결할 수 있는 최대 계약 금액보다 10배나 큰 규모였습니다."[26]

곧 감사 부서에서 문제의 트레이더가 저지른 투기 행위를 밝혀냈고, 대규모 투기성 거래를 강제 청산할 때는 그동안의 관습에 따라 당시에 형성된 불리한 현물환율과 선도환율에 남아 있는 거래 포지션을 모두 해소시켰다.

---

26) Zweig, op. cit. p. 175.

 **이야기의 교훈**

2억 5,000만 달러의 후순위전환사채(Subordinated Con-
vertible Debt)를 발행하려 준비하던 씨티은행에게, 벨기에 지
점에서 근무하는 일개 트레이더의 부정행위로 전 세계 연결 수
익의 10%에 가까운 금액을 잃게 된 사건은 치욕적인 일이었
다.

**교훈 1_ 일상적인 거래에 대해서도 배경 설명을 요구하라:** 각 거
래를 책임지는 트레이더가 어떤 계약을 기반으로 외환 파생
상품을 거래했는지 명확하게 밝히도록 해야 한다. 외환 파생
상품의 최종사용자는 누구일까? 아마도 상업은행은 기업들
과 주로 거래할 것이다. 만약 파생상품의 거래상대가 다른 종
류의 기관이라면 의문을 가져야 한다. 이때 외환 트레이딩 업
무를 회계나 통제 업무 등 후방 업무와 구분해서 독립적으로
유지하는 것이 중요하다. 외환 트레이더가 거래를 실행한 후
거래일지에 기록하고 거래티켓을 작성하면 후방부서에서는
이 티켓을 시스템에 입력한다. 후방부서에서는 다시 중개인
이나 거래상대 등에게 각 거래가 정확하게 체결됐는지 확인
해야 한다. 최근에는 많은 상업은행들이 리스크관리 부서를
만들어, 미청산 계약에 수반되는 이익과 손실을 산정하는 기
능을 보유하고 있다.

**교훈 2_ 세부 거래 내역을 요구해 트레이더를 면밀히 관찰하라:**
총 포지션 규모를 각 거래상대 별로 만기에 따라 보고하도록
해야 한다. 보유한 포지션과 동일한 규모의 반대 포지션으로

균형을 맞추는 것만으로도 은행을 꽤 안전하게 유지할 수 있지만 이 장에서 설명한 것처럼 트레이딩 부서의 목적에 어긋나는 투기 계획을 숨길 수 있는 여지가 있다. 헤지펀드와 유사하게 이익추구를 위한 자기자본 매매(Proprietary Trading)를 수행하는 부서를 은행 내부에 만드는 것도 대안이 될 수 있다. 이경우, 새로 설립된 부서는 기존 부서와는 다른 목적과 규칙 하에서 운영돼야 한다. 많은 투자은행들이 이 방식으로 독립적인 부서를 운영하면서 큰 수익을 올린다.

**교훈 3_ 거래 손실 한도를 부과하라:** 미청산 계약 잔고는 매일 시가평가(Marking-to-Market)하도록 강제하고 가치 변화에 따른 거래 손실 한도를 설정해야 한다. 이는 보통 리스크관리 부서와 회계/통제 부서가 협력해 수행한다. 현재는 널리 사용되고 있는 규정이지만 1960년대에는 이런 원칙이 무시되기 일쑤였다. 선도환 거래는 거래 조건을 직접 설정하는 맞춤 거래이고 선물환 거래처럼 연속적으로 거래되지 않기 때문에 매일 영업 종료 시점에 시가평가를 통해 가치를 재조정해야 한다. 이는 이자율평가이론을 활용해 쉽게 실행할 수 있다. 예를 들어, 한 트레이더가 9월 1일에 선도환율 2.73달러에 12개월 만기 파운드화 매입 선도계약을 체결한다고 가정하자. 영국 금리가 상승하면 9월 2일에는 선도환율이 파운드당 2.7250달러로 떨어질 수도 있을 것이다. 이 계약의 원금이 1억 파운드라면 시가 평가를 활용할 경우 이 포지션은 1억 파운드×(2.73-2.7250)=50만 달러의 미실현 손실[27]을 기록하게 될 것이다.

씨티은행에 트레이더 별로 25만 달러의 손실 한도가 설정돼 있었다면 후방부서에서 투기 계획을 일찍 알아챌 수 있었을 것이고, 외환 포지션에 대해 적절한 회계처리가 완료될 때까지 더 이상의 거래가 중단됐을 것이다. 실제 손실 규모를 예측할 수도 없는 수많은 종류의 허위 거래를 은폐할 수 있는 스퀘어 포지션 규정보다는 손실 한도를 설정하는 방법이 은행의 전체적 위험 노출 수준을 통제하는 데에 훨씬 효과적인 방법이다.

## Question

1. 외환 트레이더는 고정급을 받고, 어떤 수수료나 보너스도 받지 않는다. 그럼에도 불구하고 씨티은행의 트레이더가 외환 투기에 나서게 된 동기는 무엇이었을까?
2. 영국 파운드화가 1967년까지 평가절하되지 않았던 것을 고려할 때, 씨티은행이 선도환 계약의 만기가 돌아올 때까지 그대로 뒀다면 외환 트레이더의 투기 계획은 어떤 결과를 가져왔을까? 각 시기별 현금흐름의 규모를 자세히 설명하라.
3. 선도환율은 왜 브레튼우즈 체제 하에서 수립된 환율 변동폭 내에서 움직이지 않는가? 어떤 상황에서 선도환율이 그 변동폭 안에서 유지되는가?

---

27) 선도환 거래가 청산될 때까지 실제 현금흐름은 일어나지 않는다. 따라서 미실현 손실로 기록되는 것이다.

4. 대형 상업은행의 트레이딩 부서가 방향성 거래(Directional Trade)에 관여하는 것이 금지돼야 한다고 생각하는가?
5. 트레이딩 부서가 방향성 거래를 수행하는 것을 허용하려면 어떤 조건이 충족돼야 하는가?

# 말레이시아 네가라은행

말레이시아 네가라은행은 기밀 정보, 무제한 끌어올 수 있는 신용, 규제 권한 등
중앙은행이 동원할 수 있는 모든 자원을 활용해 외환시장에서
가장 큰 두려움을 사는 트레이딩 기관이 됐다. 수익을 얻기 위해 외환 트레이딩을
시작함으로써 네가라은행은 중앙은행으로서의 신념을 저버린 것이다.

– 그레고리 밀맨(Gregory Millman)[28]

1994년 3월 31일, 말레이시아의 중앙은행 네가라은행은 57억 링
깃(Ringgit)에 이르는 엄청난 외환 손실을 공시했다. 미국 달러로 환
산하면 약 21억 달러에 해당하는 이 손실은 1992년에 기록했던 90억
링깃(약 33억 달러)의 뒤를 잇는 규모였다. 오랫동안 네가라은행의
총재를 맡고 있던 자파 빈 후세인(Jaffar bin Hussein)은 거대한 외환
손실을 공시한 다음 날인 1994년 4월 1일 강압에 못 이겨 사임했다.

정상적인 중앙은행에서라면 그런 외환 손실은 투기성 자본 유입
으로 인한 자국 통화 가치 상승을 막으려는 시도가 실패할 때 발생

---

28) Millman, G. The Vandals' Crown (Simon & Schuster, 1995), p. 226.

하는 결과였을 것이다(박스 A 참조). 실제로 1994년 1월 〈이코노미스트〉 보도에 따르면 네가라은행은 링깃 가치가 상승할 것으로 예측하고 링깃을 사들이는 '환투기꾼'들과의 전쟁을 선포했다. "하지만 전 세계의 외환 딜러들이 잘 알고 있듯이, 네가라은행도 외환시장에서 오랫동안 투기를 일삼았다. 네가라은행은 최근 2년 간 대담성을 과시해왔는데, 문제는 네가라은행의 무능함이 그 대담함에 맞먹을 정도였다는 것이다."[29] 실제로 자파[30]는 1988년에 외환보유고 관리의 전통적인 목표인 안전성, 유동성에 '수익 최적화와 시장 전문성'[31]을 추가할 것이라고 발표했는데, 이는 얼마 지나지 않아 외환투기를 의미하는 암호로 바뀌었다.

---

| 박스 A | 중앙은행의 외환은행 개입 |

중앙은행은 일반적으로 자국 통화의 안정성에 대한 보증인 역할을 한다. 중앙은행은 자국 통화 가치가 지나치게 가파르게 상승하거나 하락하는 것을 막고 자국 통화의 안정성을 유지하기

---

29) Anonymous, Asian currencies: Malaise. The Economist (April 9, 1994), pp. 82‑83.

30) 말레이시아 중앙은행의 총재가 되기 전에 자파는 프라이스워터하우스(Price Waterhouse)의 말레이시아 사업부 책임자(그는 회계사로 경력을 쌓았다)와 말레이시아은행(Malaysia Bank: 말레이시아 최대의 상업은행)의 CEO를 거쳤는데, 당시 그는 현명하고 신중한 리더십으로 존경을 받았다.

31) Shale, A. Bank Negara shrugs off forex fiasco. Euromoney (December 1993), pp. 49‑51.

위해 외환시장에 개입한다. 자국통화의 가치가 하락하는 것을 막기 위해서는 시장에서 자국통화를 매입(보유하고 있는 미국 달러나 일본 엔화 등 외화 매도)하고, 반대로 자국통화의 가치가 상승하는 것을 늦추려 하는 경우에는 시장에 자국통화를 매도(외화 매입)한다. 예를 들어, 투기꾼들이 링깃을 M$2.50=$1에 매입하고 있다면 네가라은행은 반대로 링깃을 팔고 달러를 사들여 달러 보유고를 늘릴 것이다. 이 시장개입의 결과 네가라은행이 보유하는 달러의 양은 늘어나지만 투기성 자본 유입이 성공적으로 링깃 가격을 밀어 올려 달러의 가치가 M$2.40=$1로 떨어질 경우 외환보유고를 자국통화로 표시할 때는 손실이 발생하는 것이다. 일본, 중국, 대만 등 아시아의 많은 중앙은행들이 이와 비슷한 외환 손실을 경험했다. 네가라은행의 실패는 이와는 본질적으로 다른 이야기다!

## 도대체 중앙은행은 무슨 기관일까?

일반적으로 중앙은행은 통화 안정을 유지하면서(물가상승률을 안정되게 유지하는 것을 의미한다) 경제가 균형적으로 발전할 수 있도록 국내 통화 공급을 책임지는 기관이다. 중앙은행에게는 자국 금융시장에 자신감을 불어넣는 역할이 요구된다. 경제공황이나 체계적 위험(Systemic Risk)을 막기 위해 파산 위기에 몰린 민간은행에 대한 최종대출자(Lender of Last Resort) 역할을 하기도 한다. 고정환율제도를 사용하는 경우나 변동환율제도를 사용하는 경우 모두 외환시장에 체계적으로 개입해 국제 결제가 문제없이 이뤄지도록 보장하는 책임도 국내 경제에서 중앙은행이 맡는 역할과 밀접하게 연관돼 있다. 중앙은행은 대개 공공기관이지만 미국 연방준비제도 (Federal Reserve System)나 영란은행의 경우에서 볼 수 있듯이 자국 정부로부터 독립성을 유지한다. 하지만 대부분의 개발도상국에서는 여전히 중앙은행이 정부의 영향력 하에 놓여 있다.

네가라은행은 분명히 다른 중앙은행들과는 다른 길을 선택했다. 수익을 얻기 위한 목적으로 외환 트레이딩을 수행하면서, 네가라은행은 중앙은행으로서의 신념을 저버린 것이다. 네가라은행은 세계 금융시장의 안정을 확보하기 위해 노력하는 대신 돈을 벌어들이기 위해 시장 상황이 가장 취약할 때 계속해서 엄청난 규모의 돈을 시장으로 밀어 넣었다. 네가라은행의 투기 행위는 너무나 지독해서 미국의 한 중앙은행가는 이렇게 말하기도 했다. "이 세상의 어떤 거래소에서라도 이런 식으로 투기를 하려고 시도했다면 감옥에 갔을 겁니다." 하지만 규제가 전혀 없는 외환시장에서는 경찰도 없었고, 감옥을 관리할 간수도 없었다. 시장에 존재하는 유일한 규칙은 거친 파괴의 법칙뿐이었고, 이 규칙이 결국 네가라은행을 파멸로 몰아갔다.[32]

## 거시경제 전문 헤지펀드 네가라은행

자국 통화인 말레이시아 링깃을 보호하는 역할을 하는 네가라은행은 달러 당 2.6링깃을 기준 환율로 상하 2.25%의 환율 변동만을 허용함으로써 고정환율을 안정적으로 유지했다. 링깃 환율은 여러 통화로 구성된 통화 바스켓에 고정돼 있었지만 실제로는 미국 달러와

---

32) Millman, op. cit. p. 229.

일본 엔화가 큰 비중을 차지하고 있었다. 또 말레이시아는 자본계정(Capital Account)에 대한 외환관리 정책을 통해 환율제도를 강화하고 있었다.

1992년 여름, 영국이 고정환율제도인 유럽환율제도(Exchange Rate Mechanism: ERM)를 유지하기 위해 보유하고 있는 재원을 총동원하자(영란은행은 단기 금리를 10%에서 12%로 인상했고 필요하다면 15%까지 인상할 것이라고 예고했다), 네가라은행은 영국이 투기 자본의 맹습을 성공적으로 막아낼 것이라는 쪽에 엄청난 도박을 걸었다(박스 B 참조). 동남아시아 주요국의 중앙은행이 자국 통화 가치를 안정적으로 관리하는 것과는 아무 관계가 없는 이유로 외환시장에서 대규모 투기 거래에 참여한 것은 전례가 없는 일이었다. 파운드화의 미래에 대해 전면적인 투기를 감행함으로써 네가라은행은 국가가 소유하는 독특한 종류의 헤지펀드로 탈바꿈한 것이다.

본분을 잊은 채 염치없이 투기 수익을 노리던 네가라은행은 영국이 유럽환율제도에서 탈퇴하고 환율 변동을 허용하자 31억 6,000만 달러를 잃었다. 역설적이게도 조지 소로스의 퀀텀펀드(네가라은행과 달리 정통 헤지펀드였다)는 금리가 15%로 인상될 것이라는 공시를 영란은행이 얼마나 절박한 상황에 처했는지를 알려주는 척도로 받아들이고, 1992년 9월 16일 선도환 거래를 통해 100억 파운드를 신속하게 팔아 치웠다. 소로스는 이 거래로 10억 달러의 이익을 남겼다. 그는 파운드화가 유럽환율제도에서 떨어져 나오고 가치가 급격하게 하락할 것이라는 쪽에 제대로 도박을 걸었던 것이다. 이후 소로스는 영란은행을 무너뜨린 인물로 알려졌다.

1979년 유럽경제공동체(European Economic Community: 유럽연합의 전신)에 의해 발족된 유럽통화제도(European Monetary System: EMS)는 과거 브레튼우즈 체제식 고정환율제도를 유럽에서 부활시켰다(씨티은행 이야기의 박스 A 참조). EMS의 7가지 '핵심' 통화 사이에 설정된 기준 환율을 기반으로 각 통화 사이에 교차환율(Cross Exchange Rate)을 수립함으로써 강력한 환율 안정성을 가진 지역이 탄생했다.[34]
그물망처럼 연결된 21개 통화는 기준환율 상하 2.25%로 변동폭이 제한된 EMS가 존재하던 기간(1979~1999) 동안 꽤 성공적으로 운영됐다. EMS는 하나의 연합체로 미국 달러나 일본 엔화 같은 다른 주요 통화에 대해 환율이 변동했다. 국가별 금리와 물가상승률 차이로 인해 여러 차례 기준 환율이 재조정됐음에도 불구하고 EMS는 예상과 달리 20년 넘게 유지되면서 놀라울 정도로 환율을 안정시켰다. 1992년 8월, 이탈리아와 영국이 강한 투기 자본의 압력으로 EMS에서 탈퇴했다. 1999년에는 유럽연합과 단일 통화인 유로(Euro)가 발족했고, 영국은 유로에 가입하지 않기로 결정했다.

## 네가라은행의 투기 수법

유럽환율제도(European Exchange Rate Mechanism: ERM)가 1992년 8월 위기를 겪기 전 몇 개월 동안, 네가라은행은 보유하고 있던 미 달러와 독일 마르크를 활용해 90일이나 180일 만기 파운드 선도

---

33) Jacque, L.L. Management and Control of Foreign Exchange Risk (Kluwer Academic Publishers, 1996).

34) EMS의 초창기 회원국은 벨기에, 영국, 프랑스, 독일, 이탈리아, 룩셈부르크, 네덜란드 등 7개 국가였다. 이후 스페인, 포르투갈, 덴마크, 스웨덴, 핀란드가 EMS에 합류했다.

환 매입 계약을 지속적으로 체결했다. 선도환율은 영란은행이 환율을 떠받치려 시도하면서 12%까지 치솟은 단기금리(영란은행은 15%까지 인상할 것이라고 공표했다)가 반영돼 큰 폭으로 할인돼 있었다. [35] 네가라은행은 만기 시(90일 또는 180일 후) 현물환율이 안정적인 수준을 유지해 선도환 거래로 이익을 남길 수 있을 것으로 예상했다. 사실 네가라은행의 속셈이 결코 이타적이지는 않았지만 네가라은행은 실질적으로 파운드화의 가치 하락에 대해 투기를 한 것이 아니라 파운드화를 지탱하고 있었다.

현물환율이 파운드 당 3.1마르크, 파운드화 선도환 매입 가격이 파운드 당 2.95마르크였다고 가정하면 선도환 계약의 만기가 돌아올 때 영국이 EMS에 남아 있는 한 선도환 계약으로 인수한 파운드화를 현물시장에 매도해 파운드 당 3.1마르크(최소한 하한환율인 2.95마르크 이상)를 받을 수 있었다. 하지만 영국이 ERM에서 탈퇴하고 파운드화의 가치가 30% 정도 폭락하자 파운드 선도환 매입 거래는 엄청난 손실을 남기고 청산될 수밖에 없었다. 만약 파운드화 가치가 붕괴돼 파운드 당 2.4마르크로 떨어졌다고 가정하면 2.95마르크에 매입한 파운드화를 2.4마르크에 매도해야 하는 네가라은행은 파운드 당 0.55마르크의 손실을 입게 되는 것이다. 네가라은행은 200~250억 파운드에 달하는 파운드화 매입 포지션을 축적한 것으로 알려졌고, 결국 31억 6,000만 달러를 잃었다.

---

35) 이자율평가이론에 따라 선도환율은 국가 간 금리 차이에 의해 결정된다(2장의 박스 B 참조). 영란은행이 환율을 방어하면서 금리를 인상시켜야 했는데, 그 결과 마르크/파운드(DM/£) 선도환율이 하락했다(독일은 금리를 일정한 수준으로 유지했다).

# P·A·R·T 02

## 선물 거래 Futures

# 아마란스투자자문

Amaranth

경실한 기업들이 강출기를 이룰 때 물 위에 떠 있는 거품같은 투기꾼들은 큰 문제가 되지 않는다. 하지만 기업들이 투기의 소용돌이 위에 얹혀진 거품이 된다면 상태가 심각해진다. 한 국가의 자본 개발이 카지노 영업의 부산물이라면 뭔가 잘못됐을 가능성이 크다.

– 존 메이나드 케인즈(1936)

헤지펀드는 월스트리트의 방종과 자본주의적 탐욕을 연상시킨다. 사실 2005년 세금을 제외하고도 14억 달러를 받은 T. 분 피킨스(T. Boone Pickens)의 경우처럼 수십억 달러에 이르는 헤지펀드 매니저들의 엄청난 보수는 주기적으로 언론의 헤드라인을 장식해 왔다. 헤지펀드가 파산할 때는 엄청난 규모의 손실을 동반하는데, 이는 아마란스투자자문이 2006년 9월 20일 50억 달러가 넘는 손실을 기록하고 붕괴된 사례에서도 확인할 수 있다.

알려진 바에 따르면 아마란스의 손실은 천연가스 선물에 대한 대규모 투기에서 발생했는데, 50억 달러에 이르는 손실이 누적되는 데 불과 3주밖에 걸리지 않았다. 아마란스가 뉴욕상업거래소로부터 마진콜을 받았을 때는 이미 90억 달러 규모의 자산을 보유한 펀드를 청산하는 것 외에는 손실을 만회할 수 있는 길이 없었다. 하지만 전 세계 금융시장을 뒤흔든 롱텀캐피탈매니지먼트(Long-Term Capital Management)의 실패 사례(15장 참조)와 달리 아마란스의 붕괴는 금융시장에 거의 아무런 파문도 일으키지 않았고, 큰 손실을 기록한 포트폴리오는 JP모건과 시타델헤지펀드(Citadel Hedge Fund)에게 즉시 매각됐다.

아마란스의 파산은 파생상품의 잘못된 사용으로 발생한 재앙 중에서도 손꼽히는 규모였지만 엄청난 손실이 큰 어려움 없이 세계 금융시스템에 흡수됐다. 아마란스의 파멸은 천연가스 시장에 대한 전문지식을 기반으로 수립한 계획이 틀어진 결과였을까? 아니면 천연가스 시장에서 거대한 선물 포지션을 취하면 계속해서 시장을 능가하는 수익을 낼 수 있을 것이라고 생각한 트레이더들이 무모하게도 날씨에 도박을 감행한 결과였을까? 어떻게 뉴욕상업거래소는 포지션 한도를 제한하지 않고 한 기업이 시장을 마음대로 주무르도록 방치했을까? 보다 일반적인 관점에서 규제 당국은 선물시장에 대한 관리를 강화해야 할까?

## 아마란스의 성공과 몰락

아마란스는 2000년 '복수 전략(Multistrategy)'을 추구하는 헤지펀드(박스 A 참조)로 설립됐는데, 아마란스라는 이름은 영원히 시들지 않는 전

헤지펀드는 규제를 전혀 받지 않는 투자기금으로, 상당한 유연성을 가지고 공격적으로 운용된다. 헤지펀드는 이름과는 다르게 '헤지'와는 거리가 멀기 때문에 소극적인 투자자에게는 적합하지 않다. 헤지펀드는 위탁받은 자금을 운용해서 투자자(주로 자산가, 연기금, 재단 기금 등)에게 최대한의 수익을 돌려주는 것을 목적으로 한다는 점에서 뮤추얼펀드(Mutual Funds)와 유사하다. 하지만 뮤추얼펀드가 투자전략뿐 아니라 펀드 매니저들의 보수, 공시 의무 등에 대해 엄격한 규제를 받는 것과는 달리 헤지펀드는 대규모 차입, 파생상품, 공매도(Short-selling) 등을 활용한 복잡한 투자전략을 추구할 수 있고, 공시 의무도 거의 없어서 모든 일을 비밀리에 수행할 수 있다. 가끔씩 손실을 만회하지 못해 '하이워터마크(High Water Marks)' 규정에 따라 성과 보수를 포기하는 경우는 있지만 이론적으로 헤지펀드 매니저들이 청구할 있는 보수는 제한이 없다(일반적으로는 수익의 15~30%). AQR캐피탈을 이끄는 클리프 아스네스(Cliff Asness)의 더 직접적인 표현에 따르면 "헤지펀드는 하는 일에 대해 제한을 받지 않는 투자기금이다. 현재로서는 비교적 느슨한 규제 하에 있고, 대단히 높은 보수를 청구한다. 투자자가 돈을 원할 때 꼭 되돌려주지 않을 수도 있고, 일반적으로 위탁받은 돈을 어떻게 운용하는지 투자자들에게 알려주지 않는다. 투자자들은 헤지펀드가 항상 수익을 내는 것을 당연히 여기고, 만약 수익을 내는 데 실패할 경우 맡긴 돈을 되찾아 최근 실적이 좋은 다른 헤지펀드를 찾아간다. 헤지펀드는 100년에 한 번 있을까 말까 한 재앙을 3~4년마다 한 번씩 몰고 온다."[36]

---

36) The New York Magazine, April 9, 2007.

설의 꽃에서 따온 것이었다. 수많은 헤지펀드들 중에서 아마란스는 복수 전략 덕분에 포지션 제한, 레버리지(Leverage), 이색(Exotic) 파생상품의 사용 등 어떤 것에도 구애받지 않고 거의 모든 시장에 투자할 수 있었다. 아마란스는 약 6억 달러의 초기 자본으로 전통적인 차익거래 전략을 통해 전환사채[37]나 합병주식[38]에 주로 투자했다.

아마란스는 설립된 지 얼마 지나지 않은 2001년 29%를 시작으로, 2002년 15%, 2003년 21%의 수익을 내 부러움의 대상이 됐다. 2004년 초, 전환사채에 대한 차익거래에서 두 자릿수의 수익을 올리는 데 실패하자 전략을 수정해 더 전망이 밝은 에너지 분야에 집중하기 시작했다. 사실 아마란스는 2002년에 이미 에너지 시장에 관심을 기울이기 시작해 여러 명의 엔론(Enron)[39] 출신 트레이더를 고용했다. 브라이언 헌터(Brian Hunter: 아마란스 이야기의 주인공으로 영웅 대접을 받다가 결국 악당으로 추락한다)는 2004년 천연가스 트레이더로 입사한 뒤 곧 아마란스의 상품(Commodity) 부문의 공동책임자로 승진했다. 2005년 말 무렵에는 아마란스 총자본의 30% 정도가 에너지 관련 차익거래에 배정돼 있었다.

아마란스는 엔론 출신의 에너지 트레이더를 몇 명 고용했는데, 이는 에너지 차익거래 부서를 만들기 위한 것이었다. 시장에 엄

---

37) 전환사채는 일반적으로 시장금리 이하의 이자를 제공하는 일반 채권과 향후 주식으로 전환할 수 있는 콜옵션을 결합한 것으로, 아마란스는 전환사채를 매입하고 기반이 되는 주식을 공매도하는 전략을 취했다.
38) 합병주식은 인수, 합병 또는 구조조정의 대상이 될 것으로 예상되는 기업의 주식에 투자하는 것을 말한다. 아마란스는 주로 피인수 기업의 주식을 매수하고 인수 기업의 주식을 매도하는 전략을 사용했다.
39) 엔론은 복합 에너지기업으로 에너지 상품 트레이딩 및 파생상품 거래까지 영역을 다변화했다. 대규모 회계부정이 밝혀진 후 2001년에 파산했다.

청나게 다양한 '에너지' 상품이 존재하는 까닭에 에너지 관련 차익 거래 또한 여러 형태가 존재한다. 가장 일반적인 지역 차익 거래(Geographical Arbitrage)는 특정 상품의 지역별 가격 차이를 이용하는 것이다. 다른 차익 거래 방법 중 대표적인 것으로, 서부 텍사스 중질유와 브렌트유처럼 관련된 두 원유 상품의 가격 차이를 이용한 등급간 차익거래(Grade Arbitrage)를 들 수 있다. 일반적으로 이런 차익 거래의 기회는 천연가스 생산과 재고량에 영향을 주는 중요한 뉴스에 의해 만들어진다. 그 외에도 원유가격과 휘발유, 제트유(Jet Fuel), 난방유 등 다른 석유제품 가격의 예상 변동성이나 서로 간의 상관관계도 차익거래에 활용될수 있다. 만기차 스프레드(Calendar Spread)가 이런 관점을 반영한 전략이다. 또 깊은 외가격(Out-of-the-Money) 콜옵션을 저렴한 가격에 매입해 급격한 가격 변동을 이용하는 방법도 사용된다.[40] 이런 차익 거래에는 약 5~8배 정도의 레버리지가 사용된다.[41]

캐나다 국적의 브라이언 헌터는 아마란스에 합류할 당시 32살이었다. 일찍이 그는 앨버타대학(University of Alberta)에서 물리학과 응용수학을 전공했다. 아마란스에 합류하기 8년 전, 천연가스 트레이딩 영역으로 사업을 확장하고 있던 트랜스캐나다(TransCanada Corp: 캘거리에 본사를 둔 가스 수송관 운영 기업)에 신입으로 입사한 그는 뛰어난 수학 능력을 활용해 천연가스 선물과 옵션 트레이딩을 맡았다. 이후 도이체방크(Deutsche Bank)가 이직을 제안하자 더

---

40) 만기차 스프레드 및 천연가스 선물에 대한 옵션과 아마란스가 이를 어떻게 투기에 활용했는지는 다음 절에서 설명한다.

41) JP Morgan Chase, CP Leveraged Funds Due Diligence, Annual review, Bates No. JPM-PSI 0007031, cited in Senate Subcommittee report, June 25, 2007.

높은 보수와 함께 뉴욕이 주는 신비함에 이끌려 국제금융의 중심지 뉴욕으로 자리를 옮겼다.

헌터는 천연가스 선물을 대담하게 활용해 2001년과 2002년 도이체방크에 엄청난 이익을 안겨주면서 자신도 큰돈을 벌어들였다. 하지만 2003년 연초까지만 해도 많은 수익을 남겼지만 결국 5,100만 달러에 달하는 손실로 한 해를 마무리하고 말았다. 헌터는 이 손실을 도이체방크의 트레이딩 시스템 결함과 예상치 못한 천연가스 가격의 불리한 움직임 탓으로 돌렸다. 연간 보너스 지급을 거절당한 그는 회사를 그만두고 도이체방크를 상대로 소송을 제기했다.

아마란스는 엔론이 붕괴된 이후 헤지펀드로서는 처음으로 에너지 전담 트레이딩 부서를 수립하면서 브라이언 헌터를 고용했다. 아마란스의 CEO 릭 모니스(Rick Maounis)는 당연히 도이체방크에서 헌터의 기복이 심한 성과를 알고 있었지만 그의 말에 따르면 "아마란스를 불편하게 한 것은 아무것도 없었다."[42] 헌터는 허리케인 카트리나가 닥치기 직전에 천연가스에 배짱 두둑한 도박을 걸어 2005년 말 아마란스에게 10억 달러에 이르는 수익을 안겨주었다. 브라이언 헌터는 일약 월스트리트의 영웅이 됐고, 아마란스를 상대로 큰 협상력을 가지게 됐다. 헌터가 아마란스의 본사가 위치한 코네티컷에서 약 3,200km 떨어진 자신의 고향 캐나다 캘거리로 트레이딩 팀 전체를 옮기도록 아마란스가 순순히 허락해 준 것은 당연한 일이었다. 헌터는 2006년 8월까지 30억 달러의 높은 수익을 올렸지만 2006년 9월 50억 달러의 손실을 기록하면서 결국에는 아마란스펀드

---

42) Davis, A. How giant bets on natural gas sank brash hedge fund trader, Wall Street Journal (September 19, 2006).

를 파산으로 몰고 갔다. 릭 모니스의 말에 따르면 "브라이언은 통제되고 명확히 측정된 위험을 취하는 데에 일가견이 있었다."[43] 헤지펀드에서 어떤 이유에서인지 '헤지'는 완전히 배제돼 있었던 것이다.

천연가스에 대한 아마란스의 투기를 더 잘 이해하기 위해 먼저 미국 천연가스 시장에서 발생한 급격한 변화를 살펴보고 그 과정에서 천연가스 파생상품이 어떻게 탄생했는지, 또 아마란스와 같은 헤지펀드가 어떻게 파생상품을 활용했는지 전체적인 그림을 그려보자.

## 천연가스 파생상품의 탄생

오래전, 미국 천연가스 산업(박스 B 참조)은 생산에서부터 소비까지 가격을 엄격하게 통제하는 강력한 규제 하에 놓여 있었다. 규제 당국의 목표는 가격 변동의 위험으로부터 소비자를 보호하고 공정한 가격에 충분한 양의 가스를 공급하는 것이었다. 하지만 1970년대에 에너지 산업을 뒤흔든 두 차례의 오일쇼크로 천연가스의 공급 부족이 극심해지자 미국 의회는 천연가스정책법(Natural Gas Policy Act)을 제정했는데, 이 법은 실질적으로 가스 생산과 가격 규제를 완화하고 서로 다른 주(州) 사이의 천연가스 운송을 허용함으로써 천연가스 산업을 자유화시켰다.

급진적인 규제 완화는 천연가스 현물(상품의 인도가 즉시 일어나는 거래) 시장의 발전을 불러왔다. 현물시장은 장기 공급 계약만으로는 해결되지 않은 수요를 충족할 수 있는 장을 마련했다. 가스산

---

43) Davis, A. op. cit.

업의 이런 변화는 1980년대에 천연가스 현물시장의 가격 변동성이 점차 심해지는 결과를 낳았고, 자연스럽게 천연가스 선도거래나 스왑과 같은 장외 헷징 상품 거래의 증가로 이어졌다. 1990년에는 뉴욕상업거래소에서 표준화된 가스 선물과 옵션 상품이 소개돼 다양한 시장 참여자들이 가격 불확실성(10여년 전에는 석유시장의 대표적인 특징이기도 했다)에 대응할 수 있었다.

## 박스 B  미국의 천연가스 산업

천연가스는 미국 전체 에너지 소비량의 약 1/4 가까이를 차지한다. 천연가스 소비량은 계절에 따라 차이가 있는데, 겨울에는 난방 수요(전체 소비량의 약 20%) 때문에 증가하고 여름에는 감소한다. 기타 수요는 주로 산업용(30%)과 상업용(14%)인데, 양쪽 모두 수요는 연중 일정한 편이다. 이렇게 계절성을 띠는 소비와 항상 일정한 공급 사이의 불균형을 완화하기 위해 봄부터 늦여름까지 저장고에 방대한 양의 천연가스가 비축된다. 천연가스의 가격도 계절에 따라 움직이는데, 수요가 줄고 초과 공급분의 저장이 시작되는 초여름에는 가격이 떨어지고, 수요가 공급을 다시 초과하기 시작하고 가스 비축분이 방출되기 시작하는 초겨울에는 다시 가격이 올라간다([그림 1] 참조). 미국 내 천연가스 생산량만으로는 수요를 충족하기에 부족하기 때문에, 수요의 15% 정도는 가스관을 통해 주로 캐나다에서 수입한다. 미국 상황은 유럽과는 다르게 액화천연가스(LNG)의 역할이 크지 않은데, 이는 미국 가스시장이 세계시장으로부터 비교적 동떨어져 있다는 것을 의미한다. 북아프리카와 중동으로부터 계절에 따른 가격 변동을 완화할 수 있을 정도로 LNG를 들여오기 위해서는 대규모 기반 시설 투자가 필요하기 때문에 LNG의 수입에는 한계가 있다. 이런 면에서 미국 내 가스산업은 세계시장과 밀접하게 연결돼 있는 미국 석유산업과 확연히 다르다.

## 천연가스 파생상품 투기의 이해

아마란스의 공격적 투기는 대부분 천연가스 파생상품에 집중됐다. 아마란스는 3가지 전략을 주로 사용했다. 3가지 중 가장 간단한 전략은 특정 만기일의 개별 선물계약에 대해 포지션을 취하는 것이었다. 두 번째는 2가지 서로 다른 만기의 선물을 조합하는 것으로, 일반적으로 상품 내 스프레드(Intra-commodity Calendar Spread)라 부른다. 마지막으로 가스 선물의 풋옵션과 콜옵션을 매매하는 것도 역시 중요한 전략이었다. 먼저 각 전략이 실제 어떻게 작동하는지 살펴보고, 2006년 9월 파산으로 치닫기 전에 아마란스가 어떻게 천연가스 시장을 마음대로 주물렀는지를 월별로 살펴보자.

■ 그림 1　최근 몇 년간 겨울마다 급등한 뉴욕상업거래소 1월 만기 가스 선물가격

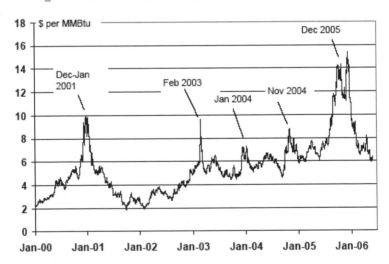

* 미국 상원 상임위원회(국토안보 및 국정운영위원회), '천연가스 시장에서의 과도한 투기 행위'
(2007년 6월 15일) 55쪽 인용.

**특정 만기선물에 대한 개별적 투기:** 2006년 1월의 가스 선물가격은 그 전 가을에 닥친 허리케인 카트리나와 리타의 영향으로 사상 최고 수준으로 치솟아 있었다. 아마란스는 온화한 겨울 날씨 때문에 근월물 선물가격이 급락할 환경이 조성될 것으로 내다보고(박스 C 참조), 2006년 3월 만기선물에 대해 매도 포지션을 쌓아 가기 시작했다. 1월 말까지 아마란스는 2006년 3월 만기선물을 거의 40,000계약이나 팔아 치웠다. 아마란스는 2006년 3월 만기선물계약의 가격이 만기 전에(2006년 3월 만기선물계약은 2006년 2월의 마지막 영업일에 만기가 돌아온다) 원래 판매 가격보다 훨씬 떨어질 것이고, 결국 포지션을 청산할 때 이익을 남길 수 있을 것으로 예상했다.

| 박스 C | 가스 선물거래 |
|---|---|

가스 선물거래는 판매자가 특정 양의 가스를 계약 당시 합의된 가격으로 지정된 날짜와 장소에서 구매자에게 인도하는 두 거래당사자 간의 계약이다. 선물거래의 중요한 특징 중 하나는 계약 단위, 인도 날짜 등이 표준화 돼 있고 뉴욕상업거래소 등 중앙 집중화된 시장에서 공시된 가격에 거래된다는 것이다. 예를 들어, 뉴욕상업거래소에서 2009년 3월 만기 가스선물은 10,000백만(MM) 영국열량단위(BTU: British Thermal Units, 물 1파운드의 온도를 화씨 1도 올리는 데 필요한 열량–옮긴이)를 1계약 단위로 MMBTU당 가격(P)에 거래된다. 따라서 선물계약 1단위의 실제 가격은 P×10,000이다. 만약 2009년 3월 만기선물이 7.71달러에 거래된다면 이는 1단위 계약의 가격이 10,000×7.71달러=77,100달러라는 의미이다. 매월 마지막 영업일은 그 다

음 달 만기선물계약의 실제 만기일이다. 예를 들어, 2009년 3월 만기 천연가스 선물계약은 2009년 2월의 마지막 영업일에 만기가 돌아오는 것이다. 상품의 실제 인도는 루이지애나[44]에 위치한 사빈파이프라인(Sabine Pipeline)의 헨리허브(Henry Hub) 가공처리 공장에서 이뤄지는데, 선물 만기 달 전체에 걸쳐 끊임없이 가스를 파이프로 운송함으로써 인도가 이뤄진다. 선물계약은 거래 조건이 표준화돼 있어 거래비용을 최소화할 수 있을 뿐 아니라 거래 유동성을 확보할 수 있고, 익명으로 거래할 수 있는 것이 장점이다. 양쪽 거래당사자 사이에서 계약이 조건대로 이행될 수 있도록 보증하는 정산소(Clearinghouse)의 존재 역시 거래상대위험을 낮추는 데 중요한 역할을 한다.

아마란스가 1월 12일에 2006년 3월 만기선물 1,000계약을 MMBTU당 9달러에 판매한다고 가정하고, 선물계약으로 이익을 얻을 수 있는 매도 기법을 살펴보자. 1단위 계약의 가치가 10,000×9달러=90,000달러이므로 1,000계약은 9,000만 달러 규모의 포지션이 된다. 만약 2월 12일이 됐을 때, 동일한 2006년 3월 만기선물계약 가격이 7.5달러로 떨어진다면, 아마란스는 간단히 3월 만기선물 1,000계약을 매입해 숏(Short) 포지션을 청산함으로써 1,000×10,000×(9.00달러-7.50달러)=1,500만 달러의 수익을 얻는다. 선물계약을 체결할 때 뉴욕상업거래소에 증거금(총 거래금액의 12.5%)이나 담보를 제공해야 하는데, 이 금액에 대해 1개월(또는 1/12년)간 기회비용이 발생한다. 따라서 금리가 연간 8%라고 가정하면 실제 얻게 되는 수익은 아래와 같이 약간 더 작아진다.

---

44) 이 지점은 12개의 가스 운송 파이프가 교차하는 지점이기 때문에 선물의 인도장소로 사용된다.

투기에서 얻는 순이익=선물 매도 가격-선물 매입가격
-증거금의 기회비용

투기에서 얻는 순이익=1,000×10,000(9달러-7.5달러)-9,000만 달러
×0.125×1/12×0.08=1,492만 5,000달러

여기에는 아마란스가 납부한 증거금이 두 달 동안 일정하게 유지될 것이라는 가정이 추가로 포함돼 있다. 하지만 이 가정이 꼭 맞아떨어지리라는 법은 없다. 선물가격이 지속적으로 오르면 아마란스의 포지션은 '외가격'이 돼 손실이 나게 되는데, 이때 뉴욕상업거래소는 아마란스가 그대로 포지션을 청산할 경우 손해를 입는 상황을 피하기 위해 아마란스에게 더 많은 증거금을 요구할 것이다. 이를 '마진콜'이라 한다.

이 투기 거래에서 수익을 얻으려면 아마란스는 2006년 3월 만기 선물의 가격이 시장에서 잘못 매겨졌다고 확신할 수 있어야 하는데, 이는 '가격이 잘못 매겨졌다는 것을 판단하는 데 기준이 되는 가격은 무엇인가?'라는 질문으로 이어진다. 정상적인 상황이라면 선물가격은 '보유비용'을 반영해 현재의 현물가격에 연계돼 있어야 한다. 예를 들어, 2006년 1월 12일 현재 3월 만기선물에 대한 차익 거래를 실행하기 위해서는 45일[45] 후 인도되는 천연가스 선물을 $F_{0;March06}$의 가격에 매입하는 방법과 현물시장에서 $S_0$의 가격에 매입한 후 저장탱크에 45일 간 보관하는 방법 중 하나를 선택해야 한다. 현물로 매입하는 경우에는 45일 동안의 보관비용(보험비용 포함) 's'와 가스를

---

45) 선물계약이 만료될 때까지 1월에 18일이 남아 있고, 2월에 27일이 남아 있어 합이 45일이 되는 것이다.

미리 매입함으로써 묶이게 되는 자금의 기회비용 '$i$'가 추가로 발생하므로 두 가격 간의 관계는 아래와 같은 식으로 나타낼 수 있다.[46]

$$F_{0;\text{March }06}=S_0(1+s+i).$$

이 식은 미래의 가격이 현재 가격보다 항상 높아야 한다는 것을 의미하는데, 이런 상황을 콘탱고(Contango)라 한다. 하지만 선물가격이 현물가격보다 낮아지는 경우가 종종 발생하기도 한다. 이를 백워데이션(Backwardation)이라 하는데, 이는 분명 언뜻 납득이 잘 되지 않는 상황이다. 백워데이션은 천연가스를 물리적으로 보유함으로써 편의 수익(Convenience Yield) '$c$'가 상당한 규모로 발생해 보유비용을 감쇄시키는 것으로 설명할 수 있다. 사실 석유나 가스 등 에너지 시장에서 선물가격이 현물가격보다 낮은 현상은 꽤 자주 볼 수 있는데, 이는 편의 수익이 보유비용을 초과하는 수준임을 의미하는 것이다.

$$F_{0;\text{March }06}=S_0(1+s+i-c).$$

$S_0$=9달러, $s$=0.0024, $i$=0.0132, $c$=0.03이라 가정하면, 2006년 3월 만기선물계약의 가격은 다음과 같다.

$$F_{0;\text{March }06}=9\times(1+0.0024+0.0132-0.03)=8.879$$

이 사례는 선물시장에서 드물지 않게 관찰되는 백워데이션을 보여준다. 일반적으로 편의 수익은 공급과 저장 공간이 얼마나 제한돼 있는지를 반영하고, 겨울에 비축분이 방출되기 이전에 가장 높게 나

---

46) 저장 비용 '$s$'와 이자율 '$i$'는 45일 간 투자금액 1달러에 대한 비율로 표시된다.

타난다. 이 시점이 지나면 천연가스 선물가격은 백워데이션 상태에서 콘탱고 상태로 다시 바뀌는 것이 정상적이다.

**만기차 스프레드를 활용한 투기:** 아마란스는 한걸음 더 나아가 결제일이 서로 다른 선물계약에 대해 숏(매도)과 롱(매입) 포지션을 조합하기 시작했다. 아마란스는 2006년 10월 또는 11월 만기 계약을 매도하고 2007년 1월 만기 계약을 같은 금액만큼 매입함으로써 겨울/여름 스프레드를 즐겨 사용했다. 어떤 면에서 스프레드가 헤지[47]와 비슷한 역할을 해서 아마란스로서는 뉴욕상업거래소와 대륙 간 상품거래소(Intercontinental Commodity Exchange: ICE)[48]에서 요구하는 증거금을 대폭 낮출 수 있었기 때문에 훨씬 더 큰 포지션을 취할 수 있었다. 여름/겨울 스프레드를 성공적으로 투기에 활용하기 위해 아마란스는 시장에서 서로 다른 만기를 가진 두 선물가격의 차이가 잘못 형성돼 있다는 확신을 가지고 있어야 했다. 다시 말해, 2006년 10월 만기선물가격은 과대평가돼 있고, 2007년 1월 만기선물가격이 과소평가돼 있어야 하는 것이다. 예를 들어, 2006년 5월 12일에 2006년 10월 만기선물을 7.55달러에 매도하고 2007년 1월 만기선물을 9.25달러에 매수했는데, 두 달 후 선물계약의 가격이 각각 7.25달러와 9.80달러가 됐다고 가정하자. 이 경우 2006년 10월 만기선물에 대한 숏포지션은 0.3달러의 수익을 낼 것이고 2007년 1월 만기선물에 대한 롱포지션은 0.55달러의

---

47) 서로 다른 선물가격이 동일한 규모로 움직이지 않기 때문에 완벽한 헤지는 아니지만 뉴욕상업거래소나 대륙 간 상품거래소에서는 서로 위험을 상쇄하는 포지션을 합산할 수 있도록 허용해준다. 식 (1)과 (2)를 통해 선물가격은 사용 가능한 저장용량과 계절 수요에 따라 변동이 심한 편의 수익(이는 시간에 따른 변동이 상대적으로 작은 금리나 보유비용과는 반대이다)의 함수라는 것을 알 수 있다.

48) 대륙 간 상품거래소는 상품 기반 파생상품의 장외거래가 이루어지는 인터넷 기반 시스템이다.

수익을 낼 것이므로, 총수익은 [0.55달러+0.30달러]×10,000=8,500달러
가 된다. 스프레드 자체도 1.7달러에서 2.25달러로 증가했다.

이때 두 선물계약의 가격 변화폭이 동일하지 않다는 사실에 주
목할 필요가 있다. 10월 만기선물가격은 0.3달러 떨어진 데 반해 1
월 만기선물의 가격은 0.55달러 상승했다. 선물계약의 가격은 현물
가격과 항상 일정한 수준을 유지하는 보유 비용에 연동돼 있기 때문
에 스프레드가 증가하는 것은 편의 수익의 차이가 증가하고 있기 때
문이라고 해석해야 한다. 겨울이 시작되기 전에 저장 공간이 부족해
지면서 가스를 보유하는 데 따른 이득이 증가해 10월의 편의 수익은
증가하는 반면 겨울이 지나면서 저장 공간이 충분해지면 편의 수익
이 줄어들기 시작한다. 잘못 형성된 시세가 제자리를 찾아가면서 스
프레드가 넓어지고 아마란스는 수익을 올리게 된다. 여기서 가격이
잘못 형성됐다는 것은 기준 지수에 대해 잘못 형성된 것이므로, 투
기에 성공하려면 '스프레드의 기준 가격은 얼마인가?' 하는 질문을
던져야 한다. 의미를 따져보면 스프레드라는 것은 결제일이 서로 다
른 동일 상품(여기서는 천연가스)의 가격차이다. 개별 선물계약의
가치 평가 수식을 활용하면, 2006년 5월 12일의 스프레드는 다음과
같이 표현할 수 있다. [49]

$$F_{0;\text{Jan }07} = S_0(1+s+i-c) \tag{1}$$

$$F_{0;\text{Oct }06} = S_0(1+s^*+i^*-c^*) \tag{2}$$

$$\text{Spread}_0 = F_{\text{Jan }07} - F_{\text{Oct }06} = S_0(s-s^*+i-i^*+c^*-c)$$

---

49) 저장 비용($s^*$), 금리($i^*$), 편의 수익($c^*$)은 모두 2006년 3월 12일부터 인도 시점인
2006년 10월까지 천연가스 선물을 보유하는 기간 동안 1달러의 투자 금액에 대한
비율로 표시된다.

이때 저장 비용과 금리는 상대적으로 안정돼 있기 때문에 주로 현물가격 '$S_0$'과 편의 수익의 변화가 스프레드를 결정한다.

**옵션을 통한 투기:** 천연가스 선물에 대해 옵션을 구매하면 전적으로 선물계약의 숏포지션과 롱포지션에 의존하는 것보다 불확실성을 크게 낮출 수 있다(박스 D 참조). 2005년 여름 내내 콜옵션 포트폴리오를 구축했다. 천연가스 가격이 MMBTU당 7달러로 떨어진 덕분에 행사가격이 12달러인 2005년 12월 만기 외가격 콜옵션에 붙는 프리미엄은 0.5달러에 불과했다. 그렇게 높은 행사가격에 콜옵션을 구매함으로써 아마란스는 실질적으로 대형 허리케인과 평년보다 추운 겨울 때문에 천연가스 생산과 운송에 차질이 생길 것이라고 예측하는 셈이었다.

가스 생산 부족은 가격 상승으로 이어질 것이 뻔했다. 실제 2005년 가을 허리케인 카트리나가 미국을 강타하고 뒤이어 강추위가 들이닥치면서 2005년 12월 만기 가스 선물가격은 MMBTU 당 15달러로 치솟았고, 아마란스는 10억 달러가 넘는 이익을 챙겼다. 아마란스는 콜옵션을 행사함으로써 12월 만기선물계약을 인도받고, 이를 즉시 MMBTU 당 15달러에 시장에 팔아 계약 당시에 지불한 옵션 프리미엄의 6배에 달하는 이익을 남긴 것이다.

---

**박스 D    가스 선물에 대한 옵션**

콜옵션은 구매자에게 별다른 의무는 부과하지 않고, 미래의 특정 시점에 계약 당시 정해진 가격(행사가격)에 가스 선물을 구매할 수 있는 권리를 부여한다. 옵션 구매자는 옵션 프리미엄(Option Premium)을 선불로 지급해야 하는데, 이 수수료는 옵션이 깊은 외가격옵션(행사가격이 현재 가격보다 월등히 높은 옵션일수록 더 싸진다. 만약 옵션 인도일에 선물계약 가격이 행사가격을 넘어서는 경우, 옵션 구매자는 콜옵션을 행사한 뒤 가스 선물계약을 인도받는 즉시 매도해 차익을 남기는데, 가격이 더 올라갈 것으로 예상되는 경우에는 선물계약 자체가 만료될 때까지 기다릴 수도 있다. 반대로 선물계약에 대한 옵션의 만기가 돌아왔을 때 선물가격이 행사가격보다 낮은 경우 옵션은 아무 가치도 가지지 못한 채 그대로 만료가 되는데, 이때 옵션 구매자의 손실은 미리 지불한 옵션 프리미엄으로 제한된다.

## 천연가스 선물 투기의 연금술

아마란스와 브라이언 헌터는 독점적 정보를 활용해 가스 선물시장의 움직임을 꿰뚫어 보고 도박에 나섰을까? 그렇다면 다른 사람들이 얻을 수 있는 것보다 더 정확한 날씨 정보라도 사용할 수 있었던 것일까? 날씨 파생상품(박스 E 참조)을 활용해 투기의 방향을 어느 정도 정했을까, 아니면 육감과 경험에 의존한 구식 전략을 그대로 사용했을까?

공격적인 투기 전략 뒤에는 어김없이 '개인이 계속해서 시장을 이길 수 있다'는 믿음이 자리잡고 있다. 이는 선물가격이 미래 현물가격의 가장 좋은 예측치라는 '효율적 시장 가설'과는 상반된다. 효율적 시장 가설을 수식을 사용해 설명해보자. 2006년 1월 12일 현재 $(t=0)$ 3월 만기선물가격 $F_{0;March\,06}$은 확률 변수인 미래 현물가격의 기댓값 'E'와 같은데, 이 관계를 이용하면 3월 만기 천연가스 선물의 실제 인도일인 2월 27일의 현물가격 $S_{Feb\,27,06}$은 다음과 같이 나타낼 수 있다.

$$F_{0;\text{March }06} = E[\tilde{S}_{\text{Feb }27,06}]$$

이 모델을 반복적으로 사용하면 '평균적'으로는 잘 작동할 것이다. 개별 상황에 대해서는 예측치가 실제 현물가격보다 높거나 낮을 수도 있지만 다수의 예측치를 합하면 개별 상황에서 발생하는 오류들의 합은 '0'이 되기 때문이다. 이를 뒤집어 말하면, 투기로 수익을 내기 위해서는 이 모델을 사용해서는 안 된다는 말이다.

이와 반대로 고도의 계량경제학 모델을 활용해 천연가스 선물가격을 예측하는 방법을 사용할 수도 있다. 일반적으로 천연가스의 공급과 수요에 영향을 미치는 요인들을 포괄하는 정교한 모델을 활용하면 여러 상황에 따른 천연가스 가격을 예측할 수 있다. 공급 측면에서는 국내 생산량 예측치, 캐나다를 비롯한 해외 국가로부터의 LNG예상 수입 규모, 저장 용량 및 재고 수준 등의 변수가 모델에 포함될 수 있다. 수요 측면에서는 크게 경기 수준, 대체 에너지원 가격의 교차탄력성(발전소와 산업용 에너지 수요에 있어 특히 의미가 있다), 날씨 예측치 등이 주요 설명 변수가 될 것이다. 가격 예측 모델은 일반적으로 사용자가 직접 날씨 패턴, 대체에너지 시장 등의 변수에 대한 가정을 수정해 미래 가격을 예측할 수 있도록 설계된다.

더 정교한 접근 방법으로는 여름/겨울 스프레드에 드러나 있는 가격 변동 패턴을 기반으로 미래 가격을 추론하는 방법을 들 수 있다. 친카리니[50]의 최근 연구는 아마란스가 활용한 여름/겨울 스프

---

50) Chincarini, L. Natural gas Futures and Spread Position Risk: Lessons from the Collapse of Amaranth Advisors LLC (working paper, 2008).

레드가 과거에 높은 수익을 기록했다는 사실을 밝혀냈다. 아마란스의 스프레드 전략을 1990~2003년에 걸쳐 각 해의 8월 31일 기준으로 사후 검증한 결과, 친카리니는 아마란스가 월 평균 0.74%(연 환산 8.96%)의 높은 수익률을 기록한 것은 물론 시장 상황이 안 좋을 때도 돈을 거의 잃지 않았다는 사실을 발견했다. [그림 2]는 아마란스가 2006년에 사용한 것과 동일한 전략을 사용한다고 가정했을 때 1990~2003년까지의 연간 수익률을 보여준다. 다만 이 검증 방법에는 한 가지 주의할 점이 있다. 현실에서 아마란스가 2006년에 대규모 포지션을 취한 것과는 달리 이 연구는 다양한 만기의 선물에 대해 소규모의 포지션을 취한다는 가정 하에서 예측치를 제시하고 있다.

■ 그림 5-2  만기차스프레드 전략에 대한 사후 검증

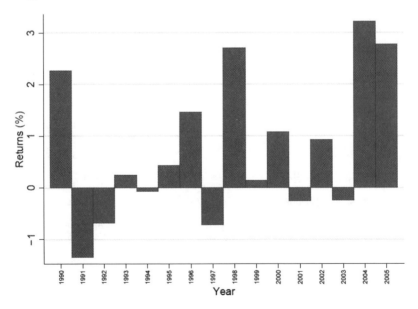

* 친카리니(2008) 17쪽에서 인용.

저자가 명시하고 있는 것처럼, 이 방법은 과거가 다시 되풀이된다는 가정에서 과거 추세를 기반으로 트레이딩 전략을 수립하기에 간편한 정보다. 하지만 아마란스가 파생상품 시장에서 큰 손으로 자리 잡으면서 천연가스 시장은 아마란스 진입 전과는 확연히 다른 모습이 됐고, 이전에 존재하던 시장의 역학관계가 더 이상 유지될 수 없게 돼 버렸다. 간단히 말하면 과거에 기반을 두어 미래를 추론하는 방식을 신뢰할 수 없게 된 것이다.

## 박스 E · 날씨 파생상품

날씨 파생상품은 기업활동에 날씨가 미치는 부정적 영향을 최소화하기 위해 사용되는 파생상품이다. 예를 들어, 농장에서는 흉작의 위험을 줄이는 데 날씨 파생상품을 사용할 수 있고, 전력회사에서는 예상보다 시원한 날씨 때문에 여름 전력 수요가 예상에 못 미칠 위험을 회피하는 데 사용할 수 있다. 다른 상품 기반 파생상품들과는 다르게 난방도일(HDD: Heating Degree Days)이나 냉방도일(CDD: Cooling Degree Days)과 같은 날씨 파생상품의 기준지수 자체에는 내재된 가치가 없다. 1999년 시카고상업거래소에서 날씨에 대한 선물과 옵션계약이 처음으로 소개됐다. 전형적인 HDD 계약의 가치는 11~3월까지 기간 중 어느 한 달 동안 미국 18개 도시의 일일 평균기온이 섭씨 18도 밑으로 내려가는 날의 온도와 18도의 차에 따라 결정되는데, 계약은 해당 월의 난방도일 누적치에 100달러를 곱한 금액을 보상한다. 특정 월 만기의 선물가격은 날씨가 온화할지 추울지에 대한 시장 참가자들의 공통된 시각을 반영하는 것으로 볼 수 있다.

## 이야기의 전말이 드러나다:
## 뉴욕상업거래소에 대한 아마란스의 투기적 공격

아마란스의 붕괴 이후 미 상원의 상임위원회는 아마란스 사건에 대해 대규모 조사를 벌였다. 상임위원회는 보고서(상원보고서)에서 뉴욕상업거래소, 대륙 간 상품거래소, 아마란스로부터 수집한 거래 자료에 따라 아마란스의 행적을 일 단위로 재구성했다.[51] 상원보고서는 아마란스가 축적한 엄청난 규모의 포지션이 어떻게 천연가스 선물가격을 왜곡했는지 명확히 밝히고 있다. 이 절에서는 상원보고서의 주요 내용을 통해, 아마란스가 붕괴되기 직전까지 뉴욕상업거래소에 어떻게 투기적 공격을 가했는지 시기별로 파헤친다.

■■ 그림 3 2005~2006 다음 달 만기 천연가스 선물계약의 가격

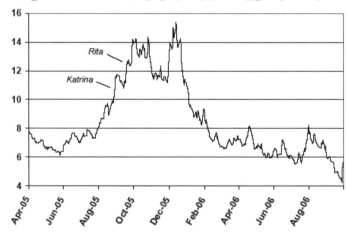

*뉴욕상업거래소. 상원보고서 55쪽에서 인용.

---

51) United States Senate Permanent Committee on Investigations (Committee on Homeland Security and Governmental Affairs), Excessive Speculation in the Natural Gas Market (June 15, 2007), 이하 '상원보고서(Senate Report)'로 표시함.

**단순 매도 전략:** 2006년 1월~4월. 2006년 1월이 역사상 가장 따뜻한 1월로 기록되자 아마란스의 트레이더들은 2005년 겨울 MMBTU당 15달러에 달했던 천연가스 선물가격이 남은 겨울과 봄에 걸쳐 지속적으로 떨어질 것이라고 확신했다([그림 3] 참조). 실제로 미국 내 새로운 가스정들이 가동되면서 2005년 카트리나와 리타로 큰 타격을 입었던 천연가스 생산은 예상보다 빠른 회복세를 보였다([그림 4] 참조). 2006년 초에 천연가스 재고는 5년 만에 가장 높은 수치를 기록하고 있었고, 재고는 2006년 내내 지속적으로 증가할 것으로 보였다([그림 5] 참조). 상황이 이렇게 되자 아마란스는 2006년 3월 만기선물 매도 포지션을 30,000계약이나 끌어 모았고, 1월 말에는 총 40,000계약의 선물계약을 보유하고 있었다. 아마란스는 나중에 8달러 이하의 가격으로 다시 매입하면서 포지션을 청산할 수 있을 것으로 예상하고 MMBTU당 평균 8달러의 가격에 3월 만기선물을 팔아 치우고 있었던 것이다.

2006년 2월 들어 3월물 선물계약의 결제일이 가까워지자 아마란스는 숏포지션을 2006년 4월물 계약으로 옮겼는데, 이를 통해 실질적으로 천연가스의 공급 초과로 근월물 선물가격이 더 떨어질 것이라는 데에 돈을 건 셈이었다.[52] [그림 6]에서 2006년 1월 31일과 2월 28일 현재 아마란스가 보유한 롱포지션의 계약 규모는 세로축의 0을 기준으로 위 방향으로 표시돼 있고, 숏포지션은 아래 방향으로 표시돼 있다. 이때 계약은 대부분 뉴욕상업거래소를 통해 체결됐기

---

52) 2006년 3월 선물의 만기가 가까워지면서 아마란스는 보유하고 있는 계약을 연장해야 했다. 아마란스는 천연가스를 실제로 인도하는 대신 3월 만기 계약을 매입해 3월물 미청산 계약을 청산하고, 동시에 2006년 4월물 계약을 매도하는 방법으로 다시 포지션을 구축했다. 3월물 포지션을 정리하는 시점에서 선물계약의 가격이 어떻게 변했는지에 따라 이익 또는 손실을 기록했을 것이다.

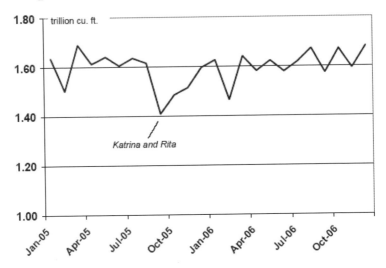

* 상원보고서 54쪽에서 인용.

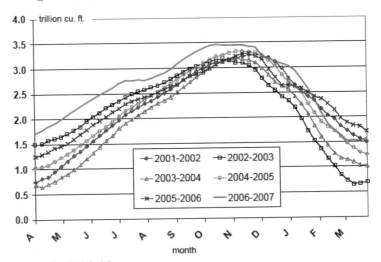

* 상원보고서 55쪽에서 인용.

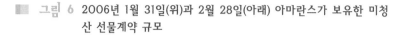

■ 그림 6 2006년 1월 31일(위)과 2월 28일(아래) 아마란스가 보유한 미청산 선물계약 규모

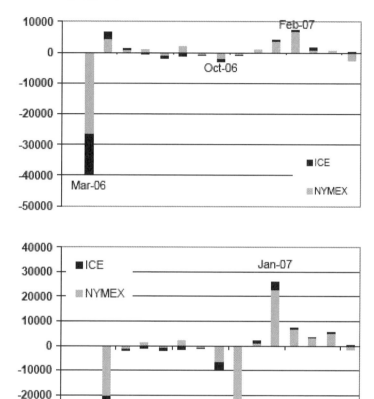

* 상원보고서 60쪽에서 인용.

때문에 신속한 공시가 요구됐고 최대 포지션 한도가 설정돼 있었다. 아무런 규제도 받지 않는 대륙 간 상품거래소를 통한 계약은 아마란스의 전체 거래량에서 작은 부분에 지나지 않았다.

**단순 매도에서 만기차 스프레드 매입 전략으로의 전환:** 온화한 겨울로 천연가스 수요가 감소하고, 재고량 증가로 확인된 천연가스 과잉공급이 선물가격을 억누를 것이라는 확신이 들자 아마란스는 2006년 11월 선물과 2007년 1월 선물 포지션을 쌓기 시작했다. 아마란스는 2가지 가정을 기초로 2가지 투기 전략을 세웠다. 1)2006년 2월부터 시작된 천연가스의 가격 하락이 10월 말 난방 시즌이 시작될 때까지 이어질 것이라는 가정 하에 2006년 11월 만기선물거래를 매도하고, 2)난방 시즌에 본격적으로 접어들면 다시 천연가스 가격이 상승할 것이라는 가정 하에 2007년 1월 만기선물을 매입하는 전략을 세웠다.

아마란스는 2006년 11월 만기 계약에 대해 숏포지션을 취하고 2007년 1월 만기 계약에 대해 롱포지션을 취함으로써 1월/11월 만기차 스프레드를 이용했는데, 이 전략은 2006년 9월에 아마란스가 파산할 때까지 주요 전략으로 남아 있었다. 2006년 2월 말까지 아마란스가 보유한 계약 규모는 1월 만기선물과 11월 만기선물에 대해 각각 25,000계약에 달했다. 한편 아마란스의 3월 거래 기록을 보면 아마란스는 2006년 4월 만기선물계약을 2006년 6월 만기 계약으로 옮겨 근월물에 대해 매도 포지션을 유지하는 동시에 2006년 11월 만기 계약 중 일부를 10월 만기 계약으로 옮기면서 2006년 11월과 2007년 1월의 만기차 스프레드 포지션을 확대했다.

표면상으로 천연가스 선물이 겨울에 훨씬 비싸질 것이라는 데에 돈을 거는 것이 대담한 계획도 아니고, 위험성도 높지 않아 보인다. 하지만 아마란스가 천연가스에 가졌던 집착의 이면에는 다른 시장 참가자들에게 잘 알려지지 않았던 특이한 부분이 있는데, 바로 아마란스가 선물계약을 사재기해 엄청난 규모의 선물 포지션을 축적했다는 점이다. 2006년 2월에 이미 뉴욕상업거래소 전체 미청산 계약 중 2006년 11월 만기 계약의 70%와 2007년 1월 만기 계약의 60%를 차지하고 있었다. 이렇게 엄청난 규모의 포지션은 여름까지 이어졌다([그림 7] 참조).

아마란스는 2006년 10월 만기선물 등 인접한 달의 선물 포지션도 대규모로 축적했는데, 그 결과 [그림 8]에 나타나 있는 것처럼 뉴욕상업거래소의 겨울(10~3월까지) 만기 미청산 계약 중 아마란스가 차지하는 비중이 30~45%에 이르렀다. 또 하나의 흥미로운 사실은 2006년 천연가스 선물 미청산 계약이 그 전 3년 동안에 비해 2배 정도로 증가했다는 것이다. 사실 2006년의 천연가스 생산이 예년에 비해 크게 다르지 않았음에도 아마란스의 2006년 미청산 계약 규모는 2003, 2004, 2005년의 뉴욕상업거래소 미청산 계약 전체를 합한 것보다 더 큰 규모였다.

여기서 떠오르는 본질적인 의문은, 그렇게 거대한 포지션이 선물 가격에 어떤 영향을 미쳤는가 하는 것이다. 2006년 11월과 2007년 1월 스프레드를 그 전해의 같은 달과 비교한 결과를 보면 2006년에는 2005년에 비해 스프레드도 2배 이상으로 커지고 변동성도 심해진 것을 알 수 있는데, 이는 물론 아마란스에게 굉장히 불리하게 작용했다([그림 9] 참조).

아마란스가 취한 만기차 스프레드 전략은 2007년 1월 선물에 대한 롱포지션과 2006년 11월 선물에 대한 숏포지션의 조합이라는 것을 상기해보자. 아마란스는 1월 만기 계약을 엄청나게 사들여 가격을 끌어올리는 동시에 11월 선물을 대규모로 매도해 가격 하락 압력을 가함으로써, 두 선물계약의 가격 차이를 늘려 스프레드를 키우고 있었다. 이 탐욕스러운 전략으로 아마란스는 2006년 4월에 10억 달러에 달하는 대규모 수익을 올렸다. 하지만 바로 그 다음 달 선물시장의 유동성이 사라지자 시장에 그 돈을 고스란히 되돌려줘야 했다. 상원보고서는 이를 다음과 같이 언급했다.

> 아마란스는 선물계약을 대규모로 매수해 가격을 끌어올린 후 정작 팔 사람을 찾지 못한 채 스스로 만든 함정에 빠졌는데, 이런 상황은 다른 시장 참가자들에게도 손해를 끼쳤다.[53] 어떤 트레이더는 상원위원회 앞에서 다음과 같이 증언했다. "시장에서 나쁜 소식은 빨리 퍼진다. 10억 달러를 잃고 아무도 눈치 채지 못하게 할 수는 없는 노릇이다. 다른 어떤 누구도 그렇게 큰 규모의 포지션을 취할 수는 없었을 것이다."[54]

아마란스는 대규모 선물 포지션을 줄이는 대신 오히려 선물계약 보유량을 늘리는 쪽을 선택했다. 6월과 7월의 거래 내역을 보면 아마란스가 보유한 선물 포지션 규모가 눈에 띄게 증가했음을 알 수 있다. 가장 눈에 띄는 것은 80,000계약에 달하는 2007년 1월 만기선물계약의 매수 포지션인데, 이는 미국 전체 가구의 1월 한 달간 가스 사용량과 맞먹는 규모였다([그림 10] 참조). 아마란스는 단시간에 2006년 3월 만기선물 60,000계약을 매수하고 2006년 4월 만기선물 80,000계약을 매도함으로써 3월/4월 스프레드 포지션을 쌓아올렸는데, 이는 그렇지 않아도 엄청난 규모인 선물계약 보유량을 더 가파르게 증가하도록 만들었다. 3월에는 난방 시즌이 끝나면서 가스 비축분 방출도 함께 끝나고 여름 시즌이 시작되는 4월은 가스 저장이 다시 시작되는 시기인 까닭에 대부분 같은 방향으로 움직이는 다른 스프레드와 달리 3월/4월 스프레드는 변동성이 특히 심하다. 3

---

53) Senate Report, op. cit. p. 75.
54) Senate Report, op. cit. p. 76.

월/4월 스프레드에 붙은 '과부 제조기'라는 별명을 통해 이 스프레드에 대한 투기가 얼마나 위험한 일인지 알 수 있다.

■ 그림 7 아마란스가 보유한 2006년 11월 만기 계약(위)과 2007년 1월 만기 계약(아래), 뉴욕상업거래소의 총 미청산 계약 대비 비율(%)

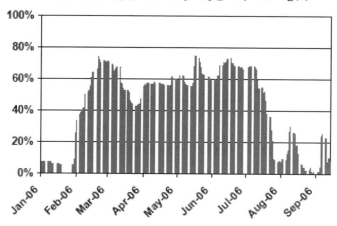

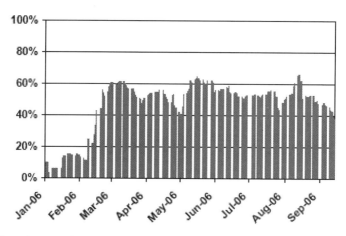

* 상원보고서 62~63쪽에서 인용.

특정 만기일의 선물거래 중 아직 결제되지 않고 남아 있는 계약을 말한다. 예를 들어 2007년 1월 만기 미청산 계약이 85,000계약이라 하면, 총 판매된 계약 중 아직 결제되지 않고 만기일에 인도돼야 하는 상태로 남아 있는 선물계약이 85,000건이라는 의미다. 미청산 계약은 '저량(貯量, Stock)'을 측정하는 개념으로, 이는 특정 만기일 선물의 일간 거래량과 같이 '유량(流量, Flow)' 을 측정하는 개념과는 반대되는 의미다. 미청산 계약은 실제 천연가스의 물리적 거래량과는 일치하지 않는다. 사실 천연가스 선물계약의 99%가 만기일 이전에 청산되기 때문에 미청산 계약은 실제 거래량과 크게 차이가 있다. 미청산 계약 중 상당 부분을 보유함으로써 아마란스는 분명 현물가격에 큰 영향을 미쳤을 것이다. 또 아마란스가 미청산 결제를 청산할지 여부나 청산 방식에 따라 선물가격은 큰 영향을 받았을 것이다. 만약 아마란스가 보유하고 있던 2007년 1월물 계약에 대한 롱포지션을 정리하기로 결정하고 대규모로 매도한다면 선물가격은 크게 떨어질 것이다. 반대로 아마란스가 보유한 2006년 11월 만기 숏포지션을 청산하려고 선물계약을 대규모로 매입한다면 11월 선물가격은 크게 상승할 것이다.

**붕괴:** 허리케인이 자주 발생하는 시기가 거의 끝날 무렵에도 천연가스 공급이 충분한 수준으로 유지되자 겨울/여름 선물 스프레드는 좁혀지기 시작했다. 얼마 지나지 않아 선물가격의 폭락이 시작됐고, 뉴욕상업거래소와 대륙 간 상품거래소로부터 날아든 엄청난 규모의 마진콜이 아마란스의 문을 두드렸다. 8월 30일 기준으로 아마란스가

내야 하는 증거금 규모는 9억 4,400만 달러 정도였는데, 갑자기 눈덩이 처럼 불어나 9월 8일이 됐을 때는 무려 30억 달러에 달했다. 아마란스 는 현금 보유량이 급격히 줄어들자 출구전략을 찾기 시작했다. 구제금융 을 제공할 만한 기관들과 쉴 새 없이 협상을 벌이는 과정에서 어쩔 수 없 이 휴스턴에 위치한 경쟁사 센토러스(Centaurus)를 포함한 많은 시장 참 가자들에게 포트폴리오에 대한 민감한 정보들을 공개해야만 했다.

■■ 그림 8  **아마란스가 보유한 2006~2007년 겨울 만기 미청산 계약 규모**

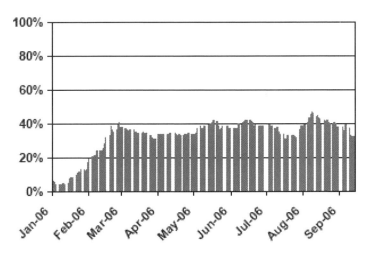

* 상원보고서 68쪽에서 인용.

아마란스는 메릴린치(Merrill Lynch)와 골드만삭스(Goldman Sachs) 에게 각각 2억 5,000만 달러와 18억 5,000만 달러를 지불하고 대신 '독 성 계약'를 넘기는 구제금융 방안을 협상하기도 했는데, 이 계획이 실행됐더라면 아마란스의 붕괴를 막을 수 있었을지도 모른다. 하지 만 2006년 9월 18일 아마란스의 뉴욕상업거래소 담당 브로커인 JP모

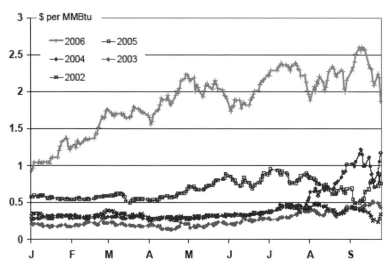

■■ 그림 9  2002~2006년까지 1월/ 11월 선물가격 스프레드

\* 상원보고서 70쪽에서 인용.

건체이스은행이, 위험에 노출되는 선물계약 규모가 지나치게 크다
는 이유를 들어 담보 및 증거금 반환을 거부하면서 계획이 수포로
돌아갔다. 결국 9월 20일, JP와 시타델그룹(Citadel Group)이 아마
란스의 천연가스 선물 부실자산을 인수한 뒤 아마란스를 강제로 청
산시켜 버렸다. 아마란스를 구제해주는 과정에서 JP은행이 2007년
1월까지 7억 2,500만 달러의 이익을 기록하는 등 두 기관 모두 큰
이익을 챙겼다. 아마란스는 JP 측에서 제때 담보와 증거금을 돌려주
지 않아 펀드가 청산됐다며 소송을 걸어 현재 아마란스와 JP와 소송
이 진행 중이다.

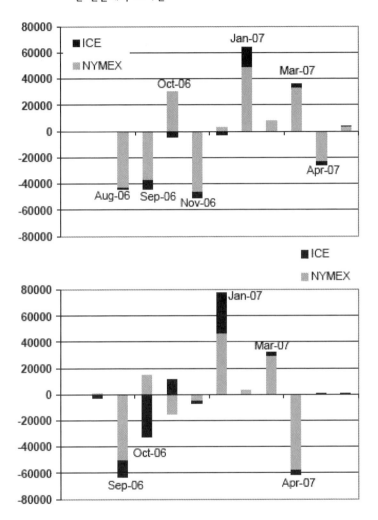

■ 그림 lo  2006년 6월 29일(위)과 7월 26일(아래) 기준 아마란스의 미청산 선물계약 포지션

## 아마란스의 리스크관리

헤지펀드의 핵심은 계산된 위험을 감수하면서 시장 평균보다 높은 수익을 올리는 것이다. 따라서 리스크관리는 헤지펀드에 있어 핵심 역할을 한다. 표면적으로 아마란스는 리스크 책임자를 총 12명이나 두고 각 트레이딩 데스크마다 1명씩 배치해 리스크 지표를 매일 주시하도록 하는 등 견고한 리스크관리 체계를 보유하고 있었다. 그뿐 아니라 각 포지션에 대해 최악의 상황을 가정해 밸류앳리스크(Value-at-Risk: VaR)를 측정하고 스트레스 테스트(Stress Test)를 실행해 그 결과를 면밀히 관찰했고, 가장 규모가 큰 계약들에는 특별한 관심을 기울였다.

---

**박스 G**  **밸류앳리스크**

밸류앳리스크(Vale-at-Risk: VaR)는 금융자산 포트폴리오의 전체 위험 수준을 하나의 통계 수치로 간략하게 보여주는 지표다. 전해지는 바로는, 언젠가 JP모건의 CEO가 다음 영업일에 은행이 노출된 위험 규모를 매일 오후 4시 15분에 하나의 숫자로 보고하도록 지시했다고 한다. 이때 그가 보고 받은 수치가 VaR였다. VaR는 '우리는 향후 N일 동안 L달러 이상은 잃지 않을 것이라고 x% 확신한다'는 의미다. 즉 VaR는 주어진 확률 수준(x)에서 목표 기간(N일) 동안 최대 손실(L)을 달러 금액으로 추산한다. 이 수치는 '우리가 손실을 입을 가능성이 얼마나 되는가?' 하는 어려운 질문에 과학적으로 보이는 언어로 답을 제시한다. 아마란스의 경우, 99% 확률 수준에서 향후 20일 동안 입을 수 있는 최대 손실이 13억 3,000만 달러라는 데 만족했던 것이 분명하다. 이렇게 대단한 설득력을 가진 간단한 수치를 제공하기 위해서는 과거 변동성과 포트폴리오의 각 구성 요소 간 상관관계를 추정하는 것이 가장 중요하다. 또 VaR를 추산하는 데 사용되는 데이터가 과거 기록인 까닭에 얼마나 오래전 기록까지 포함하는지가 결과값의 신뢰도에 큰 영향을 미친다.

스타 트레이더인 브라이언 헌터가 자신이 이끌던 트레이딩팀 전체를 코네티컷의 아마란스 본사로부터 3,200km 떨어진 캘거리로 옮겨갔지만 천연가스 분야에 배당된 리스크관리 책임자는 코네티컷에 있는 아마란스의 본사에 남게 되면서 아마란스의 리스크관리에는 큰 허점이 생겼다. 이론적으로는 거의 실시간 의사소통이 가능한 이메일과 인터넷에 힘입어 보고나 감사를 효과적으로 수행하는 데 물리적 거리가 큰 장애물이 되지 않는다. 하지만 이 책에서 논의된 여러 사례들에서 드러나듯이 이론과 실제는 차이가 있다. 아마란스와 같은 헤지펀드에게는 시장위험(Market Risk)과 유동성위험(Liquidity Risk) 및 자금조달위험(Funding Risk)이 가장 중요한 위험 요소다. 2006년 8월 31일 기준으로 각 종류의 위험에 대한 자세한 분석과 아마란스가 노출된 위험의 수준이 친카리니의 연구에 나타나 있다.[55]

- **시장 위험**: 1990~2006년까지 천연가스 선물가격의 시계열 자료를 사용해 분석한 아마란스의 VaR는 향후 20일 동안 13억 3,000만 달러로 추산됐다. 이는 천연가스 파생상품의 포

---

55) Chincarini, op. cit.

트폴리오가 향후 20일 동안(실제 아마란스가 청산된 시점까지) 변하지 않는다고 가정할 때 99.9%의 확률 수준에서 잃을 수 있는 가장 큰 금액이 13억 3,000만 달러라는 의미다. 하지만 포트폴리오가 고정돼 있다고 가정할 때 실제로 발생할 수 있었던 손실은 32억 9,500만 달러였다. 바로 앞 문장에서 '발생한 손실'이 아니라 '발생할 수 있었던 손실'이라고 표현한 것에 주목하자. 이렇게 표현한 이유는 실제 아마란스가 2006년 9월의 첫 20일 동안 지속적으로 거래를 체결하면서 포트폴리오의 구성이 매일 달라졌기 때문이다. VaR를 통해 추산된 위험의 규모와 실제 손실 금액의 의미있는 비교를 위해서는 아마란스의 포트폴리오를 2006년 9월 1일 기준으로 고정해야 한다. 포트폴리오가 고정돼 있다고 가정하고 추산한 13억 3,000만 달러와 32억 9,500만 달러 사이에는 엄청난 격차가 존재한다. 빗나가도 한참 빗나간 것이다! 어떻게 VaR가 그렇게 크게 틀릴 수 있을까? VaR의 측정 방식에 문제가 있는 것일까? 아니면 VaR 수치를 추산하는 데 사용한 데이터의 신뢰성을 의심해야 할까? 이 질문들에 대한 대답은 대부분 유동성 위험과 관련이 있다.

- **유동성 위험**: 간단히 말하면, 천연가스 선물시장에 유동성이 충분했더라면 아마란스는 시장가격을 교란시키지 않고 보유하고 있는 포지션을 정리할 수 있었을 것이다. 유동성 위험을 회피하기 위해 가장 좋은 방법은 마켓 포지션(Market Position)을 취하는 것인데, 이는 시장 전체의 미청산 계약 규모나 일일 거래량에 비해 상대적으로 작은 포지션을 취한

다는 의미다. 시장 전체의 10% 규모를 안전의 척도로 삼을 수 있다. 앞에서 설명한 것처럼 아마란스는 대부분의 선물 계약에서 어마어마한 규모의 포지션을 쌓았고, 포지션 한도 위반으로 뉴욕상업거래소로부터 계속해서 주의를 받았다. 과거 가격과 변동성 추세는 VaR의 계산 근거가 되는 변수를 추정하는 기준으로 사용되는데, 이 지표들을 왜곡하지 않고 움직이기에는 천연가스 선물시장에서 아마란스가 너무 큰 존재가 되어 버린 것이다. 사실 2006년 전반에 걸쳐 아마란스의 포지션이 시가로 평가되면서 펀드의 실제 가치가 부풀려졌을 가능성이 크다. 엔론에 재직할 당시 위험성이 높은 거래를 공개적으로 반대했던 리스크관리 전문가 빈스 카민스키(Vince Kaminsky)의 말을 빌리자면,

상대적으로 유동성이 떨어지는 몇몇 특정 만기의 천연가스 선물계약에 대해 거대한 포지션을 취하는 것은 위험한 일이다. 경험이 부족하고 공격적인 트레이더들이 흔히 이런 실수를 저지른다. 헌터는 모두가 알아챌 정도로 큰 규모의 포지션을 취한 것 같다. 시장은 비정한 곳으로, 이성을 잃은 시장이 다시 냉정을 되찾기 전에 나를 파산으로 몰아갈 수도 있다. [56]

56) Davis, A., op. cit.

## 🔆 이야기의 교훈

**투자자를 위한 교훈_** 헤지펀드에 투자하는 것은 두둑한 배짱 없이는 절대 할 수 없는 일이다. 연기금, 대학 재단기금, 수십억 달러를 보유한 고액 자산가 및 기타 헤지펀드에 돈을 맡길 만한 투자자들은 모두 투자에 대해 해박한 지식을 가지고 있다. 그런 투자자들은 헤지펀드에 투자하는 것이 어떤 것인지 잘 이해하고, 위험을 무릅쓰고 투자하는 것이다. 투자자들이 원하는 것은 위험 수준을 고려한 수익률이 시장지수에서 얻을 수 있는 수익인 '베타(Beta)'를 넘어서는 것인데, 이를 '알파(Alpha) 수익'이라고도 한다.

최근 상품 관련 헤지펀드가 유행하고 있는데, 투자자들은 헤지펀드의 기본적인 투자 철학, 트레이딩팀, 과거 실적, 리스크관리 체계가 잘 운영되고 있는지 등에 대해 질문을 던져봐야 한다. 상품시장이나 금융시장에서 펀드의 포트폴리오가 얼마나 분산돼 있는지, 시장의 전체 미청산 계약 규모 대비 펀드가 보유한 포지션이 어느 정도 크기인지 등의 지표들은 유동성이 떨어지는 시장에서 포트폴리오가 과도하게 집중돼 있는지 여부를 알려주는 척도로 사용될 수 있기 때문에 주의를 기울여 살펴봐야 한다. 마지막으로 중요한 점은, 정상적인 시장 환경에서라면 시가 평가가 상대적으로 간단할지 몰라도 비정상적인 시장 상황에서 아마란스가 여러 차례 시도한 것처럼 과도하게 큰 포지션을 매도하려 하면 실제 매도 가격은 거래 전에 형성된 가격과 꽤 차이가 날 수도 있다는 점이다. 이런 상황이 발생하면 가치 평가가 비현실적으로 왜곡되고,

포트폴리오의 실제 성과나 위험 수준에 대한 투자자들의 인식 역시 왜곡될 수 있다.

**상품 트레이더를 위한 교훈_** 모든 것이 정신없이 바쁘게 돌아가는 트레이딩룸에서는 '큰 그림'을 고민해서 거시적인 전략을 세울 시간이 거의 없다. 트레이더들은 터널비전(Tunnel Vision) 현상으로 고생하고, 당장 다음 거래에 대한 초단기 계획을 세우느라 어려움을 겪는다. 자신들이 보유한 여러 포지션이 뉴욕상업거래소 전체 미청산 계약의 50% 이상을 차지하고, 모든 포지션을 합하면 시장 전체 미청산 계약의 100% 이상이 된다는 사실에 아마란스가 얼마나 주의를 기울였는지 의문이다. 뿐만 아니라 시장에서 빠져나가려 할 때는 보유한 포지션 규모가 클수록 더 큰 위험에 부딪친다. 아마란스의 트레이더들은 유동성 위험을 아예 무시했다. 아마란스의 리스크 책임자는 필요한 경우 시장에서 손쉽게 빠져나갈 수 있도록 시장 전체의 미청산 계약 대비 약 12.5% 정도를 포지션 최대한도로 설정해 엄격하게 관리했어야 했다.

**정책 입안자 및 규제 당국을 위한 교훈_** 상품 관련 파생상품 시장은 위험을 감당할 능력이 없는 시장 참가자로부터 위험을 가장 잘 감당할 수 있는 참가자에게로 위험을 효율적으로 이전시킴으로써 경제적으로 중요한 역할을 담당한다. 투기자들 역시 천연가스 생산자와 유통 업체가 가격 위험을 회피하려 할 때 거래상대로서 중요한 역할을 맡는다. 하지만 한 기관이 대규모 포지션을 보유하면 가격과 변동성 패턴을 왜곡시키고, 이는 다시 위험 분배 과정을 교란시켜 결국 파생상품 사용자들에게 해를 입힐 수 있다. 뉴욕상업거래소는 어느 한 시장 참가자가 12,000계약 이상 보유하지 못하도록 하는 단순한 규칙을 모든 시장 참가자들이 지키도록 관리하는데 실패하면서 시장 감시자로의 역할을 상실했다. [그림 7]과 [그림 8]에서 볼 수 있듯이 아마란스는 어떤 만기의 경우 10만 계약 이상 포지션을 쌓는 등 포지션 제한을 조금 넘어선 정도가 아니라 몇 배나 넘겼다. 뉴욕상업거래소가 마침내 아마란스에게 포지션 제한을 지키라고 압력을 가하자 아마란스는 간단하게 포지션 제한에 구애받지 않고 공시의 의무도 전혀 없는 대륙 간 상품거래소로 보유하고 있던 포지션을 모두 옮겨 버렸다. 이를 통해 대륙 간 상품거래소에도 똑같은 공시 의무와 포지션 규모 제한을 적용해 '엔론 루프홀(Enron Loophole: 전자거래나 장외시장을 통한 에너지 상품 계약은 상품선물거래위원회의 규제에서 제외되도록 한 미국 상품선물현대화법령 조항을 일컫는 말-옮긴이)'을 제거해야 한다는 사실이 명확해진다. 천연가스 파생상품을 사용하는 여러 기관 중 하나인 조지아 지방가스관리청(Municipal Gas Authority of Georgia)은 상원위원회에서 2006~2007년 사이의 겨울 동안 1,800만 달러의 불필요한 헤지 비용이 발생했고, 이를 소비자에게 전가할 수밖에 없었다고 증언했다. 이런 비정상적인 헤지 비용의 직접적인 원인은 바로 아마란스를 비롯한 투기자들의 과도한 투기 행위와 시장 가격 조작이다.

## 뒷 이야기 💬

두 번이나 당하고도 포기할 줄 모르는 브라이언 헌터는 거의 홀로 아마란스 투자자문을 붕괴시킨 지 불과 몇 개월이 채 지나지 않아 에너지 전문 헤지펀드 살렌그로(Salengro)를 설립하기 위한 6억 달러의 자금을 모금했다. 이 계획이 성공했더라면 아마란스의 트레이딩팀을 다시 일으켜 세울 수 있었을지도 모른다. 하지만 천연가스 투기에 관한 미국 상원보고서가 2007년 6월 25일 발간되면서 이 계획에 제동이 걸렸다. 대신 그는 여러 소송과 미국상품선물거래위원회(Commodity Futures Transactions Committee: CFTC)의 조사에 맞서 자신을 변호해야 하는 입장에 처했다. 〈캐네디언비지니스(Canadian Business)〉에 따르면 "보스턴에 본사를 둔 상품 전문 헤지펀드 픽리지(Peak Ridge)가 새로운 에너지펀드를 설립하기 위해 브라이언 헌터를 영입했지만 끝내 그의 이름을 내세우지는 못했다. 픽리지 측에서 할 수 있었던 것은 고작 '시장수익률을 앞서온 일류 트레이더'를 파트너로 영입했다는 사실을 발표하는 것뿐이었다."[57]

## Question

1. 미국의 천연가스와 석유산업을 비교할 때, 천연가스의 가격 변동성이 석유의 경우보다 심하다고 할 수 있는가?
2. 계절에 따른 천연가스 가격의 변동은 어떻게 설명할 수 있는가?
3. 아마란스 투자자문을 붕괴로 몰고 간 주요 원인은 무엇인가?
4. 만약 여러분이 천연가스 헤지펀드의 투자자라면, 어떤 정보의 동향을 특히 주시해야 할까?

---

57) Watson, T. The trials of Brian Hunter, Canadian Business (March 3, 2008), p. 64 - 74.

# 메탈게젤샤프트

Metallgesellschaft

*물건의 가격은 장소 및 시간의 차이와 운송 과정에서 노출되는 위험에 따라 매겨진다. 이런 원칙에 따라 물건을 사고파는 것은 전혀 부당하지 않은 일이다.*

– 성 토마스 아퀴나스

1990년대 금융시장을 뒤흔든 여러 사건 중 13억 달러의 손실을 입은 메탈게젤샤프트(Metallgesellschaft: MG)의 경우는 잘못된 파생상품의 사용이 초대형 기업을 파산 직전까지 몰고 간 첫 번째 사례로 꼽힌다. 1993년 12월, MG의 미국 석유 자회사인 메탈게젤샤프트정유판매(Metallgesellschaft Refining and Marketing: MGRM)는 엄청난 규모의 손실을 발표했다. 이 손실은 쿠웨이트의 85일치 석유 생산량과 맞먹는 1억 6,000만 배럴에 대한 파생상품 포지션에서 비롯된 것이었다. 석유 파생상품 포지션은 MGRM이 미국 고객들에게 석유를 안정된 가격에 장기 공급하는 마케팅 프로그램을 수행하는 데 수반되는 위험을 헤지하기 위한 것으로 알려졌다.

독일 산업계에서 명문 기업으로서의 지위를 굳게 유지하던 MGRM
은 19억 달러에 달하는 구제금융을 지원받고 나서야 가까스로 파산을
모면할 수 있었다. MGRM에게 구제금융을 지원하기 위해 독일의 은
행들뿐 아니라 다국적 은행들까지 약 150개의 금융기관이 힘을 합쳐
야 했다. 하지만 MGRM은 베어링스처럼 부정거래에 휘말리거나 스
미토모처럼 통제체계가 느슨했던 것도 아니었고, 그렇다고 P&G처
럼 함정에 빠진 것도 아니었다. 이 이야기는 자회사가 석유시장에
대한 빈약한 추측만을 가지고 모기업에게는 제대로 알리지도 않고
무모하게 금융공학을 활용한 사례다.

## 메탈게젤샤프트의 붕괴

MG는 전통적으로 광산 및 비철금속 제련 사업에 집중했으나 근래
에는 상품 트레이딩 및 금융서비스까지 사업영역을 확장한 독일의
대형 복합기업이다. 178억 마르크(약 100억 달러)의 자산규모에 4
만 3,000명의 직원을 거느리고, 1993년에는 260억 마르크(약 160억
달러)의 매출을 기록한 MG는 산업국가 독일의 주요 기업 중 하나였
다. 은행 중심의 독일 금융체계에서 쉽게 볼 수 있는 것처럼 MG의
지배구조는 7개의 기관투자자들이 시가총액의 약 65%를 보유한 폐
쇄적인 구조였는데, 그중 도이체방크과 드레스드너방크(Dresdner
Bank)는 채권 기관이면서 동시에 주주로서 지배적인 역할을 했다.

**MG의 북미 에너지시장 진출:** MG의 미국 내 석유 자회사인
MGRM은 캐슬에너지(Castle Energy)의 석유 탐사 부문 49%를 인수하
면서 1989~1993년 사이에 눈에 띄게 성장했다. 캐슬에너지를 정유기
업으로 탈바꿈시키기 위해 MGRM은 캐슬에너지로부터 연간 4,600만

1970년대 초반까지만 해도 석유수출국기구(OPEC)가 원유가격을 철저히 통제하면서 국제 원유시장은 비교적 안정적으로 운영됐다.[58] 사실 산유국들이 엑손모빌, 브리티시페트롤륨(British Petroleum), 로열더치쉘 등 '세븐 시스터즈(Seven Sisters)'라 불리던 거대 석유기업들과 직접 장기 계약을 맺고 원유를 판매했기 때문에 석유시장이라 부를 만한 것이 존재하지 않았다. 1973년 석유금수조치로 원유가격이 폭등하자 에너지 절약 노력과 함께 비OPEC 국가의 원유 매장량을 늘리려는 시도가 나타났는데, 북해와 소련에서 이런 노력이 특히 활발했다. 머지않아 수요가 줄어들고 공급이 증가하면서 원유의 과잉 공급이 일어나 OPEC이 정한 공식 유가를 위협하기 시작했다.

70년대 후반 들어 국가별 산유량을 제한하기가 점점 어려워지고 사우디아라비아가 공급 조절자(Swing Producer)와 가격 안정장치로서의 역할에서 한 발짝 물러나면서 OPEC은 원유가격에 대한 독점적 영향력을 잃기 시작했다. 석유기업들은 자연스레 점점 더 많은 원유를 현물시장에서 조달하기 시작했고, 현물시장에서의 원유 구매 비율은 역대 최고 수준으로 상승했다. 80년대 중반에 이르러서는 국제 원유 구매의 2/3 이상이 현물시장을 통해 조달됐고, 여전히 직접 계약으로 거래되는 나머지 1/3도 계약 기간이 크게 단축됐다. 이에 따라 원유와 석유제품의 가격 변동이 심화됐고, 이는 석유제품 선물시장의 설립을 가속화하는 계기가 됐다.

---

58) OPEC은 1960년대에 수립된 세계 석유 카르텔(Cartel)로 현재 회원국은 이란, 이라크, 쿠웨이트, 카타르, 아랍에미리트연합, 사우디아라비아, 리비아, 알제리, 에콰도르, 베네수엘라, 나이지리아, 앙골라 등 12개국이다. 회원국을 모두 합하면 세계 석유 매장량의 2/3 정도를 통제하고 세계 원유 생산량의 약 1/3을 차지한다. 세계 석유 수요와 OPEC에 가입하지 않은 산유국들의 생산량을 고려해 회원국에 대해 반년마다 원유 생산 쿼터(Quota)를 부여함으로써 세계 원유가격에 영향력을 행사한다.

배럴을 현물 유가(즉시 인도가 이뤄지는 석유가격, 박스 A 참조)에 고정된 마진을 더한 가격에 10년 동안 장기 공급받는 계약을 체결했다. 석유 공급과 트레이딩 역량을 더욱 강화하기 위해 MGRM은 저장시설과 운송망에도 많은 투자를 했다. 미국 시장 진출을 진두지휘할 인물로 트레이딩 기업 루이스드레퓌스에너지(Louis Dreyfus Energy)에서 근무하던 W. 아서 벤슨(W. Arthur Benson)을 영입한 것도 역시 새로운 전략의 일환이었다. 석유시장에서는 이때까지만 해도 만기가 매우 짧은 선물 상품(박스 B와 C 참조)을 아쉬운 대로 사용하고 있었는데, 루이스드레퓌스에너지로부터 50명이나 되는 트레이더와 다수의 경영진을 함께 데리고 온 벤슨이 새로운 에너지 파생상품을 내놓기까지는 그리 오랜 시간이 걸리지 않았다.

90년대 초반 수행한 시장조사 결과 MGRM은 독립적으로 운영되는 석유 유통/소매 기업들이 날씨로 인한 현물 유가 변동 위험에 취약하다는 믿음과 함께 유가 위험에 대비한 장기 보험을 제공하는 데 MGRM이 특히 유리한 위치에 있다는 확신을 가졌다. MGRM은 이런 인식에 따라 1992년에 북미 지역의 에너지 트레이딩 및 유통시장에서 위상을 확대하기 위한 전략의 일환으로 휘발유, 난방유 및 경유를 최장 10년까지 고정된 가격에 제공하는 공격적인 마케팅 프로그램을 시작했다.

MGRM의 주요 타깃은 석유가격 변동 위험에 고스란히 노출된 까닭에 주요 정유기업 산하에 있는 주유소와의 경쟁에서 뒤쳐질 수밖에 없었던 독립 주유소들이었다.[59] 1993년 9월 MGRM은 1억 6,000

---

59) Krupels, Ed, "Re-examining the Metellgesellschaft affair and its implications for oil traders", Oil & Gas Journal(March 26, 2001).

만 배럴의 휘발유와 난방유를 향후 10년간 고정된 가격에 공급하겠다고 약속했다. 이 선도계약은(박스 B 참조) 에너지 유통산업에서 혁신적인 시도로 큰 환영을 받았다.

**제거할 수 없는 위험을 제거하기:** 이 마케팅 프로그램이 시작되면서 MGRM이 직면한 문제는 간단했다. MGRM은 향후 10년(1993년~2003년)간 배럴 당 24~27달러 사이의 고정 가격(당시 형성된 현물 시세보다 약 3~5달러 정도 높은 수준)에 수백만 배럴의 원유를 독립 유통 업체들에게 인도하기로 약속했다. 이는 향후 10년간 석유에 대해 숏(Short) 포지션[60]을 취하는 것과 같았다. 확실하게 이익을 남기기 위해 MGRM은 어떻게든 선도 매도 가격보다 낮은 가격에 동일한 금액과 만기의 롱(Long) 포지션을 만들어내야 했다. 이에 따라 MGRM은 근월물 석유 선물(박스 C 참조)에 대해 엄청난 규모의 롱포지션[61]을 취했는데, 롱포지션은 헤지 기반이 되는 숏포지션과 금액은 같았지만 만기는 서로 달랐다.

MGRM은 이 근월물 선물계약의 결제일이 돌아오면 또 다른 근월물 선물계약으로 연장했다. 이 헤지전략을 '스택앤롤(Stack and Roll)'이라 부르는데 이는 다음 절에서 자세히 설명한다. 하지만 1993년 전반에 걸쳐 현물 유가가 계속 하락하고 근월물 선물 유가와 현물 유가 사이에 형성된 관계가 달라지면서 만기가 돌아오는 선

---

60) 석유에 대해 '숏' 포지션을 취한다는 것은 미래에 석유를 인도하겠다고 약속하는 것이다(부채와 동일한 위험을 가진다). 반대로 미래에 석유를 인수하겠다고 약속하는 것을 석유에 대해 '롱' 포지션을 취한다고 한다(자산과 동일한 위험을 가진다).

61) 이 헤지 계획에 수반되는 비용은 근원물 선물의 현금정산/연장 시점에서 발생하기 때문에 MGRM이 체결한 장기 선도계약의 만기보다 훨씬 먼저 실현된다.

물을 연장할 때마다 MGRM은 점점 더 큰 손실을 입었다. 이렇게 누적된 손실이 결국 13억 달러에 이르러 모기업인 MG를 파산 직전까지 몰고 간 것이다.

석유 선도거래는 일정량의 석유를 계약 당일 정해진 가격(선도유가)에 미래의 특정한 날짜(선도계약 만기일)에 사거나 팔기로 하는 약속이다. 예를 들어, 1993년 9월 30일에 MGRM이 원유 1,000만 배럴을 10년 후에 배럴 당 25달러의 가격에 판매하는 선도계약을 체결했다고 가정하자. 2003년 9월 30일에 MGRM은 석유 1,000만 배럴을 인도하고 현물 유가에 관계없이 2억 5,000만 달러를 받을 것이다. 만약 유가가 배럴 당 45달러라면 매수자는 배럴 당 25달러만 지불하면 되기 때문에 1,000만x(45달러-25달러)=2억 달러의 이익을 얻는다. 만약 반대 입장에 있는 MGRM이 이런 위험을 헤지하지 않는다면 MGRM은 2억 달러의 손해를 입는다. 선도계약은 한 번 체결하면 되돌릴 수 없고 법적 구속력이 있는 계약으로, 계약 시점에는 계약 당사자가 약속만 교환할 뿐이며 계약 만기 시점에 원유와 현금의 교환이 실제로 일어날 때는 현물 유가에 상관없이 미리 정해진 가격에 따라 인도가 이뤄진다는 점이 핵심이다.

**재앙과 같은 퇴장:** MG는 채권단으로부터 19억 달러에 이르는 구제금융을 지원받는 대가로 제조, 광산, 트레이딩 등 핵심 사업 대부분을 잘라내는 대규모 구조조정을 받아들여야 했다. MG가 보유하고 있던 대규모 선물 포지션을 즉각 해소시켜야 했던 것은 당연한 일이었

다. 1993년 427마르크였던 주식가격이 1994년 2월까지 216마르크로 떨어지면서 시가총액은 절반으로 줄어들었다. 뿐만 아니라 결과적으로 MG가 파산을 가까스로 피하기는 했지만 자칫하면 파산할 수도 있었던 상황이었다.

어떻게 한 기업이 단독으로 헤지거래로 13억 달러를 잃을 수 있었는지는 많은 전문가들이 의문을 제기할 만큼 쉽게 이해되지 않은 부분이다. MGRM은 잘못된 트레이딩 전략을 추구하다가 미처 예측하지 못한 비정상적인 유가 변동에 휩쓸린 불행한 피해자일까? 아니면 어수룩한 헤지전략으로 피해를 입은 것처럼 위장하려 했지만 실제로는 투기에 가까운 트레이딩 전략을 추구했던 것일까?

### 박스 C 석유 선물계약

1978년 뉴욕상업거래소에서 난방유 선물이 등장하고 뒤이어 1983년과 1985년에는 각각 원유와 무연 휘발유 선물이 소개되면서 에너지 선물거래가 본격적으로 시작됐다. 석유 선물거래는 매도자가 정해진 양과 등급의 석유를 계약 당시 합의된 가격에 뉴욕상업거래소와 같이 지정된 선물시장에서 인도하도록 하는 두 거래당사자 간의 계약이다. 선물계약의 가장 중요한 특징 중 하나는 계약 조건이 표준화돼 있다는 점이다. 예를 들어, 뉴욕상업거래소의 원유 선물은 서부 텍사스 중질유(West Texas Intermediate) 1,000배럴이 1계약 단위다(황 함유량과 비중은 따로 계약 조건에 명시할 수 있다). 가격은 배럴당 달러 금액으로 표시되며, 결제월 25일의 3영업일 전에 만기가 돌아온다. 계약 조건의 표준화는 각 거래당사자의 요구에 맞춰 계약 조건의 조정이 가능한 선도계약으로부터 선물계약을 구분 짓는 결정적인 특징이며(박스 D 참조), 거래비용을 최소화하고 거래유동성을 높이는 역할을 한다.

실험적인 마케팅 프로그램을 통해 실질적으로 MGRM은 향후 10년 간 석유를 주기적으로 인도해야 하는 선도계약을 판매하는 셈이었 다([그림 1] 참조). 합의된 선도 유가가 현물 유가보다 훨씬 높은 수 준이기는 했지만 현물 유가가 미래에도 낮은 수준으로 유지될 것이 라는 보장은 어디에도 없었다. 따라서 MGRM은 미래 유가의 불확 실성을 회피하고 수익을 고정시키기 위한 대책을 세워야 했다. 아 무 조치도 취하지 않는 것은 노골적으로 투기를 하는 것과 같았다. MGRM은 성공적으로 헤지전략을 세울 수 있을까? 먼저 MGRM이 선택할 수 있는 전략을 살펴보자.

**박스 D** **선도계약과 선물계약은 어떤 차이가 있을까?**

선도계약과 선물계약 모두 가격, 계약 만기, 석유 인도 규모 등 에 대해 판매자와 구매자의 합의 하에 체결된다. 선도계약은 두 거래당사자가 직접 계약 조건을 결정하는 맞춤 거래인데, 일반 적으로 계약을 체결할 때 담보나 증거금이 요구되지 않는다. 따 라서 거래 상대가 계약을 이행하지 않는 문제가 발생할 위험이 있다. 반면 선물계약은 수량, 인도 일자, 품질 등이 표준화돼 있 고 끊임없이 거래가 이루어진다. 선물계약을 체결할 때는 선도 계약과 달리 해당 거래소에 증거금을 예치해야 한다. 선물계약 은 매일 시가평가가 이뤄지는데 만약 손실이 발생하면 손실분 이 증거금 계좌에서 차감된다. 증거금이 차감되는 경우 거래소 는 선물계약 보유자에게 증거금을 다시 채울 것을 요구하는데 (이를 마진콜이라 한다), 만약 계약 보유자가 이를 수행하지 않 을 경우 선물계약은 강제로 청산된다. 이런 장치 덕분에 선물계 약은 선도계약과 달리 거래상대 위험으로부터 자유롭다.

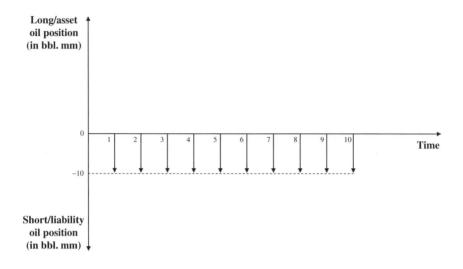

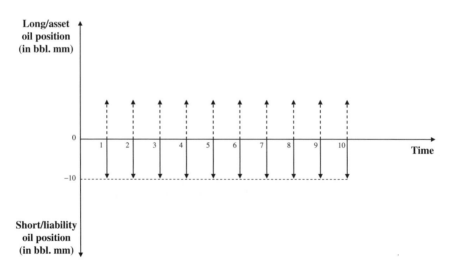

**선도계약을 통한 헤지:** 장기에 걸쳐 분산된 석유 숏포지션을 헤지하는 교과서적인 방법은 숏포지션과 만기와 규모가 동일한 선도계약을 매입하는 것이다([그림 2] 참조). 예를 들어, 만약 MGRM이 페더레이티드히팅오일(Federated Heating Oil: 미국 뉴잉글랜드 지방의 석유유통 기업)에게 1,000만 배럴의 석유를 배럴당 25달러의 가격으로 2003년에 인도하는 조건으로 선도 매도했다면, MGRM은 최소한 25달러보다는 낮은 가격에 석유를 구매하는 선도계약을 체결해야 한다. 선도계약의 매수 가격이 21달러라고 가정하면, MGRM은 1,000만 배럴×(25달러-21달러)=4,000만 달러의 수익을 얻는다.

물론 유가 변동 위험이 제거됐다 해도 여전히 상대편이 계약 조건을 지켜야 MGRM의 헤지가 성공할 수 있다(거래상대 위험이 존재한다). 결제일에 MGRM은 선도 매입 계약 상대로부터 석유를 인도 받고, 선도 매도 계약의 거래상대인 페더레이티드히팅오일로부터는 원유대금을 받는다. 불행하게도 시장에서 만기가 18개월이 넘는 선도계약은 찾아보기 힘들다. 이 때문에 MGRM은 새로운 방법을 찾을 수밖에 없었던 것이다.

**사전 구매 후 저장: '합성' 선도계약.** MGRM이 선도 매도 거래에서 발생하는 유가 변동 위험을 제거하기 위해 취할 수 있는 가장 안전한 방법은 석유를 현물시장에서 구매한 뒤 선도계약의 결제일이 돌아올 때까지 저장해놓는 방법일 것이다. 이 헤지전략에 수반되는 석유 배럴당 비용은 아래와 같은 수식을 통해 사전에 추산할 수 있다.

10년 만기 합성 선도계약의 배럴당 비용 '$F^*_{0;10}$'

= 현물 유가 '$S_0$'

+ 10년간 발생하는 연간 저장비용 's' (백분율로 표시)

+ 10년간 발생하는 연간 기회비용 '$i$' (백분율로 표시)

또는

$$S_0(1+s+i)^{10} = F^*_{0;10} \qquad\qquad \text{식 (1)}$$

손익을 계산하기 위해서는 위의 수식을 통해 추산된 비용과 고객들에게 10년 후 인도하기로 약속한 가격인 달러를 비교해야 한다.

예를 들어, 현재 형성된 현물 유가가 20달러이고, 석유의 연간 저장 비용이 0.01, 자본비용이 0.06이라면 MGRM이 석유를 구매해 10년간 저장했다가 인도하는 합성 선도계약에 드는 총비용은 아래와 같이 39.34 달러이다.

$$F^*_{0;10} = 20(1+0.01+0.06)^{10} = 39.34 \qquad \text{(식 1의 예시)}$$

이론적으로 보면 '보유비용(Cost of Carry)'을 고려한 선도 유가는 현물 유가보다 높아야 하는데, 이 관계를 '콘탱고'라 한다. 하지만 실제로는 석유시장이 선도나 선물 유가가 현물 유가보다 낮은 '백워데이션' 상태에 있는 경우가 대부분이다. 언뜻 쉽게 이해되지 않는 이 상태는 석유를 물리적으로 보유함으로써 얻게 되는 '편의 수익'의 존재를 통해 설명할 수 있다(자세한 내용은 다음 절 참조).

물리적으로 석유를 보유하는 데는 많은 비용이 든다. 에드워즈(Edwards)와 칸터(Canter)는 1995년 발표한 연구에서, 월간 보유비용이 배럴당 0.0733달러 위로 상승할 경우 이 전략은 MGRM에게 손해를 입힐 것으로 예측했다. 실제로 모든 항목을 포함한 월간 보유비용은 배럴당 0.24달러(연간 3달러)에 육박했고, 저장 공간 역시 극도로 부족했다.

**기회주의적 보유 전략:** 반대로 MGRM은 현물 유가 $S_t$가 석유 구매 후 저장하는 헤지전략으로 수지를 맞출 수 있는 가격수준인 아래로 떨어지는 $t$ 시점까지 기다릴 수도 있다. 만약 MGRM은 충분히 장기간의 과거 자료를 분석했다면 $S_t$가 이하로 떨어질 확률을 체계적으로 파악할 수 있었을 것이다. 이때 시간에 따라 변하는 손익분기점 $S_t$는 $S_t{}^*$에 대해 다음 수식에서 $S_t$의 값에 따라 결정된다.

$$S_t(1+s+i)^{T-t}=F_{0:T} \text{ with } t < T = 1, 2, 3 \ldots, 10. \qquad 식 (2)$$

식에서 알 수 있듯이 $t$가 $T$에 가까워질수록 보유비용이 점진적으로 낮아져 손익분기에 해당하는 현물 유가는 점차 높아진다. 예를 들어, 3년 후에 현물 유가 $S_3$가 12달러로 떨어진다면 10년의 기간 중 남은 7년 동안 석유를 실제 구매해서 저장하는 데 드는 비용은 아래와 같이 19.27달러다.

$$12(1+0.01+0.06)^{10-3}=19.27 \qquad (식 2의 예시)$$

이 가격은 MGRM이 페더레이티드히팅오일에게 매도한 선도 유가 달러보다 낮은 금액임을 알 수 있다.

**스택앤롤을 통한 합성 보유 전략:** 이 전략 하에서 MGRM은 장기에 걸쳐 있는 '숏(부채)' 포지션과 만기는 다르지만 금액은 동일한 근월물(예를 들어 1개월 만기) 선물계약을 대량 매수한다([그림 3] 참조). 근월물 선물계약의 결제일이 돌아오면 현금결제 후 실제 인도된 만큼을 제외하고 만기를 연장한다.

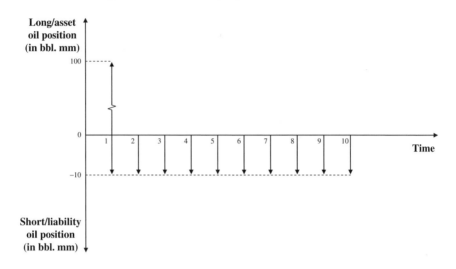

스택앤롤 전략을 실행하는데 드는 실제 비용은 (1)선물계약을 매수하는 데 소요되는 총 비용, (2)근월물 선물의 만기가 돌아올 때 정산 및 만기 연장에 소요되는 비용의 두 부분으로 나누어 설명할 수 있다. 이때 (2)가 (1)의 규모를 결정하는 중요한 부분이라는 것을 이해할 필요가 있다. 2가지의 비용을 2년의 기간에 걸쳐 차례대로 분석해보자.

(1) 석유 선물계약 매수에 소요되는 실질 비용: $t=0$ 시점에서 MGRM이 1년 만기의 선물계약을 매수하는 경우, 매수 가격은 아래와 같이 나타낼 수 있다.

$$F_{0;1}=S_0(1+s+i-c)=S_0+b_0 \qquad \text{식 (3A)}$$

이때 $c$는 '편의 수익'을 의미하며, $b_0$는 선물가격 $F_{0;1}$과 현물가격 $S_0$의 차로 '베이시스(Basis)'라 한다.

$t=1$ 시점에 MGRM은 현물 유가 $S_1$에 선물계약을 매도(정산)하고 (이때 $F_{0;1}-S_1$에 해당하는 수익 또는 손실이 발생한다) 다시 1년 만 기선물계약을 매수함으로써 선물 포지션을 쌓는다. 이때 선물계약의 매수 가격은 다음과 같이 나타낼 수 있다.

$$F_{1;2}=S_1+b_1. \qquad\qquad 식 (3B)$$

따라서 1년 후 MGRM은 구매 비용을 다음과 같은 수준으로 고정시키게 된다.[62]

$$F_{0;1}-S_1+F_{1;2}=S_0+b_0-S_1+S_1+b_1=S_0+[b_0+b_1]. \qquad 식 (4)$$

첫 번째와 두 번째 기간의 베이시스 $b_0$와 $b_1$은 보유비용과 같기 때문에(식 1 참조), MGRM은 이 전략을 추구함으로써 실질적으로 총 보유비용이 첫 번째와 두 번째 기간 동안 합성 보유비용(베이시스)의 합과 동일한 합성 보유 전략을 추구하는 것과 같다. 대부분의 경우 석유시장이 백워데이션 상태(음의 베이시스)에 있기 때문에 MGRM은 선도 매도 가격보다 낮은 수준으로 매수 비용을 고정한

---

62) 단기선물이 현금결제되고 롤오버를 하게 되면, MGRM이 거래한 장기선도계약의 만기보다 훨씬 빨리 실현되므로 위험 회피의 현금흐름 비용은 점진적으로 증대될 것이다.

다.[63] 석유시장이 콘탱고보다는 백워데이션 상태에 있을 가능성이 높고, 장기적 관점에서 평균적으로 백워데이션 할인폭이 콘탱고 할 증보다 크다는 경험적 증거들은 다음 절에서 더 자세히 살펴본다.

(2) 선물계약의 갱신에 수반되는 현금흐름 손실: 저렴한 헤징비용과 선물계약의 연장 시 발생하는 손익(식 4B 참조)은 별개의 이야기다. 결과적으로 이것이 MGRM이 추구한 헤징 전략의 아킬레스건으로 드러났다. 첫 번째 만기가 돌아올 때 MGRM이 보유하고 있는

■ 그림 4 스택앤롤

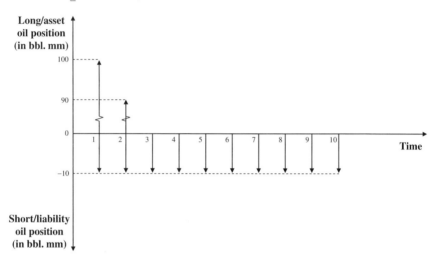

---

63) 결국 최종적으로 MGRM이 선물계약을 매수하는 데 수반되는 비용은 다음과 같다.

$$F_{0;1}-S_1+F_{1;2}-S_2+...+F_{9;10}$$ 식 (4A)

이때 식 (4A)를 (3A)와 (3B)로 대체하면 다음과 같이 나타낼 수 있다.

$$S_0+b_0-S_1+S_1+b_1+...-S_9+S_9+b_9$$ 식 (4B)

이를 다시 간단히 나타내면 다음과 같다.

$$S_0+[b_0+b_1+b_2+...+b_9]$$ 식 (5)

선물계약을 $S_1$에 현금결제하면 매도 가격 $S_1$과 매수 가격 $F_1$의 차에 해당하는 현금 비용이 발생한다.

$$S_1 - F_1 = (S_1 - S_0) - b_0 \qquad \text{식 (6)}$$

사실 MGRM이 현물 유가 변동 $b_0$의 절대값이 베이시스(베이시스가 양수인 경우 콘탱고, 음수인 경우 백워데이션)보다 클지 작을지를 사전에 알기는 어렵다. 베이시스의 크기(콘탱고/백워데이션)와 현물 유가 변동 $b$의 절대값을 기반으로 발생 가능한 여러 가지 상황이 [표 1]에 정리돼 있다. 백워데이션이 지속되는 상황에서는 MGRM이 선물계약의 '롱' 포지션을 통해 현금흐름 수익을 얻을 가능성이 75%에 달한다([표 1]의 맨 아래 행에 나타난 총 4가지 중 3가지 상황에서 선물계약의 현금결제 시 현금흐름 이익이 발생하는 것을 알 수 있다). 석유시장이 콘탱고 상황과 백워데이션 상황에 있을 가능성이 동일하다고 가정하면, 장기적으로 MGRM은 선물계약을 정산하면서 수지를 맞추는 수준에 머무를 것으로 예상할 수 있다([표 1]에서 총 8가지의 상황 중 4가지에서 현금흐름 유입이 발생한다).

**■ 표 1 석유 선물계약의 스택앤롤 전략에 따른 현금흐름 수익/손실**

| 구 분 | 현물 유가 상승 | | 현물 유가 하락 | |
|---|---|---|---|---|
| 석유시장 상황 | < 베이시스 | > 베이시스 | < 베이시스 | > 베이시스 |
| 콘탱고 (베이시스 > 0) | 손실 | 이익 | 손실 | 손실 |
| 백워데이션 (베이시스 < 0) | 이익 | 이익 | 이익 | 손실 |

실제로 MGRM은 위에서 소개한 '합성 보유 전략'을 추구하기 시작했다.[64] 이후 매월 결제일이 돌아올 때마다, MGRM은 실제 인도된 석유의 양만큼 선물 포지션을 줄인 후 남아 있는 포지션의 만기를 그 다음 달로 연장했다([그림 4] 참조).

## 스택앤롤 전략의 성공과 실패

스택앤롤 헤지전략이 현금흐름에 미치는 시사점을 완전히 이해하려면 각별한 노력이 필요하다. 이 절에서는 [표 1]에 나타난 8가지 시나리오 중 2가지를 예로 들어 MGRM이 어떻게 짧은 시간 안에 그렇게 큰 손실을 입을 수 있었는지를 살펴본다.

시나리오 1: **백워데이션 상황에서 백워데이션 할인폭을 넘어서는 수준의 유가 하락이 발생하는 경우.** [표 2]에 나타난 시나리오에서, MGRM이 1994년 9월 1일($t=1$ 시점)을 시작으로 향후 10년간 매년 같은 양만큼 분산 인도하는 조건으로 경유 1억 배럴을 배럴 당 23달러에 선도 매도(숏포지션)하는 계약을 1993년 9월 1일($t=0$ 시점)에 체결한다고 가정하자. 1993년 9월 1일 현재 현물 유가는 20달러에 형성돼 있고, 1년 만기선물 유가는 19.5달러에 형성돼 석유시장은 백워데이션 상태에 있다. MGRM은 롱포지션을 쌓기 위해 $t=0$ 시점에 형성된 선물 유가 19.5달러에 경유 1억 배럴에 대한 선물계약을 매수한다.

이때 롱포지션의 규모는 숏포지션과 동일하지만 만기는 일치하

---

64) 이 장에서는 1:1 헤지를 실행할 때 선도와 스왑계약이 마진콜 여부를 제외하고는 선물거래와 동일한 역할을 하는 것으로 단순화해 설명한다.

지 않는다. 1년 후 $t=1$ 시점에 이르러 현물 유가가 17.5달러로 하락
한다. MGRM은 만기가 돌아온 선물 포지션을 현금결제할 때 1억 배
럴×(17.5달러−19.5달러)=−2억 달러의 손실을 입는다. 하지만 동
시에 MGRM은 선도 매도한 석유의 첫 번째 인도분에 대해 1,000만
배럴×(23달러−17.5달러)=5,500만 달러의 이익을 얻는다. 결국 선
물계약에서 발생하는 손실 2억 달러와 선도계약에서 발생하는 수익
5,500만 달러를 종합하면 1억 4,500만 달러의 손실을 기록한다. 여
기서 강조할 점은 근월물 선물 포지션을 연장할 때 발생하는 손실은
초기에 집중돼 있는 반면 수익은 10년에 걸쳐 시차를 두고 실현되기
때문에 초기에는 손실이 수익을 압도한다는 것이다.

표 6-2  **백워데이션 할인폭을 뛰어넘는 현물 유가 하락**

| 만기 | 0 | 1 | 2 |
|---|---|---|---|
| 유가 | | | |
| 현물(US$) | 20 | 17.5 | 15.5 |
| 선도(US$) | 23 | 23 | 23 |
| 선물(US$) | 19.5 | 17 | |
| 숏(부채) 포지션 미청산 계약 잔고(100만 배럴) | | 10 | 10 |
| 롱(자산) 포지션 미청산 계약 잔고(100만 배럴) | | 100 | 90 |
| 실제 인도 시 현금흐름(100만 US$) | | 55 | 70 |
| 선물계약 연장 시 현금흐름 (100만 US$) | | −200 | −135 |
| 순 현금흐름 (100만 US$) | | −145 | −60 |

1994년 9월 1일($t=1$ 시점), MGRM은 남아 있는 9,000만 배럴의 계약을 새로운 선물 유가 17달러에 연장한다. 그 후 유가 하락이 지속돼 1년 후 현물 유가는 15.5달러로 하락한다. 결국 MGRM은 9,000만 배럴의 선물 포지션을 정산할 때 9,000만 배럴×(15.5-17)=-1억 3,500만 달러의 손실을 입는다. 한편 MGRM은 석유 1,000만 배럴을 인도하면서 1,000만 배럴×(23-15.5)=7,500만 달러의 이익을 얻으므로 이를 합하면 6,000만 달러의 순손실이 발생한다.

이 시나리오대로라면 석유를 인도할 때마다 거둬들이는 엄청난 이익에도 불구하고 MGRM은 초기에 심한 현금흐름 압박을 받을 것이 분명하다. 흥미로운 사실은, 석유시장에서 백워데이션 상태가 지속되더라도 현물 유가가 백워데이션 할인폭보다 크게 하락하면 MGRM은 큰 손실을 입는다는 점이다. 분명 MGRM은 백워데이션 상태에서 현물 유가가 상승하거나, 하락하더라도 백워데이션 할인폭보다 완만하기를 간절히 바랐을 것이다. 하지만 운은 MGRM을 외면했다. 1993년 현물 유가가 폭락하면서 석유시장은 콘탱고 상태로 돌변했다. 이어 시나리오 2를 살펴보자.

시나리오 2: **콘탱고 상태의 석유시장에서 콘댕고 할증폭(베이시스)보다 작은 수준의 현물 유가 하락이 발생하는 경우.** 첫 번째 시나리오에서와 마찬가지로 1993년 9월 1일($t=0$ 시점) MGRM은 향후 10년 간 매년 같은 양만큼 분산 인도하는 조건으로 경유 1억 배럴을 배럴 당 23달러에 선도 매도하는 계약을 체결한다. 현물 유가는 20달러에 형성돼 있고, 1년 만기선물 유가는 22달러에 형성돼 시장은 콘탱고 상태(양의 베이시스)에 놓여 있다. 1년 후 $t=1$ 시점에 이르러 현물 유가가 18달러로 하락한다. 이 경우 MGRM은 보유하고 있는 선물 포지션을 현금결제하면서 1억 배럴×(18-22)=-4억 달러의 손실을 입는 동시에 경유 1,000만 배럴을 인도하면서 1,000만 배럴×(23-18)=5,000만 달러의 이익을 얻어, 총 3억 5,000만 달러의 손실을 기록한다.

■ 표 3  콘탱고 할증폭보다 작은 수준의 현물 유가 하락

| 만기 | 0 | 1 | 2 |
|---|---|---|---|
| 유가 | | | |
| 현물(US$) | 20 | 18 | 16 |
| 선도(US$) | 23 | 23 | 23 |
| 선물(US$) | 22 | 19 | |
| 숏(부채) 포지션 미청산 계약 잔고(100만 배럴) | | 10 | 10 |
| 롱(자산) 포지션 미청산 계약 잔고(100만 배럴) | | 100 | 90 |
| 실제 인도 시 현금흐름(100만 US$) | | 50 | 70 |
| 선물계약 연장 시 현금흐름 (100만 US$) | | -400 | -270 |
| 순 현금흐름 (100만 US$) | | -350 | -200 |

1994년 9월 1일($t$=1 시점) MGRM은 남아 있는 9,000만 배럴에 대해 선물 유가 19달러에 선물 포지션을 다시 구축할 것이다. 이후 현물 유가 하락이 지속돼 1년 후에는 현물 유가가 16달러로 떨어진다. 따라서 MGRM이 아직 인도되지 않은 9,000만 배럴의 포지션을 현금결제할 때 9,000만 배럴×(16-19)=-2억 7,000만 달러의 손실이 발생한다. MGRM이 1,000만 배럴의 석유를 인도하면서 얻는 수익 1,000만 배럴×(23-16)=7,000만 달러를 고려하면, MGRM은 총 2억 달러의 현금흐름 손실을 입는다(표 3 참조).

지금까지 살펴본 2가지 시나리오는 모두 선물계약을 연장할 때 불리한 현물 유가 움직임이 큰 손실을 초래하는 경우다. 수익은 상대적으로 나중에 발생하기 때문에 초기에는 수익보다 훨씬 큰 손실

이 발생한다. 정상적인 헤징 정책에서는 헤지거래의 금액뿐 아니라 만기도 헤지 대상 포지션과 동일하도록 설정돼 현금흐름 손실과 수익이 서로 상쇄되므로 이런 비정상적 상황이 발생하지 않을 것이다. 하지만 MGRM은 스택앤롤 전략을 추구하면서 근월물 선물계약을 매수해 장기적 매도 포지션을 헤지하려 했다. 이에 따라 이익은 점진적으로 꾸준하게 발생한 반면 손실은 초기에 집중적으로 발생해 단기적으로 끔찍한 현금 압박을 받게 된 것이다. 자회사가 참을 수 없을 정도의 고통을 겪고 있을 때 모기업이 나서 고통을 덜어주어야 했던 것은 당연한 일이었다.

### 석유시장의 경험적 증거(1983~2002)

MGRM의 합성 보유 전략은 누적 백워데이션의 할인폭이 누적 콘탱고 할증폭보다 크다는 전제 하에서 성공할 수 있는 전략이었다.

이 절에서는 실제로 석유시장에서 백워데이션이 콘탱고보다 빈번하게 나타난다는 경험적 증거를 살펴본다. 선도시장에서 가격 곡선이 우상향할 때 이를 '콘탱고'라 하고 반대로 가격 곡선이 우하향하는 상황을 '백워데이션'이라 부른다는 사실을 상기해보자. [그림 5A와 5B]는 각각 백워데이션 상태에 있는 1992년 8월 21일의 시장 상황과 콘탱고 상태에 있는 1993년 8월 20일의 시장 상황을 보여주고 있다. [그림 5A]에서는 현물 유가가 배럴 당 21.10달러에 형성돼 있고, 1~17개월까지 모든 만기에 대해 선물 유가가 현물 유가 아래에 형성돼 있다. 정반대의 콘탱고 관계는 [그림 5B]에 나타나 있다.

■ 그림 5 (A) 백워데이션 상태에 놓여 있는 시장 상황(1992년 8월 21일)
(B) 콘탱고 상태에 놓여 있는 시장 상황(1993년 8월 20일)

(A)

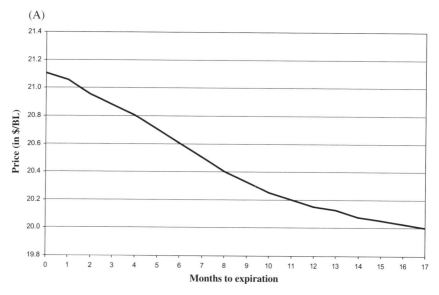

(B)

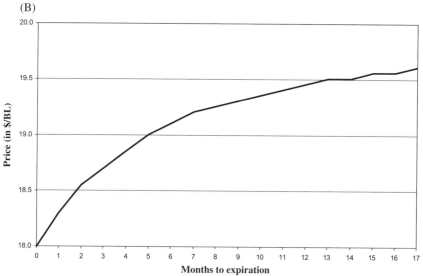

정상적인 상황에서라면 보유비용(저장 비용 및 자금조달 비용) 때문에 선물 유가가 현물 유가에 비해 높기 때문에 선물시장은 콘탱고 상태에 있어야 한다. 하지만 앞서 이야기했듯이 석유 선물시장에서 백워데이션은 이상하리만큼 빈번하게 나타나는데, 이는 일반적으로 석유를 보유하는 데 따른 편의 수익 때문인 것으로 해석할 수 있다.

**역사적 분석의 확장:** 백워데이션이 석유 선물시장에서 흔히 볼 수 있는 현상이기는 하지만 꼭 일관성 있게 지속되지는 않는다. 1993년에 MGRM이 처한 시장의 역학구도를 더 명확히 이해하기 위해 과거 자료(1983~1992)와 MGRM이 헤징 전략을 지속적으로 추구한다는 가정 하에서의 미래 예측치(1992~2002)를 나란히 살펴보자. 이를 통해 1993년을 제외하고는 백워데이션이 비교적 안정적이고 일관된 패턴으로 나타나는 것을 확인할 수 있다.

[그림 6A~6C]에 각각 원유, 난방유, 휘발유 선물의 월별 백워데이션 패턴이 나타나 있다. 1983~1992년, 1992~2002년 동안 발생한 백워데이션의 비율이 회색 막대와 흰색 막대에 각각 표시돼 있다. 각 막대는 해당 기간 동안 선물시장이 백워데이션 상태에 있을 가능성을 나타낸다. 3가지 시장의 경우 모두 백워데이션은 두 번째 기간보다 첫 번째 기간(1983년~2002년)에 강하게 발생한 것을 알 수 있다.

또 난방유 시장의 백워데이션은 1983~2002년 전체 기간에 걸쳐 강한 계절성을 띠는 것이 눈에 띈다. [그림 6]의 각 항목에 나타난 막대그래프는 해당 월에 석유시장이 백워데이션 상태에 놓여 있을 확률(왼쪽 세로축)을 나타내고, 꺾은선 그래프는 1992~2002년까지 백워데이션 상황에서 MGRM의 월별 평균 손익(오른쪽 세로축)을 보여준다.

## ▥ 그림 6A  원유의 월 평균 백워데이션

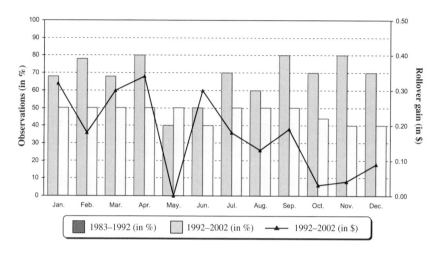

## ▥ 그림 6B  난방유의 월 평균 백워데이션

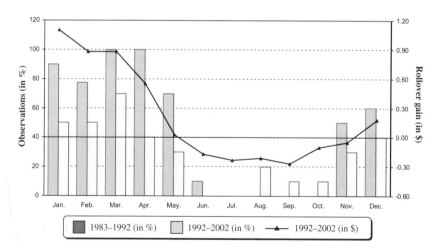

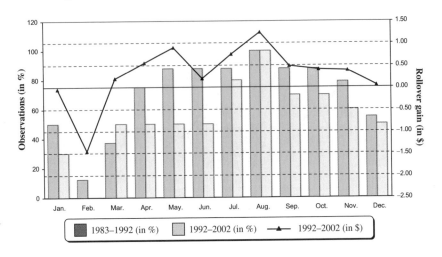

■ **그림 6C** 휘발유의 월 평균 백워데이션

각 그림에서, 난방유의 경우에는 여름에 해당하는 6~10월까지 수요가 낮아 유가의 백워데이션 현상이 거의 나타나지 않지만 여름에 수요가 높은 휘발유 시장의 경우 동일 기간 동안 유가가 백워데이션 상태에 있을 가능성이 매우 높다는 것을 쉽게 파악할 수 있다. 원유는 다른 2가지 경우에 비해 계절성이 약하지만 연말에는 콘탱고 상태에 있을 가능성이 비교적 높다. 이런 가격 패턴은 근월물 선물계약에 대한 계절적 수요 압력의 영향력을 반영하는 것으로 해석할 수 있다.

한 가지 강조할 점은, 백워데이션이 발생한 비율은 대체로 1992~2002년까지의 기간보다 1983~1992년까지의 기간이 높기는 하지만 두 기간 모두 현물 유가와 선물 유가의 관계에서 나타나는 계절성에 대해서는 같은 결론을 내릴 수 있다는 점이다.

헤지비율(Hedge Ratio)은 MGRM이 근월물 선물계약을 매수해 쌓아올린 '롱' 포지션의 규모와 원월물 '숏' 포지션 간의 비율이다. 가장 간단한 접근법은 헤지 계약의 손익이 기반이 되는 포지션의 손익을 정확히 상쇄하게 되는 헤지비율을 사용하는 것이다. 하지만 헤지 활동은 개별 계약에 수반되는 손익 변동을 제거하는 좁은 의미의 목표에서 한 발 더 나아가 기업 가치의 변동 최소화를 목표로 하기 때문에, 최적헤지비율(Optimal Hedge Ratio)이라고도 부르는 '최소분산헤지비율(Minimum Variance Hedge Ratio)'이 선호된다. 최소분산헤지비율은 헤지 대상 포트폴리오의 수익과 헤지 계약 자체에서 발생하는 수익의 공분산(Covariance)을 헤지 수익의 분산으로 나눈 값과 같다.

**백워데이션의 중요성:** 백워데이션은 MGRM이 선도 매도한 석유를 인도할 때뿐만 아니라(식 4 참조) 보유한 선물계약의 만기를 연장할 때도 수익 확보를 위한 핵심적인 요소였다(식 5 참조). 장기적으로 보면 백워데이션 상태가 지속될 경우 대규모 포지션을 구축해 만기를 연장하는 방식으로 수익을 얻을 가능성은 75%에 달한다(모든 경우의 수는 [표 1]에 정리돼 있다). 더군다나 선물시장은 강한 백워데이션이 지속적으로 발생하는 경향을 보인다. 따라서 선물계약을 활용한 스택앤롤 헤지전략을 추구할 경우 만기를 연장할 때 이익이 발생할 것이라고 어느 정도 확신을 가질 수 있다. MGRM의 경영진은 이런 이유로 최소분산헤지비율에서 1:1 헤지비율(박스 E 참조)로 헤지 방식을 확대하는 전략을 취한 것으로 보인다.

## 날아가버린 수익의 기회[65]

1993년 MG는 파산 지경에 이르자 MGRM의 마케팅 프로그램을 중단시켰다. 이 장에서 우리는 악마의 변론인(Devil's Advocate) 역할을 하면서 '만약 MGRM이 계획대로 마케팅 프로그램을 수행했다면 어떤 일이 벌어졌을까?' 하는 질문을 던진다. 이미 지난 일을 돌이켜보는 상황에서 이야기의 결과와 실제 가격 정보를 알고 있는 이점을 활용해 MGRM이 실행한 마케팅 프로그램을 최대한 정확하게 재구성한다.

MGRM이 추구한 스택앤롤 헤지전략에 대한 시뮬레이션은 다음의 가정에 기반을 두고 있다.

(A) 1993년 3월 중순, MGRM은 선도 판매한 석유(휘발유 및 난방유)를 헤지하기 위해 1억 6,000만 배럴(선물계약 5,500만 배럴과 선도계약 1억 500만 배럴)의 매수 포지션을 수립한다.

(B) 선물 포지션 수립 시점에서 소요되는 현금 비용은 전체 계약의 명목 금액이 아니라 5,500만 배럴의 선물계약에 대한 증거금(액면가의 50%로 가정)뿐이다.

(C) 5,500만 배럴의 총 포지션은 뉴욕상업거래소에서 허용하는 한계 금액에 따라 원유 2,500만 배럴(46%), 난방유 1,500만 배럴(27%), 휘발유 1,500만 배럴(27%)로 분산된다.[66]

---

65) Evans, Richard J. and Laurent L. Jacque "When a Hedge is a Gamble: An Empirical Investigation (1993-2002) of Metallgesellschaft's High Stake Debacle" in the Financier, vol. 11/12, 2004-2005.

66) Culp C. L. and M. H. Miller, Metallgesellschaft and the economics of synthetic storage. Journal of Applied Corporate Finance,7(4)(Winder 1990),p.64.

(D) 선물계약 체결 시점에 난방유와 휘발유의 인도 가격은 현물 가격보다 3달러 높은 수준으로 고정된다.

(E) 시뮬레이션은 MGRM이 석유를 인도하는 일정과 일치하도록 1993~2002년까지 10년의 기간에 대해 실행한다.

**롤러코스터 같은 현금흐름:** MGRM의 헤지전략으로 인한 현금흐름은 두 부분으로 나뉜다. 첫 번째는 석유를 인도할 때 선물계약 매수 가격과 고정된 판매 가격의 차로 인해 발생하는 손익이다. 이는 [그림 7]에 나타나 있다. 월별 현금흐름은 누적 현금흐름과는 별도로 회색 영역으로 표시돼 있다. 1999~2001년까지 손실이 발생하기는 하지만 MGRM이 마케팅 프로그램을 중단하지 않고 그대로 실행했더라면 큰 수익을 얻었을 것이다.

두 번째 부분은 선물 포지션을 연장할 때 발생하는 손익으로, 이는 [그림 8]에 나타나 있다. 1993년 중반, 석유가격이 가파르게 하락해 석유시장이 백워데이션 상태에서 콘탱고 상태로 변했다. MGRM의 헤지전략이 회사를 파산으로 몰아갈 것이라고 생각한 MG 이사회는 마케팅 프로그램을 중단시켜버렸다. 하지만 헤지 계획을 갑작스럽게 폐기하고 깊은 내가격(In-the-Money) 상태의 선도 매도 거래를 성급하게 해소시켜 버린 데에는 확실히 미심쩍은 부분이 있다. 이는 MG 채권단이 MG로부터 강제로 뽑아낸 비용으로 봐야 할 것이다.

MGRM이 석유를 인도하는 가격은 난방유의 경우 배럴 당 26.88 달러(갤런 당 63.99센트), 휘발유의 경우 배럴 당 27.78달러(갤런 당 66.14센트)로 고정돼 있었다. 고정된 석유 인도 가격은 초기 현물 유가에서 3~5달러 정도 높은 수준이었기 때문에 인도할 때는 대부분 이익이 발생했다([그림 8] 참조). 하지만 장기적으로 손익에는 심한 변동성이 존재하는 것으로 나타났다. 1993~2002년 사이에는 손익이 배럴당 -17~16.19 달러를 기록하면서 손익의 표준편차($\sigma$)가 8.24 달러에 달하는 것으로 드러났고, 대상 기간을 1992~2002년으로 확대하는 경우에는 배럴당 -18.32~14.87달러까지 손익이 변동하면서 7.72달러의 표준편차를 보이는 것으로 나타났다.

■■ 그림 7 석유 인도 시점에서 발행하는 현금흐름

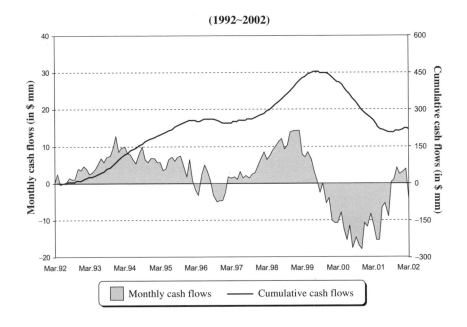

**(1992~2002)**

**(1993~2002)**

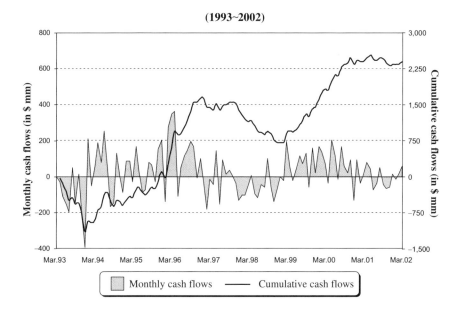

## 도박으로 변한 헤지

헤지 활동의 핵심은 외부 자금에 불필요하게 의존하지 않고 운영 및 투자 활동에 필요한 자금을 원활하게 조달할 수 있도록 기업가치의 변동성을 줄이는 데 있다. 하지만 기업가치의 변동성을 최소화하는 것에만 집중하면 기반 계약과 만기가 일치하지 않는 헤지 계약이 현금흐름의 발생 시점 및 변동성에 미치는 영향을 간과하기 쉽다. 장기 인도 계약의 가격을 고정하는 데 스택앤롤 헤지전략이 얼마나 참신한 접근법이었든지 MGRM의 경우 이 헤지전략은 실행 초기에 전혀 헤지를 하지 않은 경우보다 오히려 현금흐름의 변동성을 악화시키는 결과를 가져왔다.

**완전헤지(Perfect Hedge)와 최소분산헤지비율에 대해:** MGRM은 장기에 걸친 숏포지션을 헤지하기 위해 동일한 금액의 단기 선물 포지션을 쌓는 '배럴 대 배럴' 혹은 '1:1' 헤지를 추구했다. 롱포지션과 숏포지션의 만기가 불일치한다는 점을 무시한다면, 이 전략은 표면상으로는 교과서적인 '완전 헤지'처럼 보인다. 하지만 헤지의 핵심은 가격 변동 위험을 완전히 제거하는 데 있는 것이 아니다. 헤지의 목적은 기업가치의 변동성을 최소화하는 것이기 때문에 일반적으로 1보다 훨씬 낮은 헤지비율이 사용된다(박스 E 참조).

게다가 장기에 걸쳐 있는 선도 매도 계약과 대규모로 쌓아올린 근월물 선물 포지션 사이에 만기가 불일치하는 경우에는 헤지비율을 더욱 낮게 조정해야 한다. 이를 헤지의 '테일링(Tailing)'이라 하는데, 이렇게 헤지비율을 조정하는 이유는 10년 만기 선도계약에서 발생하는 손익의 현재가치가 30~60일 만기선물계약의 현재가치보다 현저히 낮기 때문이다. 즉 '배럴 대 배럴'은 지나치게 과도한 헤지전략이고 기업의 유가 위험에 대한 노출을 증가시키기 때문에 대단히 투기적 방식이다. 여러 연구[67]에서 월 단위로 분산 인도되는 10년 만기 석유 선도계약의 최적헤지비율은 0.5~0.75 사이인 것으로 추산하고 있다. 투기적 성격이 강한 '1:1' 헤지비율과 매수/매도 포지션 사이의 만기 불일치가 합쳐지면서 현금흐름의 변동성이 크

---

67) Edwards, Franklin R. and Michael S. Canter, "The collapse of Metallgesellschaft: un headgeable risks, poor hedging strategy, or just bad luck", The Journal of Futures Markets, vol15, no.3, pp.211-264(1995); Pirrong, Stephen C. "Metallgesellschaft: aprudenthedgerruined, or a wil catte on NYMEX", The Journal of Futures Markets, vol. 17, no.5, pp.543-578(1997).

게 증가했는데, 이는 다시 MGRM이 자금조달 위험(Funding Risk) 및 유동성 위험(Liquidity Risk)에 노출되는 결과를 초래했다. 현금흐름의 유입은 장기에 걸쳐 시차를 두고 서서히 유입될 예정이었던 반면 대규모 근월물 선물 포지션은 초기에 대규모 현금 유출을 초래해 MGRM의 현금흐름을 심각하게 악화시켰다.

MGRM은 사업계획서에서 헤지 활동을 수익을 얻는 데 활용할 수 있는 수단으로 해석하고 있는데, 이는 헤지 활동에 대한 MGRM의 자세에 대해 많은 것을 시사한다.[68]

> 일반 교과서에 자세하게 설명돼 있는 것처럼 현물시장에서의 이익(또는 손실)이 선물계약의 손실(또는 이익)로 완전히 제거될 때 위험이 완전히 헤지됐다고 할 수 있다. 하지만 만약 헤지전략을 치밀하게 구성해 현물 유가와 선물 유가 사이의 베이시스를 가장 유리한 수준으로 고정시킬 수 있다면 헤지활동을 통해 창출한 수익으로 영업이익률(Operating Margin)을 크게 향상시킬 수 있다. 우리가 제안하는 위험관리 프로그램은 현물시장에서 발생하는 위험을 최소화해 영업이익률을 보호할 뿐 아니라 추가적인 위험 없이 엄청난 수익을 얻을 수 있는 기회도 제공한다.

헤지는 원래 부차적인 역할을 수행하지만 위에서 인용된 단락의 강조된 부분에서 알 수 있듯이 MGRM은 막대한 이익을 남길 목적으로 헤지전략을 수립했다. 이는 유가 변동 위험을 최소화하려고 하는 기업의 자세라고 보기 어렵다. MGRM은 정말 근월물 선물을 계속

---

68) Cited in Mello, Anthony S. and J. E. Parsons. Maturity structure of a hedge matters; lessons from the Metallgesellschaft, Journal of Applied Corporate Finance, p. 115(Spring 1995), p. 115.

해서 연장하는 것이 좋은 투자인 동시에 좋은 헤지전략이라고 믿었을까? 한 논평에 따르면[69] "계속해서 더 많은 근월물 선물을 쌓으면서 MGRM은 위험을 감소시키려고 한 것이 아니라 오히려 백워데이션에 돈을 걸고 도박판을 키우고 있는 셈이었다."

MGRM이 스택앤롤 헤지전략을 사용함으로써 표면적으로는 합성 선도계약을 생성해 가격 위험을 효과적으로 제거한 것처럼 보이지만 선물계약 만기를 연장할 때 대규모 현금흐름 손실이 발생할 가능성이 생기면서 실질적으로는 만기연장(Roll-over) 시 현금흐름위험(Cash-Flow Risk)과 '자금조달 위험'(유동성 위험) 등 최소한 2가지 위험에 추가적으로 노출됐다.

## 시장 조성자 MGRM

MGRM이 쌓은 대규모 포지션이 선물시장에 어떤 영향을 미쳤는지는 아직 명확히 밝혀지지 않았다. 우리가 살펴본 시뮬레이션은 현물 유가와 선물 유가가 MGRM의 활동에 영향을 받지 않는 외부 요인이라 가정하고 있다. 하지만 이런 가정이 꼭 사실이 아닐 수도 있다. 에드워즈와 칸터는 1995년 발표한 연구에서 MGRM의 포지션이 시장 전체 미청산 계약의 20%에 불과하다는 사실을 밝혀내고, 20% 정도로는 시장을 움직이는 영향력을 발휘하기 힘들다는 주장을 폈다. 하지만 일각에서는 MGRM이 대규모 포지션을 구축함으로써 1993년에 선물시장이 콘탱고 상태로 돌아서는 데 일부 원인을 제공했다

---

69) Mello, op. cit. p. 117.

고 주장하기도 한다. 실제로 MGRM이 선물 포지션을 청산하자마자 석유 선물시장은 다시 백워데이션 상태로 돌아갔다.

여기서 한 가지 주목할 점은 선물시장의 평균 1일 거래량이 1만 5,000~3만 계약 정도인데, MGRM은 매월 무려 5만 5,000계약에 대해 만기를 연장했다는 사실이다. 선물계약의 거래상대가 MGRM을 상대로 가격 협상력을 행사하지 못했다거나, MGRM이 선물 포지션을 연장할 때 차근월물 선물가격을 끌어올리지 않았다는 에드워즈와 칸터의 주장은 지나치게 확신에 찬 것일지도 모른다.

하지만 콘탱고 시장은 현물 유가 하락 장세에서 나타날 가능성이 더 높은데,[70] 때마침 1993년 하반기에는 유가가 지속적으로 떨어지고 있었다. 따라서 유가 하락이 베이시스의 움직임에 미친 영향을 통제하지 않고서는 MGRM의 헤지전략이 시장에 미친 부정적 영향이 MGRM의 실패에 어느 정도 기여했는지 파악하는 것은 사실상 불가능하다.

---

70) t-1 시점부터 t 시점까지 현물 유가 변화는 95% 이상의 신뢰수준에서 60%의 경우 베이시스와 동일한 부호를 가진다.

## 🔘 이야기의 교훈

**교훈 1_ 역사가 꼭 되풀이되지는 않는다.** 과거의 추세를 기반으로 미래를 예측할 때는 각별한 주의를 기울여야 한다. MGRM은 석유 선물시장에서 백워데이션이 지속되던 과거의 추세가 미래에도 지속될 것이라는 가정에 기반을 두고 계획을 수립했다. 인간은 과거의 경험을 바탕으로 미래를 예측하는 위험한 경향을 가지고 있다. 하지만 콩, 구리 등 백워데이션이 석유시장보다 오랜 기간 지속된 다른 선물시장에는 백워데이션 상태의 선물시장이 갑작스럽게 콘탱고 상태로 변할 수 있다는 증거가 충분히 존재한다.[71]

**교훈 2_ 최악의 상황을 배제하지 말라.** 위험을 회피하기 위해 명목 금액이 30억 달러(이는 모기업인 MG 시가총액의 2배에 달하는 금액이다)가 넘는 헤지 계획을 수립한 MGRM이 최악의 시나리오에서 발생할 수 있는 위험을 깊이 검토하지 않았다는 점은 모순적이다.

특히 MG의 이사회는 '회사가 손실을 입을 수 있는 규모가 얼마인가?', '손실을 입을 가능성은 얼마나 되는가?' 등의 2가지 질문을 던져봤어야 했다. 물론 두 질문 중 어느 쪽도 답하기 쉬운 질문은 아니다. 첫 번째 질문에 대한 해답을 구하는 데

---

71) Edwards, Franklin R. and Michael S. Canter, "The collapse of Metallgesellschaft: unhedgeable risks, poor hedging strategy, or just bad luck", Journal of Applied Corporate Finance(Spring 1995), pp.95-97에 콩 시장과 구리 시장에 대한 통계적 증거들이 제시돼 있다.

는 일반적으로 스트레스테스트(Stress Test)와 복합 시나리오 분석(Multiple Scenario Analysis) 방법이 도움이 되고, 두 번째 질문은 더 정교한 밸류앳리스크(Value-at-Risk) 지표를 통해 답을 얻을 수 있다.

스트레스테스트와 복합 시나리오 분석은 '블랙스완(Black Swan)' 혹은 '아웃라이어(Outlier)'로 불리는 최악의 상황을 연구하는 데 활용할 수 있는 간단한 방법이다. 스트레스테스트는 통제할 수 없는 한 가지 변수의 영향력을 강조하는 방법인데, 여기서는 현물 유가가 이에 해당한다. 복합 시나리오 분석을 활용하면 2가지 이상의 통제할 수 없는 변수들을 기반으로 주변 환경을 그려보는 것이 가능하다. 선물시장의 상황(콘탱고/백워데이션)과 현물 유가의 변동 양상(상승/하락)은 강력한 조합이다. 2가지 측면을 동시에 고려한 시나리오가 [표 1]에 정리돼 있다. 각 시나리오 별로 과거 10년간 월별 유가 수준에 대해 만기 연장 시 큰 손실을 가져올 수 있는 최악의 상황을 구성해 볼 수 있다.

불행히도 MG 헤징전략에 대한 최악의 시나리오를 분석하지도 않았고, 스트레스테스트를 제대로 수행하지도 않았다. 유가가 예상보다 가파르게 하락해 석유시장이 콘탱고 상태로 돌변했을 때가 돼서야 MG 이사회는 MGRM의 전략이 회사를 파산으로 몰고 갈 것을 우려해 조치를 취했다. 이사회는 MG 회장을 대하면서 어정쩡한 태도로 일관했는데, 이를 통해 볼 때 이사회는 보수적인 헤지정책의 탈을 쓴 MGRM의 투기 계획을 전혀 이해하지 못한 것으로 판단할 수 있다.

**교훈 3_ 지배구조의 실패.** 이사회는 기업의 일상적인 활동에 관여하지 않는다. 하지만 이사회는 명확한 전략적 목표를 수립하고 위험 허용 수준에 대한 가이드라인을 제시해 회사의 정책이 그 틀 안에서 수립될 수 있도록 해야 한다. 최고경영진은 이사회의 지침을 일상적인 업무에 녹이는 역할을 해야 한다. MG 이사회는 MGRM의 전략적 방향 변화를 예의주시하고 밀접하게 관여하는 데 실패했다.

MG가 1988년부터 시작된 만성적인 유동성 위기로 인해 44억 마르크를 빌리고도 세 번의 주식 발행을 통해 12억 1,000만 마르크를 추가로 조달해야 했던 것을 고려할 때 MG 자체도 당연히 강한 위험 회피 성향을 보였어야 했다. 하지만 MG는 MGRM이 취한 위험의 절대적 규모뿐 아니라 회사의 전체적인 위험 수준을 고려한 상대적 규모도 적절하게 평가하지 않았다. MG 이사회가 금융공학에 대한 전문성을 갖추지 못한데다가 MGRM과 MG 사이의 의사소통도 제대로 이루어지지 않은 까닭에 MGRM은 까다로운 질문을 받지 않고 넘어갈 수 있었다. MG가 구제금융을 지원받은 이후 MGRM의 헤지 계획을 백지화하고 큰 이익이 예상되는 선도 공급 계약을 갑작스럽게 해소시켜 버린 것은 구제금융을 지원받는 데 대한 대가를 채권단에게 지불한 것으로 볼 수밖에 없다.

**참고문헌**

1. Culp, Christopher L. and Merton H. Miller, Winter 1995, "Metallgesellschaft and the economics of synthetic storage." Journal of Applied Corporate Finance,7:4,pp.62-76.

2. Culp, Christopher L. and Merton H. Miller, Spring 1995, "Hedging in the theory of corporate finance: A reply to our critics." Journal of Applied Corporate Finance, 8:1, pp.121-127.

3. Edwards, Franklin R. and Michael S. Canter, May 1995, "The collapse of Metallgesellschaft: Unhedgeable risks, poor hedging strategy, or just bad luck?" The Journal of Futures Markets, John Wiley&Sons(New York, NY), 15:3, pp.211-264.

4. Hilliard, Jimmy E., 1999, "Analytics underlying the Metallgesellschaft hedge: Short-term futures in a multi-period environment." Review of Quantitative Finance and Accounting, 12:3, pp.195-219.

5. Jacque, Laurent L. and Richard J. Evans, "When a Hedge is a Gamble: An Empirical Investigation (1993-2002) of Metallgesellschaft's High Stake Debacle", Financier, vol.11/12, 2004-2005.

6. Marthinsen, John. Risk Takers: Uses and Abuses of Financial Derivatives(Pearson Addison-Wesley, 2005)

7. Mello, Antonio S and John E. Parsons, Spring 1995, "Maturity structure of a hedge matters: Lessons from the Metallgesellschaft debacle." Journal of Applied Corporate Finance, 8:1, pp.106-120.

8. Pirrong, Stephen C., August 1997, "Metallgesellschaft: A prudent hedger ruined, or a wildcatter on NYMEX?" The Journal of Futures Markets, John Wiley&Sons(New York,NY), 17:5, pp.543-578.

# Question

1. 이자율평가이론(Interest Rate Parity)과 '보유비용'의 평가 모델을 비교하라.

2. 상품 선물시장이 일반적으로 콘탱고 상태에 있을 것으로 예상할 수 있는 이유는 무엇인가?

3. MGRM이 직면한 위험은 어떤 것이었는가? MGRM은 위험관리 계획을 제대로 수립했는가?

4. MGRM의 스택앤롤 헤지전략이 성공하기 위해 필요한 주요 가정은 무엇인가?

5. MGRM은 투기를 하려고 했던 것일까, 아니면 위험을 헤지하려 했던 것일까?

# 스미토모

SUMITOMO

위험을 취하는 트레이더는 후하게 보상받지만
그 트레이더들을 감독하는 사람들에게는 제대로 된 보상이
돌아가지 않는 문화에 가장 큰 책임이 있을지도 모른다.

– 데이비드 헤일(David Hale)

1996년 6월 13일, 일본에서 가장 크고 오래된 무역회사 중의 하나인 스미토모는 런던금속거래소(London Metal Exchange)에서 구리 트레이딩으로 26억 달러에 이르는 충격적인 손실을 입었다고 발표했다. 스미토모는 전임 구리 트레이딩 책임자인 하마나카 야스오(泰男浜中)에게 모든 책임을 돌렸다. 스미토모의 회장 아키야마 도미이치(秋山富一)에 따르면 "그 거래들은 모두 하마나카 야스오 혼자서 진행한 것들이다. 하마나카는 스미토모의 명성을 악용해 허가도 받지 않은 거래들을 지속적으로 체결했다."[72]

---

72) In the words of Tomiichi Akiyama - President of Sumitomo.

스미토모의 손실은 장기간에 걸쳐 누적된 것이 분명한데, 그러면 어떻게 트레이딩 손실이 그렇게 오랫동안 발각되지 않고 지속될 수 있었는지에 대해 의문이 생긴다. 하마나카는 정말로 혼자 행동한 것일까? 아니면 스미토모가 구리 가격 조작에 가담한 뒤 발각되자 하마나카를 희생양으로 삼은 것일까?

명망높은 스미토모 가(家)의 역사는 창업자인 스미토모 마사토모(住友政友)가 서구 무역상들로부터 은과 구리의 제련 기술을 배워 사업을 일으킨 16세기로 거슬러 올라간다. 17세기에 벳시(Besshi) 구리광산을 개발하면서 스미토모는 은행업과 환전업으로 사업 영역을 확장했다. 그로부터 4세기가 더 지난 후에도 스미토모상사는 여전히 구리사업(채굴보다는 트레이딩 영역)에 깊이 관여하고 있었는데, 구리 트레이딩 부서의 스타 트레이더 덕분에 스미토모는 구리 시장에서 지배적인 영향력을 가졌다. 구리사업은 스미토모 매출의 1/3을 차지했고, 순이익 중에서 구리사업이 차지하는 비중은 그보다 약간 낮은 수준이었다.

소문에 따르면 스미토모는 시장 2위 트레이딩 회사보다 약 2배 큰 규모를 자랑했고, 스미토모의 스타 트레이더는 세계 구리 거래량의 5%를 좌우한다는 의미로 '미스터(Mr.) 5%'로 통했다. 하마나카 야스오가 바로 그 스타 트레이더였는데, 그의 이름에서 따온 또 다른 별명인 '해머(The Hammer)'는 시장에 큰 타격을 가할 수 있는 능력을 인정하는 의미도 가지고 있었다. 하마나카는 1970년 스미토모에 입사한 뒤 1975년에 비철금속 사업부문으로 발령을 받았고, 얼마 지나지 않아 트레이딩 업무를 배우기 위해 런던금속거래소로 다시 파견됐다(런던금속거래소에 대한 설명은 박스 A 참조). 일본 재벌기업은 보통 한 부서에서 오랫동안 근무하는 관행을 가지고 있는 런던금속거래소(The London Metal Exchange: LME)는 산업용 금속(구리, 주석, 아연, 납, 니켈, 알루미늄 등)의 거래에서 지배적인 위치를 차지한다. 구리 하나만 놓고 보더라도 런던금속거래소의 거래량은 미국 최대의 선물시장인 뉴욕귀금속거래소(COMEX: 뉴욕상업거래소의 귀금속 상품 부문) 거래량의 7배에 이른다. 런던금속거래소는 영국이 세계를 지배하던 1876년에 설립됐으며 당시 런던은 명실공히 국제 상업 및 금융의 중심지였다. 런던금속거래소의 일차적 기능은 채굴 및 트레이딩 기업들로 하여금 선도계약을 통해 가격 변동 위험에서 벗어날 수 있도록 하는 것이었다. 상품 선물계약에서 상품이 실제로 인도되는 일이 거의 없는 것과 달리 선도계약은 결제일에 상품의 인도가 이뤄지기 때문에 런던금속거래소는 미국 상품 선물시장과 달리 선도시장인 동시에 현물시장으로서의 역할도 한다. 런던금속거래소에서는 90일 만기 선도계약이 주로 거래되는데, 만기가 돌아오는 달을 지정하는 미국식과 달리 90일까지 만기가 일 단위로 정해져 있다. 시장에서는 현물 계약과 90일 선도계약의 가격만 공시되지만 어느 한 시점에 결제되지 않고 남아 있는 거래의 만기일은 약 60가지에 이른다. 미국의 선물시장과 비슷한 수준의 증거금이 요구되지만 증거금 규정이 미국처럼 엄격하게 적용되지는 않는다.

현물가격과 선도가격의 관계는 수요와 공급에 따라 달라진다. 구리의 수요가 낮을 때는 저장, 보험, 자금조달 비용 등 보유비용으로 인해 선도가격이 현물가격보다 높은 수준에 형성되는 콘탱고(선도가격=현물가격+보유비용) 시장이 유지되지만 공급이 부족할 때는 선도가격이 현물가격 아래로 떨어지는 백워데이션 현상이 발생한다.

데, 하마나카 역시 도쿄로 돌아온 뒤 비철금속 사업부문을 벗어난 적이 없었다. 1983년에 이미 하마나카가 거래하는 구리 양은 매월 10,000메트릭 톤(Metric Ton)에 달했다.

## 스미토모는 구리가격을 조작했을까?

상품(Commodity) 시장에서 가격 조작은 일반적으로 '공급과 수요를 통제해 가격 경쟁을 제거하고, 지배적인 위치를 활용해 인위적으로 가격 수준을 높이거나 낮추는'[73] 행동으로 정의할 수 있다. 가격 조작은 현물시장에서 인위적으로 공급을 초과하는 수요를 만들어 내는 동시에 선물시장에서도 대규모 포지션을 취하는 방식으로 실행하는데, 이를 가리켜 시장 '코너링(Cornering)'이라 한다. 이와는 조금 다르게 선물 또는 선도시장에서 대규모 포지션을 쌓는 것만으로 시장가격을 조작하는 경우를 '스퀴즈(Squeeze)'라 한다.

간단한 예를 통해 가격 조작을 시도하는 시장 참가자가 코너링과 스퀴즈로 어떻게 수익을 얻을 수 있는지 살펴보자. 먼저 시장 참가자는 90일 만기 선도계약을 톤(메트릭 톤) 당 1,850달러에 매입한다. 동시에 그는 구리 현물을 지속적으로 사들여 현물시장을 코너링함으로써 구리 현물가격을 톤 당 2,000달러로 높인다. 결국 선도계약의 만기가 돌아올 때 톤 당 2,000달러(현물 매도 가격)−톤 당 1,850달러(선도 매수 가격)=톤 당 150달러의 수익을 확보할 수 있게 된다.

분명 스미토모는 현물시장에서 구리를 대규모로 매점(코너링)하

---

73) Johnson, P.M. Commodity market manipulation, Washington and Lee Law Review, 38. 1981, p. 730.

는 동시에 대규모 선도 매입 포지션을 쌓는(스퀴즈) 방법을 사용해 시장을 교란했다. 1993~1995년까지 지속된 구리의 현물 및 선물가격 상승이 스미토모의 소행이라는 증거는 충분하다. 현물시장과 선물시장 양쪽에서 가격 폭등을 주도하던 스미토모가 1996년에 구리 가격이 폭락하자 두 시장 모두에서 모두 손실을 입게 된 것은 당연한 일이었다.

**박스 B    은 가격을 조작한 헌트 브라더스의 파산[74)**

1979~1980년에 걸쳐 발생한 은 가격 조작 사건은 선물시장에서 자행된 희대의 금융 사기였다. 자수성가한 억만장자인 헌트 가(家)의 3형제와 공모자들(사우디의 투기꾼들)의 통제 아래 있던 은의 규모는 한때 140억 달러에 달했다. 이들은 시장에서의 영향력을 활용해 1979년 1월에 온스(Ounce) 당 5달러이던 은 가격을 1년 뒤 1980년 1월 21일 역대 최고 수준인 50달러까지 끌어올렸다. 헌트브라더스(Hunt Brothers)는 현물시장에서 은을 사재기(코너링)하는 동시에 선물시장에서 엄청난 규모의 매수 포지션(스퀴즈)을 쌓아 은 시장을 교란했다. 이들은 선물계약의 만기가 돌아올 때 실제 구리를 인도하도록 요구했는데, 이를 통해 공급이 부족한 현물시장에서 비싼 가격에 구리를 매수해야만 했던 순진한 거래상대로부터 막대한 이익을 갈취할 수 있었다. 보다 못한 규제 당국은 투기 거품을 터뜨리기로 결정하고, 현재 보유하고 있는 포지션을 청산하는 거래만 허용하고 트레이더들이 더 이상 새로운 포지션을 쌓는 것을 금지시켰다. 또 증거금 규모를 상향 조정했는데, 이는 선물가격의 폭락을 불러온 직접적인 원인이 됐다. 결국 헌트 형제들은 마진콜을 받은 3월 19일 채무 불이행을 선언할 수밖에 없었고, 몇 년 후에는 파산으로 내몰리고 말았다.

74) Kolb, Robert W. and James A. Overdahl. Futures, Options and Swaps(Blackwell, 5th edition: 2007) pp.61-63.

〈파이낸셜타임즈〉의 1993년 8월 3일 보도에 따르면

스미토모 구리 트레이딩 부서의 최고 책임자인 하마나카 야스오는 런던금속거래소에서 거래하는 수많은 트레이더들 사이에서 구리 시장에서 단연 가장 영향력 있는 인물로 꼽혀왔다. 1993년 9월과 10월에 런던금속거래소를 상대로 발생한 스퀴즈 시도에 대한 논의에서 그의 이름이 가장 많이 언급된 것은 당연한 일이었다. 한 트레이더는, 스미토모의 포지션 규모가 너무나 비대해져 이번 달이 10월이고 계약의 만기가 당장 돌아온다고 가정하면 스미토모 혼자 런던금속거래소의 구리 재고량 전체를 통제할 수 있을 정도라고 말했다. 시장에는 런던금속거래소의 재고가 15년 만에 최고 수준을 기록하고 있음에도 불구하고 구리가격이 상승하는 것은 가격 조작의 결과라는 추측이 널리 퍼져 있다.

비슷한 맥락에서, 스미토모가 구리 현물을 사재기했다는 소문은 코너링 수법을 사용해 가격을 조작했다는 확신을 심어준다. 1993년, 스미토모가 캘리포니아의 롱비치에 저장된 3만 9,000톤의 구리 중 대부분을 손에 넣은 사실이 밝혀졌는데, 이는 런던금속거래소가 보유한 전 세계 구리 재고의 무려 20% 이상을 차지하는 규모였다.

크리스토퍼 길버트(Christopher Gilbert)는 1991~1996년까지의 구리가격 조작에 대한 실증 연구에서 다음과 같은 결론을 내렸다.

하마나카는 상당 기간 동안 성공적으로 수익을 올렸지만 가격 조작을 위해 매도 포지션을 지속적으로 쌓은 결과 규제 당국에 그의 움직임이 쉽게 노출됐다. 그가 트레이딩 부서에서 축출된 것은 규제 당국으로부터의 압력 때문이었는데, 이는 결과적으로 1996년에 투기적 공격을 불러왔다.[75]

---

75) Gilbert, Christopher L. "Manipulations of Metals Futures: Lessons from Sumitomo" (working paper: University of London, 1996).

## 경고음

구리시장 조작은 하마나카의 단독 소행일까? 아니면 구리가격 조작으로 꾸준히 이익이 발생하자 스미토모의 경영진이 이를 알고서도 모른 체한 것일까? 초기에 경고음이 두 번이나 울렸는데도 스미토모가 이를 무시한 것으로 보아 스미토모도 구리가격 조작 혐의로부터 자유롭지는 않은 것으로 보인다.

첫 번째 경고음은 1991년에 이미 울렸다. 런던금속거래소에서 활동하는 중개인 데이비드 스렐켈드(Daivd Threlkeld)는 어느 날 하마나카로부터 예사롭지 않은 요청을 받았다. 하마나카의 요청은 3억 5,000만 달러 상당의 구리 거래에 대해 발행 일자를 소급한 송장(送狀)을 발행해 달라는 것이었는데, 이 거래는 체결된 적이 없는 거래였다. 스렐켈드는 고객인 하마나카의 요청을 들어주지 않았다. 그는 대신 런던금속거래소에 이 사실을 고발했는데, 런던금속거래소는 다시 스미토모에게 해명을 요구했다. 스미토모는 이에 대한 내부 조사에 착수했지만 하마나카가 저지른 잘못을 밝혀내는데 실패했고, 송장 발행 요청이 세금 보고 목적이었다고 둘러대고는 조사를 마무리했다.

경고음은 1993년에 다시 울렸다. 1993년 구리 가격이 곤두박질치면서 하마나카의 트레이딩 손실이 눈덩이처럼 불어났다. 이에 하마나카는 현금흐름 유출을 은폐하기 위해 상사의 서명을 위조해 ING은행으로부터 1억 달러를 대출받았다. 이번에도 스미토모는 하마나카의 사기 행각을 알게 된 후 내부 감사에 착수했지만 결과적으로 어떤 조치도 취하지 않았다.

## 붕괴

상품선물거래위원회(Commofities Future Trading Commission)와 증권투자위원회(Securities and Investment Board)로부터 비정상적인 구리 거래에 대한 확인 요청이 계속되자 스미토모는 결국 하마나카로 하여금 일상적인 트레이딩 업무에서 손을 떼도록 했다. 스미토모의 구리가격 조작을 정확하게 꿰고 있던 헤지펀드들은, 하마나카의 '승진' 소식을 듣자 현물과 선물시장에서 구리를 대규모로 보유하고 있는 스미토모에 대해 투기적 공격을 감행할 기회가 찾아온 것을 알아챘다. 곧이어 구리가격의 폭락이 시작됐다. 구리가격은 1996년 5~6월까지 약 4주 사이에 톤 당 2,700달러에서 2,000달러로 곤두박질쳤다.

## 뒷 이야기 💬

1996년 6월 하마나카는 사기 행각을 털어놓았다. 이후 1997년 3월 도쿄법원은 위조, 사기 등 4건의 혐의에 대해 유죄 판결을 내리고 징역 8년을 선고했다. 스미토모 또한 구리가격 조작 혐의에 대한 합의금으로 미국 상품선물거래위원회에 1억 5,000만 달러, 영국 증권투자위원회[76]에 800만 달러를 지불해야 했다. 하지만 스미토모는 부끄러울 줄도 모르고 1999년 메릴린치, UBS, 크레디트리오네라우스(Credit Lyonnais Rouse), 모건스탠리 등이 하마나카의 사기 행각을 사주하고 도움을 제공했다며 이들을 상대로 20억 달러가 넘는 손해배상 소송을 제기했다. 이 소송의 결과는 아직까지 외부에 알려지지 않고 있다.

---

76) 상품선물거래위원회와 증권투자위원회는 각각 미국과 영국에서 상품 및 금융 시장을 규제하는 역할을 한다.

# P · A · R · T 03

# 옵션 Options

# 얼라이드라이온스

Allied Lyons

> 현명한 자는 오늘부터 내일을 대비하고, 모든 달걀을 한 바구니에 담지 않는다.
>
> – 세르반테스

1991년 3월 17일, 얼라이드라이온스는 2억 6,900만 달러에 이르는 외환 손실을 공시했다. 이는 1991년 예상 순이익의 약 20%에 해당하는 놀라운 금액이었다. 얼라이드는 외환시장보다는 차와 티케이크로 더 잘 알려져 있지만 경기 침체에 직면하자 재무부서에서는 달러($)/파운드(£) 환율의 변동성에 대한 도박을 감행했다. 얼라이드는 '스트래들(Straddle)'과 '스트랭글(Strangle)'이라는 옵션 조합을 활용했는데, 만약 환율의 변동성이 옵션 프리미엄을 통해 추산된 것보다 낮은 수준에 머물렀더라면 두 전략으로 큰돈을 벌 수도 있었을 것이다.

1990~1991년 걸프전이 시작되기 직전 전쟁이 얼마나 지속될 지에 대한 불확실성 때문에 위험을 헤지하려는 수요가 증가했다. 이

로 인해 옵션가격이 상대적으로 높아졌고, 얼라이드는 전쟁이 시작되면 달러/파운드 환율의 변동성이 완화될 것이기 때문에 단기적으로 도박을 걸기에 유리한 환경이 조성됐다고 믿었다. 하지만 연합군이 이라크에 대한 공습을 개시한 후에도 전쟁 결과에 대한 불확실성은 낮아지지 않았고, 결과적으로 환율 변동폭도 얼라이드의 도박이 성공하기 위해 필요한 만큼 빨리 완화되지 않았다. 외환시장이 안정되기까지는 지상군이 투입되고도 한 달이 더 걸렸는데, 이는 얼라이드에게는 때늦은 일이었다. 그때는 이미 채권 은행들의 강요로 엄청난 손해를 감수하고 옵션계약을 모두 청산해 버린 뒤였던 것이다.

〈이코노미스트〉에서 다음과 같이 재치 있게 다룬 것처럼, 얼라이드는 외환시장에 오랫동안 집착했지만 유독 운이 따르지 않았다.[77]

옛날에 J. 라이온스라는 고지식한 영국 기업이 있었다. 그 회사는 찻집을 운영하면서 차에 어울리는 케이크도 만들어 팔았다. 찻집으로 큰돈을 벌자 회사를 소유한 두 가문의 젊은 후계자들은 야망을 품기 시작했다. 라이온스는 강세를 보이는 통화로 자금을 빌려 해외로 나섰다. 하지만 라이온스는 1978년에 외환거래 실수에 발목을 잡혀 넘어지고 말았다.
라이온스에 우호적인 얼라이드브루어리스(Allied Breweries)가 회사를 재빨리 인수하면서 얼라이드라이온스가 출범했다. 얼라이드는 여전히 빵과 맥주 같은 뻔한 것들을 팔았고, 사업은 다시 성공가도를 달렸다. 그때 1980년대의 호황이 찾아왔다. 얼라이드는 사업을 다시 확장했고, 1986년에는 캐네디언클럽위스키(Canadian Club Whisky)를 소유한 하이램워커그룹(Hiram Walker Group)을 사들이면서 고급 양주 시장에 진출했다. 양주

---

77) The Economist, "Oops, again" (March 23, 1991, p.90).

사업은 얼라이드에게 그리 낯설지 않으면서도 기존의 사업 분야보다 훨씬 매력적이었다. 이때까지는 모든 것이 순조로웠다.

한편 하이램워커그룹을 인수하면서 회사의 최고경영자이던 클리포드 해치(Clifford Hatch)가 함께 옮겨와 얼라이드 재무책임자 자리에 올랐다. 고루함과는 거리가 먼 금융의 달인 해치는 더 흥미로운 것들을 팔기 시작했다. 예를 들면 미국 달러 같은 것들 말이다.

해치에게는 애석한 일이지만 최근 몇 주간 달러가 로켓처럼 치솟으면서 달러를 팔아치우던 사람들은 날아가는 로켓에 묶여 있는 듯한 기분을 느끼고 있다. 지난 화요일 얼라이드는 1억 5,000만 파운드(2억 6,900만 달러)가 외환시장에서 연기처럼 사라졌다고 밝히면서 해치(흥미롭게도 그는 단기 이익만을 추구하는 런던 금융가의 행태를 비판해 왔다)도 회사를 떠나게 될 것이라고 발표했다.

어떻게 얼라이드처럼 존경받는 기업의 재무부서에서 이사회의 승인도 받지 않은 채 복잡한 금융공학을 활용해 투기를 저질렀을까? 얼라이드의 재무부서가 '이익중심점(Profit Center)'으로 변하기라도 한 것일까? 얼라이드에서 재무부서의 진짜 미션은 무엇이었을까?

## 재무부서의 새로운 미션

얼라이드처럼 식음료 사업을 수행하는 다국적 대기업은 전 세계에 걸쳐 생산 및 유통 활동을 하기 때문에 거래위험(Transaction Risk)이나 환산위험(Translation Risk)에 노출된다. 거래위험은 얼라이드가 수출이나 수입을 하면서 해외 거래처와 신용거래를 할 때 주로 발생한다. 예를 들어, 얼라이드가 캐네디언클럽위스키 10만 병을 일본으로 수출하고 수출대금 5억 엔을 90일 만기 엔화 표시 매출채권으로 받는다고 가정하자. 만약 선적 시점(매출채권의 인식 시점)과 실제 결제일(90일 후) 사이에 엔화 가치가 떨어질 것으로 예상된다면 얼라이드는 엔화가치 하락에 따른 위험을 제거하려 할 것이다.

또 얼라이드 같은 다국적기업은 모기업과 해외 자회사를 모두 포함한 전 세계적 경영성과를 연결이익(Consolidated Earnings)과 주당순이익(Earning Per Share) 등 간단한 지표로 주주들에게 제공해야 한다. 환산위험은 모기업과 자회사의 대차대조표와 손익계산서를 통합하는 과정에서 발생한다. 이 업무를 담당하는 회계 책임자를 괴롭히는 사실은 해외 지사가 해당 국가의 통화로 재무제표를 작성한다는 것이다. 예를 들어, 본사가 영국에 있는 다국적기업의 일본 지사는 본사에서 영국 파운드화를 사용하는 것과는 달리 일본 엔화로 재무제표를 작성한다. 따라서 지사의 경영성과는 외국 통화에서 모기업 주식이 상장돼 있는 국가의 통화로 환산돼야 한다. 재무제표의 통합은 주기적으로 이뤄지기 때문에 재무제표를 통합하는 각 시점의 환율이 서로 다를 수 있는데, 이 환율 변동에 따라 기업가치가 증가하거나 감소할 수 있다. 이때 발생하는 위험은 본질적으로 해외 지사가 경영활동을 지속하는 데 따른 환산 위험인 것이다. 얼라이드의 사업은 대부분 미국에 집중돼 있었던 까닭에 미국 달러가 거래위험이나 환산위험의 대부분을 차지했다.

얼라이드에서 재무부서의 주요 업무는 매출채권·매입채무·배당금 등 외화 표시 매출/비용(거래위험), 해외 자회사의 기업가치(환산위험) 등에 대해 환율의 급격한 변동에 수반되는 위험을 헤지하는 일이었다. 얼라이드는 미국 달러화, 일본 엔화, 독일 마르크화, 한국 원화, 프랑스 프랑화 등 여러 통화에 대해 롱포지션이나 숏포지션을 보유하고 있었는데, 환율 변동 위험에 노출된 통화에 대해 선도

계약을 적절히 활용해 파운드화 환산가치를 고정시켰다.[78] 또 얼라이드가 '옵션 프리미엄(Option Premium)'을 지불하고 구매한 통화옵션은 얼라이드로 하여금 외국 통화의 가치 상승에 따른 이익은 취하면서도 손실을 입을 위험은 제거할 수 있도록 했다(박스 A 참조).

1980년대 중반 얼라이드가 하이램워커의 양주 사업을 인수하면서 당시 하이램워커의 최고경영자였던 해치는 얼라이드의 경영진에 합류한 뒤 1987년에 회사의 재무 업무를 책임졌다. 유복한 가정에서 태어나 권한과 자율성을 누리는 데 익숙했던 해치는 재무책임자로 임명되자 곧 재무부서가 얼라이드의 독재자로 군림하던 회장 데릭 홀든 브라운 경(Sir Derrick Holden-Brown)의 영향력에서 벗어날 수 있도록 조직을 재정비했다.

재무부서는 얼마 지나지 않아 크레디트스위스퍼스트보스턴(Credit Suisse First Boston)에서 유로본드 트레이더로 활동하던 마이크 바틀렛(Mike Bartlett)의 지휘 아래 5명의 인력을 갖춘 강력한 팀이 됐다. 자신이 가진 트레이딩에 대한 전문성을 바탕으로 거친 외환시장을 헤치고 나갈 수 있다는 자신감에 가득 찬 바틀렛은 1989년 11월 〈트레져러(Treasurer)〉에 게재된 기사에서 이렇게 언급했다. "우리는 환율의 움직임에 특별한 추세가 보이지 않는 상황에서 파운드화에 대한 롱포지션을 헤지하기를 원했습니다. 파운드화 풋옵션을 사려 생각했었는데, 변동성이 역대 최고 수준인 것을 보고 대신에 콜옵션을 팔았습니다…."

---

78) 선도계약을 통한 헤지는 이 책의 파트 I에서 충분히 다루었다. 자세한 내용은 쇼와쉘과 씨티은행의 사례를 참조하라.

통화옵션(Currency Option)은 특정 시점에 계약 당시 정해진 행사가격에 특정 수량의 외화를 매수하거나(콜옵션) 매도할 수 있는(풋옵션) 권리를 매수자에게 부여한다. 유럽식 옵션의 경우 만기일이 돼야 옵션의 행사가 가능한 반면 미국식 옵션은 만기 이전에도 행사가 가능하다. 옵션 매수자는 권리를 매입하는 대가로 계약 시점에 옵션 매도자에게 옵션 프리미엄을 지급한다. 행사가격이 선도환율과 동일한 유럽형 옵션을 '등가격(At-the-Money)' 옵션이라 하고, 만약 옵션을 당장 행사할 경우(옵션 프리미엄은 무시한다) 수익을 남길 수 있으면 옵션은 '내가격(In-the-Money)' 상태에 있다고 한다. 반대로 당장 행사했을 때 수익이 나지 않는 옵션을 가리켜 '외가격(Out-of-the-Money)' 옵션이라 한다. 쉽게 짐작할 수 있는 것처럼 내가격 옵션은 당장 행사할 경우 수익을 얻을 수 있기 때문에 외가격 옵션보다 더 높은 프리미엄을 지급해야 한다. 통화옵션에서는 행사가격과 옵션 프리미엄 사이에 형성되는 균형이 특히 중요하다. 행사가격이 더 깊은 내가격일수록 옵션은 더욱 비싸지고(더 높은 옵션 프리미엄을 뜻한다), 반대로 깊은 외가격일수록 옵션가격이 저렴해진다. 옵션의 만기가 돌아왔을 때 내가격인 경우 매수자는 옵션을 행사하지만 외가격인 경우 옵션은 행사되지 않고 그대로 만료된다. 통화옵션은 매수자의 필요에 맞도록 계약조건(액면가, 행사가격, 만기 등)을 조정할 수 있는 장외(Over-the-Counter) 파생상품으로, 이때 매수자는 거래상대 위험(만기 시에 옵션을 행사할 때 옵션 매도자가 의무를 이행하지 않을 가능성)에 노출된다. 필라델피아증권거래소(Philadelphia Stock Exchange) 등 조직화된 거래소에서는 표준화된 통화옵션이 거래되는데, 표준화된 옵션에서는 자본금을 기반으로 설립된 거래소가 계약의 보증인 역할을 하기 때문에 실질적으로 거래상대위험이 존재하지 않는다. 하지만 이 경우 이미 정해져 있는 상품으로 대상 통화, 만기일 등 조건에 대한 선택의 폭이 제한된다.

다음 절에서 살펴보겠지만 옵션을 파는 것은 본질적으로 옵션을 사는 것보다 더 투기적이다. 조심스럽게 추진해야 할 외환 위험의 헤지 업무가 어느 새 환투기로 슬쩍 바뀐 것이다. 얼라이드는 1988년 3월에 마감된 회계연도에 300만 파운드의 외환 수익을 시작으로 1989년 500만 파운드, 1990년에 900만 파운드의 수익을 기록했다. 이는 〈유로머니(Euromoney)〉가 언급한 것처럼, 거대 석유기업 BP가 같은 기간 동안 외환 수익으로 벌어들인 2,300만 파운드에 비견될 만한 것이었다.[79] 즉 얼라이드의 재무부서는 실질적인 이익중심점으로 변질된 것이다. 바틀렛은 해치에게 보고를 하도록 돼 있었고, 해치는 보고할 것이 있으면 이사회에 직접 보고했다. 이사회는 재무부서의 새로운 역할을 기꺼이 승인했을까?

## 통화옵션의 기초: 헤지와 투기 사이

통화옵션을 통한 헤지나 투기를 이해하기 위해서는 옵션에 대한 기본 지식이 필요하다. 1989년 6월에 이미 바틀렛은 풋옵션을 사용해 파운드화 롱포지션을 헤지하고 있었다. 얼라이드가 직면한 위험은 파운드화의 가치가 떨어져(달러 가치 상승) 파운드화 롱포지션의 달러 환산 금액이 줄어드는 것이었다.[80]

---

79) Brady, S. Allied-Lyons Deadly Game, Euromoney(April1991).

80) 파운드화에 대해 풋옵션을 매수하는 것은 달러화에 대해 콜옵션을 매수하는 것과 동일한 개념이다. 얼라이드가 달러 숏포지션(달러화 매입채무 등)을 보유하고 있었다면 이를 헤지하기 위해 달러 콜옵션을 매수했을 것이다. 이에 대한 설명도 파운드화 풋옵션에 대한 것과 동일하다.

따라서 파운드화에 대한 풋옵션을 사는 것이 통화옵션을 활용해 파운드화 롱포지션을 헤지할 수 있는 방법 중 가장 자연스러운 방법이었다. 파운드화의 가치가 떨어질 경우 얼라이드가 풋옵션을 행사하면 파운드화를 행사가격에 매도할 수 있어 파운드화 포지션의 최소 가치는 보장할 수 있었다.

만약 파운드화의 가치가 하락하지 않고 오히려 상승하는 경우에는 간단히 옵션을 포기하고 현물환 시장에서 더 높은 가격에 파운드를 팔면 그만이었다. 다만 이런 유연성을 확보하기 위해서는 옵션 프리미엄을 지불해야 했다. 하지만 바틀렛은 파운드화 풋옵션을 매수하지 않고 대신 콜옵션을 매도했다. 이는 여전히 헤지일까, 아니면 노골적 투기일까? 이 질문에 정확하게 답하기 위해 헤지나 투기 목적으로 풋옵션과 콜옵션을 어떻게 매매할 수 있는 살펴보자.

**풋옵션을 활용한 헤지:** 1989년 9월 1일에 행사가격이 1.48달러인 90일 만기(1989년 11월 30일 만기) 유럽식 파운드화 풋옵션을 0.02달러의 프리미엄을 주고 매수한다고 가정해보자. 매수자는 11월 30일에 현물환율을 고려해 옵션을 행사하는 것이 유리할 경우 행사가격인 1.48달러에 파운드화를 팔 수 있는 옵션(의무가 아닌 권리)을 가진다. 다시 말해 11월 30일에 달러/파운드 현물환율이 1.48보다 높을 경우 옵션 구매자는 파운드화를 현물시장에서 판매하고 옵션 행사를 포기할 것이다. 이때 발생할 수 있는 최대 손실은 옵션 매수 시점인 1989년 9월 30일 지불한 프리미엄의 미래 가치로 제한된다. [그림 1]의 선 (1)은 풋옵션을 매수할 때 90일 후 현물환율(가로축)에 따른 손익(세로축)을 나타내고 있는데, 매수자의 최대 손실은 A지점의 오른쪽의 영역을 가리킨다.

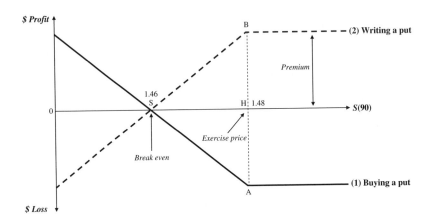

파운드화 가격이 1.48달러보다 낮아지는 경우 옵션 매수자는 풋
옵션을 행사할 것이다. 이때 매수자의 이익은 파운드 현물환 매수
가격과 판매 가격(행사가격)인 1.48달러의 차이다. 이는 선 (1)의 A
지점 왼쪽에 45도 선으로 표시돼 있다. 손익분기점에 다다르기 전
까지는 옵션을 행사한다 해도 옵션 프리미엄을 일부 상쇄하는 수준
의 수익만을 얻는다. 여기서 가장 중요한 점은, 어떤 상황에서도 옵
션 매수자가 입을 수 있는 최대 손실은 옵션 매수 시 지불한 옵션 프
리미엄으로 제한된다는 사실이다. 옵션 매수자의 손익은 아래와 같
이 정리할 수 있다.

for $S(90) \geq E(90)$ : Payoff = $-p(0) \cdot (1+i_{US})$= $-\$0.02(1+.06/4)$=$-\$0.02$

for $S(90) < E(90)$ : Payoff = $[E(90)-p(0) \cdot (1+i_{US})]-S(90)$

Payoff = $1.48-0.02-S(90) = 1.46-S(90)$

이때 $i_{US}$는 옵션 매수 시 지불하는 옵션 프리미엄의 기회비용[81]이다. 다음과 같이 손익이 0이 되는 현물환율 $S(90)$은 옵션 행사로 발생하는 수익이 옵션 프리미엄과 같아지는 손익분기점을 의미한다.

$$S(90)^* - [E(90) - p(0) \cdot (1 + i_{US})] = 0$$
$$S(90)^* = 1.48 - 0.02 \cdot (1 + (0.06/4)) = 1.46$$

따라서 손익분기의 현물환율은 행사가격과, 자본비용을 고려한 옵션 프리미엄의 미래가치의 차로 해석할 수 있다.

이제 얼라이드가 통화옵션을 사용해 파운드화 롱포지션을 헤지한다고 생각해보자. 얼라이드가 풋옵션을 매수하면, 잠재적으로 파운드화 가치 상승으로 이익을 얻을 가능성은 남겨두면서 최소한 행사가격 수준(여기서 옵션 프리미엄의 미래가치도 빼야 한다)으로 파운드화 롱포지션의 가치를 보호할 수 있다. [그림 2]는 네이키드(Naked) 파운드화 롱포지션(선 (1))과 파운드화 풋옵션(선 (2))을 조합해 어떻게 위험이 제거된 포지션(선 (3))을 만들 수 있는지 보여준다.

*풋옵션의 매도자* 매수자가 풋옵션을 사기 위해서는 옵션을 매도할 의향이 있는 거래상대를 찾아야 한다. 옵션 매도자는 계약 시점에 옵션 프리미엄을 받는 대가로 파운드화를 행사가격달러에 매수하기로 약속한다. 만약 파운드화의 가치가 행사가격보다 높아질 경우 매수자는 옵션을 포기할 것이고, 매도자는 옵션 프리미엄을 그대로 이익으로 남길 수 있을 것이다. 옵션 만기 시 파운드화의 가격이

---

81) 연 6%의 금리를 분기(90일)로 환산하면 1.5% 또는 0.015이다.

■ 그림 2 풋옵션을 활용한 헤지

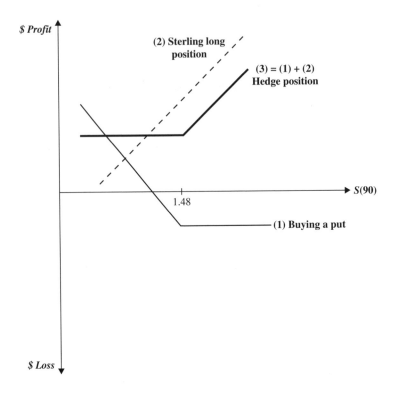

1.48달러 아래로 떨어진다면 매수자는 옵션을 행사할 것이고 옵션 매도자는 행사가격인 1.48달러에 파운드화를 매수해야만 한다.

이때 매도자는 1.48-$S(90)$의 손실을 입는다. 현물환율이 1.48달러보다 낮을수록 매도자의 손실도 따라서 커지게 되는 것이다. 옵션 매수자와 매도자의 수익을 합하면 0이 되기 때문에 거래비용을 무시한다면 매도자의 손익([그림 1]에서 점선으로 표시된 선 (2))은 옵선 매수자의 손익과 정확히 대칭이다. 즉 옵션 매수자의 손실은 그대로 옵션 매도자의 수익이 되고([그림 1]에서 달러인 경우 옵션 프리미엄 BH=AH), 반대로 옵션 매수자가 이익을 얻는 만큼 매도자는 손실을 입는다(달러인 경우).

[그림 1]로부터 매수자가 옵션을 행사하는 경우 매도자가 입을 수 있는 손실은 무한대에 이르는 반면 매도자가 취할 수 있는 이익은 옵션 프리미엄으로 제한된다는 것을 확인할 수 있다. 또 옵션 프리미엄(AH 또는 BH)의 크기는 행사가격과 손익분기점(이자비용을 무시할 때) 사이의 거리인 HS와 같다는 사실도 알 수 있다.

*콜옵션을 활용한 헤지* 1989년 6월 1일에 행사가격이 1.57인 90일 만기 파운드화 콜옵션을 0.05달러의 프리미엄에 매수하는 경우를 생각해보자. 옵션 만기가 돌아오는 8월 31일에 옵션의 매수자는 현물환율이 유리하게 형성돼 있을 경우 행사가격인 1.57달러에 파운드화를

**▒ 그림 3 콜옵션의 매도와 매수에 따른 손익**

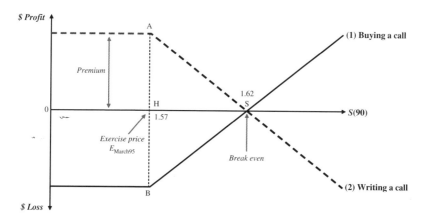

매수할 수 있는 권리를 가지게 된다. 만약 현물환율이 1.57 아래에서 형성될 경우, 파운드화가 필요하면 현물시장에서 조달하는 것이 유리하기 때문에 옵션 매수자는 콜옵션을 포기하게 될 것이다. 이때 매수자가 입을 수 있는 최대 손실은 90일 전에 지불한 옵션 프리미엄의 미래가치로 제한된다.

[그림 3]의 선 (1)은 현물환율(가로축)에 따른 콜옵션의 손익(세로축)을 나타내고 있는데, 점 B 왼쪽의 가로축과 수평인 영역에서 최대 손실이 옵션 프리미엄과 같다는 것을 알 수 있다. 만약 환율이 1.57달러 이상이라면 매수자는 옵션을 행사해 현물환율과 행사가격의 차이에서 발생하는 이익을 취할 것이다. 이때 옵션 행사가격 1.57달러와 파운드화 현물가격의 차에 해당하는 수익이 발생하는데, 이는 [그림 3]에서 점 B의 오른쪽 45도 선으로 표시돼 있다. 현물환율과 옵션 행사가격의 차가 옵션 프리미엄보다 작을 때는 옵션을 행사해서 얻는 이익이 옵션 프리미엄을 일부 상쇄하다가 환율이 손익분기점에 이르는 순간부터는 이익이 발생하기 시작한다. 이를 정리하면 다음과 같다.

$$\text{for } S(90) \leq E(90) : \text{Payoff} = -p(0) \cdot (1+i_{US}) = -0.05(1+0.06/4) = -0.05$$
$$\text{for } S(90) > E(90) : \text{Payoff} = [S(90)-[E(90)+p(0) \cdot (1+i_{US})]$$
$$\text{Payoff} = S(90)-(1.57+0.05) = S(90)-1.62$$

이때 $i_{US}$는 콜옵션을 구매할 때 지불하는 옵션 프리미엄의 기회비용이다. 다음과 같이 옵션 구매자의 손익이 0이 되는 현물환율 $S(90)$은 손익분기점을 나타낸다.

$$S(90)^* - [E(90) - p(0) \cdot (1 + i_{US})] = 0$$
$$S(90)^* = 1.57 - 0.05 \cdot (1 + (0.06/4)) \simeq 1.62.$$

[그림 3]을 통해 콜옵션도 풋옵션의 경우와 마찬가지로 옵션 프리미엄(AH 또는 BH)의 크기가 행사가격과 손익분기점(이자비용을 무시할 때) 사이의 거리 HS와 같다는 사실을 알 수 있다.

*콜옵션의 매도자* 콜옵션의 매도자는 계약 시점에 옵션 프리미엄 $p(0)$을 받고, 옵션 매수자가 옵션을 행사하는 경우 파운드화를 행사가격 1.57달러에 인도하기로 약속한다. 파운드화 가치가 행사가격 아래로 하락하는 경우 콜옵션의 매수자는 옵션 행사를 포기할 것이므로 콜옵션의 매도자는 옵션 프리미엄을 이익으로 남길 수 있게 된다. 하지만 만약 옵션 만기 시에 현물환율이 행사가격보다 높을 경우 매수자는 옵션을 행사할 것이고, 매도자는 파운드화를 행사가격인 1.57달러에 인도해야 한다. 이때 옵션 매도자는 $1.57 - S(90)$에 해당하는 손실을 입는다. 현물환율이 행사가격보다 높으면 높을수록 매도자의 손실 규모도 더 커지게 될 것이다. 옵션 매수자와 매도자의 손익을 합하면 0이 되어야 하기 때문에(거래비용을 무시하면) 매도자는([그림 3]에서 점선으로 표시된 선 (2)) 매수자와 정확히 대칭을 이루는 손익 구조를 가진다. 즉 옵션 매수자의 손실은 그대로 매도자의 이익이 된다.

[그림 3]에서 $S(90) < 1.57$달러인 경우 매도자의 이익 AH와 매수자의 손실 BH가 옵션 프리미엄으로 동일한 크기인 것을 확인할 수 있다. 반대로 매수자가 이익을 얻게 되는 경우 매수자의 이익만큼 매도자는 고스란히 손실을 입는다(달러인 경우). [그림 3]으로부터 옵션이 행사되는 경우 옵션 매도자가 입을 수 있는 잠재적인 손실

규모는 무한한 반면 매도자가 얻을 수 있는 수익은 옵션 프리미엄([그림 3]의 AH 혹은 BH)으로 제한된다는 것을 알 수 있다. 또 옵션 프리미엄을 나타내는 AH 혹은 BH의 거리는 행가가격과 손익분기점의 거리인 HS와 동일하다는 것도 알 수 있다(이자비용은 고려하지 않음).

**풋옵션을 사는 대신 콜옵션을 팔다:** 바틀렛이 그의 계획을 공공연히 떠들고 다닌 것을 상기해보자. "…파운드화 풋옵션을 사려고 생각했었는데, 변동성이 역대 최고 수준인 것을 보고, 대신에 콜옵션을 팔았습니다…" 우리는 방금 파운드화 풋옵션을 매수하는 것이 파운드화 롱포지션을 헤지하는 가장 적절한 방법이라는 것을 살펴봤다. 그러면 파운드화 콜옵션을 매도하는 것은 투기에 해당하는가? 얼라이드의 경우처럼 롱포지션을 보유하고 있으면서 콜옵션을 매도하는 경우를 가리켜 '커버드콜(Covered Call)'을 매도한다고 한다.

두 포지션이 어떻게 하나로 합쳐지는지 살펴보자. 만약 바틀렛이 파운드화 기초자산이 존재하지 않는 '네이키드' 혹은 '언커버드(Uncovered)' 콜옵션을 매도했다면, 이는 달러화 대비 파운드화의 가치가 상승하는 경우 잠재적으로 무한대의 손실을 감수하는 대가로 옵션 프리미엄을 받은 것([그림 4]의 (1) 참조)이므로 명백한 투기행위로 볼 수 있다. 하지만 바틀렛은 옵션을 매도할 때 이미 파운드화에 대한 매수 포지션(롱포지션)을 보유하고 있었기 때문에([그림 4]의 (2) 참조) 네이키드 콜옵션을 매도한 것이 아니라 기초 자산을 헤지하기 위한 커버드(Covered) 콜옵션을 매도한 것이라고 주장할 수도 있다. 사실 이는 진실을 호도하는 주장일 뿐이다.

[그림 4]의 (1)과 (2)를 합한 것이 (3)인데, 이를 살펴보면 커버드 콜옵션을 매도하는 것은 결국 네이키드 풋옵션을 매도하는 것과 같다는 것을 쉽게 알 수 있다. 파운드화 롱포지션을 헤지하기 위해 커

**■ 그림 4 커버드 콜옵션(Covered Call Option) 매도**

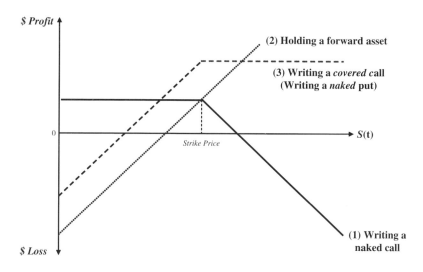

**■ 그림 5 만기 이전 파운드화 콜옵션의 가치**

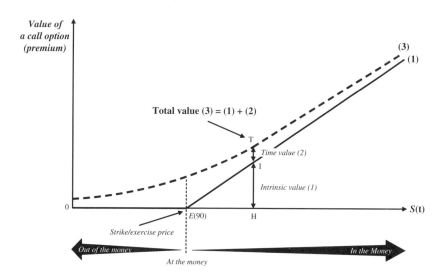

버드 콜옵션을 매도하는 것으로 위장했지만 사실 바틀렛은 투기를 하고 있었던 것이다.

**통화옵션의 가치 평가**

옵션 매수자가 매도자에게 지불하는 옵션 프리미엄은 내재가치(Intrinsic Value)와 시간가치(Time Value)의 두 부분으로 구성돼 있다.

옵션의 내재가치는 $t$ 시점에서 옵션의 행사가격과 현물환율의 차를 가리킨다. 콜옵션의 경우 현물환율이 행사가격을 넘어서면 옵션 매수자는 옵션을 행사해 통화를 인수한 뒤 곧바로 외환시장에서 현물환율에 매도해 이익을 남길 수 있다. 이 경우 옵션 매도자도 역시 이익을 얻으려 할 것이므로, 최소한 현물환율과 행사가격의 차에 해당하는 프리미엄을 받으려 할 것이다. 따라서 내재가치는 다음과 같이 정리할 수 있다.

$$콜옵션의\ 내재가치 = 내재가치 + 시간가치$$

옵션의 시간가치 부분은 옵션 매수자가 기꺼이 지불할 의향이 있는, 옵션의 내재가치를 초과하는 금액이다. 통화옵션은 어떤 면에서 보면 환율의 변동성에 도박을 거는 것과 비슷한데, 옵션 만기까지 기간($90-t$)이 많이 남을수록 현물환율이 행사가격을 넘어설(콜옵션의 경우) 가능성이 높아진다. 따라서 옵션 만기일이 가까워지면 옵션의 시간가치는 급격하게 떨어진다.

만기 이전에 파운드화 콜옵션의 가치가 현물환율에 따라 어떻게 변하는지가 [그림 5]에 나타나 있다. 선 (1)에서 볼 수 있듯이 옵션의 내재가치는 옵션이 외가격(행사가격의 왼쪽 영역) 상태일 때는 0이고, 내가격(행사가격의 오른쪽 영역)일 때는 현물환율과 행사가격의 차와 같다. 옵션의 총가치는 선 (3)으로 표시돼 있는데, 시간가치는 선 (3)과 선 (1) 사이의 영역이다. 그림에서 옵션 만기까지 아직 시간이 남아 있는 경우, 옵션의 총 가치는 내재가치보다 항상 크다는 것을 알 수 있다. 옵션 만기 시에는 더 이상 시간가치가 남아 있지 않기 때문에 옵션의 가치는 내재가치와 같아진다.

바틀렛이 왜 달러/파운드 환율의 변동성을 언급했는지 궁금해 할 수도 있다. 이는 옵션의 복잡한 가치 평가 방법과 관련 있다. 박스 B에서 설명한 것처럼 통화옵션의 가치를 결정하는 요소 중 하나가 바로 환율의 변동성이다. 환율의 변화폭이 클수록 옵션가격은 점점 비싸진다. 바틀렛은 외환시장의 변동성이 증가하면서 옵션가격이 비싸지자 옵션 프리미엄을 받아 이익을 남길 생각으로 콜옵션을 매도했던 것이다(달러/파운드 환율 및 환율 변동성은 [그림 6]과 [그림 7] 참조).

## 죽음의 게임: 환율 변동성에 대한 도박[82]

1989~1990년에 걸쳐 외환 트레이딩에서 수익이 꾸준히 발생하자 자신만만해진 얼라이드의 재무부서는 본격적으로 투기에 나서기 시작했다. 바틀렛은 공공연히 어떻게 변동성을 활용해 포트폴리오

---

82) 이 절에서는 얼라이드의 옵션 전략이 취약한 위험관리 체계와 합쳐져 어떻게 파멸을 몰고 왔는지 간략히 살펴본다.

의 수익률을 향상시킬 수 있는지를 묻고 다녔다.[83] 얼라이드는 환율 움직임의 방향성(상승 또는 하락)을 취하기보다는 이라크에 대한 연합군의 공격이 시작되면 달러/파운드 환율의 변동성이 완화될 것이라는 데에 돈을 걸었다([그림 기 참조).

얼라이드는 변동성에 도박을 걸면서 현물환율의 단기 변동성이 매우 높은 수준이라는 것을 잘 이해하고 있었다. 얼라이드는 외환시장이 곧 안정돼 변동성이 크게 줄어들 것으로 확신했다. 옵션 프리미엄은 환율의 변동성과 깊은 관련이 있기 때문에 큰 변동성으로 인해 비싸게 형성돼 있던 옵션가격은 변동성이 완화될 경우 하락할 것이 뻔했다. 얼라이드는 옵션을 매도한 뒤 추후에 훨씬 낮은 가격에 되사 포지션을 청산하면 막대한 이익을 남길 수 있을 것으로 예상했던 것이다. 사실 적절하게 조합하기만 한다면 특정 변동성 시나리오에서는 옵션을 통해 큰돈을 벌 수도 있다.

옵션 전략 중 '스트래들'과 '스트랭글'이 변동성을 이용하기에 가장 적절한 전략으로 알려져 있다. 얼라이드는 2가지 전략을 활용해 풋옵션과 콜옵션을 동시에 대규모로 매도했다. 여기서 얼라이드가 옵션을 '매도'(매수가 아니다)했다는 점을 눈여겨봐야 한다. 옵션을 매도하면서 엄청난 옵션 프리미엄을 받은 얼라이드는 만기가 돌아올 때 옵션이 행사되지 않거나 아예 만기 이전에 더 낮은 가격으로 되살 수 있기를 바랐다. 얼라이드의 예측이 빗나가 옵션이 행사되기라도 한다면 막대한 손실을 입게 될 것이 확실했다. 지금부터 얼라이드가 즐긴 '죽음의 게임'이 무엇이었는지 자세히 살펴보자.

---

83) Brady, Simon: ibid, p.24.

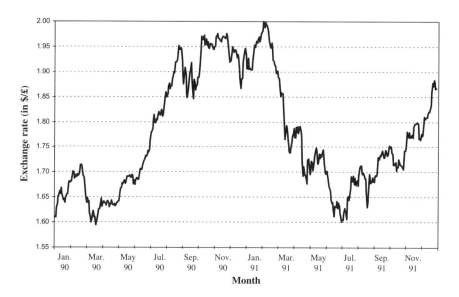

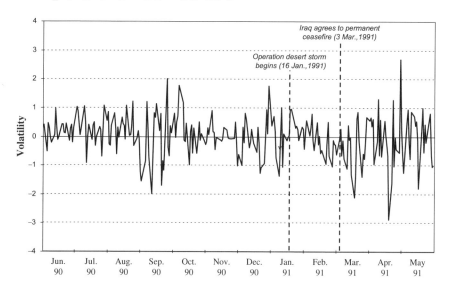

**스트래들의 매도:** 스트래들 1계약을 매수한다는 것은 동일한 행사가격과 만기를 가진 풋옵션과 콜옵션을 1계약씩 매수하는 것을 의미한다. 이 전략은 환율의 변동성은 심하지만 현물환율이 앞으로 어떤 방향으로 움직일지는 예측하기 힘든 상황에서 특히 매력적이다. 얼라이드는 스트래들을 매도했는데, 이 기반에는 환율 변동성이 완화될 것이고 환율이 낮은 수준에서 안정화될 것이라는 예상이 깔려 있었다. 1991년 1월 15일의 시장 상황이 다음과 같다고 가정하자.

거래일: 1991년 1월 15일
옵션 만기: 90일
콜옵션 행사가격: $1.95/£     풋옵션 행사가격: $1.95/£
콜옵션 프리미엄: $0.027/£     풋옵션 프리미엄: $0.0313/£

이때 행사가격이 파운드 당 1.95달러로 동일한 파운드화 콜옵션과 풋옵션을 동시에 매도해 스트래들을 구성하는 방법은 다음과 같다.

*콜옵션 매도*   1991년 1월 15일 얼라이드는 0.027달러를 옵션 프리미엄으로 받고 옵션이 행사될 경우 파운드당 1.95달러에 파운드화를 매도하기로 약속한다. 현물환율이 행사가격인 1.95달러 아래로 유지되는 경우 옵션은 행사되지 않고 얼라이드는 옵션 프리미엄을 이익으로 남길 수 있을 것이다. 환율이 행사가격을 넘어서면 약속대로 1.95달러에 파운드화를 인도해야 한다. 이때 파운드화는 현물시장에서 행사가격보다 비싼 현물환율에 조달해야 한다. 따라서 파운드화가 비싸지면 비싸질수록 얼라이드는 점점 더 큰 손실을 입는다.

변동성을 직접 측정하는 것은 어려운 일이다. 변동성은 대개 과거 환율 변동의 표준편차를 대체 지표로 사용해 측정한다. 표준편차를 통해 변동성을 추정하는 방법은 환율이 대수정규분포(Lognormal Distribution)를 따른다는 가정에 근거를 두고 있다.

하지만 미래의 변동성이 꼭 과거에 나타난 변동성을 기반으로 한다는 보장은 없다. 이 방법과는 다르게 옵션가격을 통해 추정하는 내재변동성(Implied Volatility)은 시장참가자들의 공통된 시각을 반영한다. 변동성이 증가할수록 옵션가격은 올라가고, 변동성이 약화되면 옵션가격도 따라서 하락한다. 내재변동성을 활용한 환율의 변동성 추정 방법 또한 환율이 대수정규분포를 충실히 따를 것이라는 가정을 기반으로 한다. 변동성을 제외하고 내재변동성의 계산에 필요한 다른 변수들은 모두 시장에 알려져 있는 정보이기 때문에 한 시점의 내재변동성은 옵션가치 평가모델을 변동성에 대해 풀기만 하면 구할 수 있다. 여기서 한 가지 주의할 점은, 옵션가격은 트레이더들이 옵션가치 평가모델에 각자 변동성 자료를 입력해 도출하는데 이때 사용되는 자료 또한 어느 정도 과거 변동성에 기반을 두고 있다는 사실이다.

[그림 8]의 선 (1)은 콜옵션 매도로 발생하는 손익을 보여준다. 행사가격인 파운드 당 1.95달러 이하에서는 옵션이 행사되지 않을 것이기 때문에 얼라이드는 옵션 프리미엄(0.027 달러)에 해당하는 이익을 남긴다. 환율이 1.95달러를 넘어서면 손익 그래프의 기울기가 아래쪽을 향한다. 하지만 1.95~1.977달러(행사가격+프리미엄) 사이에서는 프리미엄이 손실보다 커 이익을 남길 수 있다. 환율이 1.977

그림 8 스트래들의 매도에 따른 손익

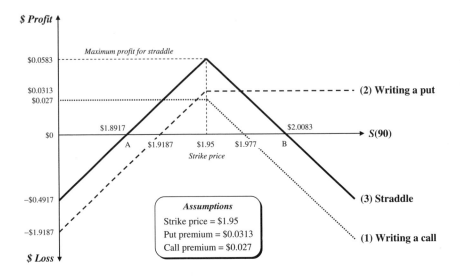

달러에 도달하면 현물환율의 움직임으로 인한 손실이 프리미엄 수익과 정확히 같아지는 손익분기점에 이른다. 환율이 1.977달러를 넘어서는 순간 얼라이드라이온스는 손실을 입기 시작하고, 환율이 높아질수록 손실 규모도 커진다.

*풋옵션 매도* 풋옵션을 매도하면서 얼라이드는 0.0313달러의 프리미엄을 받고, 옵션이 행사될 경우 파운드화를 행사가격인 1.95달러에 매입하기로 약속한다. 풋옵션을 매도하는 경우 발생하는 손익은 [그림 8]의 선 (2)에 나타나 있다. 1.95달러보다 환율이 낮은 경우 옵션 매수자는 옵션을 행사해 파운드화를 1.95달러에 매도할 것이다. 이때 얼라이드는 무조건 옵션 매수자로부터 1.95달러에 파운드화를 매입해야 하고 이를 현물시장에서 행사가격보다 낮은 현물환

율에 매도할 수밖에 없기 때문에 1.95달러보다 환율이 낮은 경우에는 손실을 입는다. 환율이 1.9187달러(행사가격−프리미엄)에 이르면 옵션 행사로 인한 손실과 옵션 프리미엄에서 발생한 수익이 같아진다. 환율이 1.95달러를 넘어서면 옵션은 행사되지 않을 것이고 얼라이드는 파운드 당 0.0313달러의 프리미엄을 고스란히 이익으로 남길 수 있다.

*스트래들의 구성* 앞서 말했듯이 풋옵션과 콜옵션을 조합하면 스트래들을 구성할 수 있다.[84] 이는 [그림 8]에 콜옵션 (1)과 풋옵션 (2)의 그래프를 합한 선 (3)으로 나타나 있다. 그림으로부터 스트래들에서 얼라이드라이온스가 수익을 남길 수 있는 영역은 피라미드 꼭대기 부분이라는 것을 알 수 있다. 여기서 A와 B로 표시된 손익분기점의 환율에는 특별히 주의를 기울여야 한다. 얼라이드는 두 점 사이에서는 낮은 변동성 덕분에 이익을 얻고 두 점 바깥 영역에서는 손실을 보게 되는데, 변동성이 커질수록 손실의 규모도 커진다.

손익 그래프가 축과 교차하는 손익분기점의 현물환율은 다음과 같이 행사가격에 옵션 프리미엄을 더하거나 행사가격에서 프리미엄을 빼는 방법으로 간단히 구할 수 있다.

손익분기점 A: $S(90)^A$=행사가격−(콜옵션 프리미엄+풋옵션 프리미엄)
$$S(90)^A=1.95-(0.027+0.0313)=1.8917$$

손익분기점 B: $S(90)^B$=행사가격+(콜옵션 프리미엄+풋옵션 프리미엄)
$$S(90)^B=1.95+(0.027+0.0313)=2.0083$$

---

84) [그림 8]에서 두 그래프를 합한다는 것은 특정 환율(가로축) 값에 대응하는 선 (1)과 선 (2)의 손익을 단순히 더한다는 의미다.

따라서 현물환율이 1.8917달러 아래로 떨어지거나 2.0083달러 이상으로 상승하는 경우 얼라이드라이온스는 손실을 입는데, 잠재적인 손실 규모에는 제한이 없기 때문에 환율이 손익분기점에서 점점 멀어질수록 손실도 끝없이 증가한다. 반대로 변동성이 낮아져 환율이 두 손익분기점 사이에 위치하는 경우 얼라이드는 이익을 낼 수 있고, 환율이 옵션의 행사가격과 같은 1.95달러에 형성되는 경우 얼라이드가 얻을 수 있는 수익은 최대가 된다. 이 경우 둘 중 어떤 옵션도 행사되지 않기 때문에 얼라이드는 아무런 손해도 입지 않고 양쪽 옵션의 프리미엄을 합한 파운드당 0.0583달러를 고스란히 가지게 된다.

얼라이드가 스트래들을 매도하기로 결정한 것은 페르시아만(Persian Gulf)에서 공격이 개시되기만 하면 파운드화에 대한 달러의 변동성이 크게 낮아질 것이라고 확신했기 때문이다. 얼라이드는 깊은 내가격 옵션을 비싼 프리미엄을 받고 팔았기 때문에 상황이 예상대로 돌아가기만 하면 두둑한 이익을 남길 수 있었다. 깊은 내가격이라는 것은 옵션 매수자가 옵션을 당장 행사하면 이익을 남길 수 있다는 의미다. 하지만 얼라이드는 옵션 만기가 돌아와야만 행사할 수 있는 유럽식 옵션을 매도했기 때문에 매수자가 당장 옵션을 행사하는 것은 불가능했다. 얼라이드가 감당해야 했던 위험은 환율 변동성이 높은 수준에 머무르는 경우 잠재적인 손실이 무한대라는 것이었다. 결과적으로 잠재적 위험은 현실이 되고 말았다.

얼라이드가 옵션을 매도했을 때는 높은 달러/파운드 환율과 걸프전에 따른 불확실성으로 인해 옵션가격이 비싸게 형성돼 있었기 때문에 콜옵션과 풋옵션을 동시에 매도함으로써 막대한 옵션 프리미엄을 챙길 수 있었다. 분명히 얼라이드는 변동성이 완화되면 옵션 프리미엄이 저렴해질 것이고, 매도한 것과 동일한 옵션을 훨씬 낮은 가격으로 되살 수 있을 것으로 굳게 믿고 있었던 것이다.

**스트랭글 매도:** 스트랭글은 콜옵션과 풋옵션을 동시에 매도하는 또다른 전략으로, 스트래들과 마찬가지로 변동성을 활용한 투기 전략이다. 스트랭글은 서로 다른 행사가격을 가진 외가격 풋옵션과 콜옵션을 조합한다는 점에서 스트래들과 중요한 차이를 가진다. 따라서 스트랭글 매도에 활용되는 옵션가격은 스트래들의 경우보다 낮은 것이 보통이다. [그림 9]에서 볼 수 있듯이 스트랭글은 이익을 얻을 수 있는 범위가 스트래들의 경우보다 넓기 때문에 스트래들에 비해 투기적인 성격이 약하고, 위험도가 상대적으로 낮기 때문에 이익의 규모도 스트래들보다 낮은 수준이다.

거래일: 1991년 1월 15일
만기: 90일
콜옵션 행사가격: $2.00/£      풋옵션 행사가격: $1.90/£
콜옵션 프리미엄: $0.0104/£    풋옵션 프리미엄: $0.0116/£

먼저 [그림 9]에 선 (1)로 표시돼 있는 콜옵션 매도에 따른 손익을 살펴보자. 환율이 손익분기점인 2.0104달러(행사가격 2달러+프리미엄 0.0104달러)를 넘어서면 얼라이드는 손해를 입게 되고, 환율이 높아질수록 손실의 규모도 커진다. 같은 맥락에서 풋옵션의 손익분기점은 1.8884달러(행사가격 1.90달러−프리미엄 0.0116달러)인 것을 선 (2)로부터 알 수 있다. 스트랭글의 손익은 선 (3)에 나타나 있는데 이는 선 (1)과 (2)를 단순히 합한 것에 지나지 않는다. 달러/파운드의 현물환율이 1.90~2달러 사이를 벗어나지 않으면 0.0220

달러=0.0116 달러+0.0104 달러의 최대 수익이 보장된다. 환율이 이 범위를 벗어나더라도 두 손익분기점 1.878달러=1.90달러-(0.0104 달러+0.0116달러)와 2.022달러=2.00달러+(0.0104달러+0.0116달러)을 벗어나지만 않는다면 스트랭글 전략을 통해 수익을 낼 수 있다. 얼라이드는 환율이 이 범위 밖으로 벗어나는 순간부터 손실을 입기 시작해 환율이 두 손익분기점에서 멀어질수록 점점 더 큰 손실을 입게 될 것이다.

■■■ 그림 9 쇼와쉘의 경제적 노출

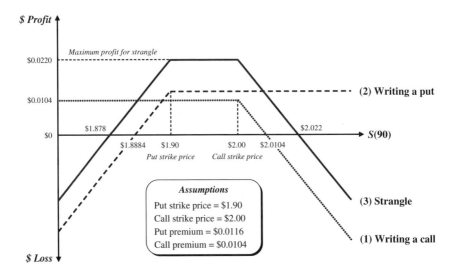

## 무시된 경고음

1989년에 이미 데릭 경은 영란은행으로부터 재무부서의 의심스러운 외환거래에 대해 경고를 받았다. 이에 대해 청문회가 열렸고, 클리포드 해치는 영란은행과 여러 차례의 회의 끝에 결국 별도의 시정조치는 필요하지 않다는 결론을 내렸다. 경고음은 1990년 9월 다시 울렸다. 얼라이드의 감사관 피트 마윅(Peat Marwick)은 보고체계의 결함을 밝혀내고, 재무부서가 5억 파운드의 위험노출 한도를 위반했다고 주장했다.[85] 사실 1991년 2월에 데릭 경이 외환 포지션을 청산하라고 계속해서 지시했는데, 이때 모든 포지션을 청산했더라면 얼라이드의 손실은 1,000만 파운드의 비교적 작은 규모에 머무를 수도 있었다. 하지만 데릭 경의 요구는 번번이 무시되고 말았다.

1월 말과 2월 초에 걸쳐 어느 정도 상승세에 있던 환율은 파운드 당 1.96달러를 기록한 2월 21일을 시작으로 급격하게 하락하기 시작했다. 3월 4일에 환율은 이미 스트래들 전략의 손익분기점인 파운드 당 1.89달러를 밑돌고 있었다. 내셔널웨스트민스터은행(National Westminster Bank)이 장부를 마감한 3월 16일에는 파운드화 가격이 1.79달러에 머무르고 있었다. 환율이 행사가격인 1.95달러 근처를 유지하면서 변동성이 낮아지는 시나리오는 실현되지 않았다. 1991년 3월 18일, 웨스트민스터은행이 얼라이드의 옵션 포지션을 갑자기 청산해 버렸을 때는 환율이 파운드당 1.7895달러까지 떨어져 있었다. 스트래들에서 발생한 손실은 파운드당 0.1달러 =1.89달러-1.79달러였는데, 얼라이드가 보유한 포지션 규모는 15

---

85) "Allied chiefs to go after £ 147 million loss", TheTimes (May 4, 1991).

억 파운드에 달했다. 손실은 대부분 풋옵션이 행사되면서 발생했는
데, 행사되지 않은 풋옵션과 콜옵션의 프리미엄이 손실을 약간 감소
시켰다.

여기서 얼라이드가 유럽식 옵션을 활용한 이유에 주의를 기울일
필요가 있다. 앞서 말했듯이, 미국식 옵션은 만기일 이전에라도 행
사할 수 있지만 유럽식 옵션은 이와 달리 만기일까지 기다려야 한
다. 얼라이드가 판매한 옵션들이 매우 깊은 내가격 상태였기 때문에
만약 미국식 옵션이었다면 옵션 매수자들은 즉시 옵션을 행사하려
했을 것이다. 장기적으로 환율 변동성이 약화될 것이라고 예상한 얼
라이드 입장에서는 매수자들이 옵션을 만기까지 보유하도록 하는
것이 수익을 극대화하기 위한 중요한 조건이었다.

 이야기의 교훈

**교훈 1_ 이익중심점으로 변질된 재무부서:** 기업의 재무부서의
주된 임무는 (1)매입채무와 같이 공급자로부터 조달하는 단
기자금에서부터 은행 및 자본 시장으로부터 조달하는 중장기
자금에 이르기까지 기업 활동에 필요한 자금을 최대한 낮은
비용으로 조달하고, (2)금리 및 외환 위험을 헤지하는 것이
다. 자금 조달에 있어서의 목표는 비용을 최소화하는 것이고
헤지의 목표는 위험을 최소화하는 것이므로 자금 조달이나
헤지 어느 쪽도 수익을 창출하는 활동은 아니다. 하지만 지난
25년간 수많은 기업들이 재무부서를 이익중심점으로 재정립
해왔다. 얼라이드는 1987년 재무부서 업무를 전체적으로 재

정비하고 수장을 교체하면서 이미 재무부서를 실질적인 이익 중심점으로 변화시켰지만 이런 변화에 따라 예상되는 위험과 이익 구조는 한 번도 명확하게 밝히지 않았다.

앞서 이야기한 바와 같이, 얼라이드의 재무부서가 외환시장에서 도박을 감행할 정도로 자신감에 차게 된 것은 외환거래에서 점점 더 큰 수익이 발생했기 때문이었다. 이렇게 수익을 올리는 과정에서 얼라이드는 대규모 투기 포지션을 취했지만 경영진은 이를 묵인한 것으로 보인다. 또 재무부서장은 부서의 업무를 공식적으로 정의해 최고재무책임자나 이사회의 승인을 받지 않았다. 재무부서의 투기행위는 누구나 아는 사실이었고 경고음도 여러 번 울렸지만 경영진은 재무부서의 고삐를 죄기 위한 어떤 시도도 하지 않았다.

**교훈 2_ 통제의 실패:** 대부분의 실물기업이나 금융기관의 트레이딩 부서에서는 보유할 수 있는 포지션 규모를 엄격하게 제한하는 지침을 가지고 있다. 얼라이드는 포지션 한도를 5억 파운드로 설정하고 있었는데, 바틀렛과 그의 부하직원들은 이를 어렵지 않게 피해갔다. 따라서 위험을 효과적으로 관리하기 위해서는 효과가 부족한 포지션 한도 규정 대신 각 선도환 계약이나 옵션계약을 매일 시가평가한 결과에서 발생하는 거래손실 한도를 설정하는 방법을 사용해야 한다. 선도환 계약과 장외 통화옵션은 통화선물과 달리 지속적으로 거래되지 않기 때문에 시가 평가는 매 영업일 마감 시점에 이뤄진다.

선도환 계약이나 통화옵션의 시장가치는 이자율평가이론 (Interest Rate Parity Theory)이나 옵션 가치평가 모델(이 장의 부록 참조)을 사용해 어렵지 않게 구할 수 있다. 또 거래가 실행될 때마다 후방부서에서는 거래티켓(Trade Ticket)에 거래의 근거를 첨부해 보관해야 한다. 얼라이드와 같은 실물기업에서 외환거래를 할 때는 수출이나 수입 등 실물 거래와 한 쌍을 이루도록 하는 것이 보통이다. 이런 거래들은 거래위험이나 환산위험을 관리하는 데 매우 적절한 수단이다. 하지만 만에 하나 재무부서를 이익중심점으로 운영해 투기를 할 수 있도록 허용하는 경우라면 최악의 상황을 가정한 스트레스테스트(Stress Test)와 밸류앳리스크 지표 등을 통해 면밀한 감시가 이뤄져야 한다. 얼라이드는 통제체계를 지나치게 느슨하게 운영함으로써 트레이더들이 회사의 본질적인 경영활동과는 아무런 상관도 없는 투기적인 포지션을 15억 달러 넘게 쌓도록 내버려두는 결과를 초래했다.

**교훈 3_ 보고체계의 실패:** 재부 부서에서 체결한 파생상품은 계약 규모가 매우 컸다. 이런 대규모 계약들은 재무부서 외부의 고위경영진이(가능하면 이사회 수준이 적절하다) 면밀히 관찰했어야 했다. 규모가 큰 조직에서는 종종 보고의 내용, 시기 또는 보고 대상을 부적절하게 선정하는 경우가 있다. 투기로 인해 조직이 망가지는 것을 막기 위해서는 전체 포지션을 만기에 따라 세분화해야 하고(3장 씨티은행 사례 참조), 거래활동에 대한 보고는 매일 수행돼야 한다. 이때 재무 책임자에게 보고하는 것만으로 그치지 않고 핵심 경영진에게까지 보고가 이루어져야 한다.

**교훈 4_ 감사체계의 실패:** 트레이딩 부서에서 일어나는 거래의 복잡성을 고려할 때 보고체계를 보완하기 위해서는 체계적인 감사 활동이 필요하다. 감사는 회사의 내부와 외부 양쪽에서 수행돼야 하며, 감사자가 피감사자로부터 독립성을 유지하는 것이 가장 중요한 원칙이다. 거래티켓은 감사자들이 전방부서와 후방부서에서 각자 작성한 거래 기록을 대조할 때 부정 거래를 밝혀내는 기초자료다. 거래상대(일반적으로 은행의 트레이딩 부서) 등 회사 외부의 독립적인 기관과 의사소통 창구를 마련해 놓는 것도 역시 효과적인 감사를 도와주는 중요한 요소다. 실제로 파생상품의 잘못된 사용으로 일어난 사건 중 상당수가 거래상대가 비정상적 거래에 대해 귀띔을 해주면서 밝혀졌다(앞서 이야기한 쇼와쉘의 사례도 여기에 해당한다).

## 부록: 통화옵션의 가치 평가

※ 주의: 본질적으로 옵션 가치 평가는 매우 복잡하며, 이 부록도 복잡한 수학적 개념을 포함하고 있다. 부록의 처음보다는 중반 이후 중요한 그리스 문자들을 소개하는 부분이 더 이해하기 쉬울 것이다.

통화옵션의 가치는 블랙-숄즈(Black-Scholes) 주식 옵션 가치평가 공식을 수정한 모델로 평가한다. 가만(Garman)과 콜하겐(Kohlhagen)은 행사가격이 $F(T)$일 때 다음과 같이 $E(T)$의 가격을 가지는 통화 콜옵션의 가치 평가 모델을 제안했다.

$$p(0)^C = [F(T) \cdot N(d_1) - E(T) \cdot N(d_2)]e^{-\lambda T}$$

이때

$$d_1 = \frac{\ell n \left(F(T)/E(T) + (\sigma^2/2)t\right)}{\sigma\sqrt{\gamma}}$$

$$d_2 = d_1 - \sigma\sqrt{\gamma}$$

여기서 $p(0)^C$, $F(t)$, $E(t)$는 각각 선도환율, 행사가격을 의미하고, $t$, $e^{-\lambda T}$는 연속할인계수이다. 또 $t$는 만기(1년에 대한 비율로 표시)를 나타내고, $\lambda$는 연속복리로 계산되는 무위험(Risk-free) 금리를 의미한다. $\sigma$는 연속복리로 계산한 연간 환율 변화의 표준편차(기초자산의 변동성에 대한 대체지표)인데, 이는 일반적으로 $\ell n [S(t)/S(t+1)$을 $T$번 관찰한 자료에 대한 표준편차에 다시 $T$를 곱한 값으로 간접적으로 구할 수 있다. $N(d)$는 평균이 0이고 표준편차가 1인 표준정규분포($d$가 주어질 경우 이는 표준 정규분포표에서 쉽게 찾을 수 있다)에서 $d$보다 낮은 값이 발생할 확률을 나타낸다.

한 가지 주의해야 할 점은, 이 통화옵션 가치평가 모델은 환율 변동이 변하지 않는 분산을 가진 대수정규분포를 따른다는 가정을 기반으로 하고 있지만 많은 실증 연구에서 환율은 대수정규분포보다 꼬리가 두꺼운 확률 분포를 따르는 경향을 가지는 것으로 드러났다는 사실이다.

옵션 매수자는 현물환율 변화에 따라 옵션의 가치가 어떻게 변하는지 이해해야 한다. 헤지비율이라고도 부르는 델타계수(Delta Coefficient)는 환율이 1% 변할 때 옵션 프리미엄의 변화율로 정의된다. 이는 [그림 5]에서 콜옵션 프리미엄을 나타내는 선 (3)에 대한 접선의 기울기로 나타낼 수 있다. 환율이 등가격 수준일 때 델타계수는 0.5이고, 달러/파운드 현물환율이 행사가격보다 높아지면(다시 말해 옵션이 내가격이 되면) 델타도 1에 접근한다. 반대로 현물환율이 행사가격 밑으로 내려가면(옵션은 외가격이 된다) 옵션의 델타계수도 따라서 낮아져 0에 접근한다.

옵션 가치는 기초자산의 변동성을 기반으로 하기 때문에 여기서 베가계수(Vega Coefficient)를 간단히 설명한다. 베가계수는 기초자산의 변동성 자체가 1% 변할 때 옵션 프리미엄의 변화율로 정의한다. 물론 변동성을 측정하기란 쉬운 일이 아니다. 변동성은 과거 환율 변동의 표준편차를 통해 간접적으로 파악할 수 있는데, 이 방법에는 환율의 움직임이 대수정규분포를 따른다는 가정이 포함돼 있다. 하지만 내재변동성(시장에서 형성된 옵션가격으로부터 도출) 지표가 미래 변동성에 대한 시장의 공통된 예상을 반영하는 것과는 달리 과거 변동성은 사후에 측정한 지표이므로, 이 예측치가 미래 변동성을 신뢰성 있게 예측한다고 보기는 어렵다. 시장에서 변동성이 증가하면 옵션 프리미엄도 높아지고, 변동성이 완화되면 옵션 프리미엄도 따라서 낮아진다.

# 얼라이드아이리시은행

Allied Irish Bank

그는 통제체계의 모든 방어막을 교묘하게 빠져나가고는
이를 대단히 정교한 수법으로 은폐한 것이 분명하다.

— 마이클 버클리(Michael Buckley), 얼라이드아이리시은행 최고경영자

2002년 2월 6일, 얼라이드아이리시은행(AIB)은 미국 자회사인 올퍼스트파이낸셜(Allfirst Financial)이 6억 9,100만 달러의 손실을 입었다고 발표했다. 손실은 외환 트레이더인 존 러스낵(John Rusnak)이 수행한 외환거래에서 발생한 것으로 알려졌다. 외환 손실은 1997년부터 이미 발생하기 시작했지만 러스낵은 이를 경영진이 알아채지 못하도록 은폐해 온 것으로 드러났다. 이 어마어마한 손실로 은행의 2001년 연결이익이 60%나 감소했고, 자본금 손실도 10%에 달했다. 러스낵이 얼마나 교묘한 수법을 사용했는지를 떠나 엄격한 통제체계에서 수억 달러의 현금흐름 유출이 5년 동안이나 발각되지 않았다는 것은 믿기 힘든 일이다. 이 장에서는 러스낵이 어떻게 외환거래를 통해 은행에 막대한 손실을 입히게 됐는지, 또

어떤 방법을 사용해 손실을 은폐했는지를 재구성한다.

## 러스낵과 올퍼스트의 외환 트레이딩

AIB가 미국 시장에 진출한 것은 비교적 최근의 일이었다. AIB는 1983년 당시 지역은행이었던 매릴랜드은행(Maryland Bancorp)의 지분 일부를 인수한 뒤, 1989년에 남아 있는 지분 전체를 인수하면서 이름을 올퍼스트로 변경했다. 올퍼스트 경영진의 능력을 높이 산 AIB는 기존의 경영진이 올퍼스트를 자율적으로 운영하도록 허용했지만 재무책임자 자리에는 본사의 경영진을 앉히는 것이 중요하다고 판단해 데이비드 크로닌(David Cronin)을 임명했다. 크로닌은 더블린에 위치한 아일랜드 중앙은행의 외환 트레이더로 시작해 이후 50명이나 되는 트레이더를 보유한 AIB의 외환 트레이딩 부서를 책임지는 자리에 오른 노련한 은행가였다. 하지만 올퍼스트와 AIB 사이의 통제체계가 명확하지 않았기 때문에 크로닌은 올퍼스트의 재무책임자로 임명된 후 양쪽에 중복해서 보고를 해야 했다.

1989년에 크로닌이 올퍼스트에 처음 합류했을 때는 은행 내에 자기자본거래(Proprietary Trading, 자세한 설명은 박스 A 참조)가 존재하지 않았다. 그 당시 올퍼스트는 블랙앤드데커(Black & Decker)와 같이 해외 활동이 많은 기업들을 상대로 수수료 기반 서비스를 제공하는 데 집중하고 있었기 때문에 올퍼스트가 감당해야 하는 위험은 미미한 수준이었다. 하지만 크로닌은 AIB의 더블린 본사에서 근무하던 시절의 경험을 통해 공격적인 외환매매로 돈을 벌 수 있다는 사실을 알고 있었다. 올퍼스트의 재무책임자 자리에 오른 지 얼마 되지 않은 1990년 크로닌은 올퍼스트에 자기자본거래 부서를 만들기 위해 외환 트레이더를 고용했다. 이 트레이더가 얼마 지나지 않아 은행을 떠나자 크로닌은 더 경험이 풍부한 외환 트레이더를 찾다가 마침내 존 러스낵을 발견했다.

러스낵은 1986년에 필라델피아의 퍼스트피델리티은행(First Fidelity Bank)에 신입으로 입사한 뒤, 1988년부터는 케미칼은행(Chemical Bank)으로 자리를 옮겨 근무하던 외환 트레이더였다. 러스낵은 인터뷰에서 방향성매매(일본 엔화나 독일 마르크화 등 특정 통화의 방향성을 예측해 해당 통화를 매매하는 투기 방법)보다 정교한 통화옵션 매매를 통해 훨씬 큰 수익을 얻을 수 있다고 주장했다. 또 통화옵션을 대규모로 보유하고 이 포지션을 현물과 선물시장에

---

**박스 A    이익 추구를 위한 자기자본거래**

자기자본거래(Proprietary Trading)는 은행이 자기자본을 가지고 직접 수행하는 매매 활동을 일컫는 것으로, 고객의 돈으로 고객을 대신해 수행하는 위탁매매(Agency Trading)와 대비되는 개념이다. 자기자본거래를 수행하는 부서는, 금융기관 내부 조직으로서 주식 및 채권 발행이나 M&A 등 투자은행의 다른 업무들과 공존한다는 점을 제외하면 본질적으로 헤지펀드(Hedge Fund)와 유사하다. 자기자본거래 부서는 헤지펀드와 마찬가지로 지수차익거래(Index Arbitrage), 통화차익거래(Currency Arbitrage), 합병차익거래(Merger Arbitrage), 변동성차익거래(Volatility Arbitrage) 등의 전략을 사용하거나, 올퍼스트의 경우처럼 환율 움직임에 대한 직접적 투기에 의존하기도 한다. 자기자본거래는 대체로 막대한 수익을 가져다주지만 수익의 변동성 또한 대단히 커서 전통적인 은행 업무보다 높은 위험을 수반하는 것으로 알려져 있다. 상업은행들은 일반적으로 자기자본거래에 발을 들여놓지 않는다. 올퍼스트는 예외적인 경우였고, 자기자본거래 규모도 크지 않은 수준이었다.

---

서 헤지하면 외환 투기에서 발생하는 위험에 전혀 노출되지 않고도 지속적으로 차익거래 수익을 창출할 수 있을 것이라고도 했다. 러스 낵은 곧바로 채용됐고, 1993년 7월 올퍼스트에 합류했다.

본격적인 이야기에 들어가기 앞서, 다음의 두 절에서 외환거래의 방향성 매매가 무슨 의미인지, 통화옵션을 헤지하는 것이 어떻게 차익거래 수익을 가져다줄 수 있는지 살펴본다. 모든 사람을 감쪽같이 속인 존 러스낵의 투기 전략을 더 잘 이해하기 위해 선도환 계약 및 옵션의 전반적인 개념을 먼저 살펴보는 것이 도움이 된다.

## 선도환 계약을 통한 환투기

외환시장에서의 투기는 현물환 거래[86]나, 그보다 더 복잡한 선도환 계약을 통해 수행할 수 있다.

(1) 현물환 시장에서 투기를 한다는 것은 한 통화가 다른 통화에 대해 저렴할 때 매수해서 가치가 오를 때까지 보유한 뒤 비싼 가격에 되파는 것을 의미한다. 예를 들어, 엔화가 미국 달러화에 대해 저평가된 경우를 생각해보자. 이때 투기자가 달러화의 가치가 하락(엔화 가치 상승)할 것으로 예상한다면 현물시장에서 엔화를 매수(달러화 매도)하고 엔화의 가치가 상승할 때까지 기다렸다가 달러화를 훨씬 싼 가격(1달러를 매수할 때 더 적은 엔화가 소요됨)에 되살 것이다. 예를 들어, 달러화의 가격이 단기적으로 달러당 117엔에

---

86) 현물환 거래는 거의 즉시(다음 영업일이나 2영업일 후) 인도가 이뤄지는 시장에서 외환을 사고파는 거래를 말한다.

서 111엔으로 떨어질 것으로 예상된다고 가정하자. 가격 하락 이전에는 1달러를 사기 위해 117엔이 필요하지만 가격 하락 이후에 1달러를 되사는 데에는 111엔밖에 필요하지 않다.

이 방법은 다음과 같은 왕복거래로 구성된다. 먼저 1달러로 117엔을 매수한다. 이후 달러화 가격이 하락하면 117엔/111엔=1.05달러를 매수한다. 화폐의 시간가치를 고려하지 않는다면 이 거래를 통해 1.05달러-1달러=0.05달러의 이익을 얻을 수 있다. 하지만 이때 거래에 소요되는 자금이 투기 거래를 완료할 때까지 기약없이 묶여 있어야 하는데, 만약 이 돈을 빌려 투기 거래를 수행하는 경우라면 이자비용이 발생할 것이다. 이자 부담은 현금흐름에 즉각적인 영향을 미치기 때문에 재무부서에서 이를 제한하려고 할 것이므로, 러스낵이 현물시장에서 투기를 계획했다면 보유비용으로 인해 투기 규모는 제한적일 수밖에 없었을 것이다.

(2) 선도환 계약(박스 B참조)을 통해서도 투기를 수행할 수 있는데, 이 방법은 거래의 성격상 계약 시에 현금이 필요하지 않기 때문에 훨씬 더 은밀한 방법이다. 예를 들어 살펴보자. 2000년 9월 30일 현재 2001년 3월 31일 인도 예정인 6개월 만기 선도거래를 통해 엔화를 달러당 117엔에 살 수 있다. 현재 현물환율은 달러당 117엔에 형성돼 있는데, 향후 6개월간 달러의 가치가 하락해 6개월 뒤에는 환율이 달러당 111엔으로 떨어질 것으로 예상된다. 러스낵이 100억 엔을 달러당 117엔에 선도 매수한다고 가정하자. 6개월 뒤 달러 가격이 111엔으로 떨어질 것이라는 예측이 맞아 떨어진다면 그는 선도계약 만기 시에 100억 엔/111=9,009만 달러의 가치를 가진 100억 엔을 매수하는 대가로 100억 엔/117=8,547만 달러만 지불하면 되기

때문에 9,009만 달러-8,547만 달러=462만 달러[87]의 수익을 얻게 된다. 이는 아무런 돈도 투자하지 않은 것 치고는 꽤 큰 수익이다([그림 1]의 가로축 위쪽으로 만기일의 환율이 달러당 117엔보다 낮은 수준일 때 얻게 되는 수익이 나타나 있다).

물론 환율이 러스낵의 예상을 뒤엎고 상승할 수도 있다. 달러 가격이 달러당 124엔으로 상승했다고 가정하자. 이 경우에도 러스낵은 여전히 100억 엔을 인수하는 대가로 100억 엔/117=8,547만 달러를 지불해야 한다. 이때 100억 엔은 현물시장에서 100억 엔/124=8,065만 달러의 가치밖에 없기 때문에 러스낵은 이 거래를

---

## 박스 B  선도환 거래

선도환 거래는 특정 수량의 통화를 계약 당시 정해진 가격(선도환율)에 미래의 특정 시점(계약 만기)에 사거나 팔기로 하는 약속이다. 선도거래는 되돌릴 수 없고 법적 구속력이 있는 약속(계약 시 현금 교환은 일어나지 않는다)이라는 점을 이해하는 것이 중요하다. 만기가 돌아오면 두 거래당사자는 만기 시점의 현물환율에 관계없이 실제로 각자 약속한 통화를 인도하거나 차액결제를 해야 한다. 조직화된 거래소를 통해 체결되는 선물환 거래와 달리, 선도환 거래는 거래당사자의 필요에 따라 거래 조건을 정할 수 있는 장외거래다. 증거금이 요구되지 않고 매일 시가평가를 해야 할 의무도 없다.

---

87) 이를 다르게 계산하면, 1억 달러로 117억 엔을 살 수 있는데 엔화를 매수한 후 1억 달러를 되사는 데는 111억 엔밖에 소요되지 않기 때문에 6억엔의 이익을 볼 수 있다. 이를 달러로 환산하면 6억 엔/111=462만 달러다.

통해 482만 달러의 손실을 입는다([그림 1]의 선도환율 오른쪽 부분 참조). 러스낵이 엔화 가치가 상승할 것이라고 예상하고 선도환 계약을 통해 엔화를 지속적으로 매수한 1996~1998년 사이의 기간 동안 엔화 가치는 사실 지속적으로 하락하고 있었다([그림 2] 참조). 결과적으로 1997년 말까지 러스낵이 외환거래로 입은 손실은 2,900만 달러에 달했다.

■ 그림 1 선도계약을 통한 투기의 손익

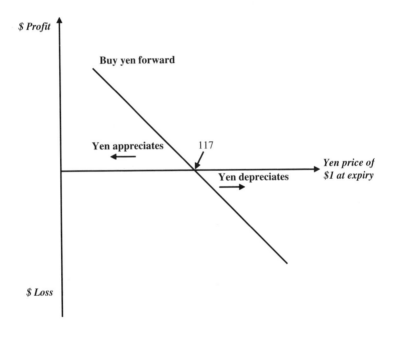

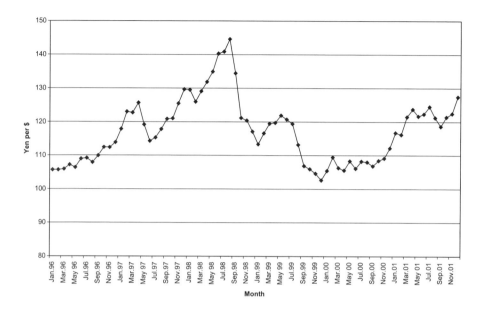

## 선도시장과 통화옵션시장에서의 차익거래: 국제 풋-콜 평가이론

러스낵은 통화옵션 매매를 활용하면 옵션과 선도환 시장에서 차익거래로 지속적인 수익을 낼 수 있다고 주장했다. 이 방법은 분명 별위험 없이 작은 수익을 꾸준하게 올리는 방법이다. 이 거래 방법은 옵션시장과 선도시장을 하나로 묶는 강력한 차익거래 관계에 기반을 두고 있다. '국제 풋-콜 평가이론(International Put-Call Parity)'이라 하는 이 관계를 이해하기 위해서는 행사가격 E(90)이 달러당 117엔인 90일 만기 유럽식 엔화 풋옵션을 매수하는 동시에 동일한 행사가격의 90일 만기 엔화 콜옵션을 매도함으로써 90일 만기 엔화 매도 선도환 계약을 똑같이 복제할 수 있다는 사실을 먼저 살펴봐야 한다 (통화 옵션에 대한 소개는 박스 C를 참조하라).

---

88) 미국식 옵션과 유럽식 옵션은 옵션이 판매된 지리적 위치와는 아무런 관련이 없다. 유럽식 옵션과 미국식 옵션 모두 양쪽 대륙뿐 아니라 저 멀리 동아시아에서도 거래된다.

실제로 행사가격이 동일한 엔화 풋옵션 매수([그림 3A]의 선 (1))와 엔화 콜옵션 매도([그림 3A]의 선 (2))를 조합하는 것은 실질적으로 옵션 프리미엄을 고려한 행사가격에 엔화를 선도 매도하는 것과 같다([그림 3A]에서 선 (1)과 (2)의 합으로 표시된 선 (3)).[89] 이때 행사가격은 선도시장에서 형성된 환율과 쉽게 비교할 수 있기 때문에 옵션시장에서도 손쉽게 합성 선도계약을 체결할 수 있다. 이는 '풋-콜-선물환 평가(Put-Call Forward Parity)'라 부르는 옵션시장과 선도시장 사이의 대단히 중요한 관계인데, 두 시장 사이에서 끊임없이 이뤄지는 차익거래들은 이 관계를 기반으로 한다.

차익거래를 위해서는 옵션계약을 체결함과 동시에 선도계약을 통해 동일한 양의 엔화를 선도환율 120엔에 매수한다([그림 3B]의 선 (4)). 하지만 콜옵션을 매도하고 풋옵션을 매수해 만든 합성 선도계약의 행사가격은 두 옵션의 행사가격과 약간 차이가 있을 것이다. 이는 풋옵션 프리미엄 엔과 콜옵션 프리미엄=5엔의 차에 의해 발생하는 비용을 반영한 것이다. 이 프리미엄이 옵션계약이 체결될 때 지불된다는 사실을 고려하면, 6%의 연간 금리를 가정할 때 총비용을 고려한 달러 매수 합성 선도계약의 실제 가격은 다음과 같다.

$$F(90)^* = E(90) - [p(0)^p - p(0)^C] \cdot (1 + i_{us}) = 117 - (8 - 5) \times 1.015 \simeq 114$$

식 (1a)

---

89) [그림 3B]는 두 옵션의 행사가격이 합성선도환율과 동일하다는 것을 나타내고 있다. 이때 그래프는 풋옵션과 콜옵션의 프리미엄이 동일하다는 것을 가정하고 있는데, 이는 설명을 위해 단순화한 가정으로 현실에서는 이런 상황이 발생하지 않는다.

## ■ 그림 3A 풋옵션과 콜옵션을 활용한 합성 선도계약

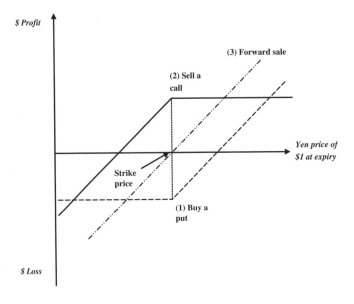

## ■ 그림 3B 차익거래에서 발생하는 수익

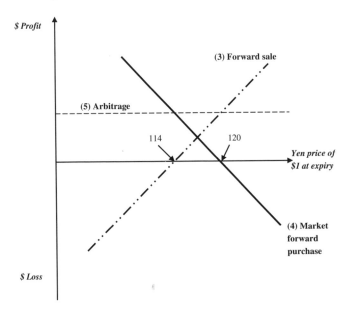

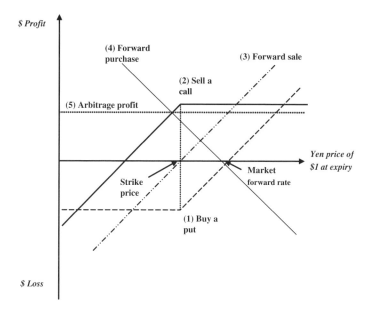

이때 $i_{us}$는 90일 동안의 자본비용을 나타내며 1.5%이다. 엔화를 선도환율F(90)=120에 선도 매수하고 달러화를 식 (1a)를 통해 도출된 합성 환율 114엔에 되사면서 얻는 무위험 수익은 다음과 같이 나타낼 수 있다.[90]

$$F(90)-E(90)+[p(0)^p-p(0)^C]\cdot(1+i_{us})=120-114=6>0 \qquad \text{식 (1b)}$$

---

90) 엔화를 매수할 때는 1달러로 120엔을 살 수 있지만 달러를 되살 때는 달러당 114엔밖에 소요되지 않기 때문에 달러당 6엔의 이익이 남는다.

이는 [그림 3C]에서 선 (3)과 선 (4)를 합한 선 (5)로 나타나 있다. 이 불균형은 차익거래가 일어나도록 유도하는데, 그 결과 무위험 수익이 사라지고 균형이 형성될 때까지 콜옵션가격은 떨어지고 풋옵션가격은 상승한다. 또 차익거래자가 선도환율 엔/달러에 엔화를 매수함으로써 엔화의 가치 상승을 초래하는 동시에 엔화를 합성 선도환율 엔/달러에 매도함으로써 합성선도환율을 밀어올리는 결과를 낳는다. 결국 식 (1b)에서 볼 수 있는 불균형상태는 균형상태에 도달한다. 이때 발생하는 불균형은 아주 작은 수준인데, 대부분의 트레이딩 부서에서 강력한 컴퓨터 프로그램을 앞세워 환율을 주시하고 있기 때문에 이 작은 불균형도 얼마 안 가 사라지고 만다.

불균형이 발생할 때부터 차익거래로 인해 옵션시장과 선도시장 사이에 다시 균형이 찾아올 때까지는 실제로 몇 초밖에 걸리지 않는다. 하지만 이런 상태에서도 아주 작은 무위험 수익은 지속적으로 발생할 수 있다. 러스낵은 자신이 바로 이런 무위험 차익거래를 통해 지속적으로 수익을 낼 수 있는 능력을 가진 트레이더라고 포장한 것이다. 하지만 이것이 사실이 아니라는 것이 사건을 통해 밝혀졌다.


## 은폐의 기술

올퍼스트에서 일하기 시작한 날부터 러스낵은 선도환 계약을 활용하는 전통적인 방법으로 엔화의 가치가 상승하는 데에 도박을 걸기 시작했는데, 이 방법은 올퍼스트와의 인터뷰 당시 러스낵 자신이 깎아내린 바로 그 방법이었다. 물론 엔화 가치의 지속적인 하락은 러스낵에게 창피한 외환 손실만을 안겼다. 하지만 러스낵에게는 부족한 창의력을 메울 만한 교활함이 있었다. 러스낵이 처한 문제는 점점 더 커져만 가는 트레이딩 손실을 은폐해 수익이 날 때까지 시간을 벌어줄 믿을 만한 방법을 찾는 것이었다. 은행 트레이딩 부서의 일반적인 업무 절차와 마찬가지로 올퍼스트에서도 러스낵이 매매를 실행한 뒤 거래기록을 남기고 거래티켓을 작성하면 후방부서에서 이 거래티켓을 회계시스템에 입력했다.

올퍼스트의 후방부서는 그 후 각 거래를 은행의 거래상대와 확인하는 절차를 거쳤다. 따라서 거래에 대한 확인은 계약을 맺은 상대로부터 받아야 했는데, 예를 들어 선도계약으로 엔화에 대해 투기를 수행하는 경우 일본의 거래 은행으로부터 확인을 받아야 했다. 이는 상업은행의 트레이딩 부서에서 일반적으로 수행하는 보고와 감시 업무의 일부이다. 이 업무를 책임지던 올퍼스트의 재무 부문은 다음의 3가지 부서로 구성돼 있었다.

(1) 전방부서인 자금관리(Treasury Fund Management) 부서에서는 자금 조달, 금리위험 관리, 투자 포트폴리오 관리, 글로벌 트레이딩 등을 수행했다. 글로벌 트레이딩은 다시 금리 파생상품과 외환 트레이딩으로 나뉘었는데, 두 업무는 트레이더의 도움을 받아 각 부서의 '매니징디렉터(Managing Director)'가 직접 수행했다. 러스낵은 외환 트레이딩 담당 매니징디렉터로서 올퍼스트의 기업 고객들을 담당하는 트레이더들을 관리하는 동시에 자기자본거래에 집중했다.

(2) 후방부서인 재무운영(Treasury Operations) 부서에서는 거래 처리, 회계장부 기록, 거래 확인, 외환 및 통화 파생상품 거래의 결제 등을 담당했다. 러스낵이 실행한 자기자본거래들은 매 영업

일이 끝나기 전에 빠짐없이 후방부서에서 마무리 하도록 돼 있었다.

(3) 중간부서인 자산부채관리(Asset and Liability Management) 및 위험관리(Risk Control) 부서에서는 트레이더들이 거래규모 제한, 거래상대의 신용수준, 그리고 밸류앳리스크 등 올퍼스트의 지침을 준수하는지 감시하는 역할을 했다. 러스낵이 체결한 거래들은 위 지표들을 통해 설정된 한도를 지켜야 했다.

**1단계: 가짜 옵션** 1997년 경 러스낵은 엔화 선도계약을 통해 단방향 투기 거래를 여러 건 실행했는데, 이 거래들에서 손실이 빠르게 늘어났다. 투기 거래로 입은 손실과 보유하고 있는 포지션 규모를 감추기 위해 러스낵은 실제로는 매매한 적이 없는 가짜 엔화 통화 옵션을 매매한 것처럼 꾸미기 시작했다. 러스낵이 특히 선호한 가짜 옵션거래는 행사가격은 동일하지만 만기가 서로 다른 풋옵션과 콜옵션을 조합한 것이었다. 이 가짜 거래에서 그는 하루 만기의 깊은 내가격 풋옵션을 매도(은행 부채 증가)하고 만기가 더 긴 깊은 내가격 콜옵션을 매수(은행 자산 증가)했다.

정상적인 상황이었다면 올퍼스트는 하루 만기 풋옵션이 체결될 때 옵션 프리미엄으로 큰 수익을 얻지만 하루가 지나 옵션이 행사될 때 결과적으로 옵션 프리미엄을 넘어서는 손실을 입었을 것이다. 또 만기가 긴 콜옵션은 살 때는 비싸지만 옵션 만기가 돌아올 때 올퍼스트는 막대한 이익을 챙길 수 있었을 것이다. 러스낵의 계획은 후방부서에 있는 부하직원들을 윽박질러 한 쌍의 옵션 프리미엄의 합이 0인 경우(다시 말해 현금흐름이 발생하지 않는 경우) 이 옵션들에 대해 따로 확인을 받을 필요가 없다는 지침을 받아들이도록 하는 것이었다.

러스낵은 계약을 자신이 직접 확인해주고 후방부서에서는 따로 확인 절차를 거치지 않도록 했다. 후방부서의 담당 직원이 계약을 확인하려면 한밤중에 해야 할 텐데(일본과 볼티모어의 시차는 무려 13시간이다), 러스낵은 동료들에게 폐를 끼치는 이기적인 사람이 되고 싶지는 않았던 것이다! 시스템에 입력되기만 하면 하루 만기 풋옵션은 은행의 내부통제 시스템에 발각되지 않고 소멸될 것이고, 옵션 프리미엄은 그대로 이익으로 남아 있을 것이었다. 그러고 나면 깊은 내가격 콜옵션만 남아 만기가 돌아오면 초기의 옵션 프리미엄을 훨씬 뛰어넘는 수익을 올려줄 것이고 이 수익으로 엔화 선도거래에서 발생한 손실을 상쇄시킬 수 있을 것으로 보였다.

흥미롭게도 풋옵션과 콜옵션의 행사가격이 동일하더라도 만기가 서로 다른 경우 동일한 옵션 프리미엄이 붙는 경우가 없다는 사실을 후방부서에서는 알아채지 못했다. 만약 풋옵션이 깊은 내가격 상태라 비싼 프리미엄이 붙는다면 동일한 행사가격의 콜옵션은 깊은 외가격 상태일 것이고 상대적으로 저렴할 것이다. 더군다나 외가격 상태인 엔화에 대한 숏포지션(선도계약)과 엔화 콜옵션 매수를 결합한 포지션은 엔화에 대한 풋옵션을 매수하는 것과 동일한 손익구조를 보여준다. [그림 4]는 선도환율 117엔/달러에 체결된 엔화 매도 선도계약(선 (1))과 행사가격이 117엔인 콜옵션(선 (2)) 매수계약을 결합할 경우 손익이 풋옵션을 매수하는 경우와 동일한 형태(선 (3))를 가지게 되는 것을 보여준다. 이 조합을 '커버드콜(Covered Call)'이라고도 하는데, 이는 엔화 선도 매도로 발생하는 부채 포지션을 상쇄시키기 위해 자산 포지션이 필요한 상황에서는 부적절한 조합이다.

**2단계: 깊은 내가격 옵션 매도** 러스낵의 매매 규모가 증가하면서, 올퍼스트는 러스낵이 벌어들이는 미미한 수익에 엄청난 자금을 쏟아붓고 있는 사실에 주의를 기울이기 시작했다(박스 D 참조). 원가회계의 관점에서 보면, 외환거래 부서는 올퍼스트의 자산과 부채를 활용하지 않고는 업무를 수행할 수 없기 때문에 이에 대해 적절한 비용 배분이 이뤄져야 한다.

2001년 1월에 작성된 은행 내부 문건에 따르면, 외환거래에서 발생한 명목 수익은 660만 달러에서 1,360만 달러로 2배나 증가했지만 여기에 소요된 자본비용을 고려하면 실질적인 이익 증가분은 110만 달러에 불과했다. 흥미롭게도 후방부서와 중간부서가 러스낵에게 감쪽같이 속아 넘어가는 동안 재무 부문에서는 은행의 자본이 부당하

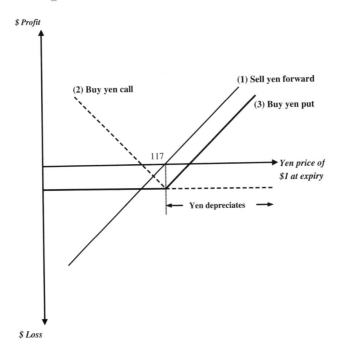

■ 그림 4  엔화 콜옵션+엔화 선도 매도 계약=엔화 풋옵션

게 할당된 것을 알아챘다. 결국 러스낵은 외환 자기자본거래 규모를 크게 줄이라는 지시를 받았다.

약삭빠른 러스낵은 곧 트레이딩을 계속하기 위해 독자적으로 자본 기반을 쌓기 시작했다. 깊은 내가격 엔화 풋옵션 5계약을 3억 달러의 프리미엄을 받고 매도한 것이다. 러스낵은 옵션계약을 매도한 거래상대에게 이렇게 말했다. "문제가 있어 찾아왔습니다. 대차대조표에 드러나지 않도록 자금을 조달해야 할 필요가 있습니다."[91]

## 박스 D  바젤 II와 자기자본거래에 대한 자본부담금

2004년 6월, 바젤위원회(Basel Committee)는, 자기자본비율(Capital Adequacy Ratio: CAR)을 강제해 공정한 경쟁 환경을 조성하는 것을 목적으로 1992년 처음 조인된 바젤협약(Basel Accord)을 다시 한 번 수정했다. 바젤협약은 금융기관들이 충분한 자본을 확보하도록 강제함으로써 국제 금융체계를 강화하는 데 목적을 두고 있었다. 새로운 바젤협약의 골자는 신용위험(Credit Risk), 시장위험(Market Risk) 및 운영위험(Operational Risk)으로부터 금융기관을 보호하기 위해 위험 수준에 따른 자본부담금을 부과하는 것이었다. 투자은행에서 자기자본거래가 급격하게 늘어나면서 바젤협약은 시장위험을 포함하기 위해 이미 1996년에 한 차례 변경된 바 있다. 이때 트레이딩계정과 은행업무계정이 분리됐으며 올퍼스트가 체결한 통화 선도계약이나 옵션과 같은 미결제 장외 파생상품을 시가평가해 특별자본부담금을 부과하는 규제가 생겨났다.

---

91) Promontary Financial group and Wachtell, Lipton, Rosen & Katz, Report to the Board of Directors of Allied Irish Bank, plc, All first Financial Inc. and All first Bank Concerning Currency trading Losses(March 12, 2002), p.13. 이 보고서는 〈Ludwig Report〉라고 알려져 있다.

깊은 내가격 엔화 풋옵션은 행사가격에 해당하는 엔화 가치가 현재 엔화 가치보다 크게 높다는 뜻인데, 이는 다시 말해 옵션 만기가 돌아오면 옵션 매수자가 옵션을 행사함으로써 러스낵이 큰 손실을 입을 가능성이 크다는 것을 의미했다. 하지만 이 옵션을 판매하면서 러스낵은 막대한 옵션 프리미엄을 받았는데, 이는 올퍼스트의 재무 부문이 외환 트레이더들에게 부과한 규제로 인해 심각하게 제한된 자기자본거래 규모를 크게 늘릴 수 있는 기반이 됐다. 또 러스낵은 이렇게 조달된 현금을 늘어만 가던 방향성 매매 손실을 정산하는 데 사용하기도 했다.

예를 들어, 2001년 2월 러스낵은 1억 2,500만 달러의 프리미엄을 받고 행사가격이 77.37엔/달러인 엔화 풋옵션을 씨티은행에 판매했다.[92] 옵션을 판매한 날의 현물환율이 달러당 116엔에 머무르고 있었기 때문에 옵션이 행사되지 않으려면 달러화의 가치가 최소한 35%는 떨어져야 했다. 환율이 77.37엔/달러보다 높다면 씨티은행은 옵션을 행사할 것이고 이는 러스낵에게 엄청난 손실을 안겨줄 것이 뻔했다.

더 일반적인 관점에서 보면 깊은 내가격 옵션을 매도하는 것은 단기자금조달 방법 중의 하나인데, 이때 조달비용이 만기 시의 행사가격과 현물환율에 따라 결정된다는 것을 언급하고 넘어갈 필요가 있다. 만기가 돌아왔을 때 현물시장에서 엔화의 가치가 행사가격과 동일하거나 그보다 높은 수준이면 풋옵션은 행사되지 않은 채 만료될 것이고 러스낵은 프리미엄을 고스란히 챙겨 실질적으로 무이자

92) Burke, Sharon, "Currency exchange trading and rogue trader John Rusnak" (unpublished working paper: Villanova University, 2004) p. 11.

로 자금조달을 한 셈이 될 것이다. 이와 반대로, 만약 만기가 돌아왔을 때 엔화의 현물가격이 행사가격보다 낮아 옵션이 내가격 상태가 된다면 옵션 프리미엄을 통해 조달된 자금에 대한 이자비용은 행사가격과 현물환율의 차가 될 것이다.

러스낵이 깊은 내가격 옵션을 팔아치우면서 은행의 부채가 늘어나는 결과를 초래했는데, 러스낵은 이 부채를 어떻게든 상쇄시켜야 했다. 러스낵은 그가 실제로 옵션을 판매한 거래상대에게 하루 만기의 풋옵션을 판매하고 이와 짝을 맞춰 동일한 행사가격의 만기가 더 긴 콜옵션을 풋옵션과 동일한 프리미엄에 매수하는 것처럼 꾸미는 수법을 다시 사용했다. 하루 만기의 가짜 풋옵션은 행사되지 않은 채 만료되고, 시스템에는 허위로 매수된 콜옵션에서 수익이 발생해 실제로 판매된 풋옵션의 손실을 상쇄하는 것처럼 보이도록 돼 있었다.


## 무시된 경고음

2000년 3월, AIB그룹의 재무책임자 라이언(Ryan)은 씨티은행으로부터 전담중개(Prime Brokerage) 계좌의 결제 예정 금액이 10억 달러가 넘는다는 연락을 받았다. 이 계좌는 러스낵이 1999년 개설한 것이었다. 결제 마감일이 4월이었는데, 라이언은 더블린에 있는 한 직원에게 그 거래와 관련해 올퍼스트에 대한 조사를 지시했다. 조사는 자연스럽게 올퍼스트의 중간부서를 통해 진행됐다. 하지만 라이언의 지시에는 조사를 '조용히' 진행해야 한다는 조건이 붙었다. 올퍼스트로부터는 씨티은행이 올퍼스트에 갚아야 할 금액이 10억 달러가 넘기 때문에 순 결제금액을 따지면 올퍼스트가 돈을 지불하는 것이 아니라 돈을 약간 돌려받아야 한다는 답변이 돌아왔다. 왜 조사가 조용히 진행됐어야 하는지는 의문이 남는 부분이다. 10억 달러라면 전담중계 계좌와 연관돼 있는 외환 트레이더를 직접 불러 조사할 가치가 충분할 만큼 큰 금액이다. 순결제금액이 무시할 만한 규모인데 씨티은행이 굳이 총 결제금액에 대해 문의한 이유도 역시 의문스러운 부분이다.

2001년 5월 후반, 북미 자회사인 올퍼스트가 대규모 외환 매매를 실행했다는 시장의 정보가 AIB의 주의를 끌었다. 그 정보는 특정 거래나 인물을 언급하지 않았기 때문에 AIB에서는 올퍼스트의 재무책임자에게 확인을 요청하는 전화를 걸었다. 올퍼스트의 재무책임자는 어떠한 비정상적인 거래도 없었다고 강변하면서 다음과 같이 말했다.

> 외환거래 규모에 대해 오늘 논의한 내용을 다시 한번 이야기하자면, 지난 2주 내에 미국이나 런던 어디에 있는 거래상대와도 비정상적이거나 규모가 지나치게 큰 거래를 체결하지 않았다는 것을 확실히 말씀드릴 수 있습니다. 우리는 매일 평균적으로 1억 5,900만 달러 정도를 거래합니다. 만약 AIB와 이야기를 나눈 누군가가 우리 쪽의 매매 규모에 대해 불안감을 가지고 있다면 이는 우리가 체결한 거래의 대부분이 뱅크오브아메리가(Bank of America)와 씨티은행에 집중돼 있다는 사실 때문일 것입니다. 우리는 전담중개 계좌를 통해 두 은행과 90%에 이르는 거래를 체결합니다. 이렇게 하는 이유는 월간 정산을 통해 거래상대 위험을 최소화시킬 수 있기 때문입니다. 위험을 줄이려고 사용한 방법이 오히려 위험을 증가시키는 방법으로 잘못 이해된 점은 역설적이네요.[93]

---

93) Burke, S. op. cit. p. 23-24.

하지만 사실 AIB는 러스낵의 대규모 외환거래에 대한 공식적인 정보를 일찍이 확보하고 있었다. 올퍼스트의 1999년과 2000년 연간 보고서에는 총규모가 수십억 달러에 이르는 외환거래가 언급돼 있었다. 1997년에 작성돼 AIB의 재무책임자에게 보고된 내부 문건에 따르면, "올퍼스트가 체결한 통화 옵션계약의 명목 금액은 10억 달러에 달한다…올퍼스트의 트레이더 러스낵은 올퍼스트 전체 외환거래량의 95%를 차지한다…매일 약 100건의 매매가 이뤄지는데 그중 80% 정도가 투기성 매매(자기자본거래)이고, 기업 고객을 위한 매매는 20%밖에 되지 않는다."[94] AIB는 이렇게 경고음이 계속해서 울리는데도 이를 무시해 버린 것이다.

이후 내부 감사를 통해 올퍼스트의 후방부서가 외환거래를 확인하기 위한 가격 정보를 독립적인 정보처로부터 제공받지 않는 등 통제시스템에 심각한 결함이 존재하는 사실이 밝혀졌다. 특히 올퍼스트의 후방부서는 단돈 1만 달러를 아끼기 위해 로이터(Reuters)로부터 직접 정보를 제공받지 않기로 결정을 내렸다. 대신에 환율 정보는 러스낵의 로이터 터미널을 통해 제공받았는데, 환율 정보가 먼저 그의 개인 컴퓨터 하드드라이브로 옮겨지고 난 후에야 공용 전산망으로 흘러들어가 모든 부서에서 열람할 수 있었다. 이는 전방부서와 후방부서의 업무를 분리하는 핵심 원칙을 완전히 무시한 방침이었다. 러스낵은 밸류앳리스크 지표를 관찰하고 거래한도 제한 규정을 준수하려면 환율 정보에 직접 접근하는 것이 필요하다는 이유를 앞세워 로이터 정보를 그가 제일 먼저 볼 수 있도록 할 것을 강력히 주장했다.

---

94) Burke, S. op. cit. p. 23.

이후 감사에서 러스낵이 주기적으로 후방부서에 제공한 환율 스프레드시트가 조작된 것으로 밝혀진 것은 전혀 놀랍지 않은 일이다. 스프레드시트에서 조작된 부분은 러스낵이 가장 선호한 2가지 통화인 엔화와 유로화의 환율이 표시된 부분이었다. 러스낵이 매매 결과를 자신에게 유리하도록 위장하기 위해 환율을 지속적으로 조작했던 것이다. 어느 날 후방부서의 관리자가 확인 절차가 누락된 두 외환거래의 거래티켓에 대해 문의하면서, 수년에 걸친 비밀스러운 외환거래와 속임수는 모두 밝혀졌다. 그는 후방부서의 담당자로부터 서로 상쇄하는 옵션은 따로 확인이 필요하지 않다는 이야기를 들었다. 그 관리자는 모든 거래는 독립적으로 확인을 받아야 하고 통화 옵션도 예외는 아니라고 주장했다. 그는 아울러 옵션의 만기가 서로 달라서로 상쇄하지 않는다는 사실도 알아챘다. 하지만 강하게 주장한 것과는 달리 그는 독립적인 확인이 첨부되지 않은 또 다른 한 쌍의 옵션을 발견한 2002년 1월까지 별다른 후속 조치를 취하지 않았다.

이번에는 그 관리자가 문제가 있는 옵션을 검토하라고 지시했는데, 그 결과 확인이 이뤄지지 않은 거래가 12건이나 존재한다는 사실이 밝혀졌다. 올퍼스트는 각 거래의 거래상대들에게 일일이 연락을 취했지만 거래를 확인하지 못했다. 이에 대해 문제가 제기되자 러스낵은 한 후방부서 직원의 책상에 그 거래들의 확인 서류를 남겨놓고 사무실을 나갔다. 그 후방부서의 직원은 이 문서를 의심스럽게 여겼다. 실제로 그 문서들은 모두 러스낵이 자신의 컴퓨터에서 거래상대의 로고를 따와 위조한 것들이었다. 러스낵은 다시는 사무실로 돌아오지 않았고, 그가 다시 나타난 것은 FBI에 체포됐을 때였다.

### 이야기의 교훈

**교훈 1_ 통제체계의 실패:** 은행의 매매 활동에 대해 전방부서와 후방부서 사이의 일간 보고 및 통제체계를 간단히 설명하면 다음과 같다. 외환 트레이더가 거래를 체결하고 거래 기록을 남긴 다음 거래티켓을 후방부서에 전달한다. 후방부서에서는 이 거래티켓을 은행의 회계시스템에 입력하고, 중개인이나 거래상대를 통해 거래티켓과 실제 체결된 거래 내용이 일치하는지 확인하는 절차를 거친다. 그리고 나서 후방부서에서는 결제를 진행한다. 이 과정에서 별도로 거래를 확인하는 절차는 통제체계의 핵심이라 할 수 있다. 이 절차가 완료되면 중간 부서(위험관리 부서라고도 부른다)에서는 미청산 결제에 대해 일일 거래 손익을 계산해 규정상의 한도와 비교하는 절차를 진행한다.

상업은행에서는 이런 통제체계를 운영하기 위해 누구도 빠져나갈 수 없는 규정을 만들어 후방부서에서 실행될 수 있도록 하는 데 온 힘을 쏟는다. 하지만 아무리 잘 만들어진 관리 지침도 트레이더가 교묘히 빠져나가는 것을 막지는 못한다. 올퍼스트는 통제체계의 규정을 무시했을 뿐 아니라 통제체계를 본래 목적에 맞게 운영하려는 자세도 부족했다.

*무시된 규정* 올퍼스트의 후방부서는 트레이더를 믿지 말고 거래상대와 직접 확인하는 절차를 거쳐야 한다는 가장 기본적인 책임을 무시했다. 후방부서에서 확인하려 했던 거래들을 체결한 당사자가 바로 전방부서이기 때문에 확인을 받는 작업을 트레이더에게 의지한 것은 잘못된 일이었다. 후방

부서는 전방부서가 지침을 준수하는지에 대해 일단 불신을 가지고 질문을 던져야 한다.

*부족한 자세* 올퍼스트는 트레이더들의 매매 활동에 숨겨진 동기에 신경을 쓰지 않았다. 통제체계를 효과적으로 운영하기 위해서는 트레이더들이 단지 규정을 지키도록 하는 것으로 만족해서는 안 되고, 각 거래를 전략적 관점에서 이해할 수 있도록 간단한 설명을 덧붙이게 해야 한다. 러스낵이 행사가격은 동일하고 만기는 다른 옵션을 쌍으로 매매하는 것처럼 꾸몄을 때 누구도 러스낵이 왜 그런 거래를 체결했는지 이유를 묻지 않았고, 중간부서나 후방부서의 어느 누구도 러스낵이 깊은 내가격 엔화 풋옵션을 판매하는 데 이의를 제기하지 않았다. 옵션 프리미엄으로 3억 달러나 조달했을 때는 누군가 주의를 기울였어야 했는데, 아무도 눈길을 주지 않았던 것이다.

**교훈 2_ 현금흐름의 무시.** 재무제표는 현실을 제대로 반영하지 못할 가능성이 높다. 현금흐름 관점에서 실현된 금액과 실현되지 않은 금액이 섞여 있을 뿐 아니라 청산되지 않은 외환거래는 시가로 평가되지 않아 혼란을 더한다. 올퍼스트의 경우에도 현금흐름보다 손익계산서에 지나치게 주의가 집중됐다는 것 말고는 러스낵이 회계와 감사 담당자들을 어떻게 그렇게 오래 속일 수 있었는지를 설명할 방법이 없다. 장외거래는 거래소를 통한 표준화된 계약과 달리 마진콜(Margin Call)의 대상이 되지 않는다. 만약 올퍼스트가 외환 트레이딩 부서에 증거금 계좌를 연결해 각 장외 외환계약을 마치 거래소를 통해 체결된 계약인 것처럼 다뤘다면 회계장부에만 집중하지 않고 러스낵의 외환거래가 남긴 현금흐름의 흔적에 주의를 기울일 수 있었을 것이다. 올퍼스트 은행은 결국 2001년부터 러스낵의 무모한 매매 행각에 고삐를 채우기 위해 매매 활동에 은행 자본을 사용하는 데 비용을 부과하기 시작했다. 하지만 증거금 계좌를 운영했다면 실직적으로 이와 동일한 목적을 달성하면서 현금흐름에 대한 투명성도 높이는 결과를 얻을 수 있었을 것이다.

**교훈 3_ 관습의 지속:** 다른 방법들이 전부 실패할 때는 순환 근무와 연속 휴가 규정이 은폐된 위법행위를 찾아내는 데 도움이 된다. 미국에서는 트레이더들이 매년 열흘 이상 연속으로 휴가를 가도록 법으로 정해놓고 있다. 이 법의 목적은 트레이더가 휴가를 간 사이 다른 사람이 임시로 업무를 맡게 해 트레이더가 부정행위를 저질렀다면 이를 쉽게 발견할 수 있도록 하는 것이다. 이야기에서 알 수 있는 것처럼 올퍼스트는 이 법을 강제적으로 적용하지 않았고, 러스낵은 트레이딩 업무를 쉰 적이 없었다. 더군다나 올퍼스트는 러스낵에게 여행용 블룸버그(Bloomberg) 소프트웨어를 제공해 그가 집에 있을 때나 여행 중에 매매를 계속할 수 있도록 했는데, 이는 러스낵이 아무런 규제도 받지 않고 외환 트레이딩 업무를 완전히 수중에 둘 수 있게 하는 결과를 불러왔다.

## 뒷 이야기 💬

2003년 1월, 유죄협상을 벌여 은행 사기에 대한 유죄를 시인한 후 러스낵은 7년 6개월 형과 함께 출소 후 향후 5년간 매월 1,000달러를 내는 벌금형을 선고받았다. 올퍼스트의 이사회 의장 프랭크 브램블(Frank Bramble)과 최고경영자 수잔 키팅(Susan Keating)은 모두 2002년 봄에 물러났다. AIB는 올퍼스트를 M&T은행(M&T Bank Corporation)에 31억 달러의 가격에 매각해 버렸다. 2003년 4월 체결된 이 거래로 AIB는 M&T은행의 지분 22.5%를 확보해 계속해서 북미 은행 산업에 남아 있을 수 있었다.

2002년 7월, 역사적인 사베인-옥슬리법(SOA: Sarbanes-Oxley Act)이 제정됐다. 미국 상장기업의 지배구조를 강화하기 위한 SOA의 수많은 조항들 중 핵심은 경영실적 보고 및 내부 통제체계 운영에 대한 경영진의 책임을 획기적으로 강화한 조항이라 할 수 있다. 또 SOA는 전방부서와 후방부서 간의 업무 분장 및 순환근무를 골자로 하는 재무부서 내부 책임의 분리를 특별히 자세히 다루고 있다. 러스낵이 같은 자리에 7년 이상 앉아 있었다는 사실은 말할 필요도 없거니와, 올퍼스트에서 후방부서가 별도로 거래에 대한 확인을 하지 못하도록 러스낵이 후방부서 직원을 윽박지를 수 있었던 사실을 상기해보면 이는 효과적인 조항이라 할 수 있다.

### 참고문헌

1. Creaton, Siobhan and Connor O'Clery. Panic at the Bank: How John Rusnak Lost AIB $691,000,000(Gill&Macmillan, 2002).

2. Promontary Financial group and Wachtell, Lipton, Rosen & Katz , Report to the
   Board of Directors of Allied Irish Bank, plc, All first Financial Inc. and All first
   Bank Concerning Currency trading Losses(March 12, 2002). "Ludwig Report".

# Question

1. 깊은 내가격 통화옵션이 외가격 옵션보다 비싼 이유는 무엇인가?
2. 러스낵은 선도환 거래에서 발생한 현금흐름의 흔적을 어떻게 은폐할 수
   있었는가?
3. 동일한 행사가격을 가진 한 쌍의 풋옵션과 콜옵션을 동일한 프리미엄에
   계약하는 것이 후방부서에 경보를 울리는 신호가 됐어야 하는 이유를 설
   명하라.
4. 국제 풋－콜 평가이론을 활용해 차익거래를 실행하는 방법을 설명하라.
5. 러스낵이 장외거래 대신 거래소를 통해 매매가 이뤄지는 선물환이나 옵
   션계약을 활용했다면 올퍼스트를 속일 수 있었을까?
6. 존 러스낵의 수법과 베어링스의 닉 리슨(Nick Leeson)이 사용한 수법을
   비교하라.
7. 내가격 옵션을 판매해 자금을 조달할 때 어떤 비용이 수반되는가?

# Chapter 10 베어링스

Bearings

하지만 샘, 사실대로 말하자면 지난 번 거래 이후 더 이상 투기는 하지 않기로 마음 먹었어요.
이 게임에 한번 빠지기 시작하면 조금 더 깊이, 또 더 깊이 빠져들어 자신도 모르는 사이에
헤어날 수 없는 지경에 이르거든요. 사실 게임에서 벗어나고 싶지 않은 것이기도 하죠.

— 프랭크 노리스(Frank Norris), 곡물 거래소: 시카고 이야기(1902)

1995년 2월 25일, 충격적인 소식이 런던을 뒤흔들었다. 존경받는 베어링 가(家)가 붕괴 일보직전이라는 소식이었다. 〈선데이타임즈 (The Sunday Times)〉는 다음과 같은 표제를 걸었다.

여왕폐하의 은행 4억 파운드 손실로 파산 위기. 파생상품 거래로
6억 달러 잃고 절박하게 매수자 탐색 중.

알려진 바에 따르면 베어링스는 멀리 싱가포르 지점에서 근무하던 트레이더가 니케이225지수(Nikkei 225 Index) 선물, 일본국채선물, 유로엔선물 등에 대해 대규모 투기를 벌이면서 큰 손실을 입었다. 손실은 1992년부터 지속적으로 축적돼 왔지만 한 번도 발각되

지 않은 것으로 드러났다. 영란은행이 베어링스에게 구제금융을 제공하려 시도했지만 실패했고, 베어링스는 결국 법정관리에 넘겨졌다가 네덜란드의 금융재벌 ING에 1파운드라는 상징적인 금액에 인수됐다.

어떻게 일개 트레이더가 런던 금융가에서 가장 오래되고 정교한 은행 중 하나인 베어링스를 그렇게 오랫동안 속일 수 있었을까? 베어링스의 몰락은 정교한 금융 사기와 파생상품에 대한 잘못된 투기라는 조합이 엉성한 위험관리 체계와 만나면서 폭발해버린 사례다. 이야기에 본격적으로 들어가기에 앞서 베어링스의 역사를 간략히 되돌아보고 베어링스를 망가뜨린 장본인이 어떻게 등장하게 됐는지 살펴보자.


## 베어링 가문의 흥망

런던 금융가에서 가장 오래된 머천트은행(Merchant Bank)인 베어링스의 역사는 독일 이민자 출신의 부자(父子)가 런던에 존앤드프랜시스베어링&컴퍼니(John and Francis Barings & Company)를 설립한 1763년으로 거슬러 올라간다. 베어링스는 처음에는 직물을 중심으로 구리, 인디고(Indigo), 코치닐(Cochineal) 등 원료 무역을 주로 했다. 하지만 해외 상업 중심지에 많은 중개인을 거느리게 되면서 무역자금을 제공하면 직접 무역을 하는 것보다 훨씬 큰돈을 벌수 있다는 것을 깨닫기 시작했다.

베어링스는 판매자가 지리적으로 멀리 떨어진 구매자로부터 대금을 지급받도록 보증함으로써 실질적으로 신용대부를 제공하는 역할을 하여 국제 상거래를 활성화시키는 데 기여했다. 베어링스는 또 런던 금융가에서 어음인수를 가장 먼저 시작한 금융기관 중 하나로 유명했는데, 어음인수 업무를 통해 무역과 은행업무를 결합함으로써 나중에 머천트은행이 탄생하는 데 초석을 제공했다. 베어링스는 1793~1815년까지 7억 7,000만 파운드에 달하는 영국 정부의 자금조달을 도맡아 처리하는 등 영국 정부와도 밀접한 관계를 유지했다. 1803년에는 런던과 암스테르담에서 1,500만 달러를 조달함으로써 미국이 루이지애나를 프랑스로부터 사들이는 데 핵심 역할을 했다. 이 거래는 두 번째 밀레니엄 들어 단연 최대의 부동산 거래였다. 당시 프랑스는 영국과 전쟁 상태에 있었는데, 나폴레옹이 루이지애나를 판 돈을 전쟁에 쏟아부을 것이 분명했지만 베어링스는 이에 대해 전혀 개의치 않는 것처럼 보였다.

프랑스 루이 13세의 총리대신 리슐리외 공작(Duke of Richelieu)은 1818년 베어링스를 극찬하면서 이렇게 선언했다. "유럽에는 6개의 강력한 힘이 존재한다. 이들은 바로 영국, 프랑스, 프로이센왕국(Prussia), 오스트리아, 러시아, 마지막으로 베어링스브라더스(The Barings Brothers: 베어링스는 1806년 사명을 베어링스브라더스로 변경했다—옮긴이)이다." 런던이 세계무역과 금융의 중심지로 급속하게 성장하면서 베어링스도 가파른 성장을 이어갔다. 베어링스는 미국 철도회사에서 19세기 중반까지 발행한 모든 주식과 채권의 약 1/3을 도맡아 인수했다.

하지만 1890년 베어링스는 부에노스아이레스상하수도(Buenos Aires Water Supply and Drainage Company)가 발행한 1,000만 파운드 규모의 주식과 채권을 무분별하게 인수하려다 도산 위기에 처했다. 베어링스는 주식과 채권 발행이 마무리되지 않은 상태에서 대금을 대규모 인프라스트럭처(Infrastructure) 건설에 사용할 목적으로 아르헨티나로 보냈다. 곧이어 심각한 유동성 위기가 터졌고, 베어링스는 채무를 감당하기 위해 거액을 빌려야만 했다. 영란은행이 베어링스를 돕기 위해 지급보증기금을 설립했고, 런던의 거의 모든 대형 은행들이 여기에 자금을 보태 1,700만 파운드를 제공하면서 베어링스는 간발의 차로 파산을 피할 수 있었다. 파산은 면했지만 베어링스 가문은 재산을 모두 잃고 말았다. 이는 덕망높은 베어링스에게 충격적이고 치욕적인 경험이 아닐 수 없었다. 베어링스는 이 사건 후 곧바로 사명을 베어링스브라더스앤드컴퍼니유한회사(Barings Brothers & Co. Limited)로 변경했는데, 유한회사로 기업의 성격이 바뀐 것은 특히 중요한 변화였다. 이는 위기를 겪고 난 후 위험에 대해 더욱 신중해진 자세를 나타내는 것이기도 했지만 더 구체적으로는 대규모 인프라스트럭처 사업과 신흥시장을 경계하는 의미였다.

1차대전이 종료되자 세계 금융시장에서 런던의 입지가 크게 약화됐다. 다른 나라의 정부나 기업들은 주식과 채권을 발행할 때 더 이상 런던을 가장 먼저 찾지 않았다. 주식과 채권 인수 수수료로 큰 수익을 남겨왔던 베어링스도 따라서 쇠퇴 일로에 접어들었고, 국제 금융시장으로부터 멀어지고 말았다. 베어링스는 이제 국내에 초점을 맞춰 기업자금 조달, 구조조정, 기업 인수합병(M&A) 자문 등에 집중하기 시작했다. 특히 M&A 분야에서는 1961년 ICI(Imperial Chemical Industries)의 코톨드(Courtald)에 대한 2억 파운드 규모의 적대적 인수합병 거래를 담당하는 등 두각을 나타냈다.

70년대 들어 민영화와 규제완화의 바람이 세계 금융시장을 휩쓸면서 베어링스도 이에 발맞춰 국제금융시장과 신흥시장에 다시 발을 들여놓기 시작했다. 베어링스는 핵심 사업인 머천트은행 업무 외에 자산운용으로 영역을 확장했고, 1975년에는 사우디아라비아 통화당국(Saudi Arabian Monetary Authority)이 보유한 1,700억 달러에 이르는 오일달러 보유고의 공동 운용사로 선정됐다. 1981년에는 세계은행이 1억 달러의 채권을 발행할 때 인수 업무를 담당하면서 전통적인 채권 인수 영역에서의 역량을 과시했다. 국제 금융시장에서 베어링스의 새로운 등장은 19세기의 대부분에 걸쳐 베어링스가 막대한 수익을 올렸던 아르헨티나 등 라틴아메리카가 아니라 홍콩, 일본 싱가포르 등 아시아 국가들을 중심으로 이뤄졌다.

런던을 국제금융의 중심지로 다시 올려놓은 금융빅뱅은 어느 정도 국제 금융시장에서 동떨어져 조용한 시절을 보내던 영국의 주식시장 및 길트(Gilt) 중개시장을 뒤흔들었다.[95] 영국 머천트은행과 증권회사 사이의 가족적인 분위기는 미국, 유럽, 일본의 은행과 증권회사들이 대거 영국으로 진출하면서 급변했다. 베어링스도 증권업에 대한 확신은 없어 보였지만 이런 시류를 타고 증권시장에 진출했다. 베어링스는 중견 증권회사의 극동지역 담당 지사(직원이 15명밖에 안됐다)를 인수해 증권업에 진출했는데, 이때 크리스토퍼 히스(Christopher Heath)가 베어링스에 합류해 새로 설립된 베어링스 극동증권(earings Far East Securities: BFES)을 이끌었다. 곧 BFES는 베어링스가 올리는 수익의 상당 부분을 차지하게 됐고, 1986년에 500만 파운드의 연봉을 받은 히스는 런던 금융가에서 가장 많은 돈을 버는 머천트 은행가가 됐다. BFES가 올린 수익은 일본의 유로 신주인수권부사채(Eurobond with Warrants) 시장을 장악함으로써

---

95) 길트는 영국 재무성에서 발행하는 채권을 가리킨다.

무섭게 성장하던 도쿄증권거래소의 성공에 편승한 결과였다.[96)

　증권중개업무는 고속 성장을 지속해 곧 베어링스의 전통적인 영역인 머천트은행 부문을 압도하는 규모로 커졌다. 트레이딩 및 중개 부문과 보수적인 머천트은행 부문은 같은 조직 안에 속해 있기는 했지만 서로 시기와 의심에 찬 눈초리를 보내면서 불편한 관계를 지속했다. 이는 멀리 떨어진 아시아 지사와 런던에 위치한 본사 사이에 불명확한 보고체계가 자리잡는 결과를 가져왔다. 닉 리슨(Nick Leeson)이 3년 가까이 동료들을 기만하고 결국 베어링스를 파산으로 몰아넣은 사건의 배경에는 이렇게 불분명한 조직구조와 더불어 수립 과정뿐 아니라 운영에도 문제가 많았던 통제체계가 존재하고 있었다. 1890년과 달리 이번에는 영란은행도 베어링스의 파산을 지켜볼 수밖에 없었다.


## 사기꾼 트레이더

닉 리슨은 변변치 않은 집안 출신이었다. 런던 동부 왓포드(Watford)의 노동자 집안(아버지는 미장이였고, 어머니는 간호사였다)에서 태어난 리슨은 고급 사립학교를 다니지도 않았고, 옥스포드나 캠브리지를 졸업한 인재도 아니었다. 파민터종합학교(Parminter Comprehensive School)에서 'O' 레벨 6과목을 겨우 채운(수학 'O'

---

96) 신주인수권(Warrant)은 유로본드를 발행하는 기업의 주식에 대한 장기 콜옵션이다. 신주인수권의 소유자는 유로본드 발행 기업의 주식을 정해진 가격(행사가격)에 살 수 있는 권한을 가진다. 만약 주가가 행사가격보다 높이 상승하는 경우에는 신주인수권이 행사된다. 1980년은 주가가 폭등하던 시기였기 때문에 채권 자체의 금리가 낮더라도 신주인수권이 첨부된 채권은 대단히 매력적인 투자대상이었다.

레벨에서 A를 받기는 했지만 'A'레벨 시험에서는 수학에서 낙제점을 받았다[97]) 그에게 대학 진학은 멀기만 한 이야기였다. 대신 런던 금융가의 은행에 지원하기로 마음을 먹었다. 리슨은 1985년 여름 코우츠앤드컴퍼니(Coutts & Co.)의 롬바드가 지점에서 사원으로 일하기 시작했다. 코우츠앤드컴퍼니는 영국의 부유층을 주로 상대하던 작은 은행이었다. 2년 뒤인 1987년 모건스탠리로 자리를 옮긴 그는 후방부서에서 선물옵션 결제업무를 맡았다. 여전히 하찮은 보조업무였지만 이 업무를 통해 1980년대 중반 금융산업의 폭발적 성장과 혁신을 불러온 파생상품이라는 신세계에 첫 발을 내딛었다.

1989년 후방부서 강화를 꾀하던 베어링스증권런던(Barings Securities London: BSL)의 결제 부서에 입사했다. 당시 연봉은 겨우 1만 2,000파운드였다. 1990년 자카르타 사무소가 트레이딩 업무와 관련된 서류작업의 폭발적인 증가세를 따라잡지 못해 어려움을 겪자 베어링스증권은 혼란에 빠진 인도네시아 후방부서를 정상화시키기 위해 5명의 결제업무 전문가를 파견했는데, 여기에는 리슨도 포함돼 있었다. 인도네시아 지사를 관리하는 홍콩 지사에 배치된 리슨은 성공적으로 업무 적체를 해소했다. 1991년 9월 런던으로 돌아온 그에게 고객과 베어링스 직원 사이의 선물 옵션 트레이딩에서 발생한 사기사건을 조사하는 임무가 주어졌다. 그 직원은 마진콜을 받아 발각되기 전까지 고객의 계좌를 마음대로 사용해 자기자본거래를 일삼은 것으로 알려졌다. 이 사건의 수법은 리슨이 이 사건을

---

97) 'O' 레벨과 'A' 레벨은 각각 보통(Ordinary) 레벨과, 고급(Advanced) 레벨을 의미한다. 'O' 레벨 시험은 고등학교 2학년에 해당하는 과정이고, 'A' 레벨은 마지막 학년의 과정이다. 대학에 입학하기 위해서는 'O'레벨 5과목과 'A' 레벨 3과목을 통과해야 한다.

접하면서 앞으로의 일을 계획한 것이 아닐까 하는 의문이 들 정도로 리슨이 사용한 것과 유사했다. 사건이 마무리된 후 일본 선물과 옵션거래의 결제 업무를 담당하라는 지시를 받았는데, 이 업무는 귀중한 경험이었지만 결과적으로 베어링스에게는 치명적인 결말을 불러오는 시초가 됐다. 그동안 선물 옵션거래의 후방부서 업무(박스 A참조)에 깊은 전문성을 가진 신뢰받는 직원으로 자리매김하는 데 성공한 리슨은 다른 일을 하고 싶은 속마음을 숨기지 않고 상사에게 털어놓았다. "저는 지루한 일에는 금방 싫증을 느낍니다. 평생 결제 업무나 하고 싶지는 않습니다."[98]

---

## 박스 A    전방부서와 후방부서

은행의 후방부서는 거래의 결제와 계좌 정산을 담당한다. 중앙청산소(Central Clearing Corporation)가 존재하기 전에는 모든 거래의 결제가 주식, 채권, 파생상품 등을 직접 인도하고 수표를 써서 대금을 지급하는 방식으로 이뤄졌기 때문에 이런 업무를 담당하는 부서가 생겼다. 후방부서는 종종 세일즈, 트레이딩, 리서치 등 더 화려하고 큰 수익을 남기는 전방부서와 대비되곤 한다. 80년대에 베어링스증권은 일본을 비롯한 아시아에서 중개 업무의 폭발적 성장을 경험했다. 하지만 여전히 걸음마 단계였던 베어링스증권의 후방부서는 전방부서의 폭발적인 성장을 지원하기에 역량이 부족했다.

---

98) Fay, Stephen. TheCollapseofBarings(W.W.Norton,1996),p.77.

1992년 4월 선물과 옵션 트레이딩을 전담하는 베어링스퓨처스싱가포르(Barings Futures Singapore: BFS)로 발령 나면서 마침내 리슨은 일대 변화를 맞았다.[99] 싱가포르국제금융거래소는 가격경쟁력과 편리한 환경을 앞세워 일본에서 점점 더 많은 선물과 옵션거래를 끌어모으고 있었다. 리슨은 새로 설립된 싱가포르 지사의 결제부서를 이끄는 역할뿐 아니라 싱가포르국제금융거래소(Singapore International Monetary Exchange: SIMEX)의 장내 트레이더 역할도 동시에 맡았다. 이렇게 한 사람에게 전방부서와 후방부서를 동시에 담당하도록 한 것은 결국 베어링스를 무너뜨리는 결과를 초래한 끔찍한 실수였다.

BFS가 설립된 지 얼마 지나지 않아 엄청난 돈을 벌어들이자 리슨은 성공에 취해 자기도취에 빠지고 말았다. 주디스 론리(Judith Rawnley)는 어느 날 평소와 다름없이 정신없이 바쁘게 돌아가던 SIMEX에서 리슨이 풍겼던 제왕적 분위기를 생생하게 묘사했다.

> 닉은 빠른 걸음으로 거래소를 가로질러 유니언잭이 자랑스럽게 걸려 있는 그의 부스로 향했어요. 아무리 바빠도 동료 트레이더들은 시간을 내 그에게 인사하는 것을 빼놓지 않았죠. 그는 확실히 거래소의 중심에 있었어요. 거래소 밖에서 닉은 그저 다른 사람들과 똑같은 외국인 회사원일 뿐이었지만 거래소 안에서는 왕

---

99) 베어링스가 싱가포르에 진출한 것은 1987년이지만 베어링스증권은 싱가포르증권거래소에서의 거래에만 집중하면서 싱가포르국제금융거래소에서는 직접적으로 활동하지 않았다. 초기에는 선물과 옵션 트레이딩이 체이스맨하탄은행을 통해 이뤄졌다. 베어링스가 싱가포르국제금융거래소에 진출하게 된 것은 1992년 싱가포르국제금융거래소의 청산회원(Clearing Member) 자격을 얻으면서부터이다. 이때는 선물과 옵션거래가 급격하게 증가하고 있었기 때문에 베어링스는 직접 청산 업무를 담당해 외부 기관에게 지불하는 수수료를 절감하기를 원했던 것이다.

이었어요. 닉은 시장 전체 거래량의 상당 부분을 혼자 차지하고 있었을 뿐 아니라 시장에 거대한 영향력을 행사하고 있었어요. 그와 경쟁관계에 있던 트레이더들은 시장의 움직임을 포착하기 위해 닉의 포지션을 항상 주시하고 있었죠.[100]

1992년 2월, 싱가포르로 발령을 받기 얼마 전 영국증권관리청(Securities and Futures Authority: SFA)에 런던 금융시장에서의 트레이딩 면허를 신청했다. 신청서류를 확인하는 과정에서 증권관리청은 리슨이 내셔널웨스트민스터은행에 2,426파운드의 법정채무가 있다는 사실을 누락한 것을 발견했다. 영국금융감독청(Financial Services Authority: FSA) 회장 크리스토퍼 샤플스(Christopher Sharples)는 이렇게 회상했다.

> 우리는 그 신청을 기각한 게 아닙니다. 그저 신청서에 정확하지 않은 부분이 있다는 것을 지적하고 베어링스가 조치를 취할 수 있도록 연락했을 뿐이죠. 금융업계에서 면허를 얻는 데는 정직성이 매우 중요하거든요. 베어링스는 신청을 취소했고 그게 끝이었습니다. 리슨은 그 일이 있고 나서 곧바로 싱가포르로 가게 됐죠. 리슨이 채무관계가 서류상에 누락됐다는 사실을 인정하고 이유를 설명한 뒤 채무를 청산했더라면, 아마 일정 기간 베어링스에서 수습기간을 거친다는 조건 하에 면허를 받을 수 있었을 겁니다.[101]

---

100) Rawnsley, Judith H. Total Risk: NickLeeson and the Fall of the Barings Bank(Harper Collins Publishers: New York City, 1995), p.11.

101) Rawnsley, Judith H. Op. Cit, p. 80.

*차익거래*

모든 일은 니케이225 도쿄증권거래소와 오사카증권거래소 간 주가지수 선물(박스 B 참조)에 대한 차익거래에서부터 시작됐다. 90년대 초반에 베어링스의 파생상품 트레이딩은 일본 시장을 중심으로 이뤄졌다. 캘리포니아 출신으로 하버드에서 경제학을 공부한 베어링스의 수석 트레이더 페르난도 겔러(Fernando Gueler)는 현물시장인 도쿄증권거래소와 선물시장인 오사카증권거래소 사이에서 가격 불균형이 반복적으로 발생하는 것을 알아챘다.

겔러는 니케이225지수를 구성하는 주식 종목군을 매수한 뒤 시장에서 거래되는 니케이225지수 선물의 만기가 돌아올 때까지 보유하는 전략을 수립했는데, 이를 통해 겔러는 실질적으로 '인조' 니케이225지수 선물계약을 만든 셈이었다. 만약 이렇게 조성한 선물계약의 가격이 오사카증권거래소에서 거래되는 선물가격보다 싸다면 인조 선물을 매수하고 동시에 시장에서 선물계약을 매도하는 방식으로 이익을 남길 수 있었다. 이런 거래를 현물·선물 연계 차익거래라 한다.

예를 들어 살펴보자. 니케이225지수가 혼다와 소니 두 종류의 주식으로만 구성돼 있다고 가정하자. 혼다의 주가는 주당 16,000엔이고 소니는 시장에서 주당 4,000엔에 거래된다. 니케이225지수는 가격가중(Price-weighted) 방식으로 산정되기 때문에 혼다 주식 1주와 소니 주식 1주를 직접 매입해 주가지수를 똑같이 구성한다면 이 지수의 가치는 20,000이 될 것이다. 이 수치를 주가지수의 현물가격이라 한다. 여기서 눈여겨볼 점은 혼다 주식이 전체 지수 가치의 80%를 차지하고 소니 주식은 20%밖에 차지하지 않는다는 사실이다. 니케이

주가지수 선물은 뉴욕 다우존스30지수, 도쿄 니케이225지수 등 주가
지수에 기반한 선물계약이다. 상품선물이나 통화선물 등 다른 선물계
약과 구조 측면에서는 크게 다르지 않지만 주가지수 선물은 현금결제
방식을 취하기 때문에 주가지수에 포함된 개별 주식을 실제로 인도해
야 하는 번거로운 상황을 피할 수 있다. 또 주가지수의 경우 지수가 포
함하는 주식의 가격이 매순간 정확하게 측정돼야 하기 때문에 선물계
약 기초자산의 가치를 측정하기가 다른 선물계약의 경우보다 복잡하
다. 주가지수는 한 증권거래소에서 대표적인 종목군을 조합해 기준 시
점(일반적으로 기준 시점의 지수는 100으로 설정된다)부터 그 거래소
의 주가가 어떻게 변해왔는지를 간단한 수치로 보여준다. 니케이225
지수는 도쿄증권거래소에서 거래되는 우량주 225종목의 주가에 따라
가치가 결정된다. 니케이225지수 선물은 표준화된 선물계약으로서, 계
약 당시 정해진 계약 조건(수량, 만기)에 따라 결제월(3월, 6월, 9월, 12
월) 두 번째 금요일의 전 영업일에 인도가 이뤄진다.[102]

선물계약의 가격 산정 방법은 증권거래소마다 차이가 있다. 싱가포르
국제금융거래소에서는 니케이225지수에 500엔을 곱한 값이 1계약의
가격이고, 오사카증권거래소에서 거래되는 선물 1계약의 가격은 니케
이225지수에 1,000엔을 곱한 값으로 나타낸다. 예를 들어, 니케이225
지수가 20,000인 경우 니케이225 선물 1계약의 가격은 싱가포르국제
금융거래소에서는 500엔×20,000=1,000만 엔이고, 오사카증권거래소
에서는 1,000엔×20,000=2,000만 엔이다.

---

102) 주가지수를 산정하는 데는 다음과 같은 2가지 가중법이 주로 사용된다. (1)기업
의 시가총액에 가중치를 부여해 지수를 구성하는 주가의 산술평균을 구하는 방
법. 이는 S&P(Standard & Poors)500지수에 사용된다. (2)기업의 주가에 가중치
를 부여(시가총액에 관계없이 가격이 더 비싼 주식에 더 높은 가중치를 부여)해
주가의 산술평균을 구하는 방법. 이 방법은 다우존스30지수나 니케이225지수에
사용된다.

225지수 선물계약의 만기가 60일일 때, 연간 자본비용이 4%라면 두 달 동안 발생하는 자본비용(0.04×60/360)으로 인해 선물계약의 가치는 10,000(1+0.04×60/360)=10,067엔이 될 것이다. 만약 이 선물계약이 오사카증권거래소에서 계약 당 10,110엔에 거래되고 있다면 현물시장에서 주식을 매수하고 선물계약을 매도하는 현물·선물 연계 차익거래를 통해 10,110엔−10,067엔=33엔의 무위험 수익을 남길 수 있다. 만기 시에는 간단히 보유비용을 포함한 현물가격과 선물가격의 차를 정산하게 될 것이다. 이때 주가지수와 동일한 구성으로 주식을 매입하면 현물시장의 주가는 상승하는 반면 선물계약을 매도함에 따라 선물가격은 하방 압력을 받는다.

시장참가자들은 호시탐탐 차익거래 기회를 노리고 있기 때문에 이런 가격 불균형은 짧은 시간 안에 해소될 것이다. 또 컴퓨터 프로그램을 사용하면 자동적으로 니케이225지수의 구성을 똑같이 복제한 뒤 현물시장과 선물시장의 가격 불균형이 나타나는 즉시 거래를 실행할 수도 있다. 겔러는 곧 싱가포르국제금융거래소를 현물·선물 연계 차익거래를 담당하는 대체시장으로 지정했다. 베어링스의 싱가포르 지사를 이끄는 동시에 싱가포르국제금융거래소에서 활동하는 베어링스의 유일한 트레이더였던 리슨은 자연스럽게 차익거래 업무에서 중심적인 역할을 맡았다.

차익거래는 서로 다른 두 지역이나 거래소의 가격차를 이용하기도 한다. 이 경우 차익거래자들은 양쪽 거래소의 가격을 주시하다가 가격 불균형이 나타나는 즉시 가격이 낮은 거래소에서 매수 계약을 체결하고 가격이 높은 거래소에서 매도 계약을 체결하는 방식으로 차익거래를 수행한다. 이때 거래는 인터넷으로 실행되기 때문에 눈 깜빡할 사이에 거래가 체결된다. 두 거래소에서 기초 자산이 동일하다면, 거래비용이 양쪽 거래소의 가격차보다 낮은 경우에는 항상 차익거래를 통해 무위험 수익을 얻을 수 있다.

하지만 일물일가의 법칙(Law of One Price)[103]에 따르면 가격 불균형이 지속될 수는 없다는 사실은 명확하다. 9월 만기 니케이225 지수 선물계약이 오사카에서는 13,444엔에 거래되고 싱가포르에서는 13,441엔에 거래되는 경우를 생각해보자. 이때 차익거래자들은 선물계약을 싱가포르에서 13,441엔에 매수하고 오사카에서는 13,444엔에 매도할 것이다. 그 결과 싱가포르에서는 가격이 점차 상승하고 오사카에서는 반대로 가격이 하락한다. 이때 차익거래자의 수익은 선물계약당 3엔=13,444엔-13,441엔에서 선물계약 매매에 수반되는 거래비용을 제외한 나머지가 될 것이다. 이 과정은 모두 컴퓨터 프로그램에 의해 수행되기 때문에 빛의 속도로 일어난다. 차익거래는 세계 금융시장에서 가격 불균형이 제거돼 유래없는 통합이 이뤄지게 된 원동력이다.

한편 차익거래에서 발생하는 수익은 아주 작은 수준이기 때문에 차익거래를 통해 이익을 남기기 위해서는 대규모 거래가 수반돼야 한다. 차익거래로 더 큰돈을 벌기 위해 닉 리슨이 택한 방법은 '내부자 거래'였다. 리슨은 상대적으로 규모가 작은 싱가포르 금융시장에서 대규모 거래가 체결되면 가격이 오를 가능성이 크다는 사실을 간파했다. 싱가포르거래소는 오사카거래소보다 요구되는 증거금이 낮은 편이어서 해외 고객들에게 인기가 많았다. BFS에 대규모 매수 주문이

---

103) 일물일가의 법칙에 따르면 동일한 자산은 거래의 구조나 거래되는 시기에 관계없이 항상 동일한 가격에 거래된다. 만약 같은 자산이 서로 다른 가격에 거래되는 상황이 발생한다면 시장참가자들이 즉시 가격이 싼 곳에서 해당 자산을 매입한 뒤 가격이 비싼 곳에서 되파는 과정을 거치면서 가격이 균형에 도달한다.

들어올 때마다 리슨은 곧바로 오사카거래소에서 니케이225 선물을 사들였다(가격이 싱가포르에 비해 약간 높은 수준이더라도 말이다). 물론 리슨은 싱가포르에서의 가격이 싱가포르거래소와 오사카거래소 사이의 가격차를 훨씬 뛰어넘는 수준으로 상승할 것이라 예상했다.

가격 상승이 현실화되면 리슨은 오사카거래소 선물을 싱가포르에 있는 베어링스의 고객에게 되팔았다. 이 방법을 '스위칭(Switching)'이라 하는데, 예를 통해 이 방법을 자세히 살펴보자. 대규모 매수 주문이 들어오기 전에 니케이225 주가지수 선물이 싱가포르거래소에서는 19,001엔에 거래되고 오사카거래소에서는 19,003엔에 거래된다고 가정하자. 이제 베어링스에게 싱가포르거래소에서 니케이225지수 선물을 5,000계약 매수하라는 주문이 들어온다. 리슨은 이 주문을 처리하는 동시에 오사카거래소에서 동일한 선물 5,000계약을 계약 당 19,003엔에 매수한다. 예상대로 싱가포르거래소에서 선물가격이 대량 매수 주문 때문에 상승해 19,020엔이 됐다고 가정하자. 이때 리슨은 오사카거래소에서 매수한 선물을 19,020엔에 싱가포르의 고객에게 되판다. 이 거래로 리슨은 85,000엔=5,000×(19,020엔-19,003엔)의 차익을 남긴다.

리슨은 고객의 거래 주문과 관련된 내부 정보를 활용해 차익거래 수익을 챙기고는 고객에게 비용 절감 혜택을 전혀 돌려주지 않음으로써 고객의 거래에서 수수료 외의 수익을 뽑아내고 있었다. 트레이더가 고객의 주문 이전에 먼저 매매를 실행하는 행위를 가리켜 선행매매(Front-running)라 하는데, 이는 명백히 규정에 어긋나는 행위이다. 리슨은 여러 거래소에서 선행매매를 일삼고 있었지만 베어링스는 아무런 제재도 가하지 않았다. 이 방법이 법으로 허용될 리도 없지만 만약 합법적이라 해도 결코 윤리적이라고는 할 수 없다.

## 차익거래에서 투기로의 치명적 전환

사기에 가까운 차익거래를 수행하는 동안 닉 리슨은 유혹적인 투기의 세계에도 발을 들여놓았다. 리슨은 처음에는 니케이225지수 선물을 매수하고 일본국채선물(Japanese Government Bond: JGB)을 매도하는 것으로 조심스럽게 투기를 시작했다. 흥미롭게도 일본 경제를 바라보는 시장의 분위기는 비관적이었지만 리슨은 아랑곳하지 않고 주식시장과 채권시장에 대한 낙관적인 전망을 의미하는 포지션을 쌓았다. [104]

리슨은 니케이225지수 선물가격이 상승할 것으로 예상하고 여러 만기의 선물계약을 매수했다. [그림 1]은 매수(t=0 시점) 가격이 19,000엔인 95년 3월 만기선물의 가치가 니케이225지수 현물가격에 따라 어떻게 변하는지 보여준다. 만약 리슨의 예측대로 주가지수가 상승해 20,000엔이 된다면, 선물계약의 만기가 돌아올 때(t 시점) 리슨은 매입 가격 엔과 매도 가격 엔을 정산해 1,000엔×500=500,000엔의 이익을 남길 것이다.

일반적으로 일본 주식시장이 강세인 경우 니케이225지수의 가치는 높아질 것이고([그림 1]의 가로축에서 19,000 오른쪽) 롱포지션을 보유한 투기자는 시세 차익을 거둘 수 있을 것이다. 반대로 약세를 보이면 니케이225지수 선물의 매수자들은 손해를 보게 될 것이다. 이때 손익은 [그림 1]의 세로축에 나타나 있다. 지속적으로 니케이225지수에 대해 롱포지션을 취한 것으로 보아 리슨은 분명 일본 주식시장

---

104) 일본 경제에 대한 비관적인 전망은 일본의 경기가 둔화돼 주가가 하락할 것이라는 전망이다. 리슨은 일본 주식을 사들임으로써 일본 경제에 대한 낙관적인 전망을 했는데, 이는 시장의 일반적인 시각과는 상반되는 전망이었다.

■ 그림 Ⅰ **니케이225지수 선물의 매입계약시 손익예상표**

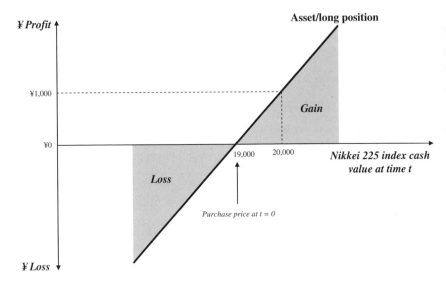

을 매우 낙관적으로 보고 있었다. 앞서 이야기했듯이 이는 시장의 전반적 예측과 상반된 것이었다. 시장에는 경제성장 없이 디플레이션이 발생하는 상황에서 일본의 주식시세는 떨어질 수밖에 없다는 인식이 널리 퍼져 있었다. 결국 이런 비관적인 시각은 현실이 됐다.

주식시장이 하락세에 접어들자 리슨의 손실은 쌓여만 갔다. 1992년 말까지는 손실 규모가 200만 파운드 정도로 그리 크지 않았다. 하지만 한 해가 더 지났을 때는 손실이 2,300만 파운드를 넘어섰고, 1994년에는 1억 8,500만 파운드에 달해 그해 은행의 전체 이익을 넘어서는 규모로 커졌다. 1995년 1월과 2월에 걸쳐 추가적인 손실이 베어링스를 휩쓸고 지나가면서 2월 27일까지 총 8억 2,700만 파운드에 이르는 손실이 누적됐다.

1월 17일, 아무도 예상하지 못했던 고베 대지진으로 니케이225지수가 19,400엔에서 17,800엔으로 폭락하자 리슨은 재빨리 선물 매수포지션을 추가로 쌓기 시작했다. 1월 20일에 10,814계약이었던 리슨의 포지션은 1월 31일에는 26,032계약으로 증가했고, 2월 24일에는 56,032계약으로 늘어나 있었다. 리슨이 보유한 95년 3월 만기 선물계약은 싱가포르거래소 전체 미청산 계약의 49%에 달하는 믿기 힘든 규모였고, 95년 6월 만기선물 포지션도 시장 전체 계약 잔고의 24%를 차지했다.[105] 이런 리슨의 행동이 언뜻 이해되지 않을지도 모른다. 하지만 엄청난 손실을 입은 트레이더가 손실을 한번에 만회할 목적으로 포지션 규모를 급격하게 늘려 오히려 더 큰 화를 자초하는 행위는 여러 기록을 통해 이미 잘 알려진 것이다. 이를 가리켜 '도박꾼의 파멸(Gambler's Ruin)'이라 한다.[106]

> 높은 곳에서 줄타기를 하는 것만큼 아슬아슬한 일을 하는 직업들이 많은 금융계에서는 추락에 대한 공포가 상존하는데 가끔씩은 이 공포심이 사람들로 하여금 끔찍한 일을 벌이도록 유혹한다. 사람들이 공황 상태에 빠져 정신이 반쯤 나가면, 크게 한탕해서 쌓여만 가는 빚을 갚으려 발악하는 도박꾼들처럼 판돈을 2배로 늘리거나 손실을 은폐하는 행동을 할 수도 있다. 이는 전형적으로 도박꾼을 파멸로 이끄는 잘못된 생각이다.

손실 규모가 늘어날수록 리슨은 공격적으로 포지션 규모를 늘려

---

105) 미청산계약은 특정 시점에 시장에 청산되지 않고 남아 있는 선물계약을 말한다. 미청산계약은 '유량(Flow)' 개념과는 반대되는 '저량(Stock)' 개념이다. 각 계약 종류마다 만기별로 미청산계약이 집계된다. 이때 니케이225선물, 일본국채선물, 유로엔선물의 만기월은 3월, 6월, 9월, 12월이다.

106) Brown, Stephen J. and Onno W. Steenbeek. Doubling: Nick Leeson's Trading Strategy, Pacific-Bas in Financial Journal, 9, pp.83-99(2010).

갔다. 리슨은 직접 다음과 같이 말했다.[107]

> 저는 이 정도 성공으로는 전혀 기쁘지 않았습니다. 손실을 다시 이익으로 되돌려 놓겠다고 다짐했죠. 그해 봄 내내 트레이딩을 더 열심히 하면서 점점 더 많은 위험을 감수했습니다. 매우 큰 손실을 입고 있었지만 계속 포지션을 2배로 늘리다 보면 언젠가는 모든 손실을 만회할 수 있을 거라는 확신이 있었습니다…다시 한번 제가 보유한 포지션을 2배로 늘렸습니다…1993년 7월에 주가가 급등하자 600만 파운드의 손실을 기록하던 제 포지션은 감격스럽게도 마침내 이익으로 돌아섰습니다.

1월 30일, 니케이 지수는 700포인트 정도 반짝 상승했는데, 이때 리슨이 보유하고 있던 포지션을 청산했더라면 아무런 손해도 입지 않았을지도 모른다. [그림 2]는 1995년 1월 1일~2월 27일까지 니케이225지수의 하락에 따라 빠르게 늘어난 선물계약 손실 추이를 보여준다. 니케이 지수는 급격하게 하락해 2월 27일이 됐을 때는 15,500까지 떨어졌는데, 이때 리슨의 니케이225지수 선물 포지션은 60,000계약으로 늘어나 있었다.

한편 니케이225지수 선물을 매수하면서 리슨은 일본국채선물을 함께 매도했다. 일본 장기 금리가 상승하면서 채권 가격이 하락할 것으로 예상하고 있었다(박스 C 참조). 하지만 이런 예측은 리슨이 일본 주식시장에 대해 취한 낙관적 전망과는 모순된 것이었다. 일반적으로 낮은 금리가 투자를 활성화시키고, 소비자금융에 대한 접근성을 높여 소비를 진작시키기 때문에 금리가 낮을 때 주가가 상승하

---

107) Op. cit. p. 89.

■ **그림 2** 니케이225지수 선물거래에서 발생한 누적 손실

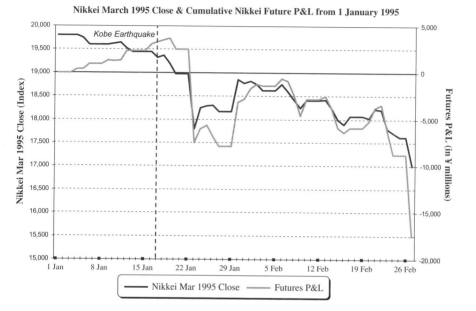

**Nikkei March 1995 Close & Cumulative Nikkei Future P&L from 1 January 1995**

* 출처: The Report, p.60.

는 경향이 있다. 실제로 채권 가격은 리슨의 예상과는 반대로 움직였
다. [그림 3]을 통해 일본국채선물가격(왼쪽 세로축)이 상승하면서 리
슨의 손실(오른쪽 세로축)도 따라서 증가한 것을 확인할 수 있다.

채권은 매년 또는 반년마다 한 번씩 확정 이자를 지급하고 만기 시 원금을 되돌려주는 유가증권이다. 채권의 가격은 미래에 지급될 이자 금액과 원금을 신용위험과 만기가 유사한 채권의 시장이자율을 사용해 현재 가치로 할인한 값이다. 미래에 지급될 금액의 현재가치와 현재의 채권가격이 동일하도록 만드는 할인율을 만기수익률(Yield-to-Maturity)이라 한다. 신용 위험이 동일한 수준으로 유지된다고 가정할 때 금리(할인율)가 상승하면 채권가격은 떨어지고 반대로 금리가 낮아지면 채권가격은 상승한다. 일본국채선물은 6% 확정이자를 지급하는 액면가 1,000만 엔의 장기 일본국채에 대한 선물계약이다. 시세차익을 노리는 한 투기자가 이자율이 오를 것으로 예상하고 일본국채선물을 매도한다고 가정해보자. 현재 선물 매도가는 액면가의 93%다. 예상대로 금리가 올라 선물 만기 시점에 채권가격이 90%로 떨어진다면 이 투기자는 3%×1,000만 엔=30만 엔의 이익을 얻는다. 하지만 반대로 이자율이 떨어지는 경우에는 채권가격이 상승할 것이다. 금리 상승으로 일본국채선물가격이 액면가의 97%로 오르면 4%×1,000만 엔=40만 엔의 손해를 입는다.

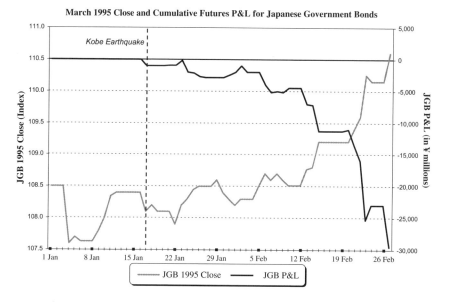

■ 그림 3 일본국채선물에서 발생한 누적손실

**March 1995 Close and Cumulative Futures P&L for Japanese Government Bonds**

* 출처: The Report, p. 63.

일본국채의 선물가격은 1995년 2월 5일까지는 액면가의 108.5%를 넘지 않았지만 이때부터 꾸준히 올라 결국 110.5% 수준에 이르렀다. 리슨의 손실도 1월 15일까지는 무시할 만한 수준이었지만 선물 매도 포지션을 확대하면서 빠르게 늘어나기 시작했다. 리슨의 선물 매도 포지션 규모는 점점 늘어나 최종적으로는 26,079계약에 달했는데(액면가 2,600억 엔, 약 20억 달러), 이는 시장 전체 95년 3월물 미청산계약 중 85%, 95년 6월물 미청산계약 중 88%를 차지하는 엄청난 금액이었다.

지금까지 우리는 리슨이 어떻게 니케이225지수 선물과 일본국채 선물을 활용해 투기를 했는지 살펴봤다. 싱가포르거래소나 오사카거래소에서 대규모로 선물거래를 하려면 상당한 액수의 증거금이 필요하다. 게다가 리슨의 경우처럼 선물 포지션에서 손실이 발생하는 경우 마진콜을 받아 증거금을 추가로 납부해야 한다. 그런데 리슨은 어떻게 경영진과 감사로부터 아무런 의심도 받지 않고 원하는 대로 투기를 할 수 있을 만큼 충분한 자금을 조달할 수 있었을까? 사실 리슨은 옵션을 매도하고 옵션 프리미엄을 챙겨 투기에 필요한 돈을 대부분 조달했다. 다음 절에서는 리슨이 활용한 니케이225지수 선물옵션과 일본국채 선물옵션의 거래 기법을 파헤친다. 하지만 이에 앞서 옵션거래의 기초부터 살펴보자.

## 옵션을 활용한 투기의 기초

주가지수 옵션에 대한 투기를 이해하기 위해서는 먼저 투기를 목적으로 할 때 풋옵션과 콜옵션을 어떻게 매매하는지를 이해해야 한다.[108]

**풋옵션:** 1995년 1월 14일에 행사가격이 19,000엔인 1995년 3월 만기(만기일은 3월 31일이다) 유럽식 니케이225지수 선물에 대한 풋옵션을 옵션 프리미엄 500엔에 매수하는 경우를 생각해보자. 이 옵션의 매수자는 옵션 만기일인 1995년 3월 31일에 니케이225지수 선물의 가격을 기준으로 선물계약을 매도하는 것이 유리한 경우 선물을 행사가격인 19,000엔에 매도할 수 있는 선택권(의무는 부과되지 않는 권리)을 가진다. 만약 3월 31일 주가지수 선물가격이 19,000엔보다 높을 경우 옵션 매수자는 옵션 행사를 포기할 것이다. 이때 옵션 매수자가 입

---

108) 만약 주가지수 옵션 매매에 대해 이미 충분히 잘 이해하고 있다면 이 절을 생략하고 곧바로 다음 절로 넘어가도 좋다.

는 최대 손실은 75일 전에 지불한 옵션 프리미엄의 미래 가치로 제한
된다.

[그림 4]의 선 (1)은 옵션 만기일의 주가지수 선물가격(가로축)에
따른 풋옵션의 손익(세로축)을 보여주고 있는데, 점 A의 오른쪽 방
향으로 가로축과 평행인 부분이 최대 손실을 나타낸다. 주가지수가
19,000엔 이하로 떨어진다면 옵션 매수자는 풋옵션을 행사해 주가
지수 선물가격과 행사가격의 차를 이용해 수익을 남기려 할 것이다.
이때 옵션을 행사한 매수자가 얻는 이익은 만기 시점에서 니케이
225지수 선물의 매수가격과 행사가격 19,000엔의 차와 같다. 이는
선 (1)에서 점 A의 왼쪽으로 45도의 기울기를 가지는 영역에 해당한
다. 선물계약의 가격이 하락한다 해도 손익분기점 19,000엔에 해당
하는 수준까지 떨어지기 전에는 행사이익이 옵션 프리미엄을 부분
적으로 상쇄하는 수준이기 때문에 순손실이 발생한다. 옵션 매수자
의 손익은 다음과 같이 정리할 수 있다.

■ **그림 4** 니케이225지수 선물에 대한 풋옵션의 손익

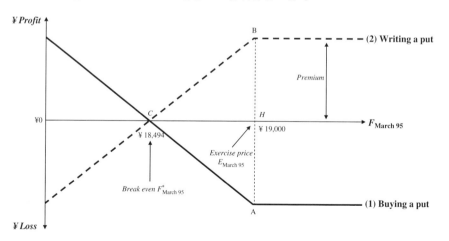

$F_{\text{March 95}} \geq E_{\text{March 95}}$인 경우:

Payoff $= -p(0) \cdot (1+i_{\text{JAP}}) = -¥500[1+0.06/(365/75)] = -¥506.16$

$F_{\text{March 95}} < E_{\text{March 95}}$인 경우:

$$\text{Payoff} = E_{\text{March 95}} - p(0) \cdot (1+i_{\text{JAP}}) - F_{\text{March 95}}$$
$$= 19,000 - 500[1+0.06/365/75)] - F_{\text{March 95}}$$

이때는 옵션 매수 시 지불하는 옵션 프리미엄에 대해 발생하는 기회비용으로, 연간 이자비용을 6%로 가정할 때 75일 동안의 기회비용은 1.23%이다. 선 (1)과 가로축이 교차하는 (손익분기점)은 옵션의 매수자가 얻는 이익이 옵션 프리미엄을 넘어서기 시작하는 점이다. 손익분기점은 위의 식에서 손익을 0으로 놓음으로써 쉽게 구할 수 있다.

$$F^{*}_{\text{March 95}} - [E_{\text{March 95}} - p(0) \cdot (1+i_{\text{JAP}})] = 0$$
$$F^{*}_{\text{March 95}} = 19,000 - 500(1+(0.06/365/75))) = 18,494$$

풋옵션을 매수해 투기에 나서는 방법은 주식시장이 하락하는 경우를 대비한 신중한 접근법이다. 최대 손실은 풋옵션 프리미엄으로 제한되고 이 금액은 옵션을 매수하는 시점에 이미 결정되기 때문이다. 반대로 지금부터 살펴볼 풋옵션 매도를 통한 투기는 주식시장이 절대 하락하지 않을 것이라는 예측에 기반한 공격적 접근법이다.

*풋옵션의 매도* 풋옵션의 매수자가 계약을 체결하기 위해서는 옵션을 판매할 의향이 있는 거래상대를 찾아야 한다. 옵션 매도자는 옵션계약 시점에 옵션 프리미엄을 지급받고, 옵션 매수자가 옵션을

행사할 경우 니케이225지수 선물을 행사가격 19,000엔에 매수하기로 약속한다. 만약 옵션 만기 시에 주가지수가 행사가격보다 높을 경우 풋옵션은 행사되지 않을 것이고 옵션 매도자는 프리미엄을 그대로 이익으로 남길 수 있을 것이다. 하지만 만약 옵션 만기 시에 주가지수가 행사가격을 밑돌게 된다면 옵션 매수자는 옵션을 행사할 것이고 매도자는 니케이225지수 선물을 행사가격인 19,000엔에 매수해야 한다. 이때 옵션 매도자는 19,000엔+$p(0)-F_{\text{March}}95$에 해당하는 손실을 입는다. 주가지수가 행사가격보다 낮아질수록 옵션 매도자의 손실도 따라서 커질 것이다. 매수자와 매도자의 손익을 합하면 0이 돼야 하기 때문에(이때 거래비용은 무시한다) 매도자의 손익([그림 4]에서 점선으로 표시된 선 (2))은 매수자가 얻게 되는 손익과 정확히 대칭이다.

다시 말해 옵션 매도자는 옵션 매수자가 손실을 보는 만큼 이익을 얻게 되고([그림 4]에서 AH=BH), 옵션 매수자가 이익을 얻게 되면 옵션 매도자는 그만큼 손실을 입는다(Line 2). 따라서 옵션 매도자의 잠재적인 손실은 제한이 없는 반면 얻을 수 있는 최대 이익은 옵션 프리미엄으로 제한된다. [그림 4]에서 옵션 프리미엄(AH=BH)은 행사가격과 손익분기점의 거리인 HC와 동일한 것을 확인할 수 있다(이때 이자비용은 무시한다).

**콜옵션:** 1995년 1월 14일에 행사가격이 19,000엔인 95년 3월 만기 콜옵션을 옵션 프리미엄 500엔에 매수하는 경우를 살펴보자. 콜옵션의 매수자는 옵션의 만기가 돌아올 때 니케이225지수 선물을 행사가격인 19,000엔에 살 수 있는 권리를 가진다. 만약 3월 31일 주가지수 선물가격이 19,000엔보다 낮다면 옵션 매수자는 콜옵션 행사를 포기할 것이다. 이때 옵션 매수자가 잃을 수 있는 최대 금액은 옵션계약

시점인 75일 이전에 지불한 옵션 프리미엄의 미래가치다. [그림 5]에서 선 (1)은 옵션 만기 시점의 주가지수 선물가격(가로축)에 따른 콜옵션 매수자의 손익(세로축)을 보여주는데, 점 B 왼쪽으로 가로축과 평행인 영역이 옵션 프리미엄을 나타낸다. 만약 옵션 만기 시에 니케이225지 수 선물가격이 19,000엔보다 높게 형성된 경우 옵션 매수자는 콜옵션 을 행사해 수익을 남길 것이다. 옵션을 행사할 경우 옵션 매수자는 선 물의 현재 가격(매도가격)과 옵션 행사가격(매수가격)의 차에 해당하 는 이익을 얻는다. 이때 옵션 매수자의 손익은 선 (1)에서 B 오른쪽의 기울기가 45도인 영역에 나타나 있다. 선물계약의 가격이 행사가격과 손익분기점 사이에서 형성된 경우에는 옵션 프리미엄을 일부 상쇄하 는 수준의 이익만을 얻는다. 옵션의 매수자에게 가장 중요한 점은 어 떠한 경우에도 손실이 옵션 프리미엄을 초과하지 않는다는 점이다. 옵 션 매수자의 손익은 다음과 같이 정리할 수 있다.

■ **그림 5 니케이225지수 선물에 대한 콜옵션의 손익**

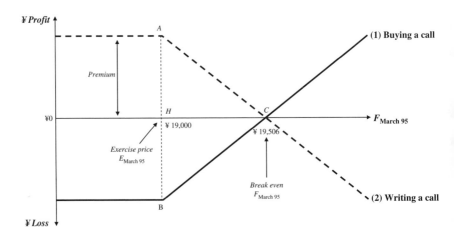

$F_{\text{March 95}} \leq E_{\text{March 95}}$인 경우:

$$\text{Payoff} = -p(0) \cdot (1+i_{\text{JAP}}) = -¥500[1+0.06/(365/75)] = -¥506.16$$

$F^*_{\text{March 95}} > E_{\text{March 95}}$인 경우:

$$\text{Payoff} = E^*_{\text{March 95}} - E_{\text{March 95}} - p(0) \cdot (1+i_{\text{JAP}})$$
$$= F^*_{\text{March 95}} - 19{,}000 - 500[1+0.06/365/75)]$$

이때는 옵션 매수 계약을 체결할 때 옵션 프리미엄을 지불함으로써 발생하는 기회비용으로, 연간 이자비용을 6%로 가정하면 75일 동안의 기회비용은 1.23%이다. 옵션의 매수자가 얻는 이익이 옵션 프리미엄을 넘어서기 시작하는 (손익분기점)은 위의 식에서 손익을 0으로 조정함으로써 쉽게 구할 수 있다.

$$F^*_{\text{March 95}} - E_{\text{March 95}} - p(0) \cdot (1+i_{\text{JAP}}) = 0$$
$$F^*_{\text{March 95}} = 19{,}000 - 500(1+0.06/(365/75)] = 19{,}506$$

[그림 5]에서 옵션 프리미엄(AH 또는 BH)이 행사가격과 손익분기점의 거리인 HC와 동일한 것을 확인할 수 있다(이때 이자비용은 무시한다).

*콜옵션의 매도* 콜옵션의 매도자는 옵션계약을 체결할 때 옵션 프리미엄 $E_{\text{March 90}}$을 받는 대가로, 옵션이 행사될 경우 니케이 주가지수 선물계약을 행사가격에 판매하기로 약속한다. 만약 옵션 만기 시점에 주가지수가 행사가격 아래에서 형성된다면 옵션의 매수자가 옵션 행사를 포기할 것이고, 옵션 매도자는 옵션 프리미엄을 고스란히 이익으로 남길 수 있을 것이다. 하지만 주가지수가 행

사가격인 19,000엔을 상회하는 경우 옵션은 행사될 것이고, 옵션 매도자는 니케이 주가지수 선물을 행사가격인 19,000엔에 인도해야 하는 상황에 놓인다. 이때 옵션 매도자가 입는 손실의 규모는 $19,000+p(0)-F_{\text{March } 95}$이다. 주가지수 선물가격이 높아질수록 매도자의 손실도 따라서 늘어난다.

옵션 매도자의 손익([그림 5]의 점선으로 표시된 선 (2))은 매수자의 손익과 정확히 대칭으로, 거래비용을 무시할 경우 양쪽의 손익을 합하면 0이 돼야 한다. 다시 말해, 옵션 매수자가 손실을 입는 경우($F_{\text{March } 95} \leqq 19,000$인 경우) 옵션 프리미엄은 고스란히 옵션 매도자의 이익이 되고, $F_{\text{March } 95} > 19,000$인 경우 옵션 매도자는 옵션 매수자가 얻는 수익과 동일한 규모의 손실을 입는다. 옵션 매도자에게 가장 중요한 사실은 옵션을 매도하면서 얻을 수 있는 최대 이익은 행사가격과 손익분기점의 차와 동일한(이자비용은 무시한다) 옵션 프리미엄([그림 5]의 AH 또는 BH)으로 제한돼 있는 반면 잠재적으로 입을 수 있는 손실은 무한하다는 점이다.

옵션을 활용한 투기 이면에는 니케이225지수 선물의 변동성에 대한 시나리오가 옵션가격 결정에 미치는 영향에 대한 복잡한 계산이 자리잡고 있다. 박스 D에 설명돼 있는 바와 같이 기초자산의 가격 변동은 옵션가격을 움직이는 중요한 요소다. 기초자산의 가격 변동이 심해질수록 옵션가격은 더 비싸진다. 리슨은 주식시장의 변동성이 커 옵션가격이 비싸게 형성돼 있다는 점을 활용했다. 니케이225지수 선물에 대한 풋옵션과 콜옵션을 매도해 높은 프리미엄을 챙김으로써 리슨은 투기를 계속하기 위해 필요한 자금을 조달할 수 있었던 것이다.

옵션의 매수자가 매도자에게 지불하는 옵션 프리미엄의 구성
요소는 내재가치(Intrinsic Value)와 시간가치(Time Value) 2가지
로 구분할 수 있다. 니케이225지수에 대한 95년 3월 만기 콜옵
션을 예로 들면, 내재가치는 옵션의 행사가격과 주가지수 선물
가격의 차와 같다. 주가지수 선물의 시장가격이 옵션의 행사가
격을 상회하는 경우 콜옵션 매수자는 옵션을 행사해 주가지수
선물을 행사가격에 매수하고 이를 시장에 형성된 선물가격에
매도해서 이익을 남길 수 있다. 이 경우 반대 입장에 있는 옵션
매도자는 최소한 옵션의 행사가격과 선물시장가격의 차에 해
당하는 금액을 프리미엄으로 받아 충분한 수익을 얻으려 할 것
이다. 따라서 옵션의 내재가치는 간단히 다음과 같이 정리할
수 있다.

옵션의 내재가치$= F_{\text{March 95}} - E_{\text{March 95}}.$

옵션가격 중 시간가치는 옵션의 매수자가 기꺼이 지불할 의향이
있는 금액 중 내재가치를 초과하는 부분을 말한다. 주가지수 선
물은 어떻게 보면 해당 주가지수의 향후 움직임에 도박을 거는
것과 같은데, 옵션 만기까지 남아 있는 시간(March 31–t)이 길수
록 주가지수 선물의 시장가격이 행사가격을 넘어갈 가능성이 높
다. 반대로 만기일이 가까워질수록 옵션의 시간가치는 급격하게
줄어든다.

    [그림 6]에 니케이225지수 선물의 시장가격에 따른 콜옵션
(만기 전) 프리미엄이 그려져 있다. 선 (1)이 나타내는 옵션의
내재가치는 옵션이 외가격(행사가격의 왼쪽 영역)일 때는 0이고, 옵

션이 내가격(행사가격의 오른쪽 영역)일 때는 주가지수 선물 가격과 행사가격의 차와 같다. 시간가치는 총가격을 나타내는 선 (3)과 내재가치를 나타내는 선 (1) 사이의 영역 (2)이다. 그림에서 알 수 있듯이 옵션 만기까지 시간이 남아 있을 때는(t < March 31) 항상 옵션가격이 내재가치보다 크다는 것을 알 수 있다. 옵션 만기 시점(t=March 31)에는 더 이상 시간이 남아 있지 않기 때문에 옵션가격이 내재가치와 동일해진다.

■ 그림 6 콜옵션 가격구조

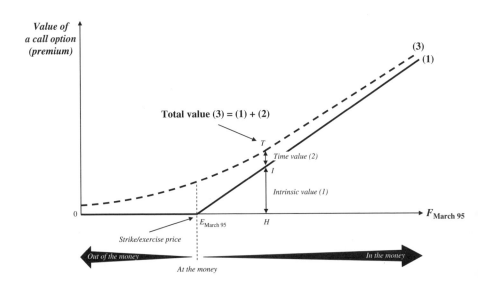

## 마진콜에 필요한 자금을 마련하기 위한 변동성 매도

니케이225지수에 대한 롱포지션에서 막대한 손실이 발생해 마진콜을 받게 되자 리슨은 마진콜에 대응하는 데 필요한 자금을 조달하기 위해 니케이225지수 선물에 대한 옵션을 판매하기 시작했다. 홍미롭게도 주가지수가 상승할 것이라는 전망을 취한 리슨은 니케이225지수의 변동성이 완화돼 지수가 좁은 범위 안에서만 움직일 것이라는 모순된 예측에도 돈을 걸고 있었다(박스 E 참조). 옵션 프리미엄은 기초자산의 변동성과 밀접하게 관련이 있기 때문에 변동성이 클 때는 옵션이 비싸지고, 반대로 변동성이 완화되면 옵션 프리미엄도 낮아진다. 리슨은 옵션을 비싸게 매도한 뒤 나중에 변동성이 낮아졌을 때 훨씬 낮은 가격에 되사 이익을 남길 생각이었다. 사실 옵션을 적절히 조합하기만 하면 특정한 변동성 시나리오에서는 큰 수익을 얻을 수 있다.

옵션 전략 중 변동성을 활용하기에 적절한 전략으로는 스트래들(Straddle)과 스트랭글(Strangle)이 있다. 리슨은 풋옵션과 콜옵션을 동시에 매도하면서 두 전략을 혼합해 사용했다. 여기서 중요한 점은 리슨이 풋옵션과 콜옵션을 매수하지 않고 매도했다는 점이다. 리슨이 노린 것은 옵션을 매도해 두둑한 옵션 프리미엄을 챙긴 뒤, 옵션 만기 시에 매수자들이 옵션을 포기하거나 아니면 만기가 돌아오기 전에 낮은 가격에 되살 수 있게 되는 것이었다. 만약 리슨의 예측이 빗나가 옵션이 행사된다면 엄청난 손실을 입게 돼 있었다. 이제부터 리슨이 감행한 치명적인 도박을 자세히 살펴보자.

변동성을 직접 측정하는 것은 어려운 일이다. 변동성은 대개 과거 가격의 표준편차를 사용해 측정하는데, 베어링스의 사례에서는 니케이225지수 선물의 과거 가격에 대한 표준편차가 대체지표가 된다. 표준편차를 통해 변동성을 추정하는 데는 환율이 대수정규분포(Lognormal Distribution)를 따른다는 가정이 깔려 있다. 과거 자료에 기반해 미래에 대한 예측치를 제시할 때는 과거 자료의 대상 기간과 자료 측정 빈도를 결정해야 한다. 예를 들어 지난 5주 동안의 일간 가격 변동성 자료와 지난 5년 간 주간 가격 변동성 자료는 확연히 다를 것이다. 하지만 과거에 나타난 변동성이 꼭 미래 변동성을 신뢰성 있게 예측할 것이라는 보장은 없다. 이와 상반되는 접근법으로 내재변동성(Implied Volatility)이 있는데, 이는 현재 옵션가격을 토대로 변동성을 추정하는 방식이다. 옵션가치 평가모델을 변동성에 대해 풀어 구할 수 있는데, 이때 변동성을 제외하고 옵션가치 평가모델에 입력되는 대부분의 변수들은 시장에 알려져 있기 때문에 답을 간단하게 구할 수 있다. 여기서 한 가지 주의할 점은, 옵션가격은 트레이더들이 평가모델에 각자 변동성 자료를 입력해 도출하는데 이때 사용되는 자료 또한 어느 정도 과거 변동성에 기반을 두고 있다는 사실이다.

**스트래들:** 행사가격과 만기가 동일한 풋옵션과 콜옵션을 동시에 매수하는 전략을 스트래들 매수 전략이라 한다. 이 전략은 주가지수의 변동성은 클 것으로 예상되지만 주식시장이 어느 방향으로 움직일지 예측하기는 어려울 때 특히 매력적인 전략이다. 앞으로 니케이225지

수의 변동성이 낮아지면서 지수가 옵션 행사가격 근처에서 안정화될 것이라고 예측한 리슨은 반대로 스트래들을 매도했다. 1995년 1월 14일 다음과 같은 시장 상황에서 리슨이 어떻게 니케이225지수 풋옵션과 콜옵션을 19,000엔의 동일한 행사가격에 매도해 스트래들을 구성할 수 있는지 살펴보자.[109]

| 거래일 : | 1995년 1월 14일 | | |
|---|---|---|---|
| 만기 : | 95년 3월 만기 옵션 | | |
| 콜옵션 행사가격 : | 19,000엔 | 풋옵션 행사가격 : | 19,000엔 |
| 콜옵션 프리미엄 : | 500엔 | 풋옵션 프리미엄 : | 500엔 |

*콜옵션 매도* 리슨은 1994년 1월 14일 옵션을 매도해 500엔의 옵션 프리미엄을 받고, 옵션 만기 시에 옵션이 행사될 경우 19,000엔에 니케이225지수 선물을 인도할 것을 약속한다. 만약 옵션 만기 시에 주가지수가 19,000엔을 밑도는 경우에는 옵션이 행사되지 않을 것이고 베어링스는 옵션 프리미엄을 이익으로 남길 수 있을 것이다. 하지만 지수가 행사가격을 넘어서면 베어링스는 주가지수 선물을 19,000엔의 행사가격에 인도해야 한다. 인도할 주가지수 선물은 시장에서 행사가격보다 높은 가격에 매수해야 하기 때문에 주가지수가 높아질수록 베어링스의 손실은 늘어난다.

[그림 7]의 선 (1)은 콜옵션 매도에 수반되는 손익을 보여준다. 주가지수가 행사가격인 19,000엔보다 낮은 경우에는 옵션이 행사되지

---

109) 이는 매우 간략화된 예시다. 현실에서 행사가격이 동일한 풋옵션과 콜옵션은 서로 다른 옵션프리미엄을 가진다.

않기 때문에 19,000엔까지는 베어링스가 옵션 프리미엄인 500엔의
수익을 얻는다. 주가지수가 19,000엔을 넘어서면 수익이 점점 줄어
들기 시작한다. 19,000~19,500엔(행사가격+옵션 프리미엄) 사이에
서는 아직 손실보다는 옵션 프리미엄이 크지만 주가지수가 손익분
기점인 19,500엔을 넘어서는 순간 베어링스는 순손실을 기록하고,
이때부터는 지수가 상승할수록 베어링스의 손실 규모도 따라서 증
가한다.

■■ 그림 7 스트래들 매도에 따른 손익

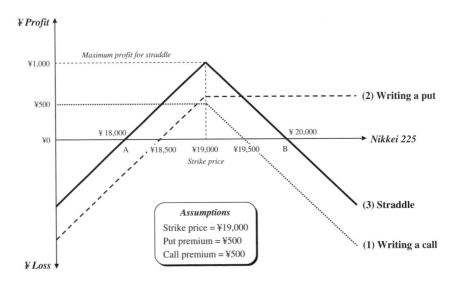

*풋옵션 매도*  베어링스는 옵션 프리미엄 500엔을 받는 대가로 옵션이 행사되면 니케이225지수 선물을 행사가격인 19,000엔에 사기로 약속한다. 풋옵션 매도로 발생하는 손익이 [그림 7]의 선 (2)에 나타나 있다. 주가지수가 19,000엔보다 낮은 경우에 옵션 매수자는 옵션을 행사해 니케이225지수 선물을 행사가격에 매도할 것이다. 이때 베어링스는 니케이225지수 선물을 19,000엔에 사서 이 가격보다 낮은 시장가격에 되팔 수밖에 없기 때문에 손해를 보게 된다. 주가지수가 옵션의 손익분기점인 18,500엔(행사가격−프리미엄)에 도달할 때까지 베어링스의 손실은 지속된다. 행사가격인 19,000엔보다 높은 주가지수에서는 옵션이 행사되지 않을 것이고 베어링스는 선물계약 당 500엔의 프리미엄을 고스란히 지킬 수 있을 것이다.

*스트래들의 구성*  스트래들은 풋옵션과 콜옵션을 동시에 매도해 구성하는데, 이는 [그림 7]에서 콜옵션(선 (1))과 풋옵션(선 (2))의 합인 선 (3)으로 표현돼 있다.[110] 베어링스는 피라미드 모양의 꼭대기 부분에서 이익을 얻는다. 여기서 손익분기점인 A와 B를 이해하는 것이 특히 중요하다. 니케이225지수의 변동성이 낮아 주가지수가 두 점 사이에 머무르는 경우에 이 전략은 베어링스에게 이익을 안겨주지만 주가지수가 두 점 바깥으로 움직이면 베어링스는 손실을 입을 수밖에 없다. 스트래들이 가로축과 교차하는 손익분기점의 주가지수는 다음과 같이 행사가격에 콜옵션과 풋옵션의 옵션 프리미엄을 더하거나 빼서 구할 수 있다.

---

110) [그림 7]에서 그래프를 합친다는 것은 니케이225지수에 대해 선 (1)과 선 (2)의 손익을 합한다는 의미다.

손익분기점 A:

$$S^A = \text{strike price} - (\text{call premium} + \text{put premium})$$
$$S^A = 19,000 - (500+500) = 18,000$$

손익분기점 B:

$$S^B = \text{strike price} + (\text{call premium} + \text{put premium})$$
$$S^B = 19,000 + (500+500) = 20,000$$

따라서 주가지수가 18,000엔 이하로 떨어지거나 20,000엔 이상
으로 상승하는 경우 베어링스는 잠재적으로 무한한 손실을 입지만
반대로 주가지수가 두 손익분기점 사이에서 움직이는 경우에는 이
익을 얻을 수 있다. 베어링스의 수익이 극대화되는 경우는 바로 주
가지수가 행사가격과 정확히 일치하는 19,000엔을 기록할 때다. 이
때는 어떤 옵션도 행사되지 않고 두 옵션의 프리미엄을 합한 1,000
엔은 고스란히 베어링스의 이익으로 남게 된다.

**스트랭글 매도:** 스트랭글 매도 전략도 기초자산의 변동성을 활용
한 전략으로, 스트래들과 마찬가지로 콜옵션과 풋옵션을 동시에 매도
하는 방법이다. 하지만 스트랭글은 서로 다른 행사가격의 외가격 옵션
을 조합해 구성한다는 점에서 스트래들과는 중요한 차이가 있다. 스트
랭글은 저렴한 외가격 옵션을 사용하기 때문에 등가격 옵션을 사용하
는 스트래들보다 얻을 수 있는 옵션 프리미엄의 크기가 작다는 단점이
있지만 [그림 8]에서 보듯이 이익을 얻을 수 있는 범위가 스트래들을
매도하는 경우보다 넓기 때문에 스트래들보다는 투기 성격이 약한 전
략이다.

| | | | |
|---|---|---|---|
| 거래일 : | 1995년 1월 14일 | | |
| 만기 : | 95년 3월 만기 옵션 | | |
| 콜옵션 행사가격 : | 19,000엔 | 풋옵션 행사가격 : | 18,500엔 |
| 콜옵션 프리미엄 : | 400엔 | 풋옵션 프리미엄 : | 400엔 |

먼저 일반적으로 콜옵션 매도에 수반되는 손익 구조를 살펴보자 ([그림 8]의 선 (1)). 이때 손익분기점은 19,900엔(행사가격 19,500 엔+옵션 프리미엄 400엔)이다. 같은 맥락에서 선 (2)를 통해 풋옵션 매도시 손익분기점이 18,100엔(행사가격-옵션 프리미엄 400엔)에서 형성되는 것을 볼 수 있다. 이제 콜옵션과 풋옵션을 조합하면 스트랭글 전략이 완성되는데, 이는 선 (1)과 선 (2)를 합한 선 (3)으로 나타나 있다. 이 전략을 이해하는 데 있어 가장 중요한 손익분기점은 옵션 프리미엄이 손실과 같아지는 지점으로, 다음과 같이 나타낼 수 있다.

손익분기점 A:

$$S^A = \text{put strike price} - (\text{call premium} + \text{put premium})$$
$$S^A = 18,500 - (400 + 400) = 17,700$$

손익분기점 B:

$$S^B = \text{call strike price} + (\text{call premium} + \text{put premium})$$
$$S^B = 19,500 + (400 + 400) = 20,300$$

이때 주가지수가 두 손익분기점 17,700~20,300엔 사이에서 유지되면 이 전략으로 이익을 남길 수 있다. 특히 두 행사가격 사이의 구

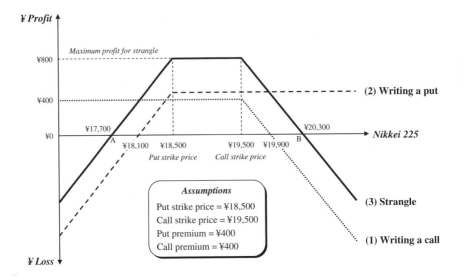

간에서는 어느 옵션도 행사되지 않기 때문에 아무런 손실도 입지 않고 옵션 프리미엄 800엔=400엔+400엔을 이익으로 남길 수 있어 이익이 최대가 된다.

**스트래들 매도와 선물 매수의 조합:** 리슨이 스트래들을 매도한 것은 니케이225지수 선물을 매수하고 스트래들을 추가로 매도하는 데 소요되는 증거금을 조달하기 위해서였다. 리슨은 궁극적으로 스트래들 매도와 니케이225지수 선물 매수를 조합하는 전략을 계획하고 있었던 것일까? [그림 9]는 스트래들 매도 포지션과 선물 매수 포지션을 같은 양으로 조합하면 스트래들과 행사가격이 동일한 니케이225지수 선물 풋옵션 매도 포지션이 만들어진다는 것을 보여준다.

이 전략으로 베어링스가 얻을 수 있는 최대 수익(19,000엔의 오

른쪽 영역)은 옵션 프리미엄으로 제한돼 있었던 반면 잠재적으로
입을 수 있는 손실에는 제한이 없었다. 특히 주가지수가 19,000엔을
밑도는 경우에는 단순 풋옵션보다 손실이 훨씬 가파르게 증가할 위
험이 있었다. 이 경우에 만약 매수한 선물계약보다 매도한 스트래들
계약이 더 많다면 더욱 심각한 상황에 처할 수도 있었다. 선물계약
대비 스트래들의 비율이 증가하면 선물 롱포지션의 잠재 수익이 스
트래들의 콜옵션에서 발생하는 잠재 손실에 의해 희석되기 때문이
다. 다시 말해, 이 전략에서 스트래들이 차지하는 비중이 높아지면
주가지수가 행사가격을 상회하는 경우([그림 9]에서 19,000엔 오른

**■ 그림 9 스트래들과 롱포지션의 조합**

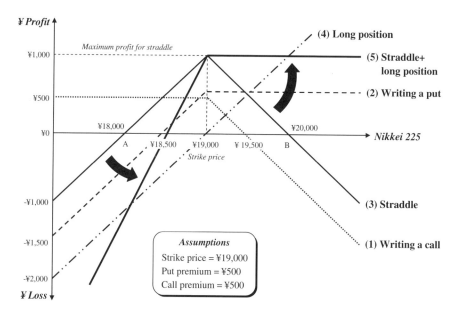

쪽 영역) 그래프의 기울기가 선 (5)의 경우보다 아래쪽으로 향하고, 이와 마찬가지로 주가지수가 행사가격보다 낮은 경우(19,000엔 왼쪽 영역)에는 선물에서 발생하는 손실에 풋옵션에서 발생하는 손실이 더해져 전체 손실이 훨씬 가파르게 증가한다.

**리슨의 계획:** 지난 절에서 니케이225지수 선물을 활용한 리슨의 투기 전략을 자세히 살펴봤다. 한 가지 짚고 넘어갈 점은 1995년 초까지만 하더라도 리슨이 보유한 선물 포지션은 미미한 규모였다는 사실이다. 리슨이 거침없이 선물 포지션을 쌓기 시작한 것은 고베 대지진이 일어나고 나서부터였다. 사실 리슨이 스트래들과 스트랭글을 매도한 것은 고베 대지진과 깊은 관련이 있었다. 리슨은 1994년 11월과 12월에만 스트래들과 스트랭글 옵션을 34,000계약이나 팔아치웠다.

일단 엄청난 금액의 옵션 프리미엄이 들어왔지만 이 전략의 성패는 전적으로 옵션 만기일의 니케이지수에 달려 있었다. 리슨이 판매한 대부분의 옵션은 18,500~20,000엔 사이에서 행사가격이 설정돼 있었기 때문에 니케이지수가 고베 대지진 이전 수준으로 유지되기만 한다면 리슨은 옵션 프리미엄을 지킬 수 있었다. 하지만 만약 니케이지수가 18,500~20,000엔의 범위를 벗어나 옵션이 행사된다면 리슨은 재앙에 가까운 손실을 입게 돼 있었다.

1월 17일에 19,350엔에 형성돼 있던 니케이지수는 18,950엔으로 그 주를 마감해 재건 활동을 통해 지진으로 인한 손실을 만회할 수 있을 것이라는 믿음이 시장에 존재하는 것처럼 보였다. 하지만 정확한 지진 피해 규모가 밝혀지자 니케이지수는 1월 23일에 17,950엔으로 폭락했다. 니케이지수가 폭락하는 상황에서 리슨은 1월 27일까지 95년 3월 만기 니케이225지수 선물을 27,158계약이나 매수했다. 리슨이 보유한 선물계약 규모는 이후 2배로 늘어나 2월 22일에는 55,206계약에 달했다. 리슨은 보유하고 있던 옵션 포지션이 손실을 내면서([그림 10]에 니케이225지수에 따른 옵션 포지션의 누적 손실이 나타나 있다) 궁지에 몰렸다. 리슨은 상황이 급박해지자 옵션계약에서 손실이 발생하는 상황을 피하기 위해 혼자 힘으로 니케이225지수를 고베대지진 이전 수준인 18,500~20,000엔 사이로 되돌리려 시도했고, 이 과정에서 막대한 규모의 옵션을 매수하게 된 것이다. 하지만 니케이225지수는 리슨의 의도대로 움직이지 않았고, 천하의 리슨은 그렇게 무너지고 말았다.

■ 그림 10 옵션 매도로 인한 리슨의 누적 손실.

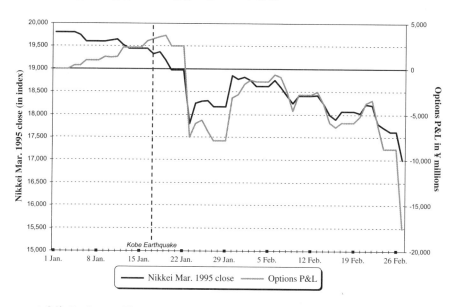

* 출처: The Report, p.74.

## 경고음

어떻게 그토록 거대한 리슨의 투기 행위가 발각되지 않고 그렇게 오랜 시간 지속될 수 있었을까? 사실 경고음은 여러 차례 울렸지만 번번이 무시됐다. 첫 번째 신호는 싱가포르거래소와 오사카거래소를 상대로 한 차익거래에서 발생한 대규모 수익이었다. 금융에 있어 가장 중심되는 개념은 위험과 수익 사이에는 항상 균형이 존재한다는 것이다. 이는 주가지수에 대한 차익거래처럼 위험이 지극히 낮은 거래로는 미미한 수준의 수익만을 거둘 수 있다는 것을 의미한다. 리슨이 차익거래를 통해 거둔 이익은 이런 관점으로는 전혀 이해할 수 없는 수준이었다.

리슨을 제외한 다른 누구도 니케이225지수 선물가격에 대한 차익거래로 큰돈을 벌지 못했기 때문에, 만약 다른 주요 시장참가자들과 수익률을 간단히 비교라도 했다면 이런 경고 신호는 쉽게 알아챌 수 있었을 것이다. 사실 베어링스의 많은 사람들은 싱가포르 지점이 지속적으로 수익을 올리는 것에 대해 의구심을 갖고 있었다. 어떤 사람은 리슨을 '터보(Turbo) 차익거래자'라 부르기도 했다.

이례적으로 큰 수익을 올리기 위해 규정을 위반하거나 한도를 벗어나는 수준의 위험을 감수하지는 않았는지에 대한 의문을 해소하기 위한 감사가 제임스 베이커(James Baker)의 지휘 아래 2주간 진행된 적이 있다. 감사자들은 보고서에서 싱가포르 지사의 컴퓨터시스템과 운영체계에 대한 개별적인 통제체계는 만족스러운 수준이지만 싱가포르 지사의 대표(바로 닉 리슨이다)가 이 통제체계를 무시할 수 있는 위험이 존재한다는 결론을 내렸다.

그는 전방부서와 후방부서를 동시에 관리하고 있기 때문에 직접 거래를 체결한 뒤 그가 시키는 대로 정산과 기록이 이뤄지도록 할 수 있다. 실수나 부정행위의 가능성을 줄이기 위해 대부분의 기업에서는 거래의 체결, 정산, 기록 등 세부 업무별로 책임이 분산돼 있다. 리슨은 후방부서 관리, 자금 결제 승인, 싱가포르거래소 계정 조정업무에 대한 최종 결재, 은행계정조정 업무에 대한 최종 결재 등 4가지 업무에서 권한을 내려놓아야 한다. 감사 보고서의 권고 사항들은 원칙적으로 승인이 나기는 했지만 실제로 실행되지는 않았다.[111]

두 번째로, 베어링스의 실상을 더 잘 보여주는 경고신호는 리슨의 지속적인 자금 지원 요청이었다. 리슨이 요청한 금액은 선물과 옵션 포지션이 급격하게 커지면서 기하급수적으로 늘어났다. 베어링스는 이유를 묻거나 고객 기록과 대조하는 노력은 전혀 하지 않고 리슨의 요구를 대부분 들어주었다(부서별로 BFS에 송금한 금액이 [표 1]에 정리돼 있다). 상식적으로 봐도 리슨이 그렇게 성공적인 실적을 올렸다면 싱가포르거래소에 증거금을 납부할 것이 아니라 거래소에서 증거금을 돌려받는 것이 마땅했다. 반복된 마진콜은 BFS가 보유한 선물과 옵션의 가치가 하락하고 있다는 것을 의미할 수밖에 없었다.

이와 유사한 사건이 한번 더 발생했지만 이번에도 베어링스는 아무런 눈치도 채지 못하고 그냥 넘어갔다. 1994년 말, 증거금 계좌에서 5,000만 파운드가 부족해지자 리슨은 고객의 거래 기록을 관리하는 컴퓨터시스템인 콘택(CONTAC)시스템에 가짜 거래를 입력해

---

111) Rawnsley, Judith H. Total Risk(Harper Collins, 1995),p.155에서 재인용.

계좌 잔액을 조작했다. 리슨은 95년 3월 만기 니케이225지수 선물 풋옵션을 매도해 증거금 계좌에서 부족한 금액을 메우고도 남는 규모의 옵션 프리미엄을 받은 것처럼 위장했다. 이후 회계 감사 중 쿠퍼앤드라이브랜드(Cooper & Lybrand)로부터 옵션 프리미엄이 실제로 입금되지 않은 것에 대한 해명을 요구받자 리슨은 뉴욕의 스피어리즈앤드켈로그(Spear, Leeds & Kellogg) 증권회사가 풋옵션을 실제로 매입했고 씨티은행이 옵션 프리미엄을 베어링스에 지급했다는 서류를 가짜로 만들어냈다. 씨티은행의 은행 잔고증명서도 물론 짜깁기한 가짜였다.

베어링스의 주의를 다시 한 번 환기시킨 것은 다름 아닌 싱가포르거래소였다. 1995년 1월 초, 거래소는 베어링스의 거래규모를 상기시키면서 1994년 12월 31일 기준으로 베어링스가 보유한 세부 포지션을 알려줬다. 이와 동시에 거래소에서는 베어링스증권런던(Barings Securities London: BSL)이 불법으로 고객의 증거금 계좌에 직접 자금을 채워주고 있는 것은 아닌지 의문을 제기했다. 하지만 이 내용은 런던에 있는 베어링스증권의 사이먼 존스(Simon Jones)에게만 전달됐을 뿐, 은행 경영진에게는 보고되지 않았다.

## 은폐의 기술

1995년 2월 27일 파국을 맞았을 때, 베어링스는 니케이225지수 선물70억 달러, 일본국채선물 및 유로엔금리선물(Euro-yen Interest Rate Futures) 200억 달러, 니케이225지수 선물옵션 66억 8천만 달러 등 총 350억 달러에 이르는 천문학적 규모의 포지션을 보유하고 있었다. 하지만 더욱 놀라운 것은 이 정도 포지션을 쌓기 위해서는 싱가포르거래소와 오사카거래소에 엄청난 규모의 증거금을 납부해야 하는데, 베어링스의 자본금은 겨우 6억 1,500만 달러로 요구되는 증거금에 턱없이 모자랐다는 사실이다.[112] 따라서 마지막으로 풀어야 할 의문은, 어떻게 그렇게 거대한 투기 포지션이 은행의 경영진뿐 아니라 내부와 외부의 감사로부터 오랫동안 은폐될 수 있었는가 하는 것이다.

리슨이 마진콜에 대응하기 위해 여러 부서에 계속해서 점점 더 큰 금액을 요청했을 때 아무도 의문을 제기하지 않고 순수히 자금을 공급해준 것으로 보인다([표 1] 참조). 리슨이 어떻게 그렇게 능수능란하게 베어링스의 여러 부서를 속일 수 있었는지를 이해하려면 최소한 다음의 3가지 질문에 대한 답을 알고 있어야 한다.

- 리슨은 투기로 인해 엄청난 손실을 입고 있는 상황에서 어떻게 지속적으로 수익이 나는 것처럼 보고할 수 있었을까?
- 리슨은 어떻게 대규모 투기 행위를 차익거래로 위장할 수 있었을까?
- 리슨은 어떻게 싱가포르거래소가 아무런 조치를 취하지 못하도록 막을 수 있었을까?

---

112) 미청산계약 명목금액은 오해의 소지가 있다. 하지만 더 신뢰성 있는 수치라고 할 수 있는 개별 거래의 시가평가액도 아마 베어링스 자본금의 약 3배에 가까운 15억 달러에 육박했을 것이다.

(단위: 백만 파운드)

| 회사명 | 94년 1월 7일 | 94년 12월 31일 | 95년 2월 24일 |
|---|---|---|---|
| 베어링스증권런던(BSL) | 7 | 13 | 105 |
| 베어링스증권 | 33 | 142 | 337 |
| 베어링스증권일본 | (1) | 66 | 300 |
| 합계 | 39 | 221 | 742 |

* 출처: Chew, L. ManagingDerivativesRisk(Wiley,1996),p.229.

**에러계좌 88,888:** 리슨의 사기행각에는 계좌번호가 88,888인 에러계좌가 사용됐다. 중국 문화에서는 8이 특별히 상징적인 의미를 가지는데, 리슨이 그 계좌로 무슨 짓을 할 계획이었는지를 생각해보면 계좌번호로 8을 5개나 사용한 것은 악질적인 농담에 가깝다. 에러계좌는 일반적으로 잘못된 의사전달 또는 실수로 체결된 거래나, 고객이 이의를 제기한 거래를 처리하기 위해 개설된다. 이런 거래들은 체결된 이후 곧바로 청산돼야 하고 이때 발생하는 손익은 중개 부서의 전체 손익에 합산된다. 따라서 에러계좌는 당연히 자기자본거래를 위해 만드는 것이 아니며, 에러계좌에서 발생하는 수익이나 손실의 규모도 아주 작은 편이다.

에러계좌 88,888은 리슨이 싱가포르에 도착한 직후인 1992년 7월 초에 개설됐다. 그해 7월 8일에 리슨은 BFS가 런던에 송부하는 모든 일간 보고에서 증거금 파일(계좌 및 통화별 개시증거금과 유지증거금)을 제외하고는 에러계좌 88,888에 대한 정보를 배제하라는 지시를 내렸다. 88,888 계좌에 대한 거래파일(일일 거래 활동)과 가격파일(최종 결제 가격)이 런던에 매일 보고돼야 했지만 리슨의 지시로 보고에서 빠지게 된 것이다. 싱가포르에서는 후방부서 직원과 트레이딩 부서의 소수 인력만 에러계좌 88,888에 대해 알고 있었다. 그 계좌의 결제를 담당하는 직원을 직접 뽑고 교육시킨 사람이 바로 리슨이었기 때문에 계좌에 대한 비밀을 유지하는 것은 어렵지 않은 일이었다. 리슨이 성공적으로 비밀을 유지한 덕분에 최고경영진은 1995년 2월 23일까지 에러계좌 88,888의 정체에 대해 전혀 모르고 있었다.

또 리슨은 88,888 계좌를 거치는 모든 거래에 대해 2장으로 된 거래서류의 두 번째 장은 분쇄하고 첫 번째 장만 그가 볼 수 있게 남겨두도록 지시했다. 리슨이 이렇게 시스템을 조작하는 데 있어 거래 결제 업무를 직접 담당했던 경험이 결정적인 도움이 된 것으로 보인다.

**진실과 거짓 사이:** 리슨은 투기로 계속해서 돈을 잃고 있는 동안 어떻게 지속적으로 이익이 발생했다고 보고할 수 있었을까? 은행감독위원회(Board of Banking Supervision)는 조사보고서를 통해, 보고된 트레이딩 성과와 실제 성과([표 2] 참조)가 얼마나 다른지, 또 보고된 포지션 규모와 실제 포지션 규모는 얼마나 차이가 나는지([표 3] 참조)를 밝혀냈다. 리슨은 공식적으로 무위험 차익거래를 실행하고 있었기 때문에 그의 포지션은 [표 3]의 '보고된 규모' 열에 나타난 것처럼 숏포지션이나 롱포지션이 아니라 0이 돼야 한다. 리슨은 보유하고 있던 니케이 225지수에 대한 롱포지션과 일본국채선물·유로엔선물에 대한 숏포지션을 숨겼던 것이다. '실제 규모' 열에 나타난 것처럼, 실제 옵션 포지션이 보고된 포지션과는 확연히 달랐던 것은 굳이 말할 필요도 없다.

보고서는 리슨의 사기행각이 가능했던 것은 '자전거래(Cross Trade)'[113]가 존재했기 때문이라는 결론을 내렸는데, 자전거래 관련 규정의 복잡성을 고려하면 리슨이 손실을 88,888 계좌[114]에 은폐하면서 정상 계좌인 92,000 계좌의 수익을 부풀릴 수 있었던 것도 무리는 아니었다.

■ ■ 표 2 트레이딩에서 발생한 손익의 거짓과 진실

| 기간 | 기간 | 실제 금액 | 실제 누적 금액[115] |
|---|---|---|---|
| 93년 1/1 ~ 93년 12/31 | +£ 883만 | −£ 2,100만 | −£ 2,300만 |
| 94년 1/1 ~ 94년 12/31 | +£2,852만 9,000 | −£ 1억 8,500만 | −£ 2억 800만 |
| 95년 1/1 ~ 95년 2/27 | +£ 1,856만 7,000 | −£ 6억 1,900만 | −£ 8억 2,700만 |

* 출처: Report of the Board of Banking Supervision Inquiry into the circumstances of the collapse of Barings, Ordered by the House of Commons, Her Majesty' s Stationery Office, 1995.

113) 실제 누적 금액은 리슨의 손실 중 이월된 금액을 나타낸다. 이는 싱가포르국제금융거래소의 계약 금액을 기준으로 한 수치다. 싱가포르거래소에서 한 계약의 크기는 도쿄증권거래소와 오사카증권거래소의 절반이다. 유로엔선물은 싱가포르거래소와 도쿄금융선물거래소의 계약 크기가 비슷한 수준이다.

114) Report of Board of Banking Supervision Inquiry into the Circumstances of the Collapse of Barings, Ordered by the House of Commons, Her Majesty Stationary Office, 1995.

115) 실제 누적 금액은 리슨의 손실 중 이월된 금액을 나타낸다.

**1995년 2월 말 리슨이 보유한 포지션의 거짓과 진실**

| 구분 | 계약 수량[116] | | |
| --- | --- | --- | --- |
| | 달러환산 계약 금액 | | |
| 계약 | 보고된 규모[117] | 실제 규모[118] | 만기별 시장 전체 계약 잔액 대비 비율[119] |
| 선물 | | | |
| 니케이225 | 30,112 | 매수 61,039 | 3월물 49%, 6월물 24% |
| | $ 28억 900만 | $ 70억 | |
| 일본국채 | 15,940 | 매도 28,034 | 3월물 85%, 6월물 88% |
| | $ 89억 8,000만 | $ 196억 5,000만 | |
| 유로엔 | 601 | 매도 6,845 | 6월물 5%, 9월물 1%, 12월물 1% |
| | $ 2,650만 | $ 3억 5,000만 | |
| 옵션 | | | |
| 니케이225 | 0 | 콜옵션 37,925 | |
| | | $ 35억 8,000만 | |
| | | 풋옵션 32,967 | |
| | | $ 41억 | |

* 출처: Report of the Board of Banking Supervision Inquiry into the circumstances of the collapse of Barings, Ordered by the House of Commons. Her Majesty's Stationery Office, 1995.

---

115) 이는 싱가포르국제금융거래소의 계약 금액을 기준으로 한 수치다. 싱가포르거래소에서 한 계약의 크기는 도쿄증권거래소와 오사카증권거래소의 절반이다. 유로엔 선물은 싱가포르거래소와 도쿄금융선물거래소의 계약 크기가 비슷한 수준이다.

117) 리슨이 보고한 선물 포지션은 스위칭 거래의 일부였기 때문에 0이 돼야 했다. 다시 말해, 표에 나타난 계약은 오사카증권거래소나 싱가포르국제금융거래소 또는 도쿄증권거래소에서 동일한 규모의 계약으로 상쇄됐어야 하는 것이다.

118) 실제 포지션 규모는 에러계좌 88,888에 은폐된 허가받지 않은 거래 규모를 나타낸다.

119) 미결제약정은 특정 시점에 살아있는 선물계약의 숫자를 나타낸다. 상장되어 게시된 각 계약월에 대해서 미결제약정이 표시된다. Nikkei 225, JGB 그리고 유로/엔 계약에 대해서 계약월은 3월, 6월, 9월, 12월이다.

BFS는 88,888계좌, 92,000계좌(베어링스증권 일본지사의 니케이 225및 일본국채 차익거래 계좌), 98,007계좌(베어링스증권 본사의 일본국채 차익거래 계좌), 98,008계좌(베어링스증권 본사의 유로엔 차익거래 계좌) 사이에 대규모 자전거래를 체결했다. BFS는 공식적인 결제가격으로 거래를 체결할 수 있는 기간이 마감되고 난 후 3~5분 동안의 '결제후기간(Post-settlement Period)'을 이용해 대부분의 거래를 체결한 것으로 보인다. 리슨은 이 기간 동안 다른 시장 참가자들이 거래에 참가하지 않을 가능성이 높아 일부러 이때 거래를 체결했을 가능성이 높다.

또 리슨은 거래가 체결되고 나면 전체 거래를 여러 소규모 거래로 분산시킨 뒤 각 거래의 가격을 변경해, 위에서 언급한 '스위칭' 계좌들에는 수익을 입금시키고 손실은 88,888계좌에 반영되도록 결제담당자에게 지시한 것으로 보인다. BFS의 자전거래는 언뜻 보면 거래소의 규정을 준수한 것으로 보인다. 하지만 콘택시스템(싱가포르거래소 회원사들이 광범위하게 사용한 결제시스템)에 보관된 BFS의 장부기록을 보면 거래 수량은 동일하지만 거래 가격은 실제 체결된 것과 전혀 다른 경우가 대부분이다. 리슨이 거래 규모를 인위적으로 축소시키지 않고 실제로 작은 규모의 자전거래를 체결한 뒤 실제 시스템에 입력할 때는 가격을 조작해 이익은 '스위칭' 계좌로 들어가고 88,888계좌에는 손실이 배분되도록 했을 가능성도 있다.

**현금흐름의 흔적**: 막대한 투기 포지션을 보유하면서 투기에 실패해 계속해서 손실을 입은 리슨은 싱가포르거래소로부터 여러 차례 마진콜을 받았다. 리슨이 베어링스는 속였지만 싱가포르거래소마저 속일 수는 없었다. 리슨이 BSL에게 요청한 대규모 자금 지원은 고객 계좌의 마진콜에 대응하기 위한 것이었다. 리슨은 자금을 요청하면서 다

수의 고객이 서로 다른 시간대에 있기 때문에 수표를 처리하는 데 시간이 걸린다고 둘러댔다. 리슨은 또 싱가포르거래소와 오사카거래소 간에 대규모 차익거래를 실행하는 데 있어 양쪽 거래소의 포지션을 합칠 수 없기 때문에 두 거래소에 각각 증거금을 납부하는 수밖에 없다고 주장했다.

베어링스그룹의 자금조달을 총괄하는 베어링스브라더스의 재무책임자는 1993년에 이미 BFS에서 요청한 금액과 실제 고객 증거금 규모 사이에 현격한 차이가 있는 것을 알고 있었다. 이 차이는 1994년 중반 1억 파운드까지 늘어났는데, 그때는 이미 구조적 차이로 인식돼 은행 장부에 '고객에 대한 대출'로 기록돼 있었다.

**싱가포르거래소를 속이다:** 내부 통제체계가 무너진 경우에는 외부에 구축된 방어선이 작동해야 한다. 장내(Exchange-traded) 상품의 경우에는 청산소, 장외(Over-the-Counter) 상품은 거래상대가 여기에 해당한다. 싱가포르거래소의 규정상 리슨은 위탁거래(고객 요청에 따라 거래를 수행하는 수수료 기반 서비스) 계좌와 자기자본거래(수익을 올리기 위해 은행이 자기자본을 사용해 수행하는 거래) 계좌를 구분해 증거금을 납부해야 했다.

싱가포르거래소는 동일한 은행에서 관리하는 계좌간 차액 정산을 금지하고 각 고객 계좌를 독립적으로 관리하도록 하는 '총 증거금(Gross Margining)' 체계를 엄격하게 유지하고 있었다. 88,888계좌와 92,000계좌는 고객 계좌로 개설돼 있었기 때문에 증거금을 줄일 목적으로 두 계좌간 차액 정산하지 못하도록 돼 있었는데 리슨은 결국 이 규정마저 무시하고 싱가포르거래소를 기만했다.

보고서에 따르면 1995년 1월 10일부터 리슨은 BFS의 결제 담당 직원에게 두 계좌의 금액을 조정해 증거금 부담을 완화시키라고 지시했다. 싱가포르거래소는 위조된 계좌 정보에 완벽히 속아 BFS에게서 증거금을 추가로 받아야 하는 상황에서 오히려 BFS에 돈을 되돌려줬다. 2월 23일 BFS의 싱가포르거래소 증거금 계좌에는 최소한 2억 5,000만 달러가 부족한 것으로 추산됐다. 리슨의 정교한 수법에 베어링스은행뿐 아니라 싱가포르거래소까지 마법에 걸린 것처럼 속아 넘어간 것이다.

 **리슨이 가르쳐준 7가지 교훈**

**교훈 1_ 전방부서와 후방부서의 업무를 구분하고 권한을 분산하라:** 증권업에서의 황금률은 전방부서와 후방부서의 업무를 분리해야 한다는 것이다. 양쪽 부서 모두 인사권이 독립돼 있어야 하고 특히 전방부서와 결탁하는 것을 방지하기 위해 후방부서에서는 보직을 순환해야 한다. 후방부서의 업무는 주로 전방부서에서 실행한 거래에 대한 확인, 결제, 기록 등 서류작업에 집중돼 있다. 이런 행정 업무에서 가장 중요한 작업은 개별 거래의 종류, 가격, 총 계약 규모 등 세부 사항들에 대해 전방부서에서 제공한 정보와 거래상대가 제공한 정보가 일치하는지 확인하는 것이다.

확인이 완료되면 후방부서에서는 대금 지급이나 해당 증권 반환을 승인한다. 이렇게 확인절차를 엄격하게 운영하는 것은 허가받지 않은 거래나 횡령과 같은 부정행위가 일어나는 것을 막기 위해서다. 베어링스의 싱가포르 지사는 규모가 작았기 때문에 리슨은 회계 감사자들의 거듭된 경고 신호에도 불구하고 전방부서와 후방부서를 모두 관리할 수 있었다.

**교훈 2_ 현금흐름의 흔적을 주시하라:** 선물을 거래하거나 옵션을 매도할 때는 지울 수 없는 현금흐름의 흔적이 남는다. 첫째 흔적은 선물계약 매수나 옵션 매도시 거래소에 증거금을 납부할 때 발생한다. 싱가포르거래소의 경우 계약 금액의 15%를 증거금으로 납부해야 한다. 또 매일 계약에 대한 시가평가가 이뤄지면서 가치 하락으로 인해 손실이 발생하면 증거금 계좌에서 인출되는 경우가 두 번째다. 이 경우 계약자로 하여금 증거금 계좌를 다시 계약 규모의 15%에 해당하는 금액으로 채워놓도록 하는 마진콜이 뒤따른다. 계약이 청산되거나 만기 시에 손실이 발생하는 경우에도 현금유출에 따른 흔적이 남는다.

분명 베어링스의 경영진과 감사자는 초기부터 현금흐름의 흔적을 놓치고 있었다. 베어링스의 감사를 맡은 외부 회계사들은 증거금 계좌가 정확한지 싱가포르거래소와 오사카거래소의 기록과 대조했어야 했다. 베어링스는 리슨이 엄청난 규모의 자금 지원을 요청했을 때 그 자금이 어떻게 사용될지에 대해 묻지도 않고 자금 지원을 수락했다. 그 자금을 송금하도록 승인한 사람이 누구였든(자금의 액수로 보아 아마 베어링스의 최고위층 간부였을 것이다) 베어링스의 자본금보다 더 큰 금액을 리슨이 요청했을 때는 왜 그렇게 큰 금액이 필요한지를 확실히 밝혀냈어야 했다. 베어링스의 여러 경영진들이 리슨을 맹목적으로 신뢰하면서 하나같이 어수룩하게 속아넘어간 것은 참으로 놀라운 일이다.

**교훈 3_ 사업을 이해하라:** 워런 버핏은 그가 잘 이해하고 있는 사업에만 투자하는 것으로 유명하다. 수많은 증거를 통해 베어링스의 은행부문과 증권부문 최고경영진이 파생상품 시장에 대해 얼마나 무지했는지를 알 수 있다.

"한번은 동료가 굉장히 유리한 포지션을 수립한 적이 있습니다. 그 친구는 홍콩 주식시장에 상장된 관동투자(Guandong Investments)의 풋워런트(Put Warrant)를 크게 할인된 가격에 산 뒤, 워런트에 딸려 있는 주식을 팔아 실질적으로 풋옵션을 매수하는 것과 동일한 포지션을 수립했습니다. 그런데 베어링스증권의 최고경영자 피터 노리스(Peter Norris)가 런던에서 직접 전화를 걸어 관동투자의 주가가 떨어질 것 같으니 포지션을 청산해야 한다고 말했습니다. 제 동료는 주가가 떨어지면 돈을 벌게 된다고 설명하려 했지만 방법이 없었습니다."[120]

선도적인 금융기관의 최고경영진이 파생상품이나 금융공학의 기본적인 사항을 이해하지 못해 기술적인 부분을 부하직원에게 의존하는 경우를 흔히 볼 수 있다. 만약 이런 상황에 처해 있다면, 이사회의 구성원들과 최고경영진들로 하여금 2~3일 일정으로 세미나에 참가해 파생상품의 핵심, 가치 평가, 구조 설계 등을 익히도록 하는 것이 바람직하다.

**교훈 4_ 차이를 분석하라:** 경영계획과 통제 업무의 일환으로 베어링스의 모든 부서는 경제 상황과 사업 환경에 대한 가정들을 바탕으로 추정손익계산서(Pro-forma Income Statement)를 작성했다. 1994년에 리슨이 추정 수익의 500%를 올렸을

---

120) "Barings' near death experience", Euromoney(March1995), p.40.

때(그것도 니케이225지수 선물에 대한 차익거래를 통해서만) 그의 관리자들은 그렇게 비정상적인 수익 뒤에 특별한 이유가 있었는지 의문을 품었어야 했다.

하지만 당시 베어링스은행의 회장 피터 베어링스(Peter Barings)에게는 이 수익이 '예상치 못한 기쁨'일 뿐이었다. 추정된 경영성과와 실제 성과 사이에 현격한 차이가 있을 때는 분산분석(Variance Analysis)을 수행해 비정상적인 결과의 원인을 찾는 과정을 거쳐야 한다. 하지만 베어링스의 경영진은 큰 수익을 얻었다는 사실에 만족하고 곤란한 질문은 던지지 않았다.

**교훈 5_ 포지션 한도를 엄격하게 관리하라:** 리슨에게 허용된 트레이딩 포지션 한도는 비교적 낮은 수준이었지만 리슨은 영업일 중에 포지션 한도를 마음대로 넘길 수 있었다. 거래 장부는 매일 영업 종료 시점에 시가평가한 뒤 최고경영진 수준에서 면밀한 검토를 거쳤어야 했다. 이 자료를 싱가포르거래소나 오사카거래소의 미청산계약 자료와 대조했더라면 매일 내부적으로 관찰한 내용을 검증할 수 있었지만 베어링스는 한 번도 이런 시도를 하지 않았다.

**교훈 6_ 미청산 계약 규모를 주시하라:** 거래소는 거래되는 상품별로 누가 미청산계약을 주로 보유하고 있는지를 세심하게 관찰해야 한다. 은행의 최고경영진 또한 은행 내 여러 트레이딩 부서의 계약 잔액을 관찰하고, 감사활동을 위해 외부 기관과의 의사소통 경로를 확보해야 한다. 또 거래소는 대규모 포지선을 보유한 고객의 미청산계약 포지션에 급격한 변화가 감지되면 지체없이 조사에 착수해야 한다. 베어링스가 붕괴되기 직전 리슨은 싱가포르거래소의 95년 3월물 니케이225지수 선물 미청산계약 중 무려 49%를 혼자 차지하고 있었다. 이와 동시에, 거래소는 거래 당사자뿐 아니라 거래를 체결한 기관의 경영진과 의사소통을 할 수 있는 경로를 확보해 거래 정보의 진실성을 확인해야 한다. 결백이 증명되기 전까지는 트레이더의 부정행위에 대한 의심을 떨치지 말아야 하는 것이다.

**교훈 7_ 위탁거래와 자기자본거래를 분리하라:** 동일한 트레이더가 고객의 요청에 따른 거래(위탁거래)와 은행의 수익을 목적으로 한 거래(자기자본거래)를 동시에 실행하는 경우에는 자연스럽게 이해관계의 충돌이 일어나는데 이 경우 손해를 보는 쪽은 대개 고객이다. 따라서 자기자본거래와 위탁거래 업무를 수행하는 트레이딩 부서와 후방부서를 각각 독립적으로 운영해 두 업무를 완벽하게 분리해야 한다. 또 양쪽의 감사와 통제 구조 역시 본질적으로 다르게 설정해야 한다. 위탁거래는 은행의 고객에게 제공하는 서비스이기 때문에 신용위험관리와 계좌관리만 적절하게 수행한다면 원칙적으로 은행은 아무런 위험에도 노출되지 않는다. 반대로 자기자본거래에는 은행의 자본이 투입되기 때문에 트레이더의 거래 활동에 대한 엄격한 통제가 필수적이다.

트레이더가 취할 수 있는 포지션 한도는 엄격하게 제한돼야 하고, 일일보고도 꼭 필요하다. 리슨은 두 업무를 뒤섞어 처리했지만 위탁거래나 자기자본거래 중 어느 쪽에도 감사나 통제가 전혀 이뤄지지 않았다. 위탁거래의 증거금과 자기자본거래의 증거금도 뒤섞여버렸기 때문에 경영진은 어느 부분이 위탁거래의 증거금이고 어느 부분이 자기자본거래의 증거금인지 전혀 감을 잡지 못했다. 리슨은 니케이225지수 선물, 일본국채선물, 유로엔선물 등에 대한 포지션 한도 역시 계속해서 어겼지만 리슨을 제어할 수 있는 통제체계는 존재하지 않았다.

## 뒷 이야기 💬

베어링스가 보유하고 있던 포지션을 연장해 1995년 말까지 버텼더라면 대부분의 손실을 만회할 수 있었을지도 모른다. 니케이225지수는 1995년 중반 15,000엔까지 떨어졌다가 연말에는 다시 19,000엔 가까이 상승하면서 한 해를 마감했기 때문이다. 하지만 결과적으로 1995년 3월 5일 네덜란드계 대형 금융기관인 ING은행이 14억 달러의 손실을 모두 떠안으면서 1파운드에 베어링스를 사들였다. ING는 니케이225지수가 가장 낮은 수준으로 추락했을 때 베어링스가 보유하고 있던 투기 포지션을 모두 청산해, 입을 수 있는 최대한의 손실을 입고 말았다.

한편 1995년 3월 2일 프랑크푸르트 공항에서 체포된 뒤 런던으로 인도된 리슨은 이후 싱가포르로 다시 인도돼 법정에 섰다. 리슨은 6년형을 선고받았지만 4년 반을 싱가포르 감옥에서 보낸 뒤 다시 세상에 나왔다. 〈사기꾼 트레이더〉라는 제목의 자서전은 베어링스가 붕괴된 지 1년이 되던 날 출간됐고, 이후에는 영화로도 만들어져 수익금이 그의 법률비용을 충당하는 데 사용됐다.

베어링스에서 오명을 얻은 리슨은 곧 유명인사가 됐고, 여러 곳에 금융사기, 운영위험(Operational Risk), 컴퓨터 보안 등에 대한 연설자로 모습을 드러내면서 부끄러운 과거를 이용해 돈을 벌었다. 리슨은 자신의 강연에 '재앙을 초래한 장본인으로부터 듣는 베어링스의 붕괴'라는 제목을 걸고, 어떻게 영국에서 가장 오래된 머천트은행인 베어링스를 무너뜨렸는지에 대해 이야기했다. 이에 대해 싱가포르 감옥에서 수년간 복역하고, 첫 번째 부인과 이혼당하고, 대장암과 싸우면서 이미 죗값을 충분히 치렀으니 리슨은 다시 사회로 복귀해도 된다고 주장하는 사람도 있을 것이다. 이후 암에서 회복된 그는 두 번째 부인을 맞아 아일랜드에서 인생을 다시 시작했다. 현재 평소에는 갈웨이유나이티드(Galway United) 축구단의 경영자로 일하고, 여유가 있을 때는 각종 세미나나 만찬강연의 연사로 활동하면서 새 삶을 살고 있다.

베어링스의 최고경영진은 마지못해 책임을 인정했지만 누구도 벌금을 내거나 감옥에 가지 않고 법의 심판을 교묘히 피해갔다. 결국 손해를 본 것은 모든 투자금을 탕진한 베어링스의 주주들과 채권자들뿐이었다.

### 참고문헌

1. Chew, Lilian, Managing Derivatives Risk(Wiley,1996), p.229.
2. Fay, Stephen. The Collapse of Barings(W.W.Norton, 1996).
3. Gapper, John and Nicholas Denton. Al lthat Glitters: the Fall of Barings(Hamish Hamilton, 1996).
4. Ministry for Finance, Singapore. Barings futures (Singapore) Pte Ltd: The Report of the Inspectors appointed by the Minister for Finance, 1995.

5. Rawnsley, Judith H. Total Risk: Nick Leeson and the Fall of the Barings Bank(Harper Collins, 1995).

6. Report of Board of Banking Supervision Inquiry into the Circumstances of the Collapse of Barings, Ordered by the House of Commons, Her Majesty Stationary Office, 1995.

7. Stonham, Paul. Whatever happened at Barings: The Lure of Derivatives and Collapse, European Journal of Management, vol 14, no.2, pp.167-175(1996).

8. Stonham, Paul. Whatever Happened at Barings: Unauthorized Trading and the Failure of Controls, European Journal of Management, vol 14, no.3, pp.269-278(1996).

9. Stoll, Hans. Lost Barings: A Tale in Three parts Concluding with a Lesson, The Journal of Derivatives(Fall 1995), pp.109-114.

# Question

1. 니케이225지수 선물에 대한 오사카거래소와 싱가포르거래소 간 차익거래로 큰 수익을 거두기 힘든 이유는 무엇인가? 이런 거래는 위험을 수반하는가?

2. 니케이225지수 같은 주가지수에 대해 옵션을 활용해 투기를 하려 할 때 매수를 통한 방법과 매도를 통한 방법의 차이를 설명하라.

3. 스트래들 매도와 스트랭글 매도의 차이는 무엇인가? 이 전략들은 본질적으로 투기적인가? 두 전략을 니케이225지수에 대해 단순히 롱포지션이나 숏포지션을 취하는 전략과 비교해 설명하라.

4. 리슨은 선물거래에 대한 증거금을 어떻게 충당했으며, 마진콜에는 어떻게 대응했는가?

5. 베어링스 사건은 리슨이 단독으로 저지른 일이라고 생각하는가?

6. 베어링스의 파생상품 거래를 감독하는 데 있어 이사회는 어떤 역할을 수행했어야 하는가?

7. 베어링스가 1890년 위기에서는 구제될 수 있었지만 1995년에는 구제되지 못했던 이유는 무엇인가?

# 소시에테제네랄

Société Générale

도박을 향한 욕구가 머릿속을 떠나지 않고, 도박을 할 때는
너무나 황홀한 것을 보면 도박은 사악한 것이 분명한 것 같다.

– 헤이우드 브라운(Heywood Broun)

2008년 1월 24일 아침 8시(파리 시각), 소시에테제네랄(Société
Générale)은 사기로 인해 49억 유로(72억 달러)의 손실을 입었다는
짧은 성명을 발표했다. 역설적이게도 이 최악의 파생상품 실패 사례
는 속젠(SocGen)의 성역으로서 경외의 대상이던 주식 트레이딩 부
서에서 발생했다. 이 발표 직후 속젠의 주식 거래는 전면 중단됐고,
세계 금융계는 믿을 수 없는 소식의 충격으로 휘청거렸다. 이 사건
을 일으킨 젊은 트레이더 제롬 케르비엘(Jerôme Kerviel)은 주가지
수 선물에 대해 어마어마한 포지션을 쌓고는 반대 포지션을 쌓은 것
처럼 허위로 꾸민 혐의로 법정에 섰다.

어떻게 신참내기 트레이더 한 명이 세계에서 가장 정교한 은행
중 하나인 속젠의 통제체계를 농락할 수 있었을까? 케르비엘이 그

사건을 일으킨 이유는 무엇일까? 속젠은 막대한 수익에 눈이 멀어 무모한 거래를 묵인하다가 사건이 터지자 케르비엘을 희생양으로 삼은 것일까? 지금부터 '케르비엘 사건(l' Affaire Kerviel)' 속에 감춰진 무절제한 투기 행각을 살펴보자.

## 사기꾼 트레이더의 탄생

제롬 케르비엘의 출생 당시에는 프랑스 은행산업의 대들보인 속젠을 대상으로 '금융 테러'를 자행할 운명이라고 예측할 수 있는 것이 아무 것도 없었다. 그는 1977년 1월 11일 브르타뉴(Brittany) 지방 서쪽에 위치한 작은 도시 퐁라베(Pont L'Abbé)의 중산층 가정에서 태어났다. 케르비엘의 어머니는 미용실을 운영했고 아버지는 대장장이로 일하면서 틈틈이 캥페르(Quimper)에 있는 직업학교에서 학생들을 가르쳤다. 고등학교 시절부터 진지한 학생이었던 케르비엘은 일찍이 금융과 주식시장에 눈을 떴고, 고등학교에서 경제학 심화 과정을 공부했다.

　케르비엘은 처음에는 엘리트 코스를 목표로 삼고 '그랑제콜'(공학, 경영, 정치경제학 등의 분야에서 약 1%에 해당하는 탁월한 학생들을 유치하며, 프랑스 대부분의 고위관료와 기업의 경영자들을 배출해왔다) 입학을 위해 '콩쿠르(Concours: 그랑제콜의 입학시험)'를 준비했다. 케르비엘의 목표는 유럽 문제와 국제관계 과정으로 정평이 나 있는 릴(Lille) 지방의 '정치학교(Institut des Etudes Politiques)'에 입학하는 것이었다. 하지만 그랑제콜에 입학할 만한 성적을 얻지 못한 케르비엘은 국립대학인 캥페르대학교(University of Quimper)에서 평범한 교육을 받는 것으로 만족해야 했다. 케르비엘은 이후 낭트(Nantes) 직업전문대학(Institut Universitaire Professionalisé: IUP)으로 편입해 경제학으로 학사학위를 받았다.

대학 졸업 전 마지막 해에 낭트에 있는 속젠의 한 지점에서 인턴으로 근무하게 된 케르비엘은 추진력과 성실성에 대해 좋은 평가를 받았다. 회사에서는 그에게 공부를 더 한 뒤 정직원으로 지원하라고 권유했다. 케르비엘은 그 충고를 받아들여 뤼미에르 리옹2대학(The University Lumiére Lyon 2)의 전문 석사과정인 '금융업 후방부서 및 중간부서 관리' 과정에 등록해 금융기관의 자본시장 트레이딩에 관련된 지원업무를 공부했다. 이 과정에서는 학자들이 아닌 실무자들이 대부분의 수업을 가르쳤고, 졸업요건으로 인턴십을 해야 했다. 케르비엘은 방학 동안 BNP은행(Bank National de Paris)에서 인턴으로 근무했다. 케르비엘은 뛰어난 성적이라고는 보기 어려운 '2등 우등'으로 졸업했지만 주요 은행 취직에 성공한 극소수의 졸업생 중 한 명이었다. 2000년 케르비엘은 속젠에 입사해 파리 라데팡스(La Défense)에 위치한 본사의 중간부서에서 근무하기 시작했다. 이때 케르비엘의 연봉은 3만 5,000유로에 불과했다.

프랑스 금융계의 한 축을 이루는 속젠의 역사는 프랑스가 현대적인 금융 시대로 진입하던 19세기 중반으로 거슬러 올라간다. 소시에테제네랄은 나폴레옹이 직접 내린 칙령을 바탕으로 프랑스 경제에 산업화의 물결이 휘몰아치던 1864년 '프랑스의 상업 및 산업 개발을 돕기 위해'[121] 설립됐다. 2차 대전 이후 드골에 의해 국유화된

---

121) 프랑스어 원문은 "pour Favoriser le Developpement du Commerce et de l'Industrie en France"인데, 이는 설립 당시 소시에테제네랄의 공식 사명인 "Société Générale pour Favoriser le Developpement du Commerce et de l'Industrie en France"에 포함돼 있다.

속젠이 다시 민영화된 것은 1987년의 일이었다. '케르비엘 사건'의 파괴력이 어느 정도였는지를 제대로 이해하기 위해서는 프랑스 금융계에서 속젠이 차지하는 비중이 어느 정도인지를 먼저 알아야 한다.

소시에테제네랄은 아마 프랑스의 대형 은행으로 가장 잘 알려져 있을 테지만 금융업에 종사하는 사람에게는 그 이름이 완전히 다른 느낌으로 다가온다. 수학 천재들로 채워진 속젠 트레이딩 부서의 역량은 가공되지 않은 천조각 같은 알고리즘과 수학 모델을 가지고 황금 옷을 만들 수 있을 정도다. 지난 15년간 프랑스 금융계에서 속젠은 월스트리트에 있어 골드만삭스와 같은 존재였다. 신비감과 오만함으로 둘러싸인 '돈 버는 기계'의 위상을 차지하고 있었던 것이다. 속젠의 최고경영자이자 이사회 의장인 다니엘 부통(Daniel Bouton)은 속젠 직원의 모범으로, 엄청난 수익을 내는 것으로 그치지 않고 동료들에게 조언을 아끼지 않는 탁월한 인물이었다. 다른 은행들이 자문 업무와 소매금융에 안주하는 동안 소시에테제네랄은 가장 똑똑한 졸업생들을 신입 사원으로 뽑아 은행 돈을 마음대로 투자할 수 있는 권한을 부여하면서 다른 은행들과는 차원이 다른 수준으로 성장했다. 속젠 트레이딩 부서의 업무는 너무 난해해서 규제 당국은 물론이고 심지어 경영진도 트레이딩 부서에서 무슨 일을 하는지 이해하는 데 애를 먹었다.[122]

---

122) Broughton, Philip D. "Tricks of the Trader: this junior French banker is taking the blame for one of the biggest scandals in history – but is he just a scapegoat for the recklessness of his bosses?" The Sunday Times(February 15, 2009).

케르비엘의 첫 업무는 주식 파생상품 트레이딩 부서에서 데이터베이스와 컴퓨터시스템 관리를 보조하는 일이었다(박스 A 참조). 케르비엘에 대한 상사의 평가는 칭찬 일색이었다. 2001년 평가에서 효율적인 일처리에 대해 칭찬을 받은 것을 시작으로, 2002년 평가에서는 컴퓨터 소프트웨어에 대한 높은 이해도를 인정받았고 2003년 평가에서는 꼼꼼한 업무처리와 독립성에서 높은 평가를 받았다. 즉 케르비엘은 모범적인 직원으로 인정받고 있었던 것이다. 2005년 보조 트레이더로 발령을 받으면서 케르비엘이 그토록 갈망하던 전방부서로의 승진이 마침내 실현됐다. 트레이딩 부서에서 2005년 '공격적인 트레이더'로 좋은 점수를 얻은 케르비엘은 2006년에는 '위험관리에 탁월하다'는 평가를 받기는 했지만 '더 휴가를 많이 사용해야 한다'[123]는 미묘한 지적도 함께 받았고, 2007년에는 '운영위험에 주의를 더 기울여야 한다'는 평가를 받았다.

2007년 7월 케르비엘은 차익거래 부서인 델타원(Delta One)의 트레이더로 승진하면서 48,500유로(약 65,000달러)의 연봉에 더해 보너스까지 받았다. 델타원은 속젠의 여러 트레이딩 부서 중 하나로 고객의 요청에 따라 표준 주가지수 선물에 투자하는 것에 중점을 두고 있었기 때문에 일반적으로 위험도가 낮다고 인식됐다. 역설적이게도, 델타는 옵션이론에서 기초자산의 가치가 1% 변할 때 파생상

---

123) 트레이더들을 통제하는 데 있어 가장 중요한 원칙 중의 하나는 트레이더들이 매년 열흘 이상 휴가를 가도록 하는 것이다. 이렇게 강제하는 이유는 휴가 중인 트레이더가 거래 계좌에 접근하지 못하는 사이 다른 트레이더가 일을 대신 맡으면 부정 거래를 밝히기가 상대적으로 쉽기 때문이다. 잘못을 저지른 트레이더들이 전혀 휴가를 가지 않은 베어링스나 AIG는 똑같은 문제를 안고 있었다. 프랑스는 주당 35시간의 근무시간을 세계에서 처음 실시할 만큼 휴가를 굉장히 중요하게 생각한다. 역설적이게도 케르비엘은 이런 프랑스에서 휴가를 마다한 예외적인 경우였던 것이다.

품의 가치 변화율을 의미하고, 델타원은 기초자산 가치의 하락이 동일한 파생상품 가치 상승으로 상쇄돼 위험이 완벽하게 제거된 포지션을 가리키는 말이다. 케르비엘이 합류한 후 속젠의 델타원 트레이딩 부서는 그 이름에 먹칠을 하고 만 것이다!

## 박스 A   전방부서, 중간부서, 후방부서

전방부서는 주식, 채권, 외환, 상품 시장 등에서 포지션을 취하거나 파생상품을 거래하는 등 실질적인 트레이딩 업무를 담당하는 부서를 말한다. 어느 금융기관에서나 트레이딩은 선망의 대상이고, 트레이더들은 엄청난 연봉뿐 아니라 연봉보다 더 많은 보너스까지 챙긴다.

후방부서는 결제, 장부 기록, 거래 확인 등 전방부서에 대한 지원업무를 담당한다. 증거금 조달 및 납부, 증권의 인도는 후방부서의 또 다른 업무이고, 규정을 준수하는지 확인하는 역할도 후방부서에서 담당한다.

중간부서는 각 트레이더의 손익을 파악하고 포지션 한도를 부여하는 등 트레이딩에 수반되는 다양한 위험을 관리하는 역할을 맡는다. 또 사내 컴퓨터시스템에 대한 보안도 담당하는데, 보안 업무를 수행하기 위한 기반이 되는 회계 정보 등은 전방부서와 후방부서에 의존한다. 베어링스의 리슨이나 케르비엘 같은 사기꾼 트레이더들은 처음에 후방부서나 중간부서에서 시작해 트레이더로 승진했다. 전산상으로 처리되는 회계나 거래 추적업무 등 후방부서와 중간부서 업무에 대해 세밀하게 파악하고 있지 않았다면 허위 거래를 그렇게 효과적으로 은폐할 수는 없었을 것이다.

## 차익거래에서 투기로

은행에서 자기자본거래를 수행할 때는 보통 저위험 차익거래와 투기 포지션을 취하는 방향성 매매를 혼합해 사용한다. 트레이더로 승진한 케르비엘은 처음에 '조기종료 발생 기준가격(Barrier)' 조건이 포함된 이색옵션(Exotic Option)인 조기종료 워런트(Turbo-warrant)에 대한 차익거래를 수행하는 업무를 맡았다(박스 B 참조). 일반적으로 자기 자본거래에서의 차익거래는 동일한 자산에 대해 정확히 같은 규모의 롱(매수)포지션과 숏(매도)포지션을 동시에 취하는 방식은 아니기 때 문에 엄밀한 의미에서의 차익거래보다는 더 느슨한 의미다.

예를 들어, 케르비엘은 행사가격 8,000유로에 조기종료 기준가 격이 7,500유로로 설정된 '다운앤드아웃(Down and Out)' DAX 주 가지수 콜옵션을 50유로의 옵션 프리미엄에 매수하고, 동시에 DAX 지수선물(박스 C 참조)을 매도해 옵션 포지션을 커버했다. '다운앤 드아웃'은 옵션 유효기간 중 DAX지수가 한번이라도 기준가격인 7,500 아래로 하락하면 콜옵션은 아무 가치도 가지지 못하고 그대 로 만료돼 버린다는 의미다.[124] 이런 콜옵션은 옵션 매수자의 융통 성을 제한하기 때문에 전통적인 옵션보다 가격이 저렴하다.

케르비엘이 이런 거래를 수행하도록 지시를 받았던 시기에는 주식 시장이 심한 변동성을 보이던 때로, DAX지수가 기준가격 아래로 하 락하면서 옵션의 효력이 정지될 가능성이 높아 옵션가격이 저렴하던 시기였다. 케르비엘은 이 거래의 위험을 줄이기 위해(위험을 완벽하

---

124) 엄밀히 말하면 같은 금액의 DAX지수선물을 매도하는 것으로는 조기종료 콜옵션 매수 포지션의 위험을 제거할 수 없다. 하지만 이에 아랑곳하지 않고 케르비엘은 실제로 같은 기준 지수·규모·만기가 동일한 숏포지션과 롱포지션을 조합했다.

게 제거하는 것은 아니다) 옵션의 행사가격과 동일한 가격에 선물계약을 매도했다.

조기종료 워런트(Turbo Warrant)는 장기 개별 주식이나 주가지수에 대한 장기 풋옵션이나 콜옵션으로, 만기 시의 가치가 '경로의존적'이다. 이는 만기 시 조기종료 워런트의 가치가 만기 시점에서 기초자산의 가치뿐 아니라 조기종료 워런트 유효기간 중의 경로에 따라서도 달라질 수 있다는 것을 의미한다. 이 옵션은 기준가격의 상한선과 하한선이 있다는 점이 차별화된 특징인데, 기초자산의 가격이 이 기준선을 한번이라도 넘어가면 이후 조기종료 워런트 매수자는 콜옵션을 행사할 수 없게 된다. 예를 들어, DAX지수에 대한 '다운앤드아웃' 콜옵션의 경우 DAX 주가지수가 기준가격 아래로 하락하면 조기종료 워런트는 효력을 잃는다. 이 경우 만기 시에 조기종료 워런트는 가치를 잃고 그대로 만료된다. 낙관적인 전망을 가진 투자자 입장에서 조기종료 워런트는 일반 콜옵션과 같은 잠재 수익을 제공하면서도 프리미엄은 일반 콜옵션보다 낮은 수준이기 때문에 작은 자본을 들여 큰 수익을 얻을 수 있는 수단이 된다. 이런 이유로 터보(Turbo)라는 이름이 붙은 것이다.

주가지수 선물은 뉴욕의 다우존스30, 파리의 CAC40, 프랑크푸르트의 DAX, 또는 유로스톡스50 등 주가지수의 가치에 기반한 선물계약이다. 유럽을 대표하는 50개 종목으로 구성된 유로스톡스50지수처럼 주가지수 자체도 지수를 구성하는 주식의 가격에 따라 가치가 정해진다. 상품선물이나 통화선물 등 다른 선물계약과 구조는 크게 다르지 않지만 주가지수 선물은 현금 결제 방식을 취하기 때문에 주가지수에 포함된 개별 주식을 실제로 인도해야 하는 번거로움을 피할 수 있다. 또 기초자산이 되는 주가지수의 가치를 측정하기 위해서는 지수를 구성하는 개별 종목의 주가를 끊임없이 정확하게 측정해야 하기 때문에 기초자산의 가치 측정 측면에서는 주가지수 선물이 다른 선물계약보다 복잡하다. 주가지수는 특정 주식시장에서 대표적인 주식 종목의 가격이 기준 시점부터(보통 기준 시점의 주가지수는 100으로 설정된다) 어떻게 변해 왔는지를 간단한 수치로 보여준다.[125] 주가지수 선물은 표준화된 계약으로, 미래의 특정 시점에(예를 들면 3월, 6월, 9월, 12월 등 결제월의 두 번째 금요일 전 영업일) 계약 당시 정해진 계약 조건(계약 금액, 만기 등)대로 인도가 이뤄진다.

- **유리한 시나리오:** DAX지수가 조기종료 기준가격인 7,750유로를 통과해 7,500유로로 하락한다. 이때 콜옵션은 50유로의 손실을 입은 채 그대로 만료된다. 하지만 케르비엘은 선물계약을 다시 매수해 선물 포지션을 청산하면서 총 450유로=8,000유로-7,500유로-50유로의 수익을 얻는다.

- **불리한 시나리오:** DAX지수가 8,250으로 상승한다. 만기 시에 옵션 매수자는 옵션을 행사해 8,000유로에 DAX지수를 매수한 뒤 시장가격인 8,250유로로 즉시 매도하면 200유로=8,250유로-8,000유로-50유로의 이익이 발생한다. 하지만 선물계약

---

125) 주가지수의 가치는 개별 주식의 가격을 기반으로 도출된다. 주가지수를 산출하기 위해서는 다음과 같은 2가지 가중법이 사용된다. (1)지수를 구성하는 개별 주식의 시가총액에 가중치를 부여해 산술평균하는 방법(S&P 500지수), (2)시가총액에 관계없이 지수를 구성하는 개별 종목의 주가에 가중치를 부여해 산술평균하는 방법(다우존스30, 니케이225지수).

을 청산하면서 250유로=8,250유로-8,000유로의 손실을 입는다. 결과적으로 이 거래를 통해 옵션 프리미엄과 같은 50유로의 손실을 입게 되는 것이다.

케르비엘은 다운앤드아웃 콜옵션([그림 1]의 선(1))과 DAX지수에 대한 선물 매도 포지션(선 (2))을 합해 실질적으로 다운앤드아웃 풋옵션(선 (3)) 매수 포지션을 쌓고 있는 셈이었다.[126] 속젠의 잠재 손실은 옵션 프리미엄으로 제한돼 있었다(일반 옵션 대신 조기종료 워런트를 활용했기 때문에 옵션 프리미엄도 일반 옵션보다 저렴하다). 확실히 케르비엘은 잠재 손실(DAX지수가 8,000 이상으로 상승하는 경우)을 최소화하면서 선물계약을 매도함으로써 DAX지수가 약세를 보이는 상황에 돈을 걸고 있었던 것이다. 이 거래가 매력을 가지기 위해서는 이 합성 풋옵션의 프리미엄이(조기종료 워런트를 사용함으로써 이미 프리미엄이 상대적으로 저렴한 수준이다) 다운앤드아웃 풋옵션의 경우보다 낮은 수준이어야 한다. 이를 종합하면 이 거래는 조기종료 워런트 시장에서 가격 불균형을 활용해 거의 아무런 위험 없이 DAX 지수의 하락에 돈을 거는 방향성 매매를 실행하는 방법인 것이다.

비정상적인 매매의 징조는 이미 2005년에 케르비엘이 알리안츠(Allianz) 주식 1,000만 유로어치를 공매도해 50만 유로의 수익을 올렸을 때 나타났다(공매도에 대한 설명은 박스 D 참조). 이는 분명 보조 트레이더로서 그의 업무 범위를 벗어난 방향성 매매였다. 케르비엘은 이 일로 상사에게 엇갈리는 평가를 받았다. 상사는 방향성매

---

126) [그림 1]은 다운앤드아웃 조건이 작동되지 않는다고 가정한 것이다.

■ **그림** | 네이키드(Naked) 풋옵션과 동일한 커버드콜옵션(Covered Call Option)

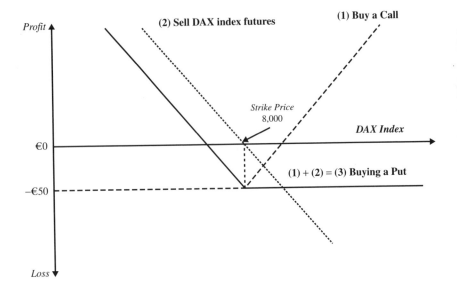

매를 수행한 데 대해 가볍게 질책을 하기는 했지만 수익을 냈다 는 이유로 거의 묵인하다시피 넘어갔다. 이를 방향성매매에 대한 암묵적 승인으로 받아들인 케르비엘은 이후 수개월 동안 솔라월드(Solarworld), 큐셀즈(Q-Cells), 노키아(Nokia), 컨티넨탈(Continental) 등의 주식을 계속해서 공매도해 포지션 규모를 1억 4,000만 유로까지 키우는 대담함을 보였다.

2006년이 되자 케르비엘은 프랑크푸르트의 DAX 지수와 유로스톡스 등 주가지수 선물에 본격적으로 집중하기 시작했다. 2007년 1월까지 DAX지수선물에 대한 케르비엘의 숏포지션은 8억5,000만 유로에 불과했지만 이후 급격하게 늘어나 2월 말에 26억 유로, 3월 말에 56억 유로로 급증했고, 최고조에 달한 2007년 7월 19일에는 무려 280억 유로에 달했다. 케르비엘은 미국에서 서브프라임 모기지로 인해 주택 압류가 증가하고 있다는 소식이 유럽 주식시장에 부정적인 영향을 미칠 것으로 확신했다. 공교롭게도 케르비엘이 대담한 투기 행각을 벌이던 시기는 그의 상사가 회사를 떠난 시기와 맞물린다. 그 자리는 거의 세 달 동안이나 빈자리로 남아 있었고, 그동안 트레이딩 부서의 상급 트레이더가 임시로 감독 업무를 맡았다([그림 2] 참조).

**박스 D    공매도**

주식을 공매도하기 위해 케르비엘은 먼저 해당 주식[127]을 대여한 뒤 즉시 매도한다. 대여 기간이 만료되면(예를 들어, 90일 후) 케르비엘은 그 주식을 속젠에게 빌려준 원래 주인에게 반환해야 한다. 케르비엘은 만기일이나 그 이전에 주식을 시장가격에 되사 주인에게 돌려주고 포지션을 청산한다. 예를 들어 설명해보자. 케르비엘이 알리안츠의 주식을 빌린 뒤 주식시장에서 95유로로 즉시 매도했다고 가정하자. 케르비엘은 90일 후(혹은 더 일찍) 동일한 주식을 다시 매수해 공매도 포지션을 청산한다. 이때 주가가 80유로라면 케르비엘은 이 거래로 16유로=95유로−80유로+95유로×(0.04/4)의 수익을 올린다. 이때 마지막 항은 연간 금리를 4%로 가정했을 때 90일 동안 주식 공매도 금액에서 발생하는 이자 수익을 나타낸다. 공매도시 대여금은 주식 소유자의 계좌에 예치된다. 일반적으로 공매도 대상 주식의 가격이 상승하는 경우에는 예치금에 1~2% 정도의 이자가 더해진다. 만약 알리안츠의 주가가 110유로로 상승한다면 케르비엘은 −14유로=95유로−110유로+95유로×(0.04/4)의 손실을 입는다.

---

127) 주식의 소유자(대여자)는 주식을 담보로 대출을 받는 셈이다.

■ **그림 2  관리자가 떠나자(2007년 1월 23일) 시작된 케르비엘의 부정 투기 행각**

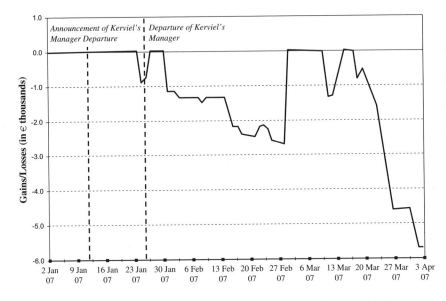

Announcement of Kerviel's Manager Departure | Departure of Kerviel's Manager

Gains/Losses (in € thousands)

\* 출처: Société Générale(Inspection Générale), Mission Green: Rapport de Synthése(20 Mai 2008), p.44.

케르비엘은 공매도 포지션으로 2007년 전반기에 막대한 손실을 입었지만 거래가 해소된 2007년 8월까지는 손실을 대부분 만회했다. 그 후 얼마 지나지 않아 케르비엘은 같은 주가지수에 대해 다시 엄청난 규모의 포지션을 쌓기 시작했다. 2007년 7월까지 30억 유로에 달하는 손실을 입은 케르비엘은 이후 극적으로 회생해 연말에는 혼자 속젠의 연간 이익 절반에 해당하는 14억 유로의 이익을 기록했다. 하지만 케르비엘은 8건에 걸쳐 총 300억 유로 규모의 선도계약을 체결한 것으로 꾸며 13억 5,700만 유로의 가짜 손실을 만들어 냄으로써 투기에서 발생한 실제 수익을 대부분 숨기고 더 적당한 금액인 4,300만 유로만 이익[128]으로 보고했다([그림 3]과 [그림 4] 참조). 케르비엘은 60만 유로의 보너스를 요구했지만 아직 하급 트레이더 라는 이유로 요구한 금액의 절반밖에 받지 못했다.

2008년 초, 케르비엘의 투기는 다시 불붙기 시작해 1월 중순까지 유럽의 여러 주가지수에 걸쳐 500억 유로에 달하는 포지션을 쌓았다. 케르비엘은 이번에는 경기 침체가 발생하지 않을 것이고 주식 시장도 다시 상승하기 시작할 것이라는 데 도박을 걸었다. 하지만

■ 그림 3 **케르비엘의 실제 트레이딩 손익은 대부분 은폐되고 소액의 수익만 난 것으로 보고됐다(점선으로 표시된 가로축과 거의 수평인 선)**

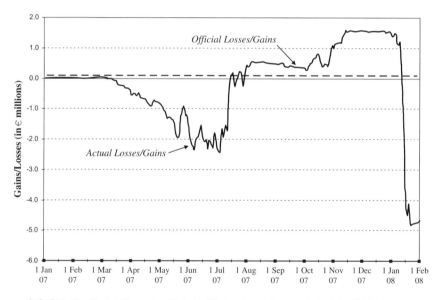

* 출처: Société Générale(Inspection Générale), Mission Green: Rapport de Synthèse(20 Mai 2008), p.22.

---

128) 보고된 이익 4300만 유로는 다음과 같이 계산된다: 주가지수선물의 실현이익− 미실현된 허수로서의 선도계약=14억 유로−13억 5700만 유로=4300만 유로

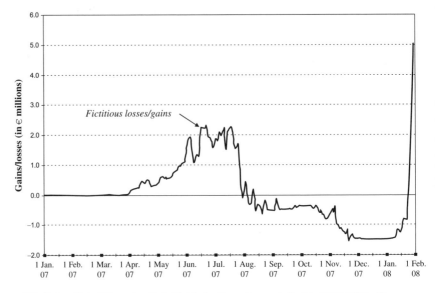

* 출처: Societe Générale(Inspection Générale), Mission Green: Rapport de Synthése(20 Mai 2008),p.22.

연초에 사상 최고치에 가까운 8,000포인트에서 시작한 DAX지수는 1월 21일까지 20%나 폭락했다. 이에 따라 케르비엘의 손실도 가파르게 증가하고 있던 차에 마침내 속젠이 거래상대들에게 케르비엘이 2007년에 대규모 트레이딩 수익을 숨기기 위해 꾸며낸 허위 선도계약에 대해 날카로운 질문을 던지기 시작했다. 1월 17일, 준법감시 부서의 담당자는 케르비엘에게 바더은행(Baader Bank)이 거래상대로 올라 있는 선도계약에 대해 따져 물었다. 케르비엘은 거래 처리에 실수가 있었고 실제 거래상대는 도이체방크라고 답변하고는, 바더은행과 도이체방크의 트레이더가 확인 메일을 보낸 것처럼 이메일

두 건을 위조해 준법감시부서에 제시했다.[129] 하지만 실제로 도이체방크와의 확인에 실패하자 마침내 경고음이 울렸다. 케르비엘이 그동안 저질러온 도박의 꼬리가 잡힌 것이다.

## 성급한 결말

준법감시 부서에서는 케르비엘이 제시한 2건의 이메일에 의심을 품고 있었다. 결국 도이체방크와의 확인에 실패하자 속젠은 재빨리 위기대응팀을 구축했다. 트레이딩 부서의 책임자들은 왜 케르비엘이 거래를 허위로 조작해 13억 5,700만 유로의 손실이 발생한 것처럼 꾸몄는지 이해할 수 없었다. 속젠이 300억 유로 규모의 가짜 거래에 대해 경쟁사인 도이체방크에 바로 묻지 않고 시간을 지체하는 창피한 실수를 저질렀지만 대규모 사기 행각의 전모가 밝혀진 이상 케르비엘은 더 이상 빠져나갈 수 있는 길이 없었다.

속젠의 투자은행 부문을 책임지고 있던 장 피에르 머스티어(Jean-Pierre Mustier)에게 가짜 선도거래에 대해 추궁을 당하자 케르비엘은 이를 순순히 인정하면서 다음과 같이 말했다. "사실입니

---

129) 1월 18일, 케르비엘은 바더은행과 도이체방크에서 발송됐다며 다음과 같은 이메일 2통을 전달했다. "안녕하세요. 바더은행과의 거래는 바더은행이 아니라 저를 통해 처리하셔야 합니다. 더 자세한 사항을 알고 싶으시거나 이번 달 안으로 계약을 행사하셔야 한다면 알려주시기 바랍니다. 감사합니다. C." 두 번째 이메일은 바더은행에서 온 것이었다. "안녕하세요. 유선상으로 말씀드렸듯이 저도 지금 상황을 이해합니다. 거래는 도이체방크 런던지점과 직접 체결하시기 바랍니다. 다시 한번 알려드리자면 다음과 같은 거래들을 체결하셔야 합니다. 도이체방크의 크리스토퍼도 이렇게 처리하는 데 동의했습니다. 물론 거래는 한 쌍으로 체결하고 최종 금액만 보고하시면 됩니다." Delhommais, op.cit (2008), page. 15. 에서 인용.

다. 그 거래들은 다 가짜입니다. 하지만 가짜 거래들을 만들어낸 것은 2007년에 14억 유로의 이익을 상쇄시킬 목적이었습니다. 저는 단지 깜짝 놀라게 해드리고 싶었을 뿐입니다. 주식시장이 문을 여는 시간차를 활용해 단기 DAX지수선물에서 마팅게일(Martingale)을 발견했습니다." 속젠의 투자은행 부분 고위 경영진은 케르비엘의 말을 듣고 할 말을 잃었다. 그들은 모두 프랑스의 엘리트 학교에서 공학을 전공한 금융공학자들이자 큰 영향력을 가진 '퀀트(Quant)'들이었다. 그들에게 트레이딩은 정교한 수학 모델과 수식을 활용하는 과학이었다. 시장은 단지 도박판일 뿐이었다. 그들은 3류 대학을 졸업한 케르비엘이 선물 옵션시장에서 지속적으로 돈을 벌 수 있는 비밀의 공식을 찾아냈다는 사실을 믿을 수 없었다.

하지만 곧바로 2007년에 케르비엘이 저지른 어마어마한 액수의 사기 행각이 드러났다. 2008년에 투기 거래를 다시 시작했냐는 질문을 받았을 때 케르비엘은 태연하게 "조금 했지만 큰 규모는 아니었습니다"라고 대답했다. 케르비엘의 말과는 달리, 밝혀진 바에 따르면 2008년의 처음 2주 동안 케르비엘은 500억 유로 규모의 롱포지션을 쌓았고 이 포지션은 27억 유로에 달하는 손실을 기록하고 있었다.

다니엘 부통은 측근들과 상의를 거친 후 시장 전체 거래량의 10%를 초과하지 못하도록 제한하는 규정이 허용하는 한도 내에서 최대한 빨리 속젠이 보유한 엄청난 포지션을 청산해 버리기로 결정했다. 다니엘 부통의 지시는 다음 날인 2008년 1월 21일 월요일 아침부터 즉각 시행될 예정이었다. 부통은 프랑스은행(Banque de France) 총재인 크리스티안 노이어(Christian Noyer)에게만 조언을 구한 뒤 은행 이사회에 조심스럽게 알렸다. 사르코지(Zarkozy) 대통령은 물론이고, 재무 장관이었던 크리스틴 라가르드(Christine Lagarde)도 포지션이 완전히 청산되고 난 후에야 보고를 받았다.

속젠은 자사의 주식에 대한 투매를 막기 위해 은행 안팎에서 정보 누설을 철저히 봉쇄했다. 속젠은 경쟁 은행들이 속젠과 동일한 주가지수 선물을 공격적으로 매도해서 더 큰 손실을 입도록 유도함으로써 속젠을 궁지로 몰아넣는 기회를 잡게 되는 것을 두려워했다. 같은 날(1월 20일) 오후, 속젠은 맥심 칸(Maxime Kahn)을 라데팡스의 본사로 불러들였다. 칸은 파생상품 거래로 큰돈을 번 스타 트레이더로, 주가지수 선물과 합성 종목군 사이의 차익거래에 특히 많은 경험을 가지고 있었다. 칸에게 500억 유로에 이르는 주가지수 선물을 72시간 안에 모두 해소하는 임무가 주어졌다. 속젠은 비밀을 완벽하게 유지하기 위해 트레이딩룸에서 멀리 떨어진 장소에 필요한 장비를 갖춘 특별 사무실을 마련했다. 칸 자신도 모든 이야기를 듣지는 못했다. 속젠은 고객을 대신해 이 거래들을 체결했는데 이제는 그 고객이 이 포지션들을 최대한 빨리 해소시키기를 원한다고 이야기했다. 하지만 당연히 고객은 존재하지 않았다.

이 일은 시장 환경이 극도로 어려울 때 비밀을 철저히 유지하면서 수행해야 하는, 힘들지만 보상은 보잘 것 없는 일이었다. 속젠이 보유한 주가지수 선물 포지션은 유로스톡스지수에 300억 유로, 독일 DAX지수에 180억 유로, 영국 파이낸셜타임즈주가지수(Financial Times Stock Exchange Index)에 20억 유로 등으로 천문학적인 규모였다. 가장 문제가 되는 것은 DAX 지수였는데, 속젠이 보유한 14만 계약은 독일 선물시장 전체의 하루 거래량과 맞먹는 규모였다.

## 무시된 경고음

'케르비엘 사건'에서는 최소한 3가지 의문이 떠오른다. 첫째, 엄연히 일일매매 한도 제한과 트레이더들이 방향성 매매에 관여하지 못하도록 하는 규정이 존재하는 상황에서 케르비엘은 어떻게 유럽의 여러 주식시장에 걸쳐 500억 유로에 달하는 포지션을 쌓을 수 있었을까? 둘째, 조기종료 워런트를 활용해 위험이 거의 없는 차익거래를 수행하는 트레이더가 정상적인 범위를 벗어나는 엄청난 성과를 기록했는데 왜 아무도 신경을 쓰지 않았을까? 셋째, 2007년 전반에 걸쳐 30억 유로에 달하는 손실이 14억 유로의 이익으로 변하는 동안 어떻게 이를 눈치챈 사람이 아무도 없었을까? 정말 속젠 경영진의 묵인 없이 케르비엘이 단독으로 범행을 저지를 수 있었던 것일까? 속젠의 경영진과 전산시스템이 하급 트레이더 혼자 힘으로 지속적으로 무력화시킬 수 있을 만큼 허술했던 것일까? 다른 것들이 모두 속젠의 주의를 끄는 데 실패했더라도 청산소인 유렉스(Eurex)로부터의 문의는 의심을 사기에 충분했다. 하지만 속젠은 이마저도 그냥 넘겨 버리고 말았다.

**거래량 제한 규정:** 주가지수에 대해 노골적으로 투기를 하는 경우 필연적으로 영업일 종료 시점에 대규모 롱포지션이나 숏포지션이 발생한다. 케르비엘의 트레이딩 부서(8명의 트레이더가 근무했다)는 1억 2,500만 유로로 일일 거래량 한도가 정해져 있었다. 하지만 케르비엘은 반대 거래를 꾸며내는 수법으로 거래량 제한을 규제하는 일차 방어선인 직속 상사와 트레이딩 부서장, 그리고 속젠의 후방부서와 중간부서까지 속일 수 있었다(자세한 내용은 다음 절 참조). 일반적으로 내부 경고음은 후방부서에서 거래를 확인할 때 울리고 외부 경고음은 청

산소가 미청산계약 한도 규정을 초과하는 포지션을 조사할 때 울린다.

**성과 추적:** 어떤 성과 평가체계에서든 사전에 달성 가능한 목표를 수립하고 사후에 실제 달성한 성과를 목표치와 비교하는 것은 기본이다. 케르비엘이 실제로 달성한 4,300만 유로의 이익과 계획을 세울 당시 추산된 300만 유로의 이익을 비교했을 때 이미 경고음이 울려퍼졌어야 했다. 분산분석(예상 성과와 실제 성과의 차이에 대한 원인을 분석하는 방법)을 통해 케르비엘의 거래행위에 대해 철저한 감사가 이뤄져야 했지만 실패한 것이다.

**현금흐름의 흔적:** 케르비엘이 취한 대규모 포지션은 개시증거금 납부와 마진콜 대응에 따른 현금 유출 등 현금흐름의 흔적을 남겼다. 각 청산소에 적절한 금액이 납부됐는지 확인하는 작업은 후방부서의 중요한 업무 중 하나다. 케르비엘의 거래에 수반된 금액만 10억 유로가 넘었는데 왜 아무도 신경을 쓰지 않았는지에 대해서는 의문을 제기하지 않을 수 없다. 직접적인 원인은 후방부서에서 트레이더별로 현금흐름을 파악하지 않은 데 있었다. 그 덕분에 케르비엘의 현금흐름은 부서 전체의 현금흐름에 희석돼 버린 것이다. [그림 5]에 나타나 있는 것처럼 피맛(Fimat)과의 거래계좌에 수반된 증거금만 해도 평균적으로는 속젠 전체 현금흐름의 25%를 차지했고 최고조에 달한 2007년 11월 후반에는 속젠 전체 현금흐름의 약 40%를 차지했다. 이렇게 엄청난 현금흐름은 분명히 주의를 끌었어야 했다. 더 착잡한 것은 케르비엘의 직속 상사와 델타원 트레이딩 부서의 관리자는 매일 각 트레이더별 현금흐름표를 받았다는 사실이다. 주요 임무가 시장조성과 조기종료 워런트에 대한 차익거래인 케르비엘이 그토록 큰 현금흐름을 일으키는데 둘 중 누구도 의심을 품지 않았다는 것은 믿을 수 없는 일이다.

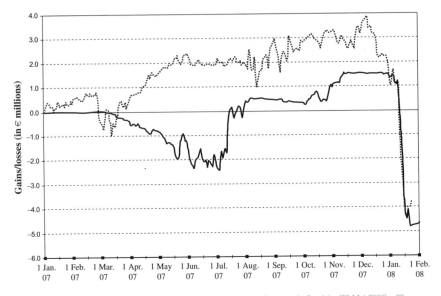

* 출처: Societe Générale(Inspection Générale), Mission Green: Rapport de Synthése(20 Mai 2008),p.22.

**외부에서 들려온 경고음:** 2007년 두 차례에 걸쳐 유렉스(독일 주식시장의 청산소)는 케르비엘의 상사에게 연락을 해서 DAX선물에 대한 케르비엘의 거래 행위에 대해 캐물었다. 특히 2시간 동안 6,000계약을 사들여 약 12억 유로에 달하는 포지션을 쌓은 거래 행위에 대해 집중적으로 물었다. 하지만 속젠은 단순히 케르비엘의 대답을 전달하고는 이 문제를 덮어버렸다. 또 한 가지 놀라운 점은 유렉스가 케르비엘이 쌓은 엄청난 규모의 선물 포지션에 대해서는 아무런 질문도 하지 않았다는 사실이다.

케르비엘의 포지션은 어떤 시장 참가자도 시장 전체 미청산 계약의 12.5%를 넘을 수 없다는 규정을 명백히 위반한 규모였다. 위기가 절정에 다다랐을 때 케르비엘은 무려 180억 유로에 이르는 미청산 계약 포지션을 보유하고 있었다. 계약 수량으로는 약 9만 계약을 보유하고 있었는데, 이는 시장 전체 미청산 계약인 20만 계약의 45%를 차지하는 규모였다. 케르비엘은 규제 당국이 모르는 척하는 사이 시장을 '코너링(Cornering)' 하고 있었던 것이다!

## 은폐의 기술

케르비엘은 가짜 거래를 연장하는 정교한 수법으로 트레이딩 한도 제한 규정을 계속해서 위반했다. 케르비엘의 첫 번째 전략은 가짜 거래를 체결해 부정 거래를 상쇄시키는 것이었다. 총 포지션 규모 대신 순 포지션 규모만 보고하도록 보고체계가 수립돼 있었기 때문에 케르비엘은 이 전략을 사용해 0에 가까운 순 포지션을 보고함으로써 의심을 피할 수 있었다. 또 그는 현금흐름의 흔적을 남기지 않고 주가지수 선물 포지션을 상쇄하기 위해 동일한 주가지수에 대해 증거금이 필요치 않은 장외 선도계약을 활용했다. 이 가짜 거래들도 다른 모든 거래들과 마찬가지로 거래상대와 확인 절차를 거치기 때문에 케르비엘은 일부러 결제기간이 가장 긴(최장 7일) 거래를 선택해 거래 확인 절차를 최대한 지연시켰다.

케르비엘이 사용한 다른 수법은 거래상대를 '미정'이나 속젠 내부 조직으로 기록하는 것이었다. 예를 들어, 가짜 거래들 중 상당수에는 속젠 소유의 자회사인 클릭옵션스(Clickoptions)가 거래상대로 기재돼 있었다. 케르비엘은 이런 경우에는 확인 절차가 생략되고 사내 여러 부서간 계좌 조정이 한 달에 한 번만 일어난다는 점을 알고 있었다. 케르비엘은 가짜 거래들이 만료되기 직전에 취소한 뒤 다시 입력하는 수법, 즉 '거래 위조와 연장' 전략을 능숙하게 구사한 것이다. 속젠이 발족시킨 '그린위원회(The Green Commission)'의 보고서는 이런 수법의 거래를 947건이나 밝혀냈다.

현금흐름의 흔적을 교란시키기 위한 케르비엘의 두 번째 전략은 한 쌍의 가짜 거래를 입력해 상황에 따라 이익이나 손실을 만들어 내는 것이었다. 예를 들어, 2007년 3월 1일 케르비엘은 솔라월드 주식 226만 6,500주를 주당 63유로에 사들이고 같은 수의 주식을 53유로에 매도하는 것으로 꾸며, 실제로 아무런 거래도 체결하지 않고 2,270만 유로의 손실을 입은 것으로 보고했다. 후방부서에서는 현금흐름표 대신 손익계산서만 주시했기 때문에 이렇게 쌍으로 기록된 거래를 통해 케르비엘은 실제 방향성 매매에서 발생한 이익을 은폐할 수 있었다. 그린위원회는 이 수법이 사용된 거래가 115건에 달한다고 밝혔다.[130]

 이야기의 교훈

**교훈 1_ 통제의 실패:** 전방부서와 후방부서 사이의 보고와 통제체계는 다음과 같이 운영돼야 한다. 파생상품 트레이더가 거래를 체결하고 일일 거래 기록을 기재한 뒤 거래티켓을 작성해 후방부서에 전달하면 후방부서에서는 거래티켓을 은행

---

130) Société Générale(Inspection Générale), Green Mission: Rapport de Synthèse (2008): page 24.

의 회계시스템에 입력한다. 이와 함께 후방부서에서는 거래 상대나 중개인을 상대로 개별 거래가 정확히 이뤄졌는지 독립적으로 확인하는 절차를 거쳐야 한다. 독립적인 확인 절차는 통제 업무에서 가장 중요한 부분이다. 중간부서(위험관리부서)에서는 미청산계약에 대한 일일 손익이 허용된 규모를 넘어서지 않는지 확인해야 한다.

통제체계를 효과적으로 운영하기 위해 상업은행들은 절대 빠져나갈 구멍이 없는 규제 체계를 수립하는 데 온 힘을 쏟고, 후방부서에 규제를 실행하는 역할을 맡긴다. 하지만 아무리 잘 만들어진 규정도 창의적인 트레이더 앞에서는 무력화될 수 있다. 속젠은 통제체계의 규정을 무시했을 뿐 아니라 통제체계를 본래 목적에 맞게 운영하려는 자세도 부족했다.

*무시된 규정* 후방부서는 개별 거래를 거래상대에게 독립적으로 확인하는 가장 기본적인 책임을 저버렸다. 후방부서에서 확인해야 하는 거래를 체결한 주체가 바로 전방부서의 트레이더이기 때문에 거래 확인을 트레이더에게 의지해서는 안 된다. 후방부서는 전방부서가 단순히 규정을 지켰는지 뿐 아니라 규정을 준수하려는 의도가 있는지의 측면에서도 전방부서를 어느 정도 비판적인 시각에서 바라봐야 한다.

*부족한 자세* 속젠은 트레이더들의 매매 동기에 신경을 쓰지 않았다. 통제체계의 운영에 있어서 트레이더들이 단순히 규정을 따르도록 하는 것만으로는 충분하지 않다. 트레이더는 특정 거래를 왜 체결했는지에 대해 전략적 관점에서 타당한 이유를 제시할 수 있어야 함은 물론이고, 트레이더가 제시한 설명이 실제 거래와 일치하는지에 대해서도 검증을 받아야 한다.

**교훈 2_ 현금흐름 추적의 실패:** 재무제표는 진실을 왜곡할 수 있는 여지가 다분하다. 현금흐름의 관점에서 실현된 손익과 실현되지 않은 손익이 뒤섞여 있는데다가 선물 옵션계약의 시가평가에 대한 관행은 상황을 더 혼란스럽게 만든다. 또 현금흐름이 아니라 손익계산서에만 주의가 집중되는 경우가 너무 잦다. 표준화된 장내거래 파생상품들과는 달리 장외거래 파생상품들은 마진콜의 대상이 아니기 때문에, 속젠에서 각 부서에 증거금 계좌를 부여해 개별 장외 선도거래를 마치 장내거래 계약인 것처럼 취급했더라면 현금흐름에 더 주의를 기울일 수 있었을 것이다. 선물거래는 다음과 같이 지울 수 없는 현금흐름의 흔적을 남긴다.

먼저, 선물계약을 매수할 때 거래소에서 증거금을 요구할 것이다. 유렉스의 경우 총 계약 규모의 15%에 해당하는 증거금을 요구한다. 둘째, 매 영업일 종료 시점에 선물계약 가치의 시가평가가 이뤄지고 손실이 발생하는 경우 선물계약 매수자의 증거금 계좌에서 손실분이 인출된다. 이때 계약 매수자는 증거금 계좌에 계약 규모의 15%에 해당하는 금액을 다시 채워 넣으라고 요청하는 마진콜을 받는다. 마지막으로, 계약이 청산되거나 만료될 때 손실이 발생하면 증거금 계좌에서 현금흐름 유출이 발생할 것이다. 최고경영진과 감사자들은 현금흐름의 흔적을 일찍이 놓쳐버린 것이 분명하다. 내부자에 의한 조작 행위를 방지하기 위해 증거금 계좌를 유렉스의 기록과 대조하는 절차는 외부 감사자들이 수행해야 한다.

**교훈 3_ 거래한도 제한 규정의 실패:** 케르비엘이 취할 수 있는 포지션 규모는 50만 유로로 제한돼 있었지만 영업일이 종료될 때 이 규모 아래로만 유지하면 영업일 중에는 자유롭게 거래를 할 수 있었다. 속젠의 경영진은 영업일 종료 시점에 시가 평가를 통해 자기자본거래 활동을 면밀하게 관찰했어야 했다. 내부적으로 매일 관찰하는 결과와 유렉스의 미청산계약 정보를 대조했더라면 독립적인 검증이 가능했겠지만 이는 한번도 실행되지 않았다.

**교훈 4_ 계약잔액 감시 실패:** 거래소는 미청산 계약 잔고를 보유한 주요 시장참가자가 누구인지를 면밀히 관찰해야 한다. 은행의 경영진도 여러 부서에서 미청산 계약고가 얼마나 되는지를 파악하고 감사를 위한 외부 의사소통 경로를 확보해놓아야 한다. 한 시장참가자의 계약 보유 건수가 급격하게 변하는 경우 거래소는 즉시 조사에 착수해야 한다. 속젠의 실패가 드러나기 직전에 케르비엘은 유렉스의 전체 DAX지수선물 미청산 계약 중 40%를 차지하고 있었다. 거래소는 트레이더로부터 제공받은 정보의 진실성을 확인하기 위해 거래 당사자인 델타원 부서뿐 아니라 델타원을 관리하는 고위 경영진과도 의사소통 채널을 구축하고 있어야 했다. 결백하다고 밝혀지기 전까지 트레이더는 부정행위를 한 것으로 의심을 받아야 하는 것이다!

**교훈 5_ 관습 타파의 실패:** 다른 모든 방법이 실패하면 순환보직과 연속 휴가 규정이 은폐된 사기 행각을 밝혀내는 마지막 수단이 될 수 있다. 미국은 트레이더들이 매년 연속으로 열흘 이상 휴가를 사용할 것을 법으로 규정하고 있다. 이 규정은 휴가중인 트레이더의 업무를 누군가 대신 맡게 함으로써 잠재적인 부정 거래를 쉽게 밝혀낼 수 있도록 하기 위해 만들어진 것이다. 케르비엘이 4일 이상 업무를 벗어난 적이 없었던 것으로 보아 분명 속젠에는 그런 규정이 전혀 존재하지 않았다.

**교훈 6_ 후방부서와 전방부서 간의 인력 이동:** 케르비엘이 저지른 사기는 은행의 후방부서가 어떻게 운영되는지 속속들이 알고 있으면서 후방부서의 컴퓨터시스템에도 접근할 수 있어야 가능한 규모였다. 탁월한 해커가 되기에는 능력이 모자랐던 케르비엘은 차선책으로 은행의 후방부서에서 교육 받는 길을 선택했다. 이는 케르비엘뿐만 아니라 베어링스의 리슨도 마찬가지였다. 두 명 모두 깊은 열등감에 시달리면서 자신을 과시하려는 경향에 사로잡혔고, 결국 도박으로 은행의 돈을 탕진해 버리고 말았다.

**교훈 7_ 후방부서와 중간부서에 대한 자원배분의 실패:** 속젠은 자기자본거래로 얻는 이익이 크게 증가하면서 급격한 성장을 경험하고 있었지만 그에 걸맞는 자원을 통제 장치에 배분하지 않았다. '엘리엇'이라는 이름을 가진 속젠의 컴퓨터시스템은 1980년대에 고안된 것으로, 시스템이 도입될 당시 처리해야 하는 거래량은 2008년 거래량의 1/10 수준이었다. 부통은 2004년에 '아이디어' 계획을 통해 속젠의 컴퓨터 통제시스템을 21세기에 걸맞게 현대화하려고 시도했다. 하지만 대대적인 관심 속에 야심차게 시작된 5,000만 유로짜리 계획은 시작

단계부터 수많은 문제점으로 얼룩지면서 케르비엘 사건이 속젠을 덮칠 당시 소프트웨어가 실제로 구현되는 단계로 넘어가지도 못하고 아직도 설계 단계에 있었다.

후방부서에서도 각 트레이더의 일일 거래활동에 대해 후속 업무를 처리할 수 있을 만큼 인력이 충분하지 않아 거래량을 감당하기 힘들어했다. 케르비엘의 거래들에 대해 컴퓨터 시스템이 수십 차례 경보를 울렸지만 한번도 이에 대해 조사가 이뤄진 적은 없었다. [그림 4]에 나타난 것처럼 2007년 1월 23일 직속상관이 떠나자 케르비엘은 통제시스템이 부정 거래를 얼마나 잘 알아채는지 시험해 볼 정도로 대담해졌다. 속젠이 트레이딩으로 올린 엄청난 이익과 트레이더들에게 지급되는 보너스를 생각해보면, 트레이딩으로 올린 이익 중 약간(10% 정도면 충분할 것이다)만 떼서 각 트레이더에게 감사를 한 명씩 붙여주는 것이 보다 현명한 선택이었을 것 같다. 또 '(후방부서 인원+중간부서 인원)/전방부서 트레이더'나 '(총 거래 규모)/(후방부서와 중간부서에서 발생한 총비용)'과 같은 간단한 수치를 활용했더라면 전방부서의 활동에 소요되는 자원과 통제체계를 운영하는 데 필요한 자원이 균형을 이루도록 할 수도 있었을 것이다.


## 뒷 이야기 💬

2008년 3월 18일 교도소에서 보석으로 풀려난 케르비엘은 4월에 르메르컨설턴트앤드어소시에이츠(Lemaire Consultants & Associates)

에서 수습직원 자리를 얻었다.[131] 그 회사는 컴퓨터 보안시스템 개발 전문기업으로, 프랑스은행 총재 크리스티안 노이어로부터 '컴퓨터 천재'라 불렸던 케르비엘이 자신의 해킹 능력을 발휘할 수 있는 자리였다. 소시에테제네랄의 수석 변호사 장 베일(Jean Veil)은 케르비엘이 돈을 넉넉하게 받는 직업을 찾게 돼서 기쁘다고 평하면서 이렇게 덧붙였다. "이제 케르비엘이 은행에 돈을 갚기 시작할 수 있겠군요." 케르비엘이 프랑스의 법정 근로시간인 주당 35시간씩 일하면 돈을 다 갚을 때까지 몇 년이 걸릴 지 알 수 없는 노릇이다. 한편 케르비엘의 석방에는 그가 트레이딩 부서에 발을 들여서도 안 되고 자본시장에 관련된 어떤 활동도 해서는 안 된다는 단서가 붙어 있어 아마 그의 잠재 소득은 크게 낮아질 것 같다.

4월 17일, 속젠은 다니엘 부통이 최고경영자 자리에서 물러나고 이사회 의장 자리만 유지하게 될 것이라고 발표했다. 이는 성공가도를 달려온 부통에게 실망스러운 결말이었다. 철도 교차로에서 차단기를 관리하던 직원의 손자인 부통은 콩쿠르의 역사 과목에서 우등을 차지했고, 정치학교(Institut des Sciences Politiques)와 국립행정학교(Ecole Nationale d'Administration)를 졸업하고 23세의 젊은 나이에 금융감독관 자리에 올랐다. 이후 10년 이상 고위관료로 일하던 부통은 속젠의 CEO로 임명된 후 고루한 대형은행이었던 속젠을 파생상품 시장의 강호로 바꿔놓은 장본인이었다.

---

131) Clark, Nicolas, "Société Générale's rogue trader finds a new job" The New York Times(April 26, 2008).

### 참고문헌

1. Delhommais, Pierre-Antoine, Cinq Milliards en Fumée(Seuil: Paris, 2008).
2. Price water house Coopers, Société Générale: Summary of PwC diagnostic and analysis of the action plan,(23 may, 2008).
3. Société Générale(Inspection Générale), Mission Green: Rapport de Synthèse(20 Mai 2008).

## Question

1. 조기종료 워런트와 일반 옵션을 비교하라. 조기종료 워런트의 프리미엄이 일반 옵션보다 낮을 것으로 예상할 수 있는 이유는 무엇인가?

2. DAX지수의 변동성이 증가할 때 조기종료 워런트에 미치는 영향과 콜옵션 또는 풋옵션의 가치에 미치는 영향을 비교하라.

3. 조기종료 워런트는 어떻게 '터보(Turbo)'라는 이름을 얻게 됐을까?

4. 속젠이 투기 포지션을 해소할 때 비밀 유지가 왜 그토록 중요했을까?

5. 속젠이 포지션을 해소할 때 72시간에 해결하기보다는 몇 주나 몇 개월에 걸쳐 천천히 해결하는 것이 옳은 방법이었다고 생각하는가?

6. 상업은행과 투자은행 사업부를 동시에 가지고 있는 유니버설뱅크(Universal Banks)는 자기자본거래를 하도록 허용돼야 하는가?

7. 속젠이 케르비엘의 사기 행위를 막을 수 없었던 가장 중요한 이유 3가지는 무엇인가?

# P·A·R·T 04

# 스왑 Swaps

달걀을 먹고 살던 개가 어느 날 굴을 발견했다.
개는 굴이 달걀인 줄 알고는 입을 최대한 벌리고 즐거운 마음으로 한입에 삼켰다.
하지만 개는 곧 아픈 배를 움켜쥐고 이렇게 말했다.
"멍청하게 모양이 둥근 것은 전부 달걀이라고 생각하다니, 이렇게 배가 아파도 싸지."

– 이솝우화

1994년 4월 13일, 프록터앤갬블(P&G)은 순이익에서 1억 5,200만 달러를 비용으로 공제한다고 발표했다. 이는 P&G가 금융비용을 줄이기 위해 뱅커스트러스트(Bankers Trust)와 체결한 레버리지금리스왑(Leveraged Interest Rate Swaps) 계약 두 건을 예정보다 일찍 청산하면서 발생한 손실을 인식한 데 따른 것이었다. 1994년 회계연도에 300억 달러를 넘어서는 매출 규모에 순이익만 22억 달러를 올린 P&G에게 이 정도 비현금성 비용은 크게 타격을 입을 만한 규모는 아니었다.

하지만 결과적으로 이 사건은 거대 다국적기업인 P&G와 유력 금융기관인 뱅커스트러스트 사이의 대규모 법정 투쟁으로 치달으면서 실물기업과 월스트리트 투자은행 간의 관계가 재정립되는 계기를 제공했다. P&G는 자신들이 뱅커스트러스트에게 기만당하고 뱅커스트러스트가 원하는대로 조종당했다며 소송을 제기했다. 법정 공방은 결국 P&G가 뱅커스트러스트에게 지불하도록 돼 있는 금액보다 크게 줄어든 3,500만 달러를 지불하는 선에서 합의에 이르면서 종료됐다. 당시 광고에서 "리스크는 여러 가지로 본래 모습을 감추고 있습니다. 겉으로 드러난 위험 이면을 볼 수 있도록 도와드리는 것이 뱅커스트러스트의 강점입니다" 라고 자신있게 공언하던 뱅커스트러스트는 이 사건을 겪으면서 '트러스트(Trust)'라는 이름에 먹칠을 하게 됐고, 예전의 위상을 잃어버렸다.

굴욕을 당한 P&G의 회장은 "우리는 이번에 매우 위험한 파생상품으로 인해 큰 손실을 입게 됐습니다. 이런 사태가 다시는 발생하지 않도록 할 것입니다." 라고 말하면서 실망한 주주들을 위로했다. 하지만 '타이드(Tide)', '크레스트(Crest)', '팸퍼스(Pampers)' 같은 제품으로 강력한 마케팅 역량을 과시해 온 거대 소비재 기업이 어떻게 파생상품 시장에 발을 들여 그렇게 처참한 결과를 얻게 됐는지는 의문스럽기만 하다. 더군다나 P&G는 뱅커스트러스트와 오랫동안 좋은 관계를 유지하면서 자본비용을 성공적으로 줄여왔다. 문제가 된 두 건의 레버리지금리스왑계약이 기존에 P&G와 뱅커스트러스트 사이에서 체결된 계약과 달랐던 이유는 무엇이었을까? 금융공학에 탁월한 역량을 자랑하던 뱅커스트러스트가 갑자기 어수룩한 제조기업을 제물로 삼는 괴물로 변해 버리기라도 한 것일까? 아니면 단지 오랫동안 성공적으로 재무 업무를 수행해 온 P&G가 예상치 못한 실패를 맛보게 된 것뿐일까? 이런 질문들을 다루기 이전에 먼저 P&G에게 큰 상처를 남긴 금리스왑을 자세히 살펴보자.

## 레버리지 금리스왑으로 자본비용 줄이기

P&G는 1990년대 초부터 엄격한 자금조달 정책 운영으로 자본비용을 실질적으로 30일 만기 어음에 대한 기준금리 이하로 낮추는 데 성공했다.[132] 이 정책의 핵심은 장기 고정금리 부채를 단기 변동금리 부채로 바꾸는 것이었다. P&G는 단기 금리가 지속적으로 하락할 것이라는 데 도박을 건 셈이었는데, 결과적으로 이 도박은 P&G에게 큰 이득을 안겨줬다. 1993년 10월 말, P&G는 만기가 다가오는 금리스왑을 연장하기 위해 다시 뱅커스트러스트를 찾았다. 당시 형성된 30일 만기 어음의 평균 금리는 3.25%로 이미 충분히 낮은 수준이었지만 P&G는 이를 40베이시스포인트(Basis Points)[133] 더 낮추기를 원했다. 뱅커스트러스트는 금리를 낮추기 위해 수많은 방법을 제안했지만 P&G는 뱅커스트러스트의 제안을 번번이 거절하다가 결국 11월 말에 가서야 계약을 체결했다.

뱅커스트러스트가 P&G의 까다로운 요구조건을 충족시키기 위해 제시한 것은 어음의 시장 평균 금리보다 75베이시스포인트 낮은 비용에 변동금리 부채를 조달하는 맞춤 금리스왑이었다(박스 A 참조). 하지만 이렇게 낮은 이자비용은 금리가 안정적으로 유지되거나

---

132) 기업어음(Commercial Paper)은 1일부터 270일까지 만기가 고정된 무담보 약속 어음을 말한다. 기업어음은 주로 신용등급이 높은 대형 은행이나 기업에서 발행하며, 일반적으로 은행 대출보다 자금조달 비용이 저렴하다. 기업어음은 주로 머니마켓펀드(MMF: Money Market Funds)가 매입한다.

133) 베이시스포인트는 1%를 다시 100으로 나눈 값으로, 40베이시스포인트는 1%의 40/100이다.

P&G는 기존에 5%의 고정금리에 조달한 5년 만기 부채를 가지고 있었다. 어음시장의 금리는 약 3.25%에 불과했기 때문에 P&G는 어음시장의 저금리를 활용해 자금조달 비용을 낮추고 싶어 했다. P&G는 뱅커스트러스트와 명목금액 2억 달러의 금리스왑을 체결했다. 이로써 P&G는 고정 부채의 이자 지불 시점마다 뱅커스트러스트로부터 5%의 고정금리를 지급받아 기존에 보유한 부채의 이자를 충당하고 뱅커스트러스트에는 어음 금리를 변동금리로 지불했다. 스왑계약을 통해 P&G는 사실상 단기 변동금리를 지급하는 어음을 통해 자금을 조달한 것과 같은 효과를 얻은 것이다.

금리스왑(Interest Rate Swap)은 스왑거래를 체결하는 당시에 거래당사자 중 어느 쪽도 손해나 이익을 보지 않도록 '고정금리 현금흐름(Fixed Interest Rate Leg)'과 '변동금리 현금흐름(Floating Interest Rate Leg)'의 현재가치를 동일하게 만드는 수준으로 조건이 설정된다. 이때 고정금리 현금흐름의 가치는 계약 체결 당시에 이자 금액이 이미 결정되기 때문에 (채권 가치 평가는 박스 B 참조) 쉽게 계산할 수 있다.

하지만 미래의 단기 변동금리를 계약 체결 시점에 알 수 없기 때문에 변동금리 현금흐름의 현재가치를 평가하는 것은 더 복잡하다. 미래의 단기 변동금리는 무이자할인채권(Zero-coupon Bond)의 수익률곡선(Yield Curve)에서 선도금리(Forwards Interest Rate)를 추출하는 방법으로 예측할 수 있다. 이렇게 예측치를 도출하면 이제 고정금리 현금흐름의 가치를 계산한 것과 동일한 방법으로 변동금리 현금흐름의 가치를 구할 수 있다.

더 낮은 수준으로 하락하는 것을 전제로 하고 있었다. 금융시장에 '공짜 점심'은 존재하지 않기 때문에 자금조달 비용을 낮추기 위해 P&G는 추가적인 위험을 부담해야 했다. 예상과 달리 금리가 상승하면 P&G는 더 높은 자본비용을 부담하게 되는 것이었다. P&G가 실제로 체결한 스왑계약은 박스 A에 설명돼 있는 표준 스왑보다 훨씬 복잡한 계약이었다.

어떤 동기에서 이런 스왑계약을 체결하는 것인지 궁금할 것이다. 위의 예에서 P&G가 스왑계약을 체결하게 된 것은 경직된 고정금리에서 벗어나 더 낮은 변동금리를 활용하기 위해서였다. 한편 스왑계약의 거래상대로는 변동금리 어음으로 자금을 조달해 AAA 신용등급을 받는 건설회사에 5년 만기 고정금리 대출을 제공한 저축대부조합(Savings and Loans Association)을 생각해 볼 수 있다. 이 저축대부조합은 변동금리 어음을 5년 만기 고정금리 채권과 교환해 수익률을 고정함으로써 금리위험에 대한 노출(변동금리로 자금을 조달해 고정금리로 빌려줬다는 사실을 기억하자)을 제거하고 싶어 한다. 이 경우 이 저축대부조합은 스왑계약에서 P&G의 자연스러운 거래상대가 될 것이고, 뱅커스트러스트는 단지 이 둘을 짝지어 주는 역할을 맡는다. 이처럼 금리스왑은 자본조달 비용을 낮추거나 금리의 움직임에 따른 위험을 제거하기 위해 주로 사용된다.

P&G가 5%의 표면금리를 지불하는 액면가 1,000달러의 채권을 액면가에 발행한다고 가정해보자. 이 채권의 매입자는 매년 50달러(1,000달러의 5%)씩 5년간 이자를 받고, 5년 후 채권 만기 시 원금을 돌려받는다. 이 채권을 매입하는 것은 1,000달러를 은행에 맡기고 5년 동안 연간 5%의 이자를 받은 뒤 5년째 되는 해의 연말에 원금 1,000달러를 인출하는 것과 동일하기 때문에, 채권 매입자가 만기 시까지 채권을 보유한다면 채권의 표면금리인 5%와 동일한 연간 수익률을 얻는다.

**만기수익률** 　이제 P&G가 동일한 채권(표면금리 5%, 5년 만기)을 액면가보다 낮은 955달러에 발행했다고 가정하자. 이 채권의 매입자는 채권을 사기 위해 955달러밖에 지불하지 않았지만 여전히 향후 5년 동안 연간 50달러씩의 이자소득을 얻고 채권 만기 시에는 채권의 액면가인 1,000달러를 지급받는다. 채권 투자자는 연간 이자수익에 더해 원금 상환시 45달러(1,000달러–955달러)의 자본이득을 얻게 되므로 채권 매입 시점의 예상 수익률이 5%보다 높은 것은 확실하다. 955달러에 매입해 만기 시 1,000달러를 돌려받고 매년 50달러의 이자를 지급받는 채권 투자의 예상 수익률은 정확히 얼마일까?

이 수익률은 채권의 가격을 채권에서 발생하는 미래 현금흐름의 현재가치와 동일한 수준으로 만드는 이자율로, 만기수익률(YTM)이라 한다. 이는 아래와 같은 식에 값을 하나하나 대입해 구할 수밖에 없는데, 재무계산기나 스프레드시트(Spreadsheet) 소프트웨어를 사용하면 쉽게 구할 수 있다.

$$955 = \$50/(1+YTM) + \$50/(1+YTM)^2 + \$50/(1+YTM)^3$$
$$+ \$50/(1+YTM)^4 + \$1050/(1+YTM)^5$$

이 식의 양변을 동일하게 만드는 만기수익률(YTM: Yield to Maturity)은 6.07%이다. 즉 이 채권을 매입해서 만기까지 보유하는 경우 투자자는 연 6.07%의 수익률을 얻는 것이다. 앞서 말했듯이, 이때 연간 수익률이 표면금리인 5%보다 높은 이유는 채권의 만기 시에 1,000달러를 돌려받으면서 45달러의 자본이득을 얻게 되기 때문이다.

금리가 변하는 경우 채권의 가치 평가　이번에는 P&G가 액면가 1,000달러의 5년 만기 채권을 발행하고 1년이 지난 시점에, 만기와 신용위험(Credit Risk) 수준이 P&G가 발행한 채권과 유사한 채권에 대한 시장금리가 6%로 상승한다고 가정하자. 이때 P&G가 발행한 채권의 가치는 어떻게 변할까? 우리가 확실히 알고 있는 사실은, 채권의 가격은 남은 기간 동안 연간 50달러씩의 이자소득과 만기 시 돌려받게 되는 1,000달러를 현재가치로 할인한 금액과 동일하다는 것이다.

$$\text{Bond Price} = \$50/(1+0.06)+\$50(1+0.06)^2+\$50(1+0.06)^3$$
$$+\$1050/(1+0.06)^4=\$965$$

이때 액면가보다 낮은 채권 가격은 채권 매입자로 하여금 만기 시에 자본이득을 얻을 수 있도록 함으로써 시중금리와 표면금리 사이의 차이를 보상하는 역할을 한다. 결국 금리가 상승하면 반대로 채권 가격은 하락하게 되는 것이다.

**레버리지 금리스왑:** P&G는 처음에 1억 달러 규모의 스왑계약을 체결할 계획이었지만 뱅커스트러스트와 체결한 금리 스왑은 결국 2억 달러 규모의 5년 만기 계약이었다. 처음 6개월 동안에는 P&G가 5.3%의 고정금리를 받는 대신 뱅커스트러스트에게 30일 만기 어음의 평균 변동금리에서 75베이시스포인트를 뺀 금리를 지불하는 것으로 조

건이 설정됐다([그림 1] 참조). 나머지 4년 반에 대한 금리는 1994년 5월 2일(스왑계약을 체결한 날부터 6개월이 되는 시점) 기준 30일 만기 어음의 평균 금리에서 75베이시스포인트를 뺀 기본금리에 가산금리(Spread)를 더하는 복잡한 공식을 통해 산출하도록 돼 있었다.

이 공식에 따르면 장기 금리가 현재 수준에 머물거나 하락하는 경우 P&G는 실질적으로 30일 만기 어음의 평균 금리에서 75베이시스포인트를 뺀 금리에 자금을 조달할 수 있었다. 하지만 장기 금리가 상승하는 경우에는 가산금리가 급격하게 높아져 이자비용이 쉽게 천문학적인 수준에 이르게 될 위험이 존재했다. 이를 간단한 식으로 나타내면 다음과 같다.

이자비용=30일 만기어음 평균금리-75베이시스포인트+가산금리

위의 이자비용 산출 공식 중 처음 두 항은 별로 해로울 것이 없었지만 가산금리의 경우에는 전혀 이야기가 달랐다.

■■■ 그림 1 P&G와 뱅커스트러스트 사이에 체결된 레버리지금리스왑

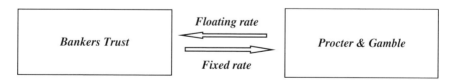

CP −75 bp (for the first six months)
Then CP −75 bp + swap spread* for 4.5 years

| Bankers Trust | ← Floating rate / → Fixed rate | Procter & Gamble |

**지옥의 공식:** 결과적으로 P&G의 이자비용을 엄청나게 증가시켜 큰 피해를 초래하게 된 가산금리 산출 공식은, 뱅커스트러스트가 보유한 수학 천재들의 창의성을 과시하기라도 하듯 매우 난해하게 설계돼 있었다.

$$\text{Spread} = \text{Max}\{0; [98.5 \times 5 \text{ year CMT yield})/5.58\% \\ -30 \text{ year Treasury Bond price}]/100\}$$

이때

- 5년 고정만기국채수익률(Constant Maturity Treasury)은 미국 국채의 수익률곡선을 보간해 산출한 가상의 5년 만기 고정만기국채(Contant Maturity Treasury Note)에 대한 수익률이다.[134] 이 지표를 활용하면 미국 국채 중 실제로는 특정 만기를 가지는 상품이 없더라도 해당 만기의 국채 수익률을 추산할 수 있다.
- 30년 만기 국채가격은 표면금리가 6.25%인 2023년 8월 15일 만기 미국 국채에 대한 매수호가와 매도호가의 중간값으로, 발생이자는 제외한다.[135]

---

134) 수익률곡선은 동일한 신용등급을 가진 30일부터 30년 만기까지의 채권 수익률을 나타내는 그래프다. 미국 국채는 채무불이행의 위험이 거의 존재하지 않고 광범위하게 거래되기 때문에 수익률곡선을 파악하기가 용이하고, 가장 널리 사용된다.

135) 금융시장에서 채권과 같은 유가증권의 가격은 매수호가와 매도호가의 상호작용에 의해 결정된다. 이때 매매호가 차이는 단순히 매수자와 매도자가 설정한 가격의 차이를 말한다.

즉 가산금리는 5년 만기 국채 '수익률'과 30년 만기 국채 '가격'의 차에 연동돼 있었던 것이다. 사실 뱅커스트러스트가 가산금리를 간단히 5년 만기와 30년 만기 국채의 가격차(금리가 변해도 크게 달라지지 않기 때문에 위험도가 낮다)에 연동시킬 수 있었는데도 불구하고, 굳이 변화의 폭도 동일하지 않고 이해하기에도 부자연스러운 가격과 수익률의 차를 사용했다. 혹시 엄청난 폭발력을 가진 가산금리를 P&G가 알아채지 못하게 하려고 공식 속에 모호하게 숨겨놓은 것이 아닌지 의심할 수밖에 없는 부분이다. 금리가 변할 때 채권 수익률과 가격이 서로 반대 방향으로 움직인다는 사실을 상기해보면 (박스 B 참조), 수익률과 채권 가격 중 어느 쪽이 금리 변화에 더 민감하게 반응하는가 하는 질문이 떠오른다.

예를 들어 연준이 금리를 약간 올리면 5년 만기 국채수익률은 약간 상승하는 데 그치고 30년 만기 국채가격은 그보다 훨씬 더 큰 폭으로 떨어질 수 있다. 이 경우 가산금리 산출의 기반이 되는 두 지표의 차는 더 벌어지게 된다. 실제로 만기가 매우 긴 채권의 가격은 작은 금리 변화에도 민감하게 반응하는데, 이것이 바로 '듀레이션 (Duration)'이라는 개념이다.

**수치 분석을 통한 위험 수준 측정:** 시중금리가 상승할 때 가산금리가 어떻게 움직이는지 더 정확히 파악하기 위해 각 금리 수준에 따른 가산금리를 살펴보자. [표 1]의 첫번째 열은 5년 만기 국채수익률이 4.95%(스왑계약이 체결된 시점의 수익률)에서 6.45%로 상승하는 경우를 보여주고 있다. 두 번째 열에는 수익률 곡선이 평행이동한다는 가정 하에서 각 국채수익률 수준에 대응하는 30년 만기 국채 가격의 예측치가 정리돼 있다. 세 번째 열에는 가산금리[136]가 계산돼 있는데, 여기서 금리가 조금만 상승해도 가산금리는 폭발적으로 치솟는다는 사실을 확인할 수 있다. 네 번째 열은 가산금리 변화폭을 5년 만기 국채수익률 변화폭으로 나눈 값으로, 5년 만기 국채수익률이 1% 변할 때 가산금리가 몇 % 변하는지 측정함으로써 가산금리 공식에 내재된 레버리지의 크기를 나타낸다.

이 스왑계약의 레버리지는 무려 31배에 달하는데, P&G가 비싼 대가를 치르고 알게 된 것처럼 이 계약은 말 그대로 레버리지 금리 스왑이었던 것이다. 다섯 번째와 마지막 행에 각 금리 수준에 따라 P&G가 실제로 뱅커스트러스트에 지불해야 할 가산금리와 이자비용이 나타나 있다. 5년 만기 국채수익률이 4.95%에서 6.45%로 상승하는 동안 가산금리로 인한 P&G의 이자부담은 −150만 달러에서 +4,860만 달러로 증가한다. 이는 실로 놀랄 만한 수준의 증가폭이다. 150베이시스포인트의 금리 상승은 정상적인 상황에서라면 이자비용을 300만 달러 증가시킬 정도에 불과한데, 실제로는 이자비용 증가 규모가 이보다 무려 16배나 증폭돼 4,800만 달러 이상 증가하게 된 것이다. 레버리지의 위력에 대해서는 더 이상 설명이 필요치 않을 것 같다.

---

136) 공식에서 가산금리는 0으로 하한선이 설정돼 있었다. 따라서 5년만기 국채수익률이 5.58%에 이르기 전까지는 가산금리가 음수이지만([표 1]의 첫 3행), 실질적으로 금리는 30일 만기 어음 금리에서 75베이시스포인트를 뺀 수준으로 고정됐다.

| 5년 만기<br>국채수익률[i](%) | 30년 만기<br>국채가격(%) | 가산금리<br>(bp) | 레버리지[ii] | 순가산금리<br>(bp) | 달러 환산 금액[iii] |
|---|---|---|---|---|---|
| 4.95 | 103.02 | −1905 | | −1830 | $ 1.5M |
| 5.35 (+40 bp) | 97.61 | −644 | 31 | −569 | $ 1.5M |
| 5.55 (+60 bp) | 95.07 | −49 | 31 | −124 | $ 1.5M |
| 5.65 (+70 bp) | 93.85 | +243 | 31 | +168 | − $ 3.36M |
| 5.75 (+80 bp) | 92.64 | +535 | 31 | +460 | − $ 9.20M |
| 5.95 (+100 bp) | 90.30 | +1110 | 30 | +1035 | − $ 20.7M |
| 6.45 (+150 bp) | 84.86 | +2505 | 29 | +2430 | − $ 48.60M |

* 출처: Chew, Lilian, Managing Derivative Risks: the Use and Abuse of Leverage(John Wiley&Sons, 1996).

[i] 표에서 나타난 추가적인 이자비용 부담은 온전히 가산금리 공식의 존재로 인해 발생한다. 서로 다른 만기의 국채수익률이 상이하게 움직이는 데서 오는 가산금리 변화를 제거하기 위해 5년 만기 국채수익률과 30년 만기 국채수익률은 동일한 폭으로 움직인다고 가정한다.
[ii] 레버리지는 5년 만기 국채수익률의 변화에 따라 가산금리가 움직이는 폭을 의미한다.
[iii] 달러 환산 금액은 가산금리에서 75베이시스포인트를 뺀 금리에 해당하는 연간 이자비용을 나타낸다. 국채수익률이 4.95%, 5.35%, 5.55%일 때는 가산금리가 음수이지만 뱅커스트러스트가 가산금리의 하한선을 설정해 놓았기 때문에 0이 된다. 이때 P&G는 여전히 75베이시스포인트에 해당하는 150만 달러의 이자비용을 절약할 수 있다.

사실 P&G는 뱅커스트러스트와 협상을 거쳐 1994년 1월 스왑계약의 조건을 다시 정했다. 이때 가산금리의 기준일이 5월 4일에서 5월 19일로 늦춰지고 기본금리가 30일 만기 어음 금리에서 88베이시스포인트를 뺀 수준으로 낮아졌지만 가산금리 자체는 아무것도 달라진 것이 없었다. 계약 조건을 조정하면서 기본금리를 추가적으로 13베이시스포인트 낮췄기 때문에 가산금리를 무시할 때 P&G의 연간 이자비용은 26만 달러 낮아지게 됐지만 남은 4년 반의 기간에 대한 가산금리가 확정될 때까지 기다려야 하는 기간이 15일 늘어났기 때문에 가산금리 수준에 대한 불확실성은 오히려 증가했다.

1994년 3월이 되자 금리가 갑자기 상승세를 타기 시작했다. 위기감을 느낀 P&G는 예정보다 앞당겨 가산금리를 설정해 남은 4년 반에 대한 스왑계약 조건을 확정짓기로 결정했다. 결국 가산금리는 15%(1,500베이시스포인트)로 결정됐는데, 이는 현재가치로 1억 654만 1,000달러에 달하는 금액이었다. 원금이 2억 달러인 계약에서 1억 달러가 넘는 손실이 발생한 것은 P&G가 받아들이기 힘든 가혹한 결과였다.

**손익분기점 분석:** P&G가 금리 변화에 심각하게 노출돼 있었다는 것은 자명한 사실이다. 하지만 위험의 크기는 정확히 어느 정도였을까? P&G는 위험 수준이 어느 정도인지 명확히 이해하고 있었을까? 위험 규모는 5년 만기 국채수익률(30년 만기 국채수익률도 이와 평행하게 움직인다고 가정한다)이 얼마나 상승해야 가산금리가 양수가 돼 75베이시스포인트의 이자비용 절감액을 잠식하기 시작하는지를 분석함으로써 측정할 수 있다. 다양한 금리 수준에 따른 가산금리가 나타나 있는 [표 1]을 보면, 가산금리는 5년 만기 금리가 62베이시스포인트 상승하면 0보다 커지고 66베이시스포인트 상승하는 시점부터는 75베이시스포인트의 기본금리 절감액을 넘어서게 된다.[137] 이렇게 간단한 계

---

137) 이 수치들은 선형보간법에 따라 도출된 근사치들이다. 스미스(Smith)는 1997년 발표한 연구에서 듀레이션(Duration)에 기반해 더 정교한 분석을 수행했는데, 스미스의 연구에서도 62베이시스포인트와 66베이시스포인트 대신 각각 55.5베이시스포인트와 58베이시스포인트로 유사한 결과가 도출됐다 .

산을 P&G의 재무 책임자가 어떻게 놓쳤는지는 의문이다. 가산금리의 공식이 얼마나 복잡하든 간에 다양한 금리 수준에 대한 실제 이자 비용 계산은 간단한 휴대용 계산기만 있으면 할 수 있을 만큼 전혀 어렵지 않은 일이다.

**복합 시나리오 분석:** 단순 손익분기점 분석은 금리가 상승하거나 하락할 때 전체 수익률곡선이 평행하게 움직인다는 가정에 기반을 두고 있다. 이 분석을 통해 신속하게 어느 정도 가까운 근사치를 얻을 수는 있지만 이 방법은 미래 상황이 하나의 변수에 의해 결정되지 않는다는 사실을 놓치는 단점이 있다. 이 스왑계약에 포함된 가산금리는 5년 만기 국채수익률과 30년 만기 국채가격이라는 2가지 변수에 의해 결정된다. 일반적으로 금리가 변할 때 5년 만기와 30년 만기 국채수익률은 같은 방향으로 움직이지만 움직임의 폭이 동일하지는 않다. 예를 들어, 금리가 상승할 때 5년 만기 국채수익률의 상승폭이 30년 만기 국채수익률의 상승폭보다 작아 수익률곡선의 기울기가 더 가팔라질 수도 있는 것이다.

[표 2]에 발생 가능한 5년 만기와 30년 만기 국채수익률 조합에 따른 가산금리 수준이 정리돼 있다. 왼쪽 맨 위를 기준으로 대각선 상에 금리가 상승할 때 수익률곡선이 평행이동하는 상황이 나타나 있다. 대각선의 왼쪽으로는 5년 만기 국채수익률이 30년 만기 수익률보다 가파르게 상승해 수익률곡선이 역전되는 상황이 나타나 있고, 반대편에는 수익률곡선이 더욱 가팔라지는 상황이 그려져 있다.

| 5년 만기 수익률 | 30년 만기 국채수익률 | | | | | | |
|---|---|---|---|---|---|---|---|
| | 5.75% | 6.00% | 6.25% | 6.50% | 6.75% | 7.00% | 7.25% |
| 4.75% | −0.2608 | −0.2247 | −0.1904 | −0.1579 | −0.1269 | −0.0975 | −0.0696 |
| 5.00% | −0.2182 | −0.1821 | −0.1478 | −0.1152 | −0.0843 | −0.0549 | −0.0270 |
| 5.25% | −0.1756 | −0.1395 | −0.1052 | −0.0726 | −0.0417 | −0.0123 | +0.0156 |
| 5.50% | −0.1330 | −0.0969 | −0.0626 | −0.0300 | −0.0009 | −0.0303 | −0.0582 |
| 5.75% | −0.0904 | −0.0543 | −0.0200 | −0.0126 | +0.0435 | +0.0729 | +0.1008 |
| 6.00% | −0.0478 | −0.0117 | +0.0226 | +0.0552 | +0.0861 | +0.1155 | +0.1431 |
| 6.25% | −0.0052 | +0.0309 | +0.0652 | +0.0978 | +0.1287 | +0.1581 | +0.186 |
| 6.50% | +0.0374 | +0.0735 | +0.1078 | +0.1404 | +0.1713 | +0.2007 | +0.2286 |
| 6.75% | +0.0800 | +0.1161 | +0.1504 | +0.1830 | −0.2139 | −0.2433 | −0.2712 |
| 7.00% | +0.1226 | +0.1587 | +0.1930 | +0.2256 | +0.2565 | +0.2859 | +0.3138 |

* 출처: Source: Smith, Donald J. Aggressive Corporate Finance: A Close Look at the Procter & Gamble - Bankers Trust Leveraged Swap, The Journal of Derivatives(Summer 1997), p.71.

## 스왑에 포함된 옵션과 드러나지 않은 위험

**역설계:** 가산금리 공식을 자세히 살펴보면 P&G의 손익구조가 옵션의 그것과 비슷하다는 것을 알 수 있다. 결국 뱅커스트러스트가 정성들여 설계한 레버리지금리스왑은 실질적으로 미국 국채에 대한 풋옵션을 표준(Plain Vanilla)금리스왑과 조합한 것이나 다름없었다(박스 C 참조). 따라서 뱅커스트러스트가 기본금리에서 삭감해준 75베이시스포인트는 뱅커스트러스트가 P&G로부터 옵션을 매수하면서 지불한 프리미엄으로 봐야 한다. P&G는 계약 시점에 옵션 프리미엄을 지급받

는 대신 뱅커스트러스트에게 5년 만기 국채와 30년 만기 국채로 이뤄진 포트폴리오를 행사가격(가산금리가 이에 해당한다)에 매도할 수 있는 선택권을 부여한 셈이었다.

미국 국채 가격이 상승하는 경우에는(이는 금리 하락을 의미한다) 가산금리가 0보다 작은 수준에 머물 것이고(이는 포트폴리오의 가격이 행사가격보다 높다는 의미다), 스왑계약에 포함된 옵션은 행사되지 않고 그대로 만료될 것이기 때문에 P&G는 75베이시스포인트 전체를 수익으로 남기게 돼 있었다([그림 2]의 선 (1)에서 행사가격 오른쪽 영역). 하지만 P&G가 얻을 수 있는 최대 수익은 75베이시스포인트가 전부였다. 만약 가산금리가 0보다 큰 수준으로 상승해서(국채가격이 하락하고 금리가 상승하는 경우이다) 스왑에 포함된 옵션이 행사될 경우, 고도의 레버리지가 내재된 가산금리 공식으로 인해 P&G가 감당해야 할 손실은 기하급수적으로 늘어나도록 돼있었다. 이 옵션에는 재앙에 가까운 손실을 입을 수 있는 위험이 도사리고 있었지만 P&G가 받은 프리미엄은 위험 수준에 비해 턱없이 모자라는 빈약한 금액이었다.

P&G는 뱅커스트러스트에게 30년 만기 국채에 대해 '유사 풋옵션'을 매도한 셈이었다. 그 기반에는 금리가 하락하고 채권 가격이 상승하면서 풋옵션이 행사되지 않고 그대로 만료돼 결국 P&G가 옵션 프리미엄을 고스란히 챙길 수 있을 것이라는 가정이 깔려 있었다. 하지만 이런 가정과 달리 금리가 상승하고 뱅커스트러스트가 옵션을 행사하자 P&G는 손실을 입을 수밖에 없었다.

30년 만기 채권에 대한 90일 만기 풋옵션(옵션은 만기 시점에의 가치를 가진다)을 매수하려는 시장참가자가 옵션계약을 체결하기 위해서는 옵션을 매도할 의향이 있는 시장참가자를 찾아야 한다. 매도자가 계약 체결 시의 프리미엄을 받고, 만약 옵션이 행사될 경우 30년 만기 국채를 행사가격 (액면가는 100%이다)에 매입하기로 약속한다고 가정하자. 채권 가격이 행사가격 위로 상승하면(금리 하락과 같은 이야기다) 옵션 매수자는 옵션을 포기할 것이고 매도자는 프리미엄을 고스란히 챙길 수 있게 될 것이다. 하지만 만약 국채 가격이 하락해(금리 상승과 동일하다) 옵션 만기 시점의 국채가격이 91%를 하회하는 경우 옵션 매수자는 옵션을 행사할 것이고 옵션의 매도자는 채권을 행사가격인 91%에 매입해야 할 처지에 놓이게 될 것이다. 이때 채권 매도자는 91-$B$(90)에 해당하는 손실을 입게 될 것이다. 채권 가격이 행사가격으로부터 멀어질수록 매도자의 손실도 따라서 커지게 될 것이다. 매도자와 매수자의 손익구조([그림 2]에서 점선으로 표시된 선 (2))는 서로 대칭이며, 양쪽의 손익을 합하면 언제나 0이 된다(이때 거래비용은 무시한다). 다시 말해 [그림 2]에 나타나 있는 것처럼 옵션 매수자의 손실은 그대로 옵션 매수자의 이익이 되고(옵션 프리미엄은 $B$(90) ≧ 91인 경우AH 또는 BH에 해당한다), 옵션 매도자가 손실을 입게 되면 ($B$(90)<91인 경우) 옵션 매수자는 매도자의 손실과 동일한 규모의 이익을 얻는다. 또 옵션의 매도자는 옵션이 행사되면 잠재적으로 무한대의 손실을 입을 수 있는 반면 옵션을 통해서 얻을 수 있는 최대 이익은 옵션 프리미엄으로 제한된다. 옵션 프리미엄(손익 그래프에서 가로축과 평행한 부분으로 AH 또는 BH이다)의 크기는 행사가격과 손익분기점 사이의 거리인 HC와 동일하다는(이자비용은 무시한다) 사실도 확인할 수 있다.

P&G는 국채 유사 풋옵션(Put option-like)을 매도하고 있었다. 이는 금리가 떨어지고 채권가격이 상승할 것이라는 가정에 입각한 베팅이었는데, 그 예상이 적중했다면 풋옵션이 만기까지 행사되지 않은 채 프리미엄만큼의 수익을 얻을 수 있었을 것이다. 그런데 반대로 금리가 상승하기 시작했을 때는 옵션 매수자는 옵션 매도자인 P&G에게 손실을 안겨주면서 자신의 풋옵션을 행사한다.

**금융중개의 실질적 비용:** 레버리지스왑을 표준금리스왑과 풋옵션의 두 부분으로 분리함으로써 미국 국채에 대한 풋옵션의 가치를 측정할 수 있다. 스미스(Smith)는 1997년에 발표한 탁월한 연구에서 이 전략을 시카고상품거래소에서 실행한다고 가정하고 다음의 2가지 질문을 던진다. 첫째, 1993년 11월에 미국 국채에 대한 풋옵션을 매도해

**▨ 그림 2** 미 재무성증권 대상 풋옵션의 손익예상표

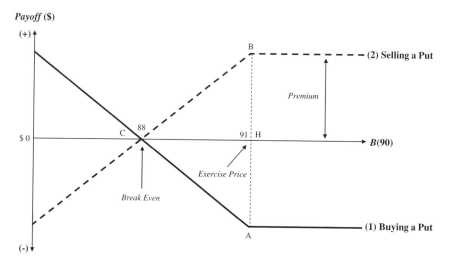

651만 3,000달러를 벌기 위해서는 어느 정도의 위험을 감수해야 하는가?[138] 옵션 프리미엄(매 6개월마다 삭감되는 75베이시스포인트에 해당하는 이자비용)을 지불함으로써 뱅커스트러스트는 P&G에게 30일 만기 어음의 평균 금리보다 낮은 변동금리를 제공할 수 있었다.

둘째, 1994년 3월에 이 옵션 포지션을 청산했더라면 어느 정도 손실이 발생했을까? 물론 레버리지금리스왑의 가산금리 공식에 포함된 풋옵션의 복잡한 움직임을 정확히 복제하기는 어려웠을 수도 있다. 하지만 스미스의 연구 결과, 이런 점을 고려하더라도 옵션시장에서 15년 만기 국채에 대한 등가격 옵션을 판매하는 경우 P&G가 받은 것과 동일한 수준의 프리미엄을 받고도 손실은 1,700만 달러로 제한됐을 것으로 나타났다.

이렇게 뱅커스트러스트는 P&G에게 안긴 1억 달러의 손실보다 훨씬 적은 비용을 들여 시장에서 똑같은 옵션을 복제해 엄청난 이익을 얻었던 것이 분명하다. 뱅커스트러스트는 P&G와 옵션시장 사이에서 중개 수수료를 두둑이 챙긴 셈이다. P&G는 자신들이 매입한 상품이 무엇인지 제대로 파악하지 못할 정도로 부족한 역량에 대해 비싼 대가를 치른 반면 뱅커스트러스트의 탁월한 독창성은 크게 보상을 받았다. 당시는 이해하기 쉬울 뿐 아니라 광범위하게 거래돼서 유동성이 풍부한 표준스왑으로는 더이상 돈을 벌기가 어려워져만 가던 시기였다. 뱅커스트러스트을 비롯한 중개기관들은 표준금리스왑처럼 표준화된 상품의 수익성이 악화되자, 고객들이 쉽게 이해할

---

138) 651만 3,000달러는 풋옵션이 행사되지 않고 만료되는 경우(가산금리가 0이 되는 경우), 6개월마다 한 번씩 총 10회의 이자비용(원금은 2억 달러)에 대해 뱅커스트러스트가 P&G에 지불하는 75베이시스포인트에 해당하는 금액을 5.3%의 할인율을 사용해 구한 현재가치다.

수 없고 복제도 거의 불가능한 이색 파생상품을 개발하기 시작했다.

이렇게 독자적으로 개발한 상품들을 통해 금융기관들은 훨씬 큰 수익을 남길 수 있었고, 전방부서의 직원들이 보너스로 받을 수 있는 금액 또한 훨씬 높아졌다. 하지만 레버리지가 매우 크고 위험성이 높은 이 상품들이 역효과를 일으키는 것은 시간문제였다. 실제로 P&G는 손실의 고통에 직면하게 되자 지체없이 뱅커스트러스트의 비양심적인 중개행위에 대해 소송을 걸었다.

**회계처리의 함정:** 표준금리스왑과 거래소를 통한 옵션을 조합하는 대신 장외 레버리지 금리스왑을 선택한 P&G의 결정은 가치평가의 관점으로만 보면 이해하기 어렵다. 이를 이해하기 위해서는 양쪽 전략의 회계처리를 비교해 볼 필요가 있다. 뱅커스트러스트와 체결한 레버리지금리스왑의 경우 해당 기의 손익계산서에 이자비용만 포함되고 분기별로 이뤄지는 시가평가(매일 시가평가가 이뤄지지 않는다)에 따른 손익 인식은 스왑 만기 시점까지 미룰 수 있다.

회계처리가 유리할 뿐 아니라 거래는 각주에만 표시돼 실제 재무제표에는 큰 영향을 미치지도 않는다는 점이 레버리지금리스왑을 선택하는 데 영향을 미쳤을 가능성이 있다. 만약 P&G가 거래소를 통해 풋옵션을 매도한다면 P&G는 옵션의 기반이 되는 부채의 유효기간인 5년 동안 옵션 프리미엄을 분산해서 인식하고 싶어도 옵션 프리미엄 총액을 고스란히 옵션계약을 체결한 해의 수익으로 인식해야 한다. 또 옵션계약에 대한 증거금을 납부해야 함은 물론 옵션계약의 가치를 매일 시가평가해야 하는 부담도 있다.

P&G는 스왑계약으로 단돈 1센트도 지불하기 전인 1994년 10월 27일 이미 '갈취, 사기, 부실고지, 신인의무 위반[139], 과실에 의한 부실표시, 과실' 등에 대해 뱅커스트러스트를 상대로 소송을 제기했다.[140] 믿었던 뱅커스트러스트에게 속아 넘어갔다는 사실에 분개한 P&G는 뱅커스트러스트가 자신들을 속인 것에 대한 대가를 치르게 하려고 벼르고 있었다.

**패배자의 분노:** 사실 P&G는 뱅커스트러스트와 오랫동안 관계를 맺으면서 정상적인 시장 환경에서 달성할 수 있었던 것보다 훨씬 낮은 비용에 자금을 조달하면서 큰 혜택을 얻었다. 또 1993년 연간보고서에서 20억 달러에 달하는 파생상품 포지션을 공시한 P&G를 파생상품 사용에 있어서 문외한이라 부르기도 어려웠다. 하지만 P&G는 거래은행이 P&G에게 최고의 이익을 보장해줄 것이라는 생각에 뱅커스트러스트를 전적으로 믿고 말았다. 사실 P&G가 체결한 스왑계약이 이전보다 훨씬 복잡한 계약임을 감안하면 뱅커스트러스트가 제공하는 자문과 가격 정보에 의존해야 했던 것도 무리는 아니었다. 뱅커스트러스트에 대한 소장에서 P&G는 다음과 같은 주장을 폈다.[141]

---

139) 신인의무(Fiduciary Duty)는 한쪽의 이해당사자(P&G)가 다른쪽 이해당사자(뱅커스트러스트)와 신뢰를 기반으로 한 관계를 맺으면서 업무 지원이나 자문을 제공받을 때 최선의 이익을 보장받을 것으로 기대할 때 발생하는 법적 개념이다. 사실 뱅커스트러스트는 P&G에게 금융서비스를 제공하기는 했지만 뱅커스트러스트가 P&G의 대리인이라고 보기는 어려웠다.

140) The Procter & Gamble Company, Plaintiff v. Bankers trust Company and BT Securities corporation, defendants, No. C-1-94-735, United States District Court of the Southern District of Ohio, Western Division.

141) Chew, Lilian. Managing derivatives risks: the use and abuse of leverage(Wiley, 1996), p.36.

P&G가 5년 만기 국채와 30년 만기 국채에 따라 금리가 결정되는 스왑계약을 체결하게 된 것은, 금리가 상승하는 경우 스왑 이자율을 안전하게 고정시켜 놓을 수 있기 때문에 P&G가 큰 손실을 입는 일은 없을 것이라고 뱅커스트러스트가 거듭 거짓된 확신을 심어줬기 때문이다. 금리가 실제로 상승하자 뱅커스트러스트는 규칙을 변경해 비밀리에 독자적으로 설계한 복합 다변량 가격 결정 모델에 따라 금리를 설정해 이를 P&G에게 부과했으며, 아직까지도 이 가격 결정 모델을 P&G와 공유하지 않고 있다.

금리 결정모델의 구조가 복잡하기는 했지만 레버리지 금리스왑을 논의하면서 이미 언급한 것처럼 풋옵션을 매도할 때 P&G가 감수하는 금리 위험이 어느 정도인지는 비교적 쉽게 측정할 수 있었다. P&G는 금리에 대한 풋옵션을 매도하고 받는 프리미엄으로 자금조달 비용을 절감하도록 스왑계약이 설계돼 있었다는 것을 명확히 이해하고 있었을까? 만약 이를 이해하고 있었다면, 매수자 위험부담 원칙(Caveat Emptor)에 따라 P&G가 위험의 헤지 방법과 비용을 파악해야 했던 것은 아닐까?

**믿지 못할 뱅커스트러스트:** 금융기관 중 절반 정도는 이름에 '트러스트(Trust)'라는 문구를 포함하고 있고, 돈을 맡기는 고객들에게 신뢰를 심어주기 위해 지점의 로비를 치장하는 데 대리석을 아끼지 않는다. P&G가 순진하고 어수룩하게 보이려고 애를 쓰기는 했지만 이는 실제와 전혀 달랐던 것과 마찬가지로 뱅커스트러스트도 자신들이 표방하던 신뢰받는 자문기관이나 정직한 중개기관 따위와는 거리가 멀었다. 어느 날 두 뱅커스트러스트 직원 사이의 대화가 의도치 않게 밖으로 공개되면서 P&G의 주장이 신빙성을 얻는 멜로드라마 같은 일이 벌어졌다. P&G에게 문제의 스왑계약을 판매한 핵심 인물인 케빈 W. 허드슨

(Kevin W. Hudson)이 부하직원인 앨리슨 번하드(Alison Bernhard)에게 사실을 털어놓는 순간이 포착된 것이다.[142] 허드슨은 번하드에게 그가 방금 체결한 레버리지스왑계약이 뱅커스트러스트에게 760만 달러의 유례없는 이익을 안겨줄 것이라고 자랑했다. 번하드가 "그 사람들도 자기들이 무슨 짓을 했는지 알고 있어요?"라고 말하면서 우려를 표시하자 허드슨은 이렇게 대답했다. "아니. 자기들이 무슨 계약을 체결

---

**박스 D  독일 마르크 금리스왑[143]**

흥미롭게도 P&G는 1994년 2월 14일, 고도의 레버리지를 가진 금리스왑을 한 차례 더 체결했다. 이번에는 독일 금리를 활용한 계약이었다. 이 계약은 연방준비은행이 금리를 올려 첫 번째 스왑계약이 손실을 입게 된 직후에 체결됐다. 왜 P&G가 독일 금리 변화에 대한 위험까지 감수하면서(독일 마르크(Deutsche Mark) 스왑계약은 달러로 환산하면 9,300만 달러에 달하는 규모였다) 스스로 더 깊은 수렁으로 밀어넣는 결정을 내렸는지 의문이 생긴다. P&G는 이미 보유하고 있던 독일 마르크 표시 장기 고정금리 부채를 변동금리로 바꾸려고 했던 것으로 보인다. 이 계약에 따르면, 금리가 4.05~6.10% 사이에 머물기만 하면 P&G는 굉장히 유리한 금리로 자금을 조달할 수 있었다. 스왑계약의 구조를 구체적으로 살펴보면, 계약의 첫 번째 해에는 뱅커스트러스트가 계약 원금인 9,300만 달러에 대해 1%를 P&G에 지급하도록 돼 있었다. 남은 3.75년 동안의 금리는 4.50%의 기본금리에, 1995년 1월 16일 기준 4년 만기 DM 스왑 금리와 4.50%의 차에 10을 곱한 가산금리를 더해서 산출하도록 설정돼 있었다.

---

142) "High finance and office romance" by Carol J. Loomis, Fortune, November 27, 1995, p.35에서 재인용.

143) 두 번째 스왑계약에 대해서는 제한된 정보밖에 알려져 있지 않다. 다음을 참조하라. Loomis, Carol J. Untangling the derivative mess, Fortune(March20,1995) 과 Marthinsen, John. Risk Takers: Uses and Abuses of Financial Derivatives(Pearson Addison-Wesley: 2005), pp. 143-144.

미국 달러표시 금리스왑과 달리, 독일 마르크 금리스왑은 독일의 금리가 하한선인 4.05% 아래로 떨어질 경우 잠재적으로 {[4.50%-현재 DM 스왑 이자율]×\$93m×10)에 해당하는 엄청난 금액을 절감할 수 있는 반면 금리가 6.1%의 상한선을 넘어서면 천문학적인 자본비용이 추가적으로 소요되는 구조였다. 이 스왑계약은 레버리지가 10배나 되는 계약이었다. 예를 들어, 금리가 하한선에서 약간 낮은 4%로 떨어진다면 P&G가 절감하게 되는 금액은 0.50×9300만달러×10=415만달러에 달했다.

하지만 결과적으로, 1994년 초에 미국 금리가 상승하면서 독일 금리를 같이 끌어올렸다. 금리 설정일인 1995년 1월 16일 DM 스왑금리는 설정된 상한선을 훨씬 넘어서 있었고 P&G는 16.40%의 가산금리를 물게 됐는데, 이로 인해 P&G가 스왑의 계약기간 동안 입게 될 손실은 총 6,000만 달러에 달했다. 결국 P&G는 나중에 소송 내용을 변경해 두 번째 스왑까지 포함시켰다.

했는지는 알지. 하지만 레버리지에 대해서는 전혀 몰라.”

2월 4일 연방준비은행이 예기치 않게 금리를 올렸을 때, 허드슨은 P&G가 1,700만 달러를 잃었다고 번하드에게 귀띔해줬다. “난리가 났겠군요?” 번하드가 물었다. 허드슨은 “그 사람들은 아직 아무것도 몰라”라고 대답하고는 P&G가 스왑계약의 손해나 이익이 얼마인지 한번도 물어보지도 않았다고 덧붙였다(물론 뱅커스트러스트도 P&G의 손익이 얼마인지를 자진해서 알려주는 수고를 하지는 않았다). 사실 허드슨은 독일 마르크로 표시된 두 번째 레버리지 금리스왑을 P&G에게 판매하는 중이었다(독일 마르크 금리스왑에 대한 설명은 박스 D 참조). “일단 독일 마르크 계약을 먼저 처리하고 나서 P&G가 질문을 할 수 있도록 하지.”[144]

---

144) P&G의 소장에 따르면, 허드슨은 1993년 12만 5,000달러의 연봉에 130만 달러의 보너스까지 받으면서 큰돈을 챙겼다. 1995년 11월 5일, 허드슨과 번하드는 코네티컷의 그리니치에서 결혼식을 올렸다.

**합의:** 이 사건을 맡은 페이켄스(Feikens) 판사는, (1) 레버리지금 리스왑을 유가증권으로 보기 어렵고, (2) 뱅커스트러스트에게는 신인 의무가 없었다는 결론을 내리면서 뱅커스트러스트에 대한 대부분의 혐의를 기각했다. 하지만 페이켄스 판사는 필요 정보 제공에 대해서는 다음과 같이 판결을 내리면서 P&G의 손을 들어주었다.

> 피고는 스왑계약을 체결하기 전과 계약이 체결된 이후에 원고에 게 중요한 정보를 제공해야 할 의무가 있으며, 스왑계약의 계약 기간 동안 원고를 공정하고 성실하게 대해야 할 의무가 있다… 계약 중 (1)한쪽의 거래당사자가 다른 쪽보다 더 고급 정보를 취 득하고, (2)해당 정보에 대한 다른 쪽 거래당사자의 접근이 용이하 지 않고, (3)그 거래당사자가 잘못된 정보에 기초해 행동할 경우 에는 계약상 정보를 제공해야 할 암묵적인 의무가 존재한다.[145]

이는 관습법의 사기 조항에 근거해 소송을 제기하는 것을 가능 하게 했다는 점에서 P&G에게는 매우 의미있는 판결이었다. 하지만 동시에 신인의무에 대한 판결은 P&G에게는 실망스러울 따름이었 다. P&G는 뱅커스트러스트의 전문성에 전적으로 의지해 오랫동안 관계를 유지하면서 수많은 내부 정보를 공유한 만큼 뱅커스트러스 트에게는 지켜야 할 신인의무가 있고, 이 사건으로 뱅커스트러스트 가 이 의무를 저버렸다고 판단하고 있었던 것이다. 소송은 법정 밖 에서 뱅커스트러스트와 P&G가 합의하면서 일단락됐다. 결국 스왑 계약이 무효화되지도 않았고, 뱅커스트러스트가 징벌적 보상금을

---

145) Forster, Dennis M. The State of the Law after Procter & Gamble v. Bankers Trust, Derivatives Quarterly(Winter 1996)에 인용된 Procter & Gamble, 1996 WL 249435 at p. 20.

지급하지도 않았다. 하지만 P&G도 뱅커스트러스트에게 지불해야할 금액인 1억 5,700만 달러에서 83%가 삭감된 3,500만 달러만 지불함으로써 어느 정도 정당성을 입증할 수 있었다. 뱅커스트러스트는 끝내 아무런 잘못도 인정하지 않았지만 이 사건으로 명성은 돌이킬 수 없을 만큼 훼손됐다.

 이야기의 교훈

**교훈 1_ 이익중심점으로서 재무부서의 명확한 미션 설정 실패:** 기업의 재무부서는 다음과 같은 2가지 업무를 책임진다. 첫째, 공급자가 매출채권의 형태로 제공하는 단기자금에서부터 은행을 통한 대출이나 자본시장을 통해 조달하는 장기자금에 이르기까지 최소 비용으로 자금을 조달한다. 둘째, 외환위험이나 금리위험에 대한 노출을 제한해 기업이 처한 위험을 제거한다. 자금조달에 있어 가장 중요한 목표는 비용을 최소화하는 것이고, 헤지는 위험을 최소화하는 것이 핵심이기 때문에 자금 조달이나 헤지 업무 어느 쪽도 이익을 창출하는 분야는 아니다. 하지만 지난 25년간 수많은 기업들이 원가중심점(Cost Center)에서 이익중심점(Profit Center)으로 재무부서의 미션을 변경해왔다.

**교훈 2_ 비상 상황 대비 실패:** P&G의 이사회나 재무위원회는 레버리지 금리스왑계약을 체결하기 전에 스왑계약으로 발생할 수 있는 잠재적인 손실은 얼마인지, 또 P&G가 손실을 입을 가능성은 얼마나 되는지 등 2가지 질문을 던져봤어야 했다. 물론 2가지 중 어떤 것도 대답하기 쉽지는 않다. 첫 번째 질문에 대답하기 위해서는 일반적으로 스트레스테스트와 복합 시나리오분석(Multiple Scenario Analysis) 방법을 활용하고, 두 번째 질문은 밸류앳리스크 지표를 통해 대답할 수 있다.

스트레스테스트와 복합 시나리오분석은 최악의 시나리오나 예외적인 사건이 발생할 가능성을 고려하는 방법이다. 스트레스테스트에서는 통제할 수 없는 가장 중요한 변수(여기서는 금리가 이에 해당한다)의 영향력을 강조하는데, [표 1]을 통해 설명한 것처럼 뱅커스트러스트가 제안한 스왑계약에서 손해를 입을 위험을 측정하는 것은 그리 어려운 일이 아니다. 복합 시나리오분석을 활용하면 2가지 이상의 통제할 수 없는 변수들에 따라 미래 환경이 어떻게 변할지를 예측할 수 있다.

이 사례에서는 5년 만기 국채수익률과 30년 만기 국채가격이 2가지 주요 변수다. 두 변수의 변화에 따라 수익률곡선이 평행이동하거나, 더욱 가팔라지거나, 또는 완만해지는 경우 가산금리가 어떻게 변하는지 [표 2]를 통해 설명했다. 이 방법은 P&G가 손익분기점 분석을 보완할 수 있는 좋은 방법이 될 수도 있었다.

**교훈 3_ 의사소통의 실패:** 이사회가 일상적인 기업활동에까지 관여할 필요는 없지만 경영진이 전략적인 변화나 중대한 위험을 수반하는 결정을 내리는 경우에는 이를 면밀히 관찰해야 한다. P&G의 재무부서가 자본비용을 최소화하는 본래의 목적에서 벗어나 금리 옵션을 판매해 투기 수익을 추구하는 방향으로 전략적 미션을 재정립했을 때 최소한 이사회가 이런 움직임을 파악하고는 있어야 했다. 물론 이사회에서 금리 파생상품에 대한 자기자본거래를 허용하기 이전에 이런 거래가 P&G에 적절한 것인지를 검토했다면 더욱 좋았을 것이다.

**교훈 4_ 레버리지에 대한 보고의 실패:** 장외 파생상품의 경우 손익을 당기 손익계산서에 인식하지 않고 스왑의 계약기간에 따라 지연시킬 수 있는 이점 때문에 P&G가 장외 파생상품 계약을 장내 계약보다 선호했을 가능성이 높다. 거래소를 통해 파생상품을 계약하려면 증거금을 납부해야 하는데, 파생상품 계약은 매일 시가평가되기 때문에 거래당사자들에게 실제 상황을 정확하게 알려준다. 장외 파생상품을 이용하는 기업들은 거래소에서 거래되는 파생상품의 증거금 체계를 본뜬 보고 및 통제체계를 개발하는 것이 현명한 선택일 것이다. P&G가 이 방법을 사용했더라면 레버리지 금리스왑에 숨겨진 위험이 일찍이 드러났을 것이고, 레버리지가 실제로 어느 정도인지도 경영진이 쉽게 알 수 있었을 것이다.

## 참고문헌

1. Chew, Lilian. Managing Derivative Risks: the Use and Abuse o fLeverage(John Wiley & Sons, 1996).
2. Forster, Dennis M. The State of the Law after Procter & Gamble v. Bankers Trust, Derivatives Quarterly(Winter 1996).
3. Marthinsen, John. Risk Takers: Uses and Abuses of Financial Derivatives (Pearson Addison-Wesley: 2005.
4. Smith, Donald J. Aggressive Corporate Finance: A Close Look at the Procter & Gamble – Bankers Trust Leveraged Swap, The Journal of Derivatives(Summer,

1997).
5. Srivastava, Sanjay. Value-at-risk analysis of a leveraged swap, The Journal of
   Risk, 1(2).

## Question

1. P&G의 재무부서는 원가중심점과 이익중심점 중 어느 쪽에 속하는가? 만약 P&G가 재무부서를 이익중심점으로 설정한다면 P&G가 실제로 겪은 것처럼 치욕스럽고 값비싼 실패를 경험하지 않기 위해서는 부서 정의서에 어떤 내용을 명확히 포함해야 하는가?

2. 가산금리 공식을 5년 만기 국채와 30년 만기 국채의 가격 또는 5년 만기 국채와 30년 만기 국채 수익률 기반으로 설정하는 경우가 실제 뱅커스트러스트가 사용한 공식보다 위험도가 낮은 이유는 무엇인가?

3. 페이켄스 판사가 신인의무 사안에 대해 P&G에게 유리한 판결을 내렸어야 한다고 생각하는가?

4. P&G가 레버리지스왑에 숨겨진 금리위험을 헤지할 수 있는 방법에는 어떤 것들이 있었을까? 헤지 방법들에 수반되는 비용은 뱅커스트러스트가 P&G에 제공한 75베이시스포인트보다 높은 수준인가, 낮은 수준인가? 금리가 상승하는 경우 위 질문에 대한 대답이 어떻게 달라지는가?

# Chapter 13

## 깁슨그리팅카드

Gibson Greeting Cards

*캐비앳 엠프토르(Caveat Emptor)*

깁슨그리팅카드 하면 월스트리트의 무책임한 금융공학자들보다는 산타클로스가 떠오른다. 오하이오의 신시내티에 본사를 두고 있는 깁슨그리팅카드는 카드, 포장지 등의 상품으로 1993년에 5억 4,700만 달러의 매출과 2,000만 달러의 순이익을 기록한 견실한 기업이었다. 파생상품과는 어울리지 않을 것 같던 깁슨이 파생상품의 세계에 발을 들여놓게 된 것은 순전히 자본조달 비용을 절감하고자 하는 욕구 때문이었다. 1991년 깁슨은 연 9.33%의 표면금리 이자를 지급하고 원금을 1995~2001년에 걸쳐 분할 상환하는 조건으로 5,000만 달러의 고정금리 부채를 조달했다. 이후 금리가 하락하기 시작했지만 깁슨은 채권약정서의 제한 조항 때문에 채권을 미리 상환하지 못하는 상황에 처했다.

집슨은 차선책으로 고정금리 부채를 변동금리 부채로 변환하는 방법을 택했다. 집슨은 1991년 뱅커스트러스트와 표준 금리스왑계약 두 건을 체결했다[146](금리스왑의 정의는 P&G의 사례를 다룬 12장의 박스 A를 참조). 두 스왑계약 중 1계약은 2년, 나머지 1계약은 5년 만기 계약이었고, 원금은 각각 3,000만 달러 규모였다. 2년 만기 스왑은 뱅커스트러스트가 집슨에게 6개월 리보금리를 지급하고 집슨은 뱅커스트러스트에게 5.91%의 고정금리를 지급하는 조건이었다. 5년 만기의 두 번째 스왑계약은 첫 번째 계약과는 반대로 집슨이 뱅커스트러스트에게 6개월 리보금리를 지급하고, 뱅커스트러스트는 집슨에게 7.12%의 고정금리를 지급하도록 설정돼 있었다. 두 계약에서 리보금리가 서로 상쇄되면서 결과적으로 집슨은 3,000만 달러의 원금에 대해 두 고정금리의 차인 1.21%=7.12%-5.91%에 해당하는 36만 3,000달러를 지급받았다. 뱅커스트러스트로부터 이자를 지급받는 이 계약에 따라 집슨은 원래 자금 조달비용인 9.33%를 절감하게 될 것이 확실했다.

스왑계약의 만기(두 계약은 1993년 11월과 1996년 각각 만기가 돌아오게 돼 있었다)가 돌아오기 전인 1992년 7월 중순, 집슨은 26만 달러의 이익을 남기고 두 스왑계약을 해소해 버렸다. 두 스왑계약은 집슨이 아무런 위험도 부담하지 않고 기존에 9.33%에 달하던 채권 금리를 크게 낮출 수 있는 계약이었는데, 집슨이 왜 두 계약을 취소했는지는 분명하게 밝혀지지 않았다. 그로부터 얼마 지나지 않아 집슨은 '비율스왑(Ratio Swap)'을 체결했고, 뒤이어 스프레드록

---

146) Chew, Lillian, Managing Derivatives Risk(Wiley&Sons: Chichester, England, 1996), pp.38-39.

(Spread Lock) 1과 스프레드록 2, 국채연계스왑(Treasury-Linked Swap), 조기종료(Knock-out) 옵션, 웨딩밴드(Wedding Band) 3과 웨딩밴드 6 등 이름도 알아보기 힘들 정도로 점점 더 복잡하고 위험한 레버리지 스왑계약을 체결했다.[147]

복잡한 스왑계약을 모두 분석하지 않고 뱅커스트러스트와 깁슨 사이에 체결된 첫 번째 스왑계약을 살펴보는 것만으로도 충분할 것 같다. 그 레버리지 스왑계약은 3,000만 달러의 원금에 대해 뱅커스 트러스트가 깁슨에게 5.5%의 고정금리를 지급하고 깁슨은 뱅커스 트러스트에게 리보금리의 제곱을 6으로 나눈 금리를 지급하는 조건이었다. 이는 리보금리가 6% 아래에 머물기만 하면 금리가 깁슨에게 매우 유리하게 설정되지만(리보가 6%일 때다) 6%를 넘어서면 깁슨의 이자비용이 급격하게 비싸지는 구조였다([표 1] 참조).

한 가지 확실한 것은 깁슨은 시장을 능가하는 수익률을 낼 수 있다고 믿고 있었을 뿐 아니라 금리가 지속적으로 하락할 것이라는 확신을 가지고 있었다는 점이다. 하지만 처음에는 깁슨이 어느 정도 이익을 얻었지만 1993년에 금리가 상승하기 시작하자 손실은 빠르게 쌓여만 갔다. 자신들은 보수적으로 회사를 경영한다고 밝힌 깁슨은 파생상품 계약으로 입을 수 있는 최대 손실 규모가 300만 달러로 제한돼 있다는 확답을 뱅커스트러스트로부터 받았다고 주장했다. 불행하게도 깁슨은 정확한 손실 규모가 어느 정도인지를 알기 위해 뱅커스트러스트의 가치평가 모델에 의존하는 수밖에 없었다.

뱅커스트러스트와 깁슨 사이에 스왑계약과 계약조건 수정이 29

---

147) 위에 인용된 Chew, L.의 37~49쪽에는 뱅커스트러스트가 깁슨에 판매한 초고도 레버리지의 금리스왑계약이 탁월하게 기술돼 있다.

건이나 일어나면서 실제로 무슨 일이 일어났는지에 대한 정확한 그림은 알아보기 힘들 정도로 흐려졌지만 뱅커스트러스트가 1992년 연말부터 깁슨을 속이기 시작한 것은 확실하다. 뱅커스트러스트는 실제 발생한 손실 규모를 체계적으로 축소 보고함으로써 깁슨은 1992년과 1993년 정확하지 않은 재무제표를 공시하기에 이르렀다. 하지만 한 가지 짚고 넘어갈 점은, 손실이 점점 불어나고 있다는 사실을 알게 되고 나서 깁슨은 이미 체결한 스왑계약의 레버리지를 늘리도록 했다는 사실이다. 손실이 1,750만 달러에 달한 1994년 초 깁슨은 발생할 수 있는 손실 규모가 '잠재적으로 무한하다'는 이야기를 들었다.

공황상태에 빠진 깁슨은 또 한번 계약 조건을 수정함과 동시에 최대 손실을 2,750만 달러로 제한하고 별 가망은 없지만 손실을 300만 달러까지 줄여줄 수 있는 가능성도 있는 새로운 레버리지 금리스왑계약을 체결했다. 결국 깁슨은 1994년까지 3년 동안 29건이라는 엄청난 숫자의 스왑계약을 체결하면서 1993년에 기록한 순이익 2,000만 달러를 넘어서는 규모인 2,750만 달러의 손실을 쌓았다. 뱅커스트러스트가 계약 관련 수수료로 챙긴 비용만 1,300만 달러에 달했다.

**■ 그림 | 리보금리와 스왑계약의 금리**

| 리보 (%) | 리보$^2$/6 (%) |
|---------|---------------|
| 3 | 1.50 |
| 4 | 2.67 |
| 5 | 4.17 |
| 6 | 6 |
| 7 | 8.17 |
| 8 | 10.67 |
| 9 | 13.50 |

그 시기에 뱅커스트러스트는 다음과 같이 자랑스럽게 광고를 했다. "리스크는 본래 모습을 감추기 위해 다양한 탈을 쓰고 있습니다. 겉으로 드러난 위험 이면을 볼 수 있도록 도와드리는 것이 뱅커스트러스트의 강점입니다." 하지만 사기와 조작으로 얼룩진 깁슨의 이야기에서 나타난 뱅커스트러스트의 실제 모습은 광고와는 전혀 다르다. 뱅커스트러스트는 계속해서 깁슨의 스왑계약 포지션에 대해 사실과 다른 정보를 제공했다. 뱅커스트러스트의 경영진이 깁슨이 보유한 포지션의 실제 가치와 깁슨에게 통보한 수치의 차이를 어떻게 '관리' 하고 있는지 이야기하는 내용을 담은 녹취록은 뱅커스트러스트가 더이상 빠져나갈 수 없는 결정적 단서를 제공한다.[148]

> 우리는 이것(가격의 하락 추세)을 기회로 삼아야 합니다. 깁슨의 계약 담당자에게 연락해서 두 수치의 차이를 조금 더 줄여야 해요. 지금 실제 수치는 1,400만 달러지만 깁슨의 담당자에게는 810만 달러라고 이야기했어요. 그러니까 앞으로 실제 금액이 1,600만 달러가 되면 깁슨 측에는 1,100만 달러라고 이야기하는 겁니다. 실제 수치와 우리가 전달하는 금액 사이의 격차를 천천히 줄이는 거죠.

아직도 뱅커스트러스트가 깁슨을 대하는 태도가 냉소적일 뿐이라는 것을 믿지 못하겠다면, 뱅커스트러스트의 잘못을 확연히 드러내는 한 경영진의 실제 발언을 담은 다른 녹취록을 보자.

---

148) The Commodity Futures Trading Commission Filing of Administrative Proceedings against BT Securities Corporation, a subsidiary of Bankers Trust company, in the connection with the sale of derivatives products, paragraph # 12.

애초부터 깁슨은 96% 정도는 우리 손바닥 위에 있었어… 그 사람들, 터무니없는 짓을 좀 하더군. 아마 자기네들이 알고 있어야 하는 것도 다 이해 못할 거야… 이건 우리에게 완벽한 상황이지.

상품선물거래위원회(Commodity Futures Trading Commission)와 증권거래위원회(Securities and Exchange Commission)는 공동으로 뱅커스트러스트에게 1,000만 달러의 벌금을 부과했다. 하지만 이는 뱅커스트러스트가 깁슨에게 29건의 스왑계약을 판매하면서 얻은 1,300만 달러의 수수료에 비하면 상대적으로 약한 벌이었다. 깁슨은 실제 뱅커스트러스트에게 지급해야 하는 2,750만 달러 중 650만 달러만 지급하는 것으로 합의했다. 또 뱅커스트러스트에게는 레버리지를 가진 계약의 내부구조에 대해 고객들이 이해할 수 있도록 정보를 제공하고, 실질적으로 거래소를 통해 거래되는 계약들과 동일하게 매 영업일 종료 시점에 계약의 가치를 투명하게 제공하라는 명령이 내려졌다.

결국 스왑계약 포지션의 시가평가에 대해 뱅커스트러스트가 계속해서 잘못된 방향으로 권고하고 사실과 다른 정보를 제공함은 물론 신인의무를 위반했다는 깁슨의 주장은 옳은 것으로 밝혀졌다. 뱅커스트러스트는 자신들이 독자적으로 개발한 가치 평가모델을 깁슨과 공유하기를 거부함으로써 깁슨이 스트레스테스트를 수행할 수 있는 도구를 빼앗아갔다. 하지만 완벽히 이해하지도 못하는 복잡한 계약을 통해 본질적인 사업활동을 벗어나는 영역에 뛰어든 점에 대해서는 깁슨에게도 책임이 있다.

# 오렌지카운티

Orange Count

> 돈을 빌리지도 말고 빌려주지도 마라.
> 돈과 친구를 모두 잃게 되기 십상이다.
> 뿐만 아니라 빚은 절약의 칼날도 무디게 만든다.
>
> – 윌리엄 셰익스피어, 〈햄릿〉

지방정부의 재정업무는 저수익 면세채권 등에 대한 조심스럽고 보수적인 투자를 먼저 떠오르게 한다. 때문에 1994년 12월에 오렌지카운티가 16억 5,000만 달러의 손실을 발표하고 파산을 선언하자 금융시장이 충격에 빠진 것은 당연한 일이었다. 이로 인해 1조 달러 규모의 지방채 시장 전체 가치가 1% 하락했고, 오렌지카운티 외에 캘리포니아의 다른 지방채권들은 3%, 4%씩 가치가 떨어졌다.[149]

---

149) 지방정부의 파산은 비교적 보기 드문 현상이다. 정부기관의 파산에 사용되는 '챕터 9(Chapter 9)' 파산보호 신청은 대공황 당시 지방정부가 파산하는 상황을 처리하기 위해 만들어졌는데, 1937~1994년 사이에 지방정부 파산은 491건밖에 기록되지 않았고, 그마저도 시골 지역의 작은 지방정부가 대부분이었다. 1980년대에 연평균 16,000건의 기업 파산이 발생한 것과 비교하면 미국 경제 규모에 비해 지방정부 파산이 얼마나 미미한 수준인지 알 수 있다.

간단하게 말하면, 오렌지카운티의 실패 사례는 머니마켓펀드(Money Market Fund)와 같이 보수적으로 운영돼야 하는 공적기금이 포트폴리오 수익률을 향상시키기 위해 헤지펀드로 탈바꿈하려다 일어난 사건이다. 금리가 하락 추세에 있던 시기에 오렌지카운티는 단기자금을 저금리에 차입해 차입 금리보다 높은 금리에 장기 투자하는 전략으로 수년간 성공을 거뒀다. 하지만 금리가 다시 상승하기 시작하자 더 이상 자산과 부채의 만기 불일치를 감당하지 못하고 결국 파산으로 내몰렸다. 이 사건에서 한 가지 확실한 점은, 어수룩한 카운티 관리들과 취약한 지배구조 덕분에 오렌지카운티의 재무 책임자가 다양한 금리 변동의 시나리오에 따른 위험은 고려하지도 않고 시민들의 세금으로 도박을 즐길 수 있었다는 사실이다.

이 장에서는 어떻게 오렌지카운티가 겉으로는 전혀 위험해 보이지 않는 확정금리부증권(Fixed Income Securities: 다양한 종류의 채권을 일컫는 용어)에 대한 투자로 75억 달러의 포트폴리오 중 16억 5,000만 달러의 손실을 입고 '폰지(Ponzi) 사기'에 휩싸이게 됐는지를 살펴본다.

## 오렌지카운티의 지방재정 운영

오렌지카운티 사건은 로버트 시트론(Robert Citron)이 카운티의 재무 책임자와 세무국장으로 일했던 24년의 역사와 복잡하게 얽혀 있다. 그는 지방세금(대부분 부동산 관련 세금이었다)을 징수하는 업무와, 징수된 세금을 운영예산(경찰관 월급 지급 등)이나 시설개선(관내 고등학교에 수영장 설치 등)에 집행하기 전 단기간 동안 안전한 곳에 투자하는 업무를 맡았다.

**13호 발의안과 지방재정 운영의 새로운 패러다임:** 카운티 재정 책임자의 업무는 비교적 단순한 편이었다. 하지만 오렌지카운티가 파산하기 15년쯤 전 상황이 바뀌면서 오렌지카운티를 파멸로 몰고 갈 씨앗이 뿌려졌다. 1978년까지는 지방정부에서 시민들에게 공공서비스를 제공하는 데 소요되는 비용이 상승하면 부동산 세금을 인상해 비용 상승분을 충당했다. 그러다가 1978년 납세자들이 폭동을 일으키자 캘리포니아는 그 유명한 '발의안 13호'를 통과시켜 더 이상 지방정부가 부동산세를 인상할 수 있는 여지를 없애버리고, 더 나아가 지방정부가 세금을 인상할 수 있는 권한을 전반적으로 제한했다. 세수 확대가 심각하게 제한된 상황에서 공공 서비스의 질을 유지해야 하는 어려운 상황에 놓인 지방정부들은 부족한 세금을 메우기 위해 세금 외의 수입을 늘리기를 간절히 원했다. 상황이 어려워지자 캘리포니아는 지방재정 책임자가 준수해야 하는 지방재정에 대한 운영 규칙을 완화시켰다. 이에 따라 차입을 통해 자금을 조달한 뒤 위험 증권에 투자해 이자 수입으로 부족한 세금 수입을 충당하는 것이 허용됐고, 로버트 시트론은 이런 변화를 적극적으로 활용하는 수완을 발휘했다.

**오렌지카운티투자기금(The Orange County Investment Pool: OCIP):** 오렌지카운티에서 걷은 세금은 OCIP를 통해 투자됐다. 31개의 시청을 비롯해 교육청, 수도관리청, 위생구 등 오렌지카운티 내 189개에 이르는 공공기관들이 OCIP에게 재정을 위탁하고 OCIP를 통해 자금을 투자했다. 몇몇 기관은 OCIP에 투자하는 것 외에 다른 선택권이 없었지만 대다수는 자발적으로 OCIP에 돈을 위탁하는 결정을 내렸다. 75억 달러 규모의 초대형 펀드를 통해 자금을 공동으로 출자하고 운용하는 것은 운용비용을 줄이기 위한 합리적인 선택이었다.

소규모 펀드였다면 운용비용으로 연간 30베이시스포인트(1 베이시스포인트는 1%의 1/100이다)는 들었겠지만 OCIP가 부과하는 운용비용은 7베이시스포인트(0.07%)밖에 안 됐기 때문에 지방정부의 공공기관들은 OCIP에게 펀드 운용을 위탁함으로써 연간 1,748만 달러=75억 달러×(0.0030=0.0007)를 절감할 수 있었다. 개인 투자자들이 뮤추얼펀드를 통해 자금을 투자하는 것과 마찬가지로 뛰어난 투자운용 역량과 규모의 경제를 활용해 대규모 투자자에게만 제공되는 기회들을 잡을 수 있는 OCIP에 합류하는 것은 오렌지카운티에 위치한 지방 공공기관들에게 매력적인 선택이었다.

로버트 시트론의 자산운용 실적은 너무나 탁월해서 오렌지카운티 바깥에 위치한 캘리포니아의 다른 공공기관이 OCIP에 자금을 맡기려고 시도하다가 거절당한 경우도 있었다. 시트론의 재직 기간 동안 그가 달성한 연 평균 수익은 9%에 달한 반면 캘리포니아 주정부는 5~6%의 수익을 올리는 것이 고작이었다. 1991~1993년까지의 기간 동안에만 시트론은 캘리포니아 주정부의 실적보다 5억 달러 이상 많은 수익을 거뒀다.

**영웅에서 악당으로:** 로버트 시트론은 의사의 아들로 태어난 오렌지카운티 토박이였다. 그는 서던캘리포니아대학교(University of Southern California) 의예과에 입학해 나중에 경영학으로 전공을 바꿨다. 하지만 그는 결국 학사학위를 끝마치지 못하고 대학을 중퇴하고 말았다. 시트론이 세무국에 합류한 것은 센추리금융주식회사(Century Finance Corporation)의 소비자금융 부서에서 대출 담당 직원으로 10년 가까이 일한 뒤의 일이었다. 1971년, 시트론은 선출직인 세무국장 선거에 나서서 당선됐다. 민주당원이었던 시트론은 공화당의 텃밭으로 자리매김한 오렌지카운티에서 6번이나 재선에 성공했다. 시트론은 이상할 정도로 높은 수익률을 지속적으로 올리면서 깊은 전문성을 가

진 투자자로 높은 인기를 누리고 있었다. 시민들은 발의안 13호로 인해 세금 인상이 제한된 상황에서 높은 수익을 올려 예산 확보에 시름을 덜어준 시트론에게 고마워했다. 사실 오렌지카운티가 공공서비스를 축소하거나 없애지 않고 계속 제공할 수 있었던 것은 시트론이 올린 이례적인 수익 덕분이었다.

하지만 시트론은 높은 성과를 인정받아 전국적으로 유명세를 타자 점점 거만해져 비판을 감수하지 못하는 지경에 이르렀다. 1993년에 골드만삭스가 시트론의 의사결정에 문제가 있다고 비판하고 나서자 시트론은 이에 대한 답변으로 다음과 같은 서신을 보냈다. "당신들은 우리가 어떤 투자전략을 사용하는지 전혀 이해하지 못하고 있습니다. 앞으로 오렌지카운티와 일을 함께 하려고 생각도 하지 마시기 바랍니다."[150] 시트론은 1994년 6월에 열린 선거에서 또다시 맹렬한 비난을 받았다. 신문 칼럼니스트이면서 케이블TV 프로그램인 '코스타메사 보수주의 보고서(Costa Mesa Conservative Report)'의 진행자였던 존 무어락(John Moorlach)은 선거에서 시트론의 경쟁자로 나서 시트론을 맹비난했다. 공인회계사인 동시에 국제공인재무설계사인 무어락은 전문지식을 바탕으로 오렌지카운티가 금리상승 위험에 노출돼 있다고 진단했다. 이는 결국 미래를 내다본 진단이었던 것으로 밝혀졌다.

무어락은 OCIP의 자산 포트폴리오 가치가 감소하고 있는 점을 계속해서 지적했고, 시트론은 그 손실이 '장부상' 손실이기 때문에 자산을 만기까지 보유하는 한 실현되지 않는다고 반박했다. 고도의 레버리지를 사용해 투기 성향이 강한 시트론의 투자전략에 대

---

150) Jorion, P. Big Bets Gone Bad(Academic Press,1995), p.8.에서 인용.

해 무어락이 선거전을 통해 가한 비판은 견고한 금융이론에 기초한 것이었다. 〈월스트리트저널〉과 〈디리버티브위클리(Derivatives Weekly)〉를 포함한 유수 언론에서는 이를 광범위하게 다뤘고, 특히 〈디리버티브위클리〉는 시트론의 투자 행태를 '아직 밝혀지지 않은 추문'이라고까지 불렀다. 시트론은 이를 모두 부인했고, 선거전이 인신공격으로 변질됐다며 분개했다.

결국 공화당과 민주당 양쪽에서 여러 정치인들이 시트론의 선거를 돕고, 〈로스앤젤레스타임즈〉와 〈오렌지카운티레지스터(The Orange County Register)〉가 시트론을 공개적으로 지지하면서 시트론은 큰 차이로 선거에서 승리했다. 일단 선거에서는 이겼지만 치열한 선거전과 엄격한 검증을 거치면서 시트론도 심한 타격을 입었다. 시트론을 보좌하던 매튜 랍(Matthew Raabe)은 "시트론은 약한 인물로 변해버렸습니다. 아주 오랜 시간 동안 카운티에서 모두를 압도하는 당당한 인물이었는데, 1994년 11월이 됐을 때는 그저 쇠약한 늙은이가 돼 버렸습니다"[151] 라고 묘사했다.

### 채권 투자의 기초

OCIP와 같은 지방재정 투자기금은 확정금리부증권에만 투자하도록 돼 있다. 간단히 말하면 확정금리부증권은 만기 시까지 매년 일정한 금액의 이자를 지급하고 만기 시에는 발행기관(정부, 기업, 지방정부 등)이 액면가를 상환하는 채권이다. 채권이 확정금리부증권이라 불리는 것은 이자 지급액과 원금 상환액이 미리 정해져 있어

---

151) Jorion, P. op. cit. pp. 16-17.

투자자에게 일정한 수익률을 보장하기 때문이다.

**신용위험:** 채권의 발행자가 이자 지급이나 원금 상환에 어려움을 겪는 경우 '확정' 금리부증권은 그 이름과 달리 '확정'적이지 않을 수도 있다. 이렇게 채권이 갑자기 지급불능 상태에 빠질 위험을 신용위험이라 한다. 무디스나 스탠다드앤드푸어스(S&P) 같은 신용평가회사들이 채권을 분석해 정해진 시점에 이자와 원금을 제때 지급할 가능성이 얼마나 높은지에 따라 등급을 매기는 것은 이런 위험이 존재하기 때문이다. 채권 발행 기관의 재무건전성에 아무런 의문이 없으면 채권은 최고 등급을 받는다(S&P는 AAA, 무디스는 Aaa 등급이 최고 등급이다). 채권이 BB 또는 B와 같이 낮은 등급을 받는 것은 채권 발행기관이 채권 약정서에 기재된 조건을 이행하지 못할 가능성이 높다는 것을 의미한다. 문제를 더 복잡하게 만드는 점은, 채권 발행시 발행기관이 높은 신용등급을 받았더라도 채권의 유효기간 동안 발행기관의 수익성이 변하면 신용등급도 따라서 변할 수도 있다는 사실이다. 발행기관의 재무건전성이 악화되는 경우에는 이자나 원금이 제때 지급될 가능성이 줄어들기 때문에 신용등급이 하락한다.

**시장위험:** 채권의 액면가가 미리 정해져 있다거나 채권 발행기관의 재무건전성이 뛰어나다 해서 만기가 돌아올 때까지 채권의 시장가격이 고정돼 있는 것은 아니다. 사실 채권 가격은 금리에 따라 거의 매 순간 변한다. 채권의 가격 변동이 어떻게 일어나는지 이해하기 위해, 향후 5년간 1,000달러의 액면가에 대해 연 5%의 금리(연 50달러)를 지급하고 만기 시에 액면가를 상환하는 5년 만기 채권을 1,000달러에 발행한다고 가정하자. 또 채권 발행 1년 후 경기가 호조를 보여 금리가 6%로 상승한 상황에서 채권 발행기관이 6%의 이자를 지급하는 채권을 추가로 발행한다고 가정하자. 이때 5%의 표면금리를 지급하는 채

권을 매입한 투자자들은 시장에서 더 높은 금리를 얻을 수 있는 상황에서 5%의 수익밖에 얻지 못하는 채권에 묶인 신세가 된다.

기회비용의 관점에서 보면 투자자들은 매년 10달러에 해당하는 금액을 포기하는 셈이다. 이때 처음 발행한 채권의 가치는 높아진 금리를 반영하는 수준으로 하락할 것이다(자세한 설명은 박스 A 참조). 이렇게 금리에 따라 채권의 가격이 변하는 위험을 시장위험이라 부른다. 일반적으로 금리가 상승하면 채권 가격은 하락하고, 반대로 금리가 낮아지면 상승한다. 오렌지카운티는 엄청난 자금을 채권에 투자했는데, 오렌지카운티가 추구한 투자전략의 이면에는 금리가 상승하지 않는다는 가정이 깔려 있었다. 이에 대한 논의는 뒤에서 더 자세히 다룬다.

**듀레이션(Duration):** 시장위험의 개념에서 강조할 점은 시중의 금리 변화에 대한 채권 가격의 민감도다. 금리와 채권 가격 간의 관계에서는 채권의 만기 역시 중요한 역할을 한다. 다른 모든 상황이 동일하다면 만기가 길어질 경우 채권 가격이 금리 변화에 더욱 민감하게 움직인다. 하지만 10년 만기 채권이 5년 만기 채권보다 금리 변화에 2배(예를 들어 1% 금리 변화에 대해 5년 만기 채권 가격은 5% 떨어지고 10년 만기 채권 가격은 10% 떨어지는 것을 말한다) 더 민감하게 반응하는 것은 아니다. 그 이유는 10년 만기 채권은 5년 만기 채권보다 단지 만기만 2배 긴 것이 아니라, 연간 지급되는 이자도 5번 더 지급되기 때문이다. 여기서 한 가지 확실한 점은, 금리와 채권가격 사이의 민감도를 측정하는 데 있어 채권의 만기만으로는 충분하지 않다는 사실이다. 민감도를 보다 정확하게 측정하기 위해서는 만기 시점의 원금 상환뿐 아니라 채권에 대해 지급되는 모든 금액을 고려해야 하는데, 이런 지표를 듀레이션이라 부른다. 만기와 마찬가지로 듀레이션도 연수로 측정된다.

채권의 기간 동안 아무런 이자도 지급하지 않다가 만기 시에 원금만 지급하는 무이자할인채권(Zero-coupon Bond)의 경우를 제외하면, 듀레이션은 채권 만기보다 짧은 것이 일반적이다. 더 구체적으로 말해 "듀레이션은 '원금과 이자를 회수하는 데 소요되는 시간을 고려할 때, 시장가치를 만회하기 위해서는 현재가치 기준으로 어느 정도 시간이 걸리는가?' 하는 질문에 대한 해답을 제시하는 지표다."[152] 예를 들어, 8%의 이자(표면금리)를 지급하는 30년 만기 채권의 듀레이션은 11.76년에 불과하다. 일반적으로 듀레이션은 금리 1% 변동에 따른 채권 가격 변동에 대해 신뢰할 수 있는 예측치를 제시하기 때문에 시장가격 위험을 측정하는 데 적절한 지표다. 금리 변동에 따른 손익은 다음과 같은 공식으로 쉽게 구할 수 있다.

손익(달러 금액)=듀레이션×채권의 액면가×금리 변동 폭(%)

1992년 10월 OCIP가 보유한 포트폴리오의 만기는 평균 1.4년에 불과했지만 오렌지카운티가 파산을 선언할 당시에 듀레이션은 7.4년에 달했다. 독자들은 왜 OCIP 포트폴리오의 듀레이션이 만기보다 훨씬 길었는지 궁금할 것이다. 이는 OCIP를 금리 변동에 민감하게 반응하도록 만든 역변동금리채권(Inverse Floaters)에 대한 대규모 투자(이에 대해서는 다음 절에서 자세히 다룬다)와 관계가 있다. 필립 조리온(Philippe Jorion)는 그의 연구에서 위의 공식을 사용해 만약 금리가 3% 상승할 경우 OCIP가 입게 되는 손실은 다음과 같이 16억 달러에 달할 것으로 추산했는데, 이는 실제 OCIP가 입은 손실

---

152) Jorion, P. op. cit. pp. 29.

과 정확히 일치하는 금액이었다.[153]

## 박스 A    채권 가치평가

오렌지카운티가 연간 5%의 이자를 지급하는 액면가 1,000달러의 5년 만기 채권을 액면가에 발행했다고 가정하자.[154] 이 채권을 매입한 투자자는 매년 50달러(1,000달러의 5%)의 이자를 지급받고 채권 발행일 로부터 5년이 되는 시점에 1,000달러의 원금을 돌려받게 될 것이다. 이 채권에 투자하는 것은 매년 5%를 지급하는 저축계좌에 1,000달러를 예치하고 5년 동안 이자를 지급받은 후 5년째 되는 해의 마지막 날에 원금 1,000달러를 인출하는 것과 동일하기 때문에 만약 투자자가 이 채권을 만기 시까지 보유한다면 이 채권 투자를 통한 수익률이 연 5%로 표면금리와 동일해진다.

만기수익률    오렌지카운티가 이와 동일한 채권(5년 만기, 표면금리 5%)을 액면가보다 낮은 955달러에 발행한다고 가정해보자. 이 채권의 투자자는 955달러밖에 투자하지 않았지만 위의 경우와 동일하게 향후 5년 간 50달러의 이자를 받을 뿐 아니라 채권 만기 시점에는 액면가에 해당하는 1,000달러를 돌려받을 수 있다. 이 채권을 통해 연간 지급되는 이자에 더해 채권 만기 시 1,000달러와 955달러의 차액에 해당하는 45달러의 자본이익도 얻을 수 있기 때문에 기대수익률이 5%보다 높은 것은 확실하다. 955달러에 매입해 매년 50달러씩 5년간 이자 수익을 얻고 만기 시에 1,000달러를 받게 되는 이 채권의 수익률은 정확히 얼마일까? 채권 가격과 채권에서 발생하는 현금흐름의 현재가치를 동일하게 하는 이 수익률을 만기수익률(YTM: Yield-to-Maturity)이라 한

---

153) Jorion, P. op. cit. pp. 29.

154) 채권을 액면가에 발행한다는 것은 채권 발행 대금이 액면가와 동일하다는 뜻이다.

다. 이 식은 값을 일일이 대입해 풀 수밖에 없는데, 재무용 계산기나 스프레드시트 소프트웨어를 사용하면 간단하게 구할 수 있다.

$$955 = 50/(1+YTM) + 50/(1+YTM)^2 + 50/(1+YTM)^3 + 50/(1+YTM)^3$$
$$+1{,}050(1+YTM)^5 \qquad \text{식(1)}$$

이 경우 만기수익률은 YTM=6.07%이다. 다시 말해, 이 채권을 매입해 만기까지 보유하는 투자자는 연간 6.07%의 수익률을 얻게 되는 것이다. 만기수익률에는 만기 시점에서 원금이 상환될 때 발생하는 45달러의 자본이득이 포함돼 있기 때문에, 만기수익률은 채권의 표면금리인 5%보다 높게 나타난다.

금리 변동에 따른 채권 가격 변동　오렌지카운티가 채권(액면가 1,000달러, 표면금리5%, 5년 만기)을 발행한 지 1년이 지난 시점에서, 만기와 신용위험이 오렌지카운티가 발행한 채권과 비슷한 채권에 적용되는 금리가 6%로 상승한다고 가정하자. 이때 오렌지카운티가 발행한 채권의 가격은 얼마가 될까? 채권의 가격이 연간 이자 지급액 50달러와 만기 시에 상환되는 액면가 1,000달러를 6%의 이자율로 할인한 현재가치와 동일한 수준에서 결정될 것이라는 점은 분명하다.

$$\text{Bond Price} = 50/(1+0.06) + 50/(1+0.06)^2 + 50/(1+0.06)^3$$
$$+1050/(1+0.06)^4 = 965 \qquad \text{식(2)}$$

채권가격이 하락함으로써 투자자는 낮은 이자지급액을 채권 만기 시에 자본이득을 통해 보상받게 된다. 따라서 일반적으로 금리가 상승할 때 채권가격은 하락하는 것이다. 오렌지카운티의 자산 포트폴리오는 1994년 초에 바로 이런 상황에 처해 있었다.

## 오렌지카운티의 자산 포트폴리오 분석

파산을 선언하기 전 오렌지카운티의 총 투자기금은 205억 달러로, 공공기관들이 출자한 75억 달러의 자본금보다 훨씬 큰 규모였다. 총 투자금과 출자 금액이 이렇게 크게 차이가 나는 것은 OCIP가 공격적으로 차입금을 들여왔기 때문인데, 사실 레버리지는 OCIP가 올린 높은 수익률의 핵심이었다. 이 문제는 다음 절에서 자세히 설명하도록 하고, 먼저 OCIP의 자산 포트폴리오를 구성한 자산의 종류(206가지나 된다)를 자세히 살펴보자([표 1] 참조). 문제를 단순화하기 위해 [표 1]에 정리한 것처럼 여러 종류의 자산을 위험도에 따라 현금성 자산, 채권(모기지담보채권 포함), 구조화채권(Structured Notes) 등 3가지로 분류할 수 있다.

**현금성 자산:** 현금성 자산은 6억 4,500만 달러 정도로 총 포트폴리오에서 차지하는 비중은 3% 미만이었다. 머니마켓(Money Market) 계좌, 리포(Repo)라고도 부르는 1일물 환매조건부채권 등이 금리 위험에 전혀 노출되지 않는 자산이 여기에 포함된다.

*확정금리부증권* 이자 지급액이나 원금 상환액이 미리 정해져 있는 어음이나 채권은 모두 이 범주에 속한다. 확정금리부증권의 결정적인 특징은 발행 기관의 신뢰도가 견실하다는 점이다.

**재무부 증권:** 미 재무부에서는 연방정부의 예산 부족분을 조달하기 위해 30일 만기부터 길게는 30년 만기까지의 재무부증권을 매달 경매를 통해 판매한다. 미 정부가 발행한 채권(10년에서 30년 만기)이나 어음(30일부터 10년까지의 만기)은 다른 어떤 채권보다 채무불이행의 위험이 낮기 때문에 가장 안전한 자산으로 꼽힌다. 이에 따라 미국 정부가 지급하는 표면금리도 가장 낮은 수준이다. OCIP가 여기에 투자

한 금액은 3억 1,000만 달러로 비교적 작은 규모였다.

*정부기관 증권* 미 정부로부터 지급보증이나 자금 지원을 받는 정부기관에서 발행한 채권이나 어음을 가리킨다. '패니매(Fannie Mae)'라 불리는 연방저당공사(Federal National Mortgage Association: FNMA), '지니매(Ginnie Mae)'라 불리는 정부저당금고(Government National Mortgage Association: GNMA), 그리고 '프레디맥(Freddie Mac)'이라 불리는 연방주택담보대출공사(Federal Home Loan Mortgage Association) 등 주택산업에 자금을 공급하는 기관에서 발행한 증권이 여기에 포함된다. 또 '샐리매(Sallie Mae)'라는 예쁜 이름으로 불리는 대학생 우선대출기관인 학생융자조합

■ 표 1  OCIP 자산 포트폴리오

| 종 류 | 비중 | 장부가치 ($) | 시장가치 ($) | 손실액 ($) | 시장위험 정도 |
|---|---|---|---|---|---|
| 현금 | 3% | 646,504,684 | | | 없음 |
| 확정금리부증권 | 58% | 11,857,330,590 | 11,032,143,453 | 825,187,000 | 중간 |
| 모기지담보채권 | 1% | 228,536,168 | 222,431,070 | 6,105,000 | 중간 |
| 구조화채권 | | | | | |
| 변동금리채권 | 3% | 588,000,000 | 556,643,093 | 31,357,000 | 매우 낮음 |
| 역변동금리채권 | 26% | 5,369,249,869 | 4,755,266,517 | 613,983,000 | 매우 높음 |
| 지수연계 분할상환채권 | 8% | 1,699,030,670 | 1,549,044,495 | 149,986,000 | 중간 |
| 이중지표변동채권 | 1% | 150,000,000 | 134,919,100 | 15,081,000 | 낮음 |
| **총 자산** | | 20,538,651,981 | 18,896,952,413 | | |
| 역환매조건부채권 | | −12,988,113,929 | −12,988,113,929 | | |
| **순자산가치** | | 7,550,538,051 | 5,908,838,483 | | |

\* 출처: Miller, Merton H. and David J. Ross, "The Orange County Bankruptcy and its Aftermath: Some New Evidence", The Journal of Derivatives (Summer 1997), p. 53에서 발췌.

(The Student Loan Marketing Association)에서 발행한 어음이나 채권도 이 범주에 들어간다. 이 기관들은 모두 활발하게 채권을 발행하는데, 이렇게 조달한 자금은 주요 정치세력인 주택소유자와 학생들에게 저렴한 융자를 제공하는 데 사용한다.

투자자의 관점에서 떠오르는 핵심적인 질문은 정부기관에서 발행한 증권들이 미 재무부 증권만큼 안전한가 하는 것이다. 시장에 미 정부가 이들 정부기관들의 채무 불이행을 그대로 두고 보지는 않을 것이라는 인식이 널리 퍼져 있기는 하지만 미 정부가 직접적으로 지급을 보증한 것은 아니기 때문에 정부기관에서 발행한 증권의 수익률은 만기가 같은 재무부 증권보다 약간 더 높은 수준이다. 재무부 증권과 정부기관 증권의 수익률 차이는 정부기관 증권에 대한 신용위험을 측정하는 지표가 된다. 예를 들어, 1994년에 지니매에서 발행한 5년 만기 어음의 수익률은 5.75%였고 재무성어음은 이보다 낮은 5.25%였는데, 이 50베이시스포인트의 수익률 차이는 미 정부보다 약간 낮은 지니매의 신용상태를 반영한다.

마지막으로, 민간 기업에서 발행한 높은 신용등급의 채권이나 기간제 환매조건부채권(Term Repurchase Agreement), 모기지담보채권(Collateralized Mortgage Obligations) 또한 이 포트폴리오에 포함된다.

확정금리부증권에 대한 투자액은 121억 달러 정도였는데, 이는 전체 포트폴리오의 60%를 약간 밑도는 수준이었다. 이 범주에 포함된 증권들은 모두 금리위험뿐 아니라 어느 정도의 신용위험에도 노출돼 있었다. 금리가 상승하지만 않으면(시트론은 여기에 도박을 걸었다) 이 범주에 포함된 자산가치는 원래 수준을 유지하거나 상승하게 돼 있었지만 반대로 금리가 상승하면(1994년 초에 금리가 실제로 상승하기 시작했다) 이 자산유형의 가치는 하락할 수밖에 없었다. 하지만 어느 쪽이든 상관없이 자산을 청산하지 않고 보유하는 한 이익이나 손실은 실현되지 않기 때문에 실제 현금흐름으로 이어지지 않고 장부상에서만 인식된다.

이런 종류의 증권을 만기까지 보유하면 원금 손실 없이 액면가를 돌려받게 된다. 하지만 자산이 존재하는 기간 동안 시가평가를 하는 경우(식 2 참조), 금리가 상승하면 이 포트폴리오에 포함된 자산들에 대해 엄청난 손실이 발생하는 것으로 나타나고 금리가 하락하면 이익이 발생하는 것으로 표시된다.

**구조화채권:** 채권이 고정된 이자를 지급하는 것과 달리 구조화채권의 금리는 리보금리, 달러($)/엔(¥) 환율 등 기준이 되는 지수에 연동돼 달라진다. 지수를 구하는 공식에 의해 기반 경제 변수에 따라 이자 지급액이 '파생'되는 것이다.

이 자산군은 총 78억 달러 규모로 표준변동금리채권(Plain Vanilla Floating Rate Notes), 역변동금리채권(Inverse Floaters), 지수연계 분할상환채권(Index Amortizing Notes), 이중지표변동채권(Dual Index Notes) 등이 포함돼 있었다. 여기서 전체 포트폴리오의 26%를 차지하고 있던 역변동금리채권은 금리의 안정세나 하락을 전제로 한 공격적인 투기로, 특별히 주의를 기울여 살펴볼 필요가 있다.

*변동금리채권* 변동금리채권의 금리는 리보금리와 같은 기준금리에 발행기관의 신용위험을 반영한 가산금리를 더해 결정된다. 이자지급액은 주기적으로 재설정되기 때문에(6개월 주기가 가장 일반적이다) 기준금리에 따라 변동한다. 예를 들어, 액면가 1억 달러인 5년 만기 변동금리채권이 리보금리에 50베이시스포인트를 더한 연간 이자를 반년마다 지급한다고 가정하자. 1994년 7월 1일의 리보

금리가 3.5%라면 이 변동금리채권은 1994년 12월 31일 다음과 같이 200만 달러의 이자를 지급한다.

$$\$100 \text{ million } (0.035+0.005)\times1/2=\$2 \text{ million}$$

또 1995년의 첫 6개월 동안에 대한 금리는 1994년 12월 31일의 기준금리에 따라 다시 조정될 것이다. 만약 1994년 12월 31일의 리보금리가 4%라면 1995년 6월 30일 지급하게 될 이자 금액은 다음과 같이 225만 달러가 된다.

$$\$100 \text{ million } (0.040+0.005)\times1/2=\$2.25 \text{ million}$$

이 채권의 만기가 돌아올 때까지 이런 과정이 반년마다 한 번씩 총 8번 더 반복된다. 표면금리가 6개월에 한 번씩 재설정되기 때문에 변동금리채권은 금리 변동 위험에 노출되지 않는다. 따라서 채권 발행기관의 신용위험 수준이 안정적으로 유지되는 한 변동금리채권은 거의 현금만큼 안전하다.

*역변동금리채권* 역변동금리채권은 기준금리에 거꾸로 연동된 이자를 지급한다. 기준금리가 하락하면 이자지급액은 높아지고, 반대로 기준금리가 상승하면 이자지급액은 낮아진다.

예를 들어, 액면가 1억 달러 채권의 표면금리가 [7%-6개월 리보금리]로, 매 6개월마다 재설정된다고 가정하자. 지난 6개월에 대해 적용된 리보금리가 3%라면 이 역변동금리채권의 표면금리는 4%=0.07-0.03로 설정될 것이고 이자지급액은 아래와 같이 200만 달러가 될 것이다.

$$\$100 \text{ million } (0.07-0.03)\times1/2 = \$2 \text{ million}$$

만약 이자지급일에 리보금리가 4%로 상승했다면, 6개월 후 지급될 이자 금액은 다음과 같이 150만 달러로 떨어진다.

$$\$100 \text{ million } (0.07-0.04)\times1/2 = \$1.5 \text{ million}$$

이제 두 번째 이자 지급일에 리보금리가 2%로 떨어진다고 가정하자. 이제 이 채권은 6개월 후 250만 달러의 이자를 지급하게 될 것이다.

$$\$100 \text{ million } (0.07-0.02)\times1/2 = \$2.5 \text{ million}$$

역변동금리채권에의 표면금리를 설정하는 공식에는 고정금리나 변동금리 부분, 혹은 양쪽 모두에 2, 3, 4, 등의 상수를 적용하는 방식으로 레버리지가 종종 사용된다. 이렇게 하면 기준금리 변동에 따른 이자지급액의 상승폭이나 하락폭이 상수의 크기만큼 증폭된다. 예를 들어 6%의 고정금리에 2를 곱한 뒤, 리보금리에 3을 곱한 수치를 뺀 금리를 이자로 지급하는 액면가 1억 달러의 5년 만기 역변동금리채권이 있다고 가정하자. 이 채권의 이자지급액은 다음과 같이 결정될 것이다.

$$\$100 \text{ million } (2\times6\%-3\times6 \text{ month LIBOR})$$

다양한 금리 변동 시나리오에서 이 채권의 이자 지급액은 다음과 같이 계산할 수 있다.

리보= 3%일 때, 이자지급액= $100 million(2×0.06-3×0.03)
　　　×1/2 = $1.5 million
리보= 4%일 때, 이자지급액= $100 million(2×0.06-3×0.04)
　　　×1/2 = $0 million

리보= 2%일 때, 이자지급액= \$100 million(2×0.06−3×0.02)

     ×1/2 = \$3 million

리보= 1%일 때, 이자지급액= \$100 million(2×0.06−3×0.01)

     ×1/2 = \$4.5 million

레버리지가 포함되지 않은 역변동금리채권의 경우 금리가 1% 변하면 이자지급액은 25% 변한다. 하지만 위에서 알 수 있는 바와 같이 레버리지가 사용되는 경우에는 1%의 리보금리 변동에 따른 이자지급액의 변동폭이 100%에 달한다.

레버리지가 적용된 역변동금리채권에 엄청난 금액을 투자한 것으로 보아 시트론은 금리 하락에 도박을 걸고 있는 것이 확실했다. 금리가 약간만 하락해도 시트론이 얻게 될 이자수입은 엄청나게 늘어나게 돼 있었지만 반대로 금리가 상승하면 이자수입이 급격하게 줄어들 수도 있었다. 역변동금리채권을 만기까지 보유하는 한 여기에 투자된 원금이 노출된 위험은 전혀 없었지만 채권이 이자를 지급하지 않는 경우 무이자 할인채권과 비슷하게 시가로 평가돼 큰 폭으로 할인될 위험이 있었다.

*지수연계분할상환채권* 지수연계분할상환채권은 리보금리와 같은 지수에 연동해 미리 설정된 일정에 따라 원금을 상환하는 채권이다. 시중 금리가 상승하고 주택담보대출의 조기상환율[155]이 하락하면 지수연계분할상환채권의 만기가 늘어난다. 지수연계분할상환채권은 일반적으로 모기지 담보채권에 조기상환 옵션을 끼워넣은 것

---

155) 장기 소비자 금융에 있어서 가장 기본적 상품인 주택담보대출은 일반적으로 채무자에게 아무 조건 없이 언제든 대출을 조기상환할 수 있는 권리를 부여한다. 이를 조기상환옵션이라 한다.

과 비슷하게 작동하도록 설계된다. 금리가 하락하고 주택 담보대출의 조기상환율이 상승하는 경우 지수연계분할상환채권의 만기는 짧아지게 된다. OCIP의 포트폴리오에서 지수연계분할상환채권은 8.3%를 차지하고 있었다.

*이중지표변동채권* 이중지표변동채권은 특정한 두 지수(15년 만기 미국 국채수익률과 3개월 리보 등) 사이의 차에 따라 표면금리가 결정되는 채권이다. 예를 들어, 5년 만기 이중지표변동채권이 처음 3년 동안은 5년 만기 국채수익률과 1개월 리보금리의 차로 설정된 변동금리를 지급하고, 이후 2년간 7%의 고정금리를 지급하는 경우를 생각해볼 수 있다. 이중지표변동채권은 금리 변동에 따른 위험이 상대적으로 낮은 편이고, 총자산 포트폴리오에서 차지하는 비중은 1% 정도였다.

## 헤지펀드 OCIP

오렌지카운티가 지방정부를 비롯해 타운십(Township: 우리나라의 읍·면 단위와 유사한 행정구역-옮긴이) 행정관청, 교육위원회 등 다양한 기관으로부터 위탁받은 금액은 75억 달러였다. 하지만 1994년 12월에 파산을 선언할 당시 오렌지카운티가 보유한 자산은 205억 달러를 웃도는 규모였다. OCIP의 파산에는 1)과도한 레버리지, 2)레버리지가 내재된 포트폴리오에 자금을 조달하기 위해 사용한 역환매조건부채권, 3)위험성을 과소평가한 채 대규모로 투자한 채권파생상품 등 3가지 요인이 결정적으로 작용했다. 한 가지씩 차례대로 살펴보자.

**레버리지**: OCIP는 보유 자산을 담보로 제공하고 125억 달러를 추가로 빌려 정상적인 범위를 벗어나는 높은 수익률 달성을 꾀했는데, 이는 헤지펀드(박스 B 참조)가 일반적으로 사용하는 것과 동일한 전략이었다. 기업이나 은행에서도 널리 사용하는 이 방법을 레버리지라 부른다. 레버리지는 단순히 차입을 통해 사업활동을 확장하는 것을 의미하는데, 일반적으로 총자산(75억 달러에 해당하는 자기자본과 130억 달러의 차입금을 합한 금액)을 자기자본으로 나눈 값으로 나타낸다. 오렌지카운티는 205억 달러의 자산에 대해 75억 달러의 자기자본을 보유하고 있었으므로 오렌지카운티의 레버리지는 2.7배 정도였는데, 이

---

**박스 B    헤지펀드**

헤지펀드는 규제를 받지 않는 투자기금으로 엄청난 유연성을 가지고 공격적으로 운용된다. 사실 헤지펀드는 '헤지'나 안전과는 거리가 멀기 때문에 소극적인 투자자에게는 적합하지 않다. 헤지펀드는 뮤추얼펀드와 마찬가지로 저축을 생산적인 투자로 연결해 투자자들(고액 자산자, 연기금, 대학기금 등)에게 최대의 수익을 되돌려주는 것을 목표로 한다. 하지만 뮤추얼펀드가 투자전략, 성과보수 한도, 공시의무 등에서 엄격한 규제를 받는 것과는 다르게 헤지펀드는 대규모 차입, 파생상품의 활용, 공매도 등 복잡한 투자전략을 마음대로 추구할 수 있을 뿐더러 공시의 의무가 없기 때문에 모든 일을 비밀리에 추진할 수 있다. 손실이 발생해 만회하지 못하는 경우 '하이워터마크(High Watermarks)' 규정에 따라 보수를 포기하는 경우가 가끔 있기는 하지만 기본적으로 헤지펀드 매니저들이 청구할 수 있는 성과보수에는 한도가 없다(일반적으로는 수익의 15~30%를 청구한다).

는 일반적인 관점에서 보면 그리 대단하지 않은 수준으로 경고등이 켜질 정도는 확실히 아니었다.

참고로 리먼브라더스(Lehman Brothers)는 2008년 파산 당시 무려 30배가 넘는 레버리지를 사용하고 있었다. 하지만 애초에 오렌지카운티는 레버리지를 사용하지 못하도록 돼 있었다. 오렌지카운티가 차입금리보다 높은 수익률을 올릴 당시에는 레버리지 효과로 인해 어마어마한 수익을 남길 수 있었다. 하지만 금리가 상승하기 시작하자 오렌지카운티의 자기자본이익률은 레버리지 효과로 인해 급격히 떨어지기 시작했다.

**▌█ 그림 2  1994년 12월 1일 OCIP의 대차대조표**

(단위: 백만 달러)

| 자산 | | | 부채 및 자본금 | | |
|---|---|---|---|---|---|
| **그룹 1: 금리위험에 노출된 자산** | | **(83.3%)** | 단기 부채 | | |
| 역변동금리채권 | $5,369.20 | (26.1%) | 역환매조건부채권 | $12,988.10 | (63.2%) |
| 확정금리부증권 | $11,857.30 | (57.7%) | | | |
| | | | 자기자본 | $7,550.40 | (36.8%) |
| **그룹 2: 금리 위험이 낮거나 없는 자산** | | **(16.2%)** | | | |
| 현금 | $646.50 | (3.2%) | | | |
| 모기지담보채권 | $228.50 | (1.1%) | | | |
| 이중지표금리채권 | $150.00 | (0.7%) | | | |
| 변동금리채권 | $588.00 | (2.9%) | | | |
| 지수연계분할상환채권 | $1,699.00 | (8.3%) | | | |
| **자산 합계** | $20,538.50 | **(100%)** | **부채및자본금 합계** | $20,538.50 | **(100%)** |

* 출처: M. H. Miller and D. J. Ross, The Orange County Bankruptcy and its aftermath: Some new evidence, The Journal of Derivatives(Summer 1997); Marthinsen, J. Risk Takers(Addison-Wesley, 2004), p.167에서 발췌.

이제 레버리지가 어떻게 OCIP의 수익률을 향상시켰는지 예시를 통해 살펴보자. 오렌지카운티가 75억 달러의 포트폴리오에 대해 연간 5.5%의 수익률을 올린다고 가정하자. 오렌지카운티가 75억 달러를 빌려(레버리지는 이제 2배가 된다) 원래의 포트폴리오와 함께 투자해 기존과 동일한 연 5.5%의 수익을 올리는 경우, 부채가 포트폴리오에 미치는 영향은 차입금리에 따라 달라진다. 만약 오렌지카운티가 4%에 초단기로 자금을 빌리는 경우, 레버리지가 없을 때의 수익률인 5.5%에 차입금에서 발생하는 수익률 1.5%가 더해져 수익률은 총 7%가 된다. 레버리지를 활용함으로써 수익률이 27%=[7.00%-5.50%]/5.50% 상승하게 된 것이다. 오렌지카운티가 75억 달러를 빌리는 대신 150억 달러를 빌려 3배의 레버리지를 사용한다면, 원래 가지고 있던 포트폴리오에 대한 수익률은 8.5%=5.5%+1.5%×2로 높아질 것이다. 다시 말해 이때 레버리지는 원래 보유한 포트폴리오에 대한 수익률을 증폭시키는 효과를 가져온다. 단기 차입금을 낮은 금리로 계속해서 연장할 수만 있었다면 OCIP는 계속해서 수익을 기록할 수 있었을 것이다. 하지만 1994년에 금리가 5%에서 8%로 치솟자 OCIP는 투자해서 얻는 수익이 단기 차입금에 대해 지불하는 금리보다 낮은 상황에 처하고 말았다.

**위험 부채:** 은행이나 저축대부조합이 아닌 오렌지카운티는 자기자본으로만 구성된 원래 포트폴리오에 원하는 수준의 레버리지를 추가할 수 있는 방법이 어느 정도 제한돼 있었다. 오렌지카운티는 환매부채권(Repurchase Agreement: 리포)을 통해 자산을 담보로 낮은 금리에(예를 들어 4%) 자금을 차입한 뒤, 이 자금으로 수익률이 높은(예를 들어 5.5%) 채권을 추가로 매입하는 방법을 택했다. 리포는 본질적으로 만기가 돌아오면 계속해서 만기가 연장되는 단기(7일, 30일, 90일

만기) 담보대출이다(박스 C 참조).

OCIP는 이런 거래를 여러 번 반복했다. 새로 매입한 채권을 다시 담보로 제공하는 방식으로 총 75억 달러를 빌린 뒤 이 자금을 다시 투자해 5.5%의 높은 수익을 얻은 것이다. 레버리지를 사용하는 데 있어서는 지속적으로 수익률보다 낮은 비용으로 자금을 빌릴 수 있는 능력이 핵심적이었다. 사실 예금을 받는 금융기관이라면 어떤 기관이든지 낮은 금리로 단기자금을 조달해 장기자금을 필요로 하고 높은 금리를 지불할 의향이 있는 기업이나 가계에 장기자금을 빌려주는 것이 사업의 핵심인 것이다.

## 박스 C  환매조건부채권과 역환매조건부채권

환매조건부채권(Repurchase Agreement, Repo)은 미국 국채와 같은 증권을 미래의 특정 시점에 미리 정해진 가격에 되사는 조건으로(선도계약의 형태) 판매하는 계약을 말한다. 환매조건부채권 매도자는 실질적으로 매도되는 증권을 담보로 단기 차입을 하는 셈이다. 이때 매도자는 보전비율(Haircut)에 따라 해당 증권의 시장가격보다 약간 낮은 금액을 지급받는데, 이는 매수자가 증권에 수반되는 신용위험과 시장위험에 대비할 수 있도록 해준다. 환매조건부채권 계약은 일반적으로 무담보 은행 대출보다 저렴하다는 장점이 있다.

역환매조건부채권(Reverse Repurchase Agreement)은 환매조건부채권과 매우 유사하지만 환매조건부채권은 차입자(담보증권의 매도자)가 증권 중개기관인 반면 역환매조건부채권은 차입자가 증권 중개기관이 아니라는 점에서 차이가 있다. OCIP는 중개기관이 아니었기 때문에 환매조부채권 매매의 형태로 중개기관으로부터 담보대출을 받은 것은 역환매조건부채권 거래에 해당한다.

OCIP가 투자기금에 대한 레버리지를 증가시키기 위해 역환매조건부채권을 활용한 것은 담보대출인 역환매조건부채권의 차입비용이 매우 저렴하기 때문이었다. 단기자금조달 비용이 낮아질수록 레버리지를 통해 점점 더 큰 이득을 얻을 수 있다. 하지만 담보로 제공된 증권의 가치도 금리변동에 따른 시장위험에 노출돼 있기 때문에 리포를 통한 자금조달에는 위험이 따른다. 예를 들어 오렌지카운티가 5.5%의 이자를 지급하는 액면가 1억 달러의 5년 만기 미국 국채를 담보로 제공하고 1억 달러를 연간 3%의 비용으로 빌린다고 가정하자.

그로부터 한 달 뒤, 연방준비은행이 재할인율을 50베이시스포인트 올려 1억 달러였던 담보의 가치가 2.5% 하락한다(금리가 상승하면 채권 가격은 떨어진다). 이제 1억 달러를 빌려주고 9,750만 달러의 가치밖에 없는 담보를 가지게 된 채권자는 차입자에게 250만 달러에 해당하는 담보를 추가로 제공하라고 요청할 것이다. 선물계약에서 발생하는 마진콜과 유사한 성격의 이 요청을 가리켜 '담보보충요구(Collateral Call)'라 한다(박스 D 참조). 차입자의 포트폴리오는 양쪽에서 충격을 받는다. 자산 계정에서는 보유하고 있는 채권에서 손실이 발생하는 동시에(이 손실은 채권을 매각하지 않는 이상 실현되지 않는다), 부채 계정에서는 채권자의 담보보충요구를 충족시키기 위해 담보를 추가로 제공해 부족한 금액을 보충해야 한다.

오렌지카운티의 자산(동시에 담보)은 만기까지 보유하려는 오렌지카운티의 의도와는 상관없이 시가로 평가됐다. 시트론은 마지막 순간까지 이 손실이 단지 장부상 손실일 뿐이라고 주장했지만 채권자들로부터의 담보 추가 제공 요구로 인해 이 장부상 손실은 현금흐름 유출로 이어졌고, 이 때문에 촉발된 유동성위기가 결국 오렌지카운티를 파산으로 몰아넣고 말았다.

앞에서 어떻게 레버리지(차입을 통한 자산 포트폴리오 증가)를 활용해 자본금에 대한 수익률을 증가시킬 수 있는지 살펴봤다. 이제부터는 어떻게 해서 단기 금리가 1% 변할 때 전체 포트폴리오 수익률이 25%나 변하게 되는지 분석함으로써 OCIP가 작은 금리 변화에 얼마나 취약했는지를 살펴본다.

설명의 편의를 위해 OCIP가 원래 76억 달러를 보유하고 있고, 76억 달러를 빌려 포트폴리오를 152억 달러로 늘린다고 가정하자(레버리지는 2배가 된다). 이 금액의 50%는 연간 5.5%의 수익을 얻을 수 있는 5년 만기 미국 국채에 투자하고, 나머지 50%는 [8.5%-리포금리]에 해당하는 수익을 얻을 수 있는 역변동금리채권에 투자한다. 만약 리포금리가 3%라면 역변동금리채권의 수익률은 5.5%=8.5%-3%가 된다. 차입 비용이 연간 3%라고 가정하면 포트폴리오 중 차입된 부분에서 2.5%=5.5%-3%의 수익이 발생한다. 레버리지를 활용한 결과 자기자본에 해당하는 부분의 총 수익률은 8%=5.5%+2.5%로 상승한다.

시나리오 1: 리포 금리 1% 상승   환매조건부채권 매매를 통한 단기자금조달 비용이 3%에서 4%로 상승한다고 가정하자.

- OCIP는 포트폴리오의 절반을 활용한 채권투자로 5.5%의 수익을 얻게 되지만 나머지 절반의 금액을 투자하는 역변동금리채권은 4.5%=8.5%-4%의 수익률밖에 얻지 못하기 때문에 결국 총 투자 수익률은 0.50×0.0550+0.50×0.0450=0.0500가 된다.

- OCIP의 자기자본(총 포트폴리오의 50%)에는 조달비용이 소요되지 않지만 부채(총 포트폴리오의 50%)에는 4%의 비용이 든다.

- 레버리지 효과를 고려할 때 자기자본에 해당하는 부분의 수익률은 6%=5.50%+0.50%이다.

- 단기자금조달 비용이 1% 상승하면서 OCIP의 포트폴리오 중 레버리지를 배제한 부분의 수익률은 25% 감소했다.

**위험 자산:** 앞에서 이미 지적한 것처럼, 금리가 불리한 방향으로
움직이는 경우에는 OCIP의 포트폴리오를 구성한 다양한 종류의 자산
중 역변동금리채권에서 손실이 발생할 위험성이 특히 높았다. 역변동
금리채권은 그 이름이 의미하는 것처럼 금리가 하락할 때 투자자들에
게 더 많은 이자를 지급한다. 시트론은 레버리지를 활용해 역변동금리
채권의 효과를 증폭시켰기 때문에 금리 변동에 따라 이자지급액은 더
욱 크게 움직이도록 돼 있었다(박스 D 참조).

금리가 하락하던 시절에는 OCIP가 레버리지의 혜택을 톡톡히 받은
덕분에 시트론은 돈을 맡긴 기관들로부터 높은 인기를 누릴 수 있었
다. 하지만 1994년 초 금리가 다시 상승하기 시작하면서 역변동금리채
권으로부터의 이자수익이 급감하는 동시에 역변동금리채권의 가치가
시가평가를 통해 하향조정됐다. 역환매조건부채권 계약을 통해 자금
을 조달하기 위해 제공한 담보에는 역변동금리채권도 포함됐기 때문
에, 채권의 가치가 한없이 떨어지자 채권자들은 부족한 담보 금액을 보
충할 것을 요구했다. 하지만 이미 유동성 부족을 겪고 있던 OCIP로서
는 이런 요구를 들어줄 수 있는 상황이 아니었다(박스 E 참조).

1994년 초 금리가 상승하면서 오렌지카운티는 포트폴리오의 레버리지로 인해 압박을 느끼기 시작했다. 역환매조건부채권 계약을 통해 자금을 조달하면서 오렌지카운티가 담보로 제공한 다양한 확정금리부증권의 가치는 한없이 떨어지고 있었다. 만약 오렌지카운티가 액면가가 1억 달러이고 표면금리가 5%인 5년 만기 채권을 액면가에 매입했다면(이는 시중금리가 5%였다는 이야기다), 시중 금리가 6%나 7%로 상승하는 경우 이 채권의 가격은 훨씬 낮아지게 된다. 이에 따라 단기자금을 빌려준 채권자들은 오렌지카운티에 추가로 담보를 제공해 담보의 가치 하락분을 보충하라고 요구하기 시작했다. 오렌지카운티가 '담보보충요구(Collateral Call)'를 받게 된 것이다. 실제로 오렌지카운티는 이 담보보충요구에 대응하기 위해 1994년 봄에 중기 어음을 발행하기까지 했다. 투자자들은 오렌지카운티가 파산 보호를 신청하면서 비싼 대가를 치르고 나서야 어음을 발행한 진짜 이유에 대해 알았다.

## 오렌지카운티의 붕괴

OCIP의 대차대조표에는 OCIP가 들여온 엄청난 규모의 차입금이 고스란히 드러나 있다. 오렌지카운티와 산하 기관들이 보유했던 76억 달러 규모의 펀드는 추가로 130억 달러를 빌리기 위한 발판으로 사용됐다. OCIP는 역환매조건부채권 계약을 활용해 비교적 저렴한 비용으로 단기자금을 조달할 수 있었다. 이렇게 조달한 자금으로 확정금리부증권과 구조화채권(역변동금리채권 등)을 아우르는 다양한 고수익 증권에 장기로 투자했다.

오렌지카운티가 활용한 '헤지펀드' 전략은 금리가 안정세를 유지하거나 하락해 자금조달비용이 하락하던 때는 엄청난 수익을 돌려줬다. 낮은 금리는 자산 가치 측면에서도 바람직한 일이었다. 특히 수익률이 금리 변동과 반대 방향으로 움직이는 역변동금리채권은 금리 변동의 영향력을 증폭시켜 수익률 향상에 크게 기여했다. 투자 시점에 이미 금리가 높은 수준으로 고정돼 있었던 다른 장기 확정금리부증권들도 단기자금조달 비용과 수익률과의 격차를 더욱 크게 만들었다.

레버리지를 활용한 OCIP의 투자전략은 금리가 상승 추세에 들어서자 맥없이 무너지고 말았다. 금리 상승으로 자금조달 비용이 증가한 것은 물론이고, 역환매조건부채권 계약을 위해 제공한 담보의 가치도 하락하면서 오렌지카운티는 이중으로 타격을 입었다. 다시 말해, 자금을 빌려준 기관들이 오렌지카운티에게 더 높은 금리를 부과하는 동시에 담보가치 하락에 따른 부족분을 보충하도록 요구해온 것이다. 시중금리가 높아졌지만 채권 매입 시점에 이미 금리가 정해져 있던 확정금리부증권에서는 더이상 높은 수익률을 기대하기 힘들었다.

채권의 시장가치가 추가적으로 하락하면서 역환매조건부채권 계약에 대한 담보보충요구가 쇄도했다. 하지만 오렌지카운티를 가장 거세게 압박한 것은 금리 위험에 심각하게 노출돼 있던, 레버리지가 가미된 역변동금리채권이었다. 금리가 높아지자 역변동금리채권에서 더이상 아무런 이자수익도 발생하지 않게 되면서 채권 가치가 가파르게 하락했다. 자본비용이 수익률보다 높아지고, 전체 포트폴리의 가치가 하락해 역환매조건부채권 계약에 대한 담보보충요구가 밀려들면서 전방위적으로 압박을 받게 된 OCIP에게 파산보호를 신청하는 것 외에 다른 선택은 남아 있지 않았다.

## 파산보호 신청은 적절한 조치였을까?

파산을 선언해 채권자들로부터 보호를 요청하는 것은 상환능력과 유동성이 기준에 미달하는 경우에만 정당화될 수 있다. 1994년 12월 1일 오렌지카운티가 16억 5,000만 달러에 이르는 포트폴리오 가치 손실을 인정했을 때도 OCIP의 순자산 가치는 여전히 61억 달러에 달했는데, 이렇게 큰 금액이 남은 상황에서 오렌지카운티가 지급 불능에 빠졌다고는 보기 어렵다. 또 같은 날 6억 5,000만 달러의 현금을 보유하고 있던 오렌지카운티가 유동성 부족에 시달리고 있었다고 보기도 어렵다.

하지만 미국 파산법원은 투자금을 인출하고 싶어하는 채권자들과 담보보충을 요구하는 투자은행들로부터의 보호를 선택한 오렌지카운티의 결정을 받아들였다. 투자은행들이 12억 달러에 이르는 역환매조건부채권 계약 연장을 거부했다는 소식은 오렌지카운티 의회를 공황상태로 몰아넣어 파산신청을 하는 데 결정적인 역할을 했다.[156]

하지만 이후 OCIP가 제기한 소송의 피고 중 하나인 메릴린치의 의뢰로 노벨경제학상 수상자인 머턴 밀러(Merton Miller)가 수행한 연구는 만약 OCIP가 실제와 같이 청산 절차를 거쳐 머니마켓펀드

---

156) Orange County Register, December 7, 1994, p. A19. Miller, Merton H. and David J. Ross, "The Orange County Bankruptcy and its Aftermath: Some New Evidence", The Journal of Derivatives (Summer 1997) 에서 재인용.

로 편입되는 대신, 보유하고 있던 포트폴리오를 원래 전략대로 만기까지 보유했더라면 OCIP는 현금 손실을 전혀 입지 않았을 수도 있었다는 것을 밝혀냈다. 연구에 따르면, OCIP는 오히려 15개월 안에 1994년 12월 6일 파산 선언 당시 발표한 손실 규모를 만회하고도 남는 18억 달러의 막대한 수익을 올릴 수 있었을지도 모른다.

하지만 불행하게도, 오렌지카운티가 부채 일부에 대한 채무를 이행하지 않자 수많은 채권자들이 담보를 돌려주지 않고 즉시 매각하는 방법으로 차입금을 회수해갔다. 205억 달러의 총 포트폴리오 중 오렌지카운티의 허락 없이 매각된 자산 규모는 약 110억 달러 정도였는데, 여기에서 발생한 손실이 13억 달러에 달했다.[157]

여기서 떠오르는 본질적인 질문은, OCIP가 파산보호를 신청했을 때 앞으로의 금리 움직임을 예측할 수 있었는가 하는 것이다. 단기 금리는 연방준비은행의 결정에 좌우되기 때문에 예측하기 쉽지 않을 수도 있다([그림 1] 참조). 수익률곡선 분석은 중장기 금리를 예측하는 데 유용하게 사용될 수 있지만 수익률 곡선은 미래 금리 수준에 대한 '불편(Unbiased)' 예측치일 뿐이다. 다시 말하면, 수익률 곡선은 미래 금리의 평균치를 예측하지만 평균에 대한 분산(Variance)이 어느 정도 될지에 대해서는 아무런 정보도 제공해주지 않는다. 아마도 OCIP 포트폴리오의 밸류앳리스크가 가장 믿을 만한 정보를 제공해주는 수치일 것 같다. VaR에는 1994년 12월 기준으로 1995년에 걸쳐 OCIP가 11억 달러의 손해를 추가로 입을 가능성은 약 5% 정도인 것으로

---

157) Jorion, P. Lessons from the Orange County Bankruptcy, The Journal of Derivatives(Summer 1997), p.65.

V@R는 금융자산 포트폴리오의 총위험을 단순한 숫자로 측정 표 기하는 일종의 요약통계량(summary statistic)을 제공하려는 시 도에서 만들어진 것이다. 이는 JP Morgan의 CEO가 그의 참모에 게 다음날 JP Morgan 은행이 감당해야 할 위험이 얼마가 되는 지에 대해서 매일 오후 4시 15분에 단순한 숫자로 보고해 달라 고 요청했던 것에서 시작되었다. 그는 마침내 다음과 같은 의미 를 갖는 V@R를 보고받게 되었다. "우리는 향후 N일 동안에 L 달 러 이상을 손해보지 않을 것을 x %의 확률로 확신한다." 다시 말 하면 V@R는 주어진 x라는 확률하에 N days라는 목표기간(target horizon) 동안 달러 기준으로 최대손실액(maximum loss)이 L만큼 추정된다는 것을 뜻한다. 이는 "우리가 얼마나 손실을 입을 것 같은가?"라는 어려운 질문에 대하여 의사(擬似) 과학적인 용어로 답하는 것이다. 파생상품투자 손실로 파산하게 되었던 미국 오 렌지카운티가 만약에 지속적으로 V@R에 관한 정보를 제공받을 수 있었다면, 어떤 일이 예상될지를 알 수 있었을 것이고 그에 따 른 대비책을 철저히 준비할 수 있었을 것이다.

■ 그림 1  금리의 변동 추세

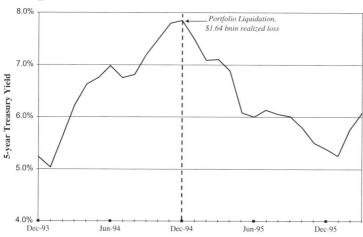

* 출처: Jorion, P. Lessons from the Orange County Bankrupcy. The Journal of Derivatives(Summer 1997), p.64.

나타나 있다([그림 2] 참조). 또 OCIP가 다시 13억 달러의 수익을 얻을 수 있는 가능성 역시 5% 정도인 것으로 추정됐다. 하지만 OCIP는 불확실한 미래에 도박을 걸 수 있는 상황이 아니었다.

 ## 이야기의 교훈

**교훈 1_ 성공관리:** 로버트 시트론은 그의 투자전략이 레버리지에 기반을 두고 있다는 사실을 전혀 이야기하지 않았기 때문에 그의 붕괴는 사람들에게 훨씬 더 큰 충격을 안겼다. 22년에 걸쳐 탁월한 성과를 기록한 시트론은 자신의 성공을 자랑스러워했지만 정작 성공에 결정적 영향을 끼친 요인에 대해서는 제대로 알려고 하지 않았다. 그가 올린 이례적으로 높은 수익률 뒤에 깔려 있는 전제에 대해 명확하고 설득력 있는 설명을 들었더라면, 시트론은 레버리지에 기반한 투자전략의 약점을 보완할 수 있었을지도 모른다. 시트론은 VaR, 스트레스테스트, 자산부채관리 등 그의 투자전략이 왜 그렇게 큰 성공을 거뒀는지 이해하는 데 도움을 줄 수 있는 간단한 포트폴리오 관리도구조차 활용하지 않았다.

극도의 자만심에 빠질 위험을 제거하는 데는 자기성찰과 자가진단이 가장 효과적인 방법이다. 시트론이 이런 과정의 하나로 보고체계를 정비했더라면 자연스럽게 기대치를 관리할 수 있었을 것이다. 시트론은 카운티 의회가 그에게 독자적으로 의사결정을 내릴 수 있는 권한을 부여하면서 그에 걸맞는 책임은 부과하지 않은 상황을 즐기고 있었던 것이 분명하다. 시트론을 비난하는 사람들은 그가 금융에 대해 아는 것이 거의 없는 사람이었다고 무시한다. 시트론이 물론 오만함에 눈이 멀었을 수는 있지만 투자에 대한 약간의 지식이나 이해도 없이 어떻게 그렇게 많은 투자은행들과 카운티 의원들을 속일 수 있었는지는 믿을 수 없는 일이다.

**■ 그림 2 1953~1994년 동안 OCIP의 연간 수익에 기반한 잠재 손익 분포**

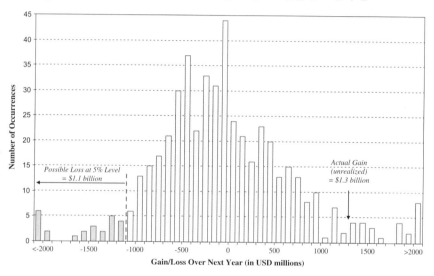

* 출처: Jorion, P. Lessons from the Orange County Bankrupcy, The Jounal of Derivatives(Summer 1997), p.64.

**교훈 2_ 지배구조:** OCIP는 의회로부터 최소한의 감독만 받으면서 실질적으로 독자적으로 운영됐다. 막대한 수익을 올리는 동시에 로버트 시트론 같이 매우 인기 있는 재정책임자가 이끄는 조직에서 외부 인사가 권위를 내세우기는 힘든 것은 사실이다. 이런 상황에서는 의사결정 구조의 재정비가 필수적이었다. 최소한 OCIP의 투자 목적과 만기, 신용위험, 시장위험 등을 고려할 때 투자가 용인되는 자산이 무엇인지를 명확히 정의하는 지침서라도 마련됐어야 했다. 이 문서에는 레버리지를 허용할 것인지, 허용한다면 어느 정도까지 허용할 것인지도 정의돼 있어야 했다. 위에서 이야기한 것처럼 레버리지는 직·간접적으로 사용됐다. 직접적으로는 전체 자산 포트폴리오의 크기를 키우기 위해 자금을 차입함으로써 레버리지가 늘어났다. 만약 OCIP가 뮤추얼펀드와 동일한 모델로 설정됐더라면 OCIP를 헤지펀드와 유사하게 바꿔놓은 이 직접적인 레버리지는 허용되지 말았어야 하는 것이었다.

둘째, 레버리지가 가미된 역변동금리채권 등 파생상품에 투자하면서 레버리지가 간접적으로 사용됐다. 이렇게 위험한 종류의 상품에 대한 투자가 금지되거나 최소한 엄격하게 제한됐어야 하지 않을까? 간접적인 레버리지를 어느 정도 허용할 때는 명확하고 실질적으로 제한할 수 있는 한계치가 설정돼 있어야 했다.

투자정의서에는 카운티의 재무책임자가 의회에 보고해야 하는 체계, 시기, 주기뿐 아니라 어떤 정보를 공시해야 하는지도 정의돼 있어야 한다. 월별 혹은 분기별 대차대조표는 물론이고 손익계산서, 현금흐름표, VaR 등 위험구조에 대한 핵심정보 등을 공개하는 것은 필수적이다. 이와 더불어 OCIP는 스트레스테스트를 통해 금리에 대한 다양한 시나리오를 바탕으로 포트폴리오의 시장가치 변화를 측정했어야 했다.

무엇보다 중요한 것은 투자기금의 업무에 대한 감독이다.

상충된 이해관계를 가지고 있지 않은, 독립된 투자 전문가들을 지명하거나 선출해 이사회를 꾸리는 것이 절대적으로 필요하다. 재무책임자를 뽑을 때는 자산운용에 대한 전문성을 보유한 후보군을 미리 압축해 그 중에서 선정해야 한다. 재무책임자와 운용팀이 선정되면 주기적으로 자산운용에 대한 교육을 받도록 해야 하고, 임기 제한을 준수하도록 해야 한다.

마지막으로, 외부의 감사를 활용해 각 분기별로 투자기금이 목표로 잡은 성과와 실제 성과 사이의 차이를 분석하는 활동도 역시 중요하다. 감사자들은 효과적인 감사를 위해 금융상품 판매자인 동시에 거래상대인 금융기관들과도 협력관계를 유지해야 한다.

**교훈 3_ 지방정부 채권에 대한 투자:** 지방정부 채권에 투자하려는 투자자들은 투자를 실행하기 전에 직접 실사를 하는 것이 바람직하다. 채권 발행기관이 지속적으로 비정상적으로 높은 수익을 올렸다면 투자자는 이를 경고 신호로 받아들여야 한다. 오렌지카운티의 경우 수많은 언론에서 시트론을 투자의 귀재로 묘사하면서 비정상적인 수익률에 대한 정보는 이미 널리 알려져 있었다. 위험과 수익 간에 강력한 균형관계가 존재한다는 것은 아주 오래전에 정립된 금융이론이다. 투자자들에게 높은 수익을 돌려주기 위해 시트론은 높은 수준의 위험을 감당할 수밖에 없었다. 하지만 신용평가기관들은 기본적인 질문도 던지지 않고 OCIP가 발행한 채권에 대해 AA 등급을 승인한 것으로 보인다. 지방정부 채권에 대한 투자에 신중을 기하기 위해서는 포트폴리오 다각화와, 보증보험 매입

등을 통한 신용보강(Credit Enhancement) 등 투자 원칙을 지켜야 한다. 신용평가기관에만 의존하면 레버리지나 파생상품에 대한 과도한 의존 등 심각한 결함을 빠뜨리게 될 수도 있기 때문이다. OCIP가 공개적으로 발행한 성과보고서만 제대로 살펴봤더라면 투자자들은 OCIP에 대한 투자를 다시 생각했을 것이다.

**교훈 4_ 지방 재정에 대한 규제:** 지방정부에서 투자기금을 운용하는 데 있어서 투자정의서와 지배구조를 명확하게 마련하도록 연방정부와 주 양쪽에서 규제가 이뤄져야 한다. 역설적이게도 연방정부는 선량한 투자자의 피해를 막기 위해 뮤추얼펀드를 수십년 동안 규제하고 있다. 지방정부의 투자기금도 당연히 이런 규제에 포함시켜 기금에 참여하는 정부기관과 기금에 자금을 조달하는 투자자들을 보호하는 명확한 지침을 마련하는 것이 옳은 일이다.

지방정부의 재정 업무에 대한 보호를 강화하기 위해 연방정부는 금융기관들이 정교하고 복잡한 금융상품을 오렌지카운티와 같은 지방정부에 판매하는 행위에 대해서도 구체적인 지침을 마련해야 한다. 금융상품의 매수자가 헤지펀드나 다국적기업의 재무책임자 정도 된다면 '매수자 위험 부담 원칙(Buyer Beware)'이 합당한 원칙이겠지만 지방재정의 책임자를 상대할 때는 매도자가 최대한 주의를 기울이는 것이 보다 공정한 접근법이다.

1994년 2월을 시작으로 연방준비은행은 지속적으로 금리를 올리기 시작했다. OCIP가 레버리지에 기반을 둔 투자전략을 실행하면서 굳게 믿은 것과는 상황이 반대로 흘러가고 있었다. 16억 5,000만 달러의 손실을 입고 채권자들로부터 담보보충요구가 쇄도하자 오렌지카운티는 채권자들이 학교, 놀이터, 법원 등 카운티의 재산을 압류하는 상황을 피하기 위해 1994년 12월 6월 챕터9 파산보호신청을 접수했다.

**채무불이행 그리고 파산:** 오렌지카운티가 1994년 12월 8일 만기가 돌아온 1억 1,000만 달러의 어음에 대해 채무불이행을 선언함으로써 오렌지카운티의 신용등급은 곧바로 '투자부적격(Junk)' 등급으로 곤두박질했다. 다른 여러 카운티도 레버리지로 인해 금리인상에 취약하다는 사실이 밝혀지면서 도미노 현상에 대한 공포가 캘리포니아를 휩쓸었다. 오렌지카운티는 파산보호신청으로 시간을 어느 정도 벌었지만 결국 심판의 날은 다가왔다. 1995년 5월 2일, 미국 파산법원은 투자기금에 남아 있는 금액에 대한 합의를 승인하는 판결을 내렸다. 판결에 따라 OCIP에 참여한 기관들은 투자 금액 1 달러 당 77센트를 되돌려받았다. OCIP에 돈을 맡긴 기관들은 무려 189개에 달했다.

**소송 그리고 손해배상:** 1995년 1월에 오렌지카운티는 메릴린치의 중개인들이 고의로 카운티를 속여 투자 포트폴리오에 레버리지를 늘리도록 했기 때문에 오렌지카운티가 입은 손실에 대해 책임이 있다며 메릴린치를 상대로 20억 달러 규모의 소송을 제기했다. 하지만 메릴린치 입장에서는 OCIP가 금리위험에 노출돼 있다는 사실에 대해 시트론에게 세 번이나 서면으로 주의를 줬기 때문에 책임이 없다고 생각하고 있었다. 사실 메릴린치가 시트론에게 전달한 서신은 금리가 1% 상승하면 오렌지카운티가 2억 7,000만 달러에 달하는 손실을 입게 될 것이라고 구체적으로 언급했다. 메릴린치의 마이클 스타멘슨(Michael Stamenson)은 다음과 같이 이야기하면서 로버트 시트론이 자신이 직접 주장하는 것처럼 초보자일 리는 없다고 증언했다. "나는 그에게서 많은 것을 배웠습니다. 로버트 시트론은 제가 역환매조건부채권이 무슨 뜻인지도 모를 때 이미 역환매조건부채권을 거래하고 있었으니까요."[158]

하지만 메릴린치는 1998년 결국 4억 3,400만 달러를 지급하는 조건으로 오렌지카운티와 합의했다. 마찬가지로 모건스탠리, 딘위터(Dean Witter), 노무라증권(野村證券)도 오렌지카운티에게 추가로 1억 1,800만 달러를 지급하기로 합의했다. 오렌지카운티가 수많은 소송을 통해 지급받은 금액은 총 8억 6,500만 달러에 달했다. 오렌지카운티에 회계감사를 제공하던 KPMG와 법률 자문사인 르뵈프(LeBeouf)도 소송을 피해가지는 못했다. 결국 OCIP에 투자한 189개의 기관들은 1994년에 입은 손실을 대부분 만회할 수 있었다.

**지배구조:** 오렌지카운티의 붕괴는 지방정부의 지불능력과 신용이 주 전체의 재정건전성에 있어서 가장 중요하다고 생각하던 캘리포니아 주의회와 행정부에 큰 충격을 가져왔다. 규제 완화에는 제동이 걸렸고, '상원 법안 866호, 캘리포니아 주법안'이 1995년 10월 12일 주지사 서명을 거쳐 1996년 1월 1일 발효됐다. 이 개혁안에는 다음과 같이 카운티의 재정책임자가 지켜야 할 엄격한 지침이 포함됐다.

---

158) The Economist, Juicy(January 21, 1995), p.74.

상원 법안 제866호는 공적기금의 투자에 있어서 원금의 안전한 보전이 첫 번째 목표이고, 예치자의 유동성 요구 충족이 두 번째 목표이고, 기금을 활용해 수익을 올리는 것은 마지막 목표라는 점을 명확히 밝히고 있다. 법안에 따르면 역환매조건부채권에 대한 투자는 일정 한도로 제한된다. 역변동금리채권을 비롯한 이색 금융상품에 대한 투자는 금지하고, 차입금을 활용한 투자의 경우에는 투자 기간을 일정 기간 내로 제한한다. 카운티 의회는 카운티 재정책임자에 대한 감독위원회를 설립하고 재정책임자에 대한 자격 기준을 수립해야 한다. 지방정부기관이 카운티 투자기금에 자금을 위탁하거나 인출하는 경우에는 구체적인 지침을 따라야 한다. 지방정부가 자금을 인출하는 경우에는 이를 충분한 기간 이전에 통보해야 한다.

상원 법안 제866호에 따라 지방 재정책임자는 지방의회와 감독위원회에게 매년 기금의 투자정책에 대해 설명해야 하고, 구체적인 재무 정보를 포함한 분기별 재무보고서를 제공해야 한다.[159]

법안은 역환매조건부채권의 사용을 금지함으로써 레버리지를 포트폴리오 전체 자산규모의 20% 이내로 제한했다. 오렌지카운티는 레버리지의 사용을 완전히 금지하고 투자기금이 머니마켓펀드로만 운용될 수 있도록 제한함으로써 법안보다 훨씬 더 엄격한 지침을 세웠을 뿐 아니라 민간부문의 금융 전문가들을 포함한 기술적감독위원회(Technical Oversight Committee)라는 감독위원회도 추가로 설립했다.

---

159) Office of Senate Floor Analysis (1995). Baldassare, Mark. When Government Fails: the Orange County Bankruptcy (University of California Press, 1998)에서 재인용.

오렌지카운티가 정상으로 회복하는 시간은 놀라울 정도로 짧았다. 초기의 계획은 파탄에 이른 지방재정을 세금 인상을 통해 메우는 것이었다. 하지만 오렌지카운티가 속한 주는 디즈니랜드와 발의안 13호의 고향 캘리포니아였다. 0.5%의 세율 인상을 제안한 '발의안 R'은 1995년 6월 투표에서 압도적인 표차로 부결됐다.

이는 공공 서비스가 중단되지 않았기 때문에 오렌지카운티 주민들이 고통을 느끼지 못한 데에도 부분적인 원인이 있다. 오렌지카운티는 내켜하지 않는 투자자들을 설득해 8억 달러 규모의 단기 어음의 만기를 1년 더 연장하고, 인프라스트럭처에 투입돼야 할 자금을 임시로 전용해 필수적인 공공 서비스를 계속 제공했다. 파산을 선언한 지 1년이 지난 1996년 6월, 오렌지카운티는 8억 8,000만 달러 규모의 30년 만기 지방정부 채권을 성공적으로 발행하면서 마침내 파산에서 벗어날 수 있었다. 1994년 초 시트론과 선거전을 펼칠 당시 선견지명을 보였던 무어락은 1995년 3월 재정책임자 대행으로 임명됐다. 로버트 시트론은 6건의 혐의에 대한 유죄를 인정하고 노동석방 프로그램을 통해 8개월을 복역함과 동시에 10만 달러의 벌금을 납부했다.

## 참고문헌

1. Baldassare, M. When Government Fails: the Orange County Bankruptcy(University of California Press, 1998).
2. Chew, L. Managing Derivative Risks: The Use and Abuse of Leverage(Wiley, 1996).
3. Jorion, Philippe. Big Bets Gone Bad: Derivatives and Bankruptcy in Orange County.(Academic Press,1995).
4. _____. Lessons from the Orange County Bankruptcy, The Journal of Derivatives(Summer 1997).
5. Marthinsen, J. Risk Takers: Uses and Abuses of Derivatives(Pearson Addison-Wesley, 2004).
6. Miller, M. H. and D. J. Ross, The Orange County Bankruptcy and its Aftermath: Some New Evidence, The Journal of Derivatives(Summer 1997).

# Question

1. OCIP가 헤지펀드처럼 운영됐다는 평가에 동의하는가?
2. 환매조건부채권(리포)이 저렴한 단기자금 조달 방법인 이유는 무엇인가?
3. OCIP의 자산과 부채의 만기 구조에 대한 의견을 제시하라.
4. 어떻게 OCIP가 레버리지를 활용해 캘리포니아의 다른 지방정부보다 높은 수익을 올릴 수 있었는지 설명하라.
5. OCIP와 같은 지방정부의 레버리지 사용을 금지해야 하는가?

# 롱텀캐피탈매니지먼트

Long-Term Capital Management

무역상이 사업을 수행하기 위해 차입에 크게 의존하는 데에는
아무런 문제가 없다. 하지만 이 경우 사업의 성과가 기대한 바에
크게 미치지 못하는 경우에도 채권자들이 손해를 입지 않도록
차입 원금을 보전하기에 충분할 정도의 자기자본을 보유하는 것이
자금을 빌려준 이들에게 공평한 일이다.

— 아담 스미스

정확하게 들어맞는 공식에 극도로 부정확한 가정을 적용하면
원하는 대로 값을 만들어 내거나 정당화할 수 있다...
미적분은 투기를 투자로 위장하기에 더없이 좋은 도구다.

— 벤자민 그레이엄

롱텀캐피탈매니지먼트(LTCM)는 기존의 헤지펀드들과는 전혀 다른 존재였다. 어느 누구도 LTCM처럼 설립 후 4년 동안이나 계속해서 막대한 수익을 올리지는 못했다. 1998년 가을에 발생한 파멸에

가까운 LTCM의 붕괴는 화려했던 등장만큼이나 큰 파장을 낳았다. 이 여파로 세계경제가 나락으로 떨어질 뻔했지만 규제당국은 이 경험에서 아무런 교훈도 얻지 못한 것이 분명하다. 만약 규제당국이 이때 어떤 교훈이라도 얻었다면 최근의 금융위기는 발생하지 않았을지도 모른다.

LTCM은 정점에 다다른 1998년 초 겨우 47억 달러의 자본금으로 1,250억 달러의 부채와 무려 1조 달러가 넘는 장부 외 파생상품 포지션을 끌어안으면서 레버리지를 완벽하게 과학의 경지로 끌어올렸다. LTCM의 갑작스러운 추락은 이 책에서 살펴본 다른 파생상품 실패 사례들과 달리 체계적 위험(Systemic Risk: 국제 금융체계 전체가 도미노 효과에 휩싸이는 것)에 대한 공포를 촉발시켰다. LTCM의 붕괴가 몰고 온 공포의 수준은 뉴욕연방준비은행(New York Federal Reserve Bank)이 LTCM의 주채권은행이던 월스트리트의 14개 은행을 윽박질러 36억 달러에 달하는 구제금융기금을 강제로 마련하도록 할 정도로 엄청난 것이었다. 이 장에서는 LTCM의 자취를 되짚어가면서, LTCM을 경이로운 성공으로 이끌었지만 동시에 파멸의 직접적 원인이 된 금융의 연금술을 파헤친다.


## 헤지펀드란 무엇인가?

헤지펀드는 상당한 유연성을 가지고 공격적으로 운용되는, 규제를 받지 않는 투자기금을 가리킨다. 사실 헤지펀드는 이름과 달리 '헤지'나 안전 따위와는 거리가 멀어서, 배짱이 없는 투자자는 헤지펀드에 돈을 맡기지 않는 것이 좋다. 헤지펀드가 '헤지'라는 어울리지 않는 이름을 사용하게 된 것은 1949년 알프레드 W. 존스(Alfred W. Jones)가 펀드를 설립하고 10만 달러를 주식에 투자한 뒤 '공매도'를 통해 이 투자의 위험을 헤지하면서부터이다.

헤지펀드는 뮤추얼펀드와 마찬가지로 저축을 투자로 연결해 투자자의 자본을 보전하고 수익을 되돌려주는 것을 목표로 한다. 하지만 뮤추얼펀드가 투자전략, 성과보수, 공시 의무 등에 있어서 엄격한 규제를 받는 것과는 달리, 헤지펀드는 대규모 차입이나 파생상품의 사용, 공매도 등 복잡한 투자전략을 원하는 대로 구사할 수 있을 뿐 아니라 공시 의무도 거의 없어서 모든 투자활동을 비밀리에 수행할 수 있는 것이 특징이다(헤지펀드의 투자전략에 대한 설명은 박스 A 참조). 헤지펀드가 손해를 입고 이를 만회하지 못해 '하이워터마크(High Water Marks)' 규정에 따라 성과보수를 포기하는 경우가 종종 있기는 하지만 기본적으로 헤지펀드매니저가 받을 수 있는 성과보수에는 제한이 없다(일반적으로는 수익의 15~30%를 청구한다). 이를 종합하면,

> 헤지펀드는 활동에 제약을 받지 않는 투자기금이다. 헤지펀드는 느슨한 규제 하에서 매우 높은 수수료를 청구하고, 투자자가 원한다 해서 꼭 돈을 돌려주지도 않는다. 게다가 일반적으로 자신들이 무슨 일을 하는지도 정확하게 알려주지 않는다. 헤지펀드는 무슨 일이 있어도 수익을 내는 존재이다. 만약 헤지펀드가 수익을 내는 데 실패하면 투자자들은 돈을 찾아서 최근에 높은 수익률을 올린 다른 펀드로 가버린다. 헤지펀드는 100년 만에 한 번 있을까 말까 한 재앙을 3, 4년에 한 번씩 몰고 오기도 한다.[160]

---

160) AQR캐피탈의 클리프 아스네스(Cliff Asnes)가 직접 언급한 내용이다. The New York Magazine (April 9, 2007)에서 재인용.

2005년 2분기에 발행된 트레몬트자산흐름보고서(Tremont Asset Flows Report)에 따르면 총 1조 달러 규모의 헤지펀드 시장에서 약 2/3 이상의 헤지펀드가 다음의 4가지 분류에 속한다.

롱-숏 주식 헤지펀드(Long-Short Equity Hedge Funds, 31%)는 주식을 매입한 뒤 공매도, 선물·옵션 등을 활용해 시장 가격 변화에 따른 수익률의 변동 위험을 제거한다.

사건중심형 펀드(Event-driven Funds, 20%)는 인수·합병, 구조조정, 파산 등 중대한 사건으로 시장가격과 실제 가치 사이에 괴리가 발생한 주식에 투자한다.

매크로 헤지펀드(Macro Hedge Funds, 10%)는 지정학적 추세나 거시경제적 사건에 대한 예측을 기반으로 레버리지를 활용해 통화, 금리, 상품(Commodities) 등에 투자한다.

확정금리부증권 차익거래펀드(Fixed Income Arbitrage Funds, 8%)는 시장 가격이 일시적으로 내재가치를 벗어난 채권을 대상으로 레버리지를 활용한 수렴거래(Convergence Trade) 전략을 통해 차익거래를 수행한다.

이 장에서는 LTCM이 어떻게 이 전략을 통해 엄청난 돈을 벌어들였는지 자세히 다룬다.

## LTCM의 성공

LTCM의 역사는, 1991년 채권 매매에서 부정행위가 밝혀지기 전까지 존 메리웨더(John Meriwether)의 지휘 아래 엄청난 성공을 거둔 살로몬브라더스(Salomon Brothers)의 채권 차익거래 부서로 거슬러 올라간다. 살로몬의 유명 채권 트레이더 출신으로 채권 부문 전체를 관리하는 부사장 자리에까지 오른 메리웨더는, 채권 트레이더 폴 모저(Paul Mozer)가 미국 국채 경매시장에서 입찰 호가를 부당하게 부풀리는 수법으로 매점을 시도하다가 적발되면서 살로몬을 떠나야 했다.

살로몬의 매점행위를 알게 된 재무부는 살로몬을 국채시장에서 퇴출시키겠다고 으름장을 놓았고, 살로몬은 파산 위기에 몰렸다. 모저의 상사였던 메리웨더는 부하직원에 대한 감독 소홀의 책임으로 증권거래위원회(SEC)로부터 5만 달러의 벌금을 부과받고 압력에 못이겨 사임하고 말았다. LTCM은 1994년 초, 살로몬에서 나온 존 메리웨더가 살로몬 채권 트레이딩 부서의 인력을 모아 헤지펀드의 형태로 팀을 재건하면서 탄생했다. 메리웨더는 래리 힐리브랜드(Larry Hillibrand)와 에릭 로젠펠드(Eric Rosenfeld)를 비롯해 살로몬브라더스에서 최고의 성과를 기록한 채권 트레이더를 여럿 데리고 왔다.

펀드에 합류한 직원들의 면면이 이미 화려했지만 메리웨더는 이에 만족하지 않고 저명한 금융 경제학자 마이런 숄즈(Myron Scholes)와 로버트 머튼(Robert Merton)을 추가로 영입했다. 숄즈와 머튼은 옵션 가치를 평가하는 길을 개척한 공로로 1997년 노벨 경제학상을 받는 금융공학의 권위자들이었다. 여기에 연방준비은행 부의장을 지낸 데이비드 멀린스(David Mullins)도 LTCM의 창립 파트너로 참여했다(LTCM의 주요 창립 파트너들은 [표 1]에 정리돼 있다).

학자들의 이론에 기반한 수학 모델과 트레이더들이 가진 시장에 대한 해박한 지식을 결합함으로써 메리웨더는 이미 충분히 신비감을 내뿜던 헤지펀드의 세계를 새로운 경지로 끌어올렸다. 월스트리트, 학계, 정부기관을 아우르는 인력 구성은 투자자금을 끌어오는 데도 큰 힘을 발휘했다. 고액 자산가뿐 아니라 메릴린치, UBS, 크레딧스위스(Credit Suisse) 등 대형 금융기관들과 이탈리아은행(Bank of Italy), 중국인민은행(Bank of China) 등 외국 정부기관들이 앞다투어 돈을 맡겼다. 영업 개시일까지 LTCM이 모은 자금은 16명의 창립 파트너들이 출자한 1억 달러를 포함해 총 13억 달러에 달했다. LTCM은 투자자가 최소 1,000만 달러 이상을 투자하는 경우에만 돈을 맡았고, 한 번 위탁받은 자금은 최소 3년간 되돌려주지도 않았다. LTCM은 투자금액에 대해 2%의 운용수수료를 부과했고 이익의 25%를 성과보수로 받아갔다.

하지만 이런 조건에도 불구하고 LTCM에 돈을 맡긴 투자자들은 기뻐하지 않을 수 없었다. LTCM이 1994년 운용수수료와 성과보수를 제외하고도 19.9%의 수익률을 기록한 것을 시작으로 1995년 42.8%, 1996년 40.8%, 1997년 17.1% 등 첫 4년간 믿을 수 없을 만큼 높은 수익률을 올렸기 때문이다([그림 1] 참조). 1997년 말, 그동안의 엄청난 성과에 힘입어 펀드는 자본금만 70억 달러 규모로 늘어나 있었고, 메리웨더는 27억 달러에 달하는 수익을 투자자들에게 돌려줬다.

**■ 표 | LTCM의 창립 파트너**

| | |
|---|---|
| 존 메리웨더<br>(John Meriwether) | 전(前) 살로몬브라더스 채권담당 부사장,<br>시카고대학 MBA |
| 로버트 머튼<br>(Robert C. Merton) | 권위있는 금융학자이자 1997년 노벨상 수상자,<br>메사추세츠공대(MIT) 박사, 하버드경영대학원 교수 |
| 마이런 숄즈(Myron Scholes) | 블랙–숄즈(Black–Scholes) 옵션가격 결정 모델<br>의 공동 창시자이자 1997년 노벨상 수상자,<br>시카고대학 박사, 스탠포드대학 교수 |
| 데이비드 멀린스<br>(David W. Mullins Jr.) | 전 연방준비은행 부의장,<br>MIT박사,<br>하버드대학 교수 |
| 에릭 로젠펠드(Eric Rosenfeld) | 살로몬브라더스 차익거래 부문 근무,<br>MIT박사, 전 하버드경영대학원 교수 |
| 윌리엄 크라스<br>(William Krasker) | 살로몬브라더스 차익거래 부문 근무,<br>MIT박사,<br>전 하버드경영대학원 교수 |
| 그레고리 호킨스<br>(Gregory Hawkins) | 살로몬브라더스 차익거래 부문 근무,<br>MIT박사 |
| 래리 힐리브랜드<br>(Larry Hilibrand) | 살로몬브라더스 차익거래 부문 근무,<br>MIT박사 |
| 제임스 맥엔티<br>(James McEntee) | 살로몬브라더스 채권 트레이더 |
| 딕 리히(Dick Leahy) | 살로몬브라더스 임원 |
| 빅터 하가니(Victor Haghani) | 살로몬브라더스 차익거래 부문 근무,<br>런던정경대(LSE) 금융학 석사 |

　사실 LTCM은 고액 자산가들의 자산을 맡아 운용하던 전통적인 자산운용사보다는 정교한 채권 전문 투자은행에 가까웠다. 살로몬브라더스의 채권 트레이더 출신으로 베스트셀러 작가가 된 〈라이어

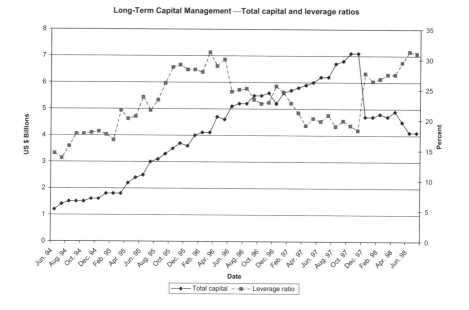

**Long-Term Capital Management —Total capital and leverage ratios**

스 포커(Liar's Poker)〉의 저자 마이클 루이스는 코네티컷의 그리니
치에 위치한 LTCM 본사를 방문했을 때 받은 인상을 다음과 같이 묘
사했다.

LTCM의 본사 사무실은 월스트리트 트레이딩룸의 축소판 같았
지만 한 가지 미묘한 차이가 있었습니다. 월스트리트에는 트레
이딩룸과 리서치 부서 사이에 벽이 있는데 LTCM은 이 벽을 없앴
더군요. 대부분의 월스트리트 금융기관에서는 트레이딩룸이 리
서치 부서와 완벽하게 분리된 독립적인 공간입니다. 쉴 새 없이
전화기를 붙잡고 매매를 진행하는 트레이더들은 위험을 감수하
는 대가로 엄청난 대우를 받는 반면 복잡한 상품을 분석해서 설
명해주는 리서치 부서 직원들은 단지 우아한 사무직 직원일 뿐

이죠. 메리웨더는 1993년에 LTCM을 설립하면서 이런 계급 체계를 확 바꿨어요. 새로운 체계에서 '트레이더'라는 직함은 더 이상 존재하지 않았습니다. LTCM에서는 금융시장에서 어떻게 돈을 벌지 궁리하는 것과 관련된 일을 하는 사람을 모두 '시장전략가'라 불렀습니다.[161]

## 금융의 연금술

LTCM은 시장의 결함이나 비정상적으로 형성된 가격을 찾아내 무위험 차익 거래를 통해 수익을 올렸다. 간단히 말하자면, LTCM은 약간 저평가된 유가증권을 매입하고 이와 거의 동일하면서 약간 고평가된 유가증권을 공매도하는 전략을 사용했다. 그리고 난 다음에는 두 유가증권의 가격이 수렴할 때까지 기다렸다. 차이가 나는 가격은 수렴될 수밖에 없었다. 이름에 포함된 롱텀(Long-Term)이 의미하는 것처럼 LTCM은 '장기적'인 접근을 바탕으로 가격의 수렴이 일어날 때까지 끈질기게 기다렸다.

이처럼 LTCM의 시장중립(Market Neutral)적인 준차익거래(Quasi-Arbitrage) 전략에는 위험이 거의 수반되지 않았고, 고도의 레버리지를 활용한 덕분에 자기자본도 거의 들지 않았다. 노벨경제학상을 수상한 저명한 경제학자인 머튼 밀러(Merton Miller)가 말했듯이 "그들이 개별 계약에서 벌어들이는 돈은 사실 푼돈에 불과했다. 하지만 LTCM은 고도의 레버리지를 활용했기 때문에 그 푼돈이

---

161) Lewis, M. How the Eggheads Cracked, The New York Times(January 24, 1999).

어마어마한 규모로 변하게 된 것이다." 간단히 말해 LTCM이 선보인 금융의 연금술은 1)레버리지, 2)환매조건부채권을 통한 자금조달, 3)밸류앳리스크를 통한 위험관리 등 3가지 축을 기반으로 삼고 있었다.

**레버리지:** LTCM은 자기자본을 거의 사용하지 않고 극도로 높은 레버리지를 활용함으로써 눈부신 성과를 올릴 수 있었다. 1998년 초 LTCM은 50억 달러에 약간 못 미치는 자기자본으로 1,250억 달러에 이르는 자산 포트폴리오를 운용했다. 이는 25배에 달하는 레버리지였다.

자산/자기자본=1,250억 달러/50억 달러=25

차입을 하는 경우의 성과와 자기자본만 사용하는 경우의 성과를 간단히 비교하는 것만으로도 레버리지의 위력을 더 명확히 확인할 수 있다.

- 자기자본만 활용하는 경우: LTCM이 4%의 수익률을 얻을 수 있는 상품에 50억 달러를 투자해 2억 달러=50억 달러×0.04의 수익을 얻었다고 가정하자. 이때 총자산수익률(ROA)은 수익/자산=2억 달러/50억 달러=4%이며, 자기자본이익률(ROE)은 수익/자기자본=2억 달러/50억 달러=4%로 총자산수익률과 동일하다.
- 차입을 통해 고도의 레버리지를 활용하는 경우: 이제 LTCM이 1,200억 달러를 3%에 빌려 총 1,250억 달러를 4%에 투자한다고 가정하자. 이때 LTCM은 다음과 같이 14억 달러의 수익을 얻는다.

1,250억 달러×0.04−1,200억 달러×0.03=14억 달러

LTCM의 총자산수익률은 위의 경우와 마찬가지로 4%이지만 자기자본이익률은 4%가 아니라 28%=14억 달러/50억 달러로 껑충 뛴다.

- LTCM은 이렇게 높은 레버리지를 사용함으로써 자산 가치가 약간만 떨어져도 엄청난 충격을 받을 위험에 노출돼 있었다. 만약 자산가치가 1,250억 달러에서 1,200억 달러로 4% 하락하는 경우 LTCM은 자기자본을 몽땅 잃을 수도 있었다. 고도의 레버리지는 확실히 양날의 검이라고 할 수 있다.

**자금 조달:** 얼마 안 되는 자본금으로 이렇게 어마어마한 금액을 빌리기 위해 LTCM이 선택한 수단은 환매조건부채권(리포)이었다. 리포는 일종의 담보대출로, LTCM이 보유한 미국 국채 같은 채권을 담보로 제공하고 담보 가치에서 1~2% 정도의 보전비율(Haircut)을 제외한 뒤 나머지 금액을 단기로 빌리는 방식이다. 리포 거래를 통해 LTCM은 리보(LIBOR) 금리보다도 낮은 3% 정도의 초저금리에 돈을 빌릴 수 있었다. LTCM은 이렇게 빌려온 자금으로 4%의 정도의 수익률을 제공하는 채권을 추가로 매입했다. 리포는 일반적으로 7일, 30일, 90일 등 만기가 짧은 단기 대출로, 만기가 돌아올 때마다 계속해서 연장된다. LTCM은 이 방법을 한 번만 사용한 것이 아니라 최대 25번까지 연속으로 사용했다.

이 과정을 더 자세히 살펴보자. LTCM의 초기 자금이 10억 달러라고 가정하자. LTCM은 10억 달러로 미국 국채를 매입한 뒤 전량을 담보로 제공하고 10억 달러에서 1%의 보전비율을 제외한 금액을 초저금리에 빌려온다. LTCM은 이렇게 조달된 자금을 재투자해 4%의 수익을 얻는다. 레버리지를 활용하는 데 있어서는 예상 수익률보다 낮은 금리에 지속적으로 자금을 빌릴 수 있는 능력과 더불어 보전비율을 1% 이하로 유지하는 능력이 핵심적이었다. 10억 달러의 초기 자본을 25배로 부풀리면 자산 포트폴리오는 다음과 같이 천문학적 액수가 된다.

$$25 \times \$1 \text{ billion}(1-0.01)^{25} = \$19,446 \text{ billion}$$

하지만 이때 담보로 제공하는 채권은 금리 변동에 따라 시장가치가 달라지는 시장위험(Market Risk)에 노출돼 있기 때문에 리포를 통해 자금을 조달하는 방법에는 위험이 따른다. 자금을 빌리는 입장에서는 만약 금리가 상승하기라도 하면 채권자로부터 담보보충요구(Collateral Call)를 받을 위험이 있다. LTCM의 내부 사정은 철저히 비밀에 싸여 있었기 때문에 채권기관들(대부분 상업은행과 증권회사)은 실제 LTCM의 레버리지가 어느 정도인지 알지도 못했지만 만약 알았다고 하더라도 담보가 있었기 때문에 안전하다고 생각했을 것이다.

**위험관리:** LTCM은 금융공학의 저명인사들을 죄다 영입한 헤지펀드답게, 고도의 레버리지가 내재된 자산 포트폴리오를 시장의 불리한 움직임으로부터 보호할 수 있도록 설계된 과학적인 위험관리 체계를 보유하고 있었다. LTCM의 위험관리 체계는 자산에 대한 총 위험 수준을 단일 수치로 제시하는 지표인 VaR를 기반으로 하고 있었다. VaR는 JP모건에서 최초로 개발한 것으로 알려져 있다. 어느 날 JP모건의 최고경영자가 그 다음 영업일에 예상되는 위험이 어느 정도인지 하나의 수치를 사용해 매일 4시 15분에 보고하라는 지시를 내렸는데, VaR가 바로 그에게 보고된 지표였다. VaR는 다음과 같은 의미를 지니고 있다.

"향후 N일 동안 L 달러 이상 손실을 입지 않을 것이라고 $x$% 확신한다."

다시 말해, VaR는 주어진 확률수준 $x$에서 목표 기간 $N$일 동안 입을 수 있는 최대 손실을 달러 환산금액 $L$로 나타냄으로써 '손해를 볼 확률이 얼마나 되는가?' 하는 질문에 대해 과학적인 용어로 해답을 제시한다.

이렇게 강력한 설득력을 가진 VaR를 도출하는 데에는 서로 다른 자산유형 사이의 상관관계를 정확하게 추정하는 것이 무엇보다 중요하다. LTCM은 VaR 지표를 도출하기 위해 1987년의 주가 폭락과 같은 '블랙스완'을 제외한 최근의 자료를 사용했다. 하지만 유명한 헤지펀드 매니저인 데이비드 아인혼(David Einhorn)은 다음과 같이 VaR의 위험성을 경고한 바 있다.

> VaR는 위험관리에 사용하기에는 상대적으로 사용의 폭이 제한적인 도구입니다. 게다가 경영진이나 감시기구에 안전성에 대한 잘못된 확신을 심어줘 잠재적으로 엄청난 재난을 몰고 올 위험이 있습니다. VaR은 마치 항상 잘 작동하다가 정작 사고가 날 때만 작동하지 않는 에어백과 같습니다.

## 수렴거래와 상대가격거래

LTCM의 전매특허였던 수렴거래 또는 상대가격(Relative Value) 거래는 주로 채권에 집중돼 있었다. LTCM은 시장의 불균형이나 가격의 결함을 찾아내기 위해 미국 국내·외 채권시장을 샅샅이 뒤졌고,

유럽과 일본 국채뿐 아니라 주택저당증권(Mortgage-backed Securities: MBS) 시장에도 진출했다. 하지만 신용위험이 높은 고수익채권과 신흥국가의 국채는 피했다.

**미국 국채에 대한 차익거래:** 당발물(On-the-Run)과 경과물(Off-the-Run) 미국 국채에 대한 준차익거래가 수렴거래 전략의 좋은 예다. LTCM은 이 거래에서 1994년 이미 과학의 경지에 도달했다. 미국 정부는 정부예산 적자를 조달하기 위해 6개월에 한 번씩 경매를 통해 국채를 발행하는데, 30년 만기 '당발물'은 최근 경매에서 신규로 발행된 30년 만기 국채를 말한다. 이 당발물은 유동성이 굉장히 높아서 시장에서 쉽게 매매할 수 있는데, 가장 유동성이 높은 국채에는 이른바 '유동성 프리미엄'이 붙기 때문에 LTCM은 당발물의 가격이 약간 고평가됐다고 판단하고 있었다.

반면 30년 만기 국채 중 발행된 지 이미 6개월이 지나 만기가 29년 6개월 남은 '경과물' 국채는 주로 기관투자자나, 중국인민은행 같은 아시아 국가의 중앙은행들이 보유하고 있었다. 이런 기관들은 활발하게 매매활동을 하지 않았기 때문에 경과물의 유동성은 낮은 편이었다. LTCM의 판단으로는 경과물이 시장에서 저평가된 상태였다.

1994년 LTCM은 1993년 8월에 발행된 당발물 국채의 수익률은 7.24%에 불과한 반면 1993년 2월에 발행된 경과물 국채의 수익률이 7.36%나 되는 것을 보고 두 국채 사이의 수익률 격차가 비정상적으로 크다는 것을 알아챘다(금리와 채권 가격에 대한 설명은 박스 B 참조). 12베이시스포인트의 수익률 격차가 발생하려면 두 채권 가격 사이에 15달러 정도 차이가 있어야 했다. LTCM은 저렴한 경과물 국채를 10억 달러어치 매입하고, 고평가된 당발물 국채를 같은 금액만큼 공매도했다(공매도에 대한 설명은 박스 C 참조).[162] 두 채권은 만기가 약간 다른 것 빼고 모든 조건이 동일했다. 이 만기 차이가 두 채권의 수익률 차이에 미치는 영향은 미미한 수준이었다. 이 거래로 수익을 남기기 위해서는 수익률 격차가 줄어들어 공매도나 매입 거래 중 최소한 한 가지는 수익이 나야 했다. 하지만 LTCM이 이익을 남기기 위해 29년 6개월을 기다릴 계획은 아니었다.

---

**박스 B   금리와 채권 가격**

채권은 1년이나 6개월에 한 번씩 정해진 이자를 지급하고 만기 시에 원금을 상환하는 유가증권이다. 채권의 가격은 주기적으로 지급되는 이자와 만기 시 상환되는 원금을 만기와 신용위험이 비슷한 채권에 적용되는 금리로 할인한 현재가치에 따라 결정된다. 이자와 원금의 현재가치를 채권의 현재 시장가격과 동일하게 만드는 할인율이 바로 만기수익률(Yield-to-Maturity)이다. 신용등급에 변화가 없을 때, 금리(할인율)가 상승하면 채권 가격은 하락하고, 반대로 금리가 하락하면 채권가격은 높아진다. 채권가격과 금리는 서로 반대 방향으로 움직이는 것이다.

---

사실 LTCM은 수익률 격차가 머지않아 좁혀질 것으로 예상하고 있었다. 당발물 국채가 발행 6개월 후 경과물 국채로 바뀔 때 가격이 약간 떨어지게 될 가능성이 높아 보였기 때문이다. LTCM은 30년 만기 국채에 대해 '롱(보유)'과 '숏(부채)' 포지션을 동시에 보유하고

---

162) 이 예시는 로저 로웬스타인(Roger Lowenstein)의 탁월한 저서에서 발췌한 내용이다. Lowenstein, Roger, When Genius Failed: The Rise and Fall of Long Term Capital Management(Random House, 2000).

있었기 때문에 금리가 변할 경우에는 보유하고 있는 30년 만기 국채의 가격과 수익률이 동시에 움직이도록 돼 있었다. 따라서 이 거래에 위험은 거의 따르지 않았다. 위의 예시에서 액면가 1,000달러인 한 쌍의 채권에 대한 가격 차이는 15달러에 지나지 않았다. 만약 채권 가격차가 10달러로 줄어든다고 해도 얻을 수 있는 수익은 1,000달러당 5달러에 불과했다.

## 박스 C  공매도

채권을 공매도하기 위해 LTCM은 먼저 채권을 대여한 뒤 즉시 매도한다. 대여 기간이 90일이라 가정하면, 90일 후 LTCM은 LTCM에게 채권을 빌려준 원래의 소유주에게 채권을 반환해야 한다. 공매도 거래를 마무리 짓기 위해 LTCM은 대여 만기 시점(혹은 이것보다 조금 이른 시점)에 시장가격에 채권을 매입해야 한다. 예를 들어, LTCM이 액면가 1,000달러의 30년 만기 미국 국채를 대여한 뒤 시장 가격인 998달러에 즉시 매도했다고 가정하자. 90일 후 공매도 거래를 마무리하기 위해 LTCM은 채권을 시장가격에 매입해야 한다. 시장 가격이 995달러라면 LTCM은 13달러 =998달러-995달러+998달러×(0.04/4)의 이익을 남길 수 있다. 이 계산에서 마지막 항은 대여금에서 발생하는 이자 수익(금리가 4%일 때)을 나타낸다. 채권의 공매도 대금은 채권 대여자(채권 소유주)에게 예치된다. 결국 채권 대여자는 채권을 담보로 한 대출을 받는 셈인 것이다. 일반적으로 공매도한 채권의 가격이 상승하는 경우 예치금에 1~2% 정도의 금액이 더해진다. 만약 30년 만기 국채 가격이 1,010달러로 상승한다면 LTCM은 공매도 포지션을 청산하면서 -2달러=998달러-1,010달러+998달러×(0.04/4)의 손실을 입는다. 이때 채권에서 발생하는 이자지급액이 있다면 이는 공매도자가 채권 대여자에게 돌려줘야 한다.

거래에 시간을 들일 만한 가치가 있을 만큼 충분한 이익을 얻기 위해 LTCM은 거래 규모를 엄청나게 키워야만 했다. 채권을 10억 달러어치 매입한다면 트레이더가 500만 달러=10억 달러×0.005의 수익을 올릴 수 있게 된다. 이때가 바로 레버리지가 위력을 발휘하는 순간이다. LTCM은 거래 규모를 키우기 위해 먼저 채권을 매입한 뒤 이를 은행에 담보로 제공하고 현금을 빌렸다. 이와 동시에 공매도를 위해 채권을 대여한 뒤 채권의 소유자에게 은행에서 빌린 현금을 예치했다. LTCM은 500만 달러를 벌어들이기 위해 이런 방법으로 10억 달러를 마련했다.

이런 거래 뒤에는 채권 가격이 수렴한다는 전제가 깔려 있었다. 만약 채권의 가격차가 좁혀지지 않고 오히려 벌어진다면 포지션이 시가 평가될 때 미실현 손실이 발생할 수도 있었다. 하지만 LTCM은 포지션을 장기(헤지펀드의 기준으로 보면)로 보유하면서 벌어지는 채권 가격이 다시 좁혀져 포지션을 청산할 때 수익을 낼 수 있을 때까지 몇 개월이고 기다렸다. 결국 이 복잡한 준차익거래는 다음과 같이 정리할 수 있다.

**(1) 공매도:** LTCM은 30년 만기 당발물 미 국채를 10억 달러어치 빌린다. LTCM은 이 국채를 시장에서 국채당 998달러에 즉시 매도해 9억 9,800만 달러의 자금을 마련한 뒤 보전비율 1%를 추가 적용해 할인한 금액을 채권 소유자에게 예치한다. 공매도를 실행하는 LTCM은 이 대금에 대해 4%의 이자를 수취하는 동시에 채권에서 발생하는 이자를 채권 대여자에게 지급한다.

**(2) 공매도 포지션 청산:** 6개월 후 LTCM은 시장에서 채권을 매입해 소유주에게 되돌려줌으로써 공매도 포지션을 청산한다. 이때 LTCM은 채권의 소유자에게 채권의 표면금리에 해당하는 7.24%의

이자를 지급하고 대여금에 대해 4%의 이자를 지급받는다. 만약 시장에서 형성된 채권 가격이 993달러라면 LTCM은 이 공매도 포지션을 청산하면서 9억 9,800만 달러-9억 9,300만 달러+9억 9,800만 달러×(0.04/2)-3,62만 달러=637만 달러의 손실을 입는다.

**(3) 롱포지션 설정:** LTCM은 10억 달러 규모의 30년 만기 경과물 미 국채를 시장가격인 992달러에 총 9억 9,200억 달러를 들여 구매한다. LTCM은 은행과 4% 금리의 환매조건부채권 계약을 체결하고 시장가격의 100%에 보전비율 1%를 적용한 금액을 대출받는다.

**(4) 롱포지션 청산:** LTCM은 시장가격인 995달러에 채권을 전량 매도해 300만 달러=9억 9,500만 달러-9억 9,200만 달러의 수익을 남긴다. 또 표면금리가 7.36%인 채권을 보유함으로써 3,680만 달러=10억 달러×(0.0736/2)의 수익을 추가로 얻는 동시에 4%의 이자를 지급해야 하는 환매조건부채권 계약으로 1,990만 달러=9억 9,500만 달러×(0.04/2)의 비용이 발생한다. 결국 LTCM은 매수 포지션을 통해 다음과 같이 1,990만 달러의 이익을 얻는다.

300만 달러+3,680만 달러-1,990만 달러=1,990만 달러

**(5) 롱포지션과 공매도 포지션을 동일하게 유지:** LTCM은 이 전략을 통해 위험을 전혀 감수하지 않는 것은 물론이고 아무런 자본도 들이지 않고 866만 달러에 이르는 수익을 벌어들인다. 양쪽 포지션이 금리 변화에 거의 동일하게 반응하기 때문에 금리 위험은 전혀 신경 쓸 필요가 없다.

**금리스왑 스프레드(Spread)에 대한 차익거래:** 스왑스프레드에 대한 차익거래는 수렴거래를 약간 변형한 전략으로 볼 수 있다. 이 전략 역시 위험이 낮고 얻을 수 있는 수익도 얼마 되지 않는 전략이었지만

LTCM이 기존에 5%의 고정금리에 5년 만기 부채를 조달했다고 가정하자. LTCM은 어음시장을 활용해 약 3.25% 정도로 자금조달 비용을 낮추고 싶어 한다. 금리스왑(Interest Rate Swaps) 계약을 체결함으로써 LTCM은 5%의 고정금리를 지급받고 어음금리에 해당하는 이자를 지급한다. 이 스왑계약의 명목가액(Notional Value)이 10억 달러라면, 이 명목가액은 모든 이자 지급액의 기초가 된다. 스왑계약을 체결함으로써 실질적으로 LTCM은 보유하고 있는 고정금리 부채를 스왑계약의 거래상대로 하여금 떠안도록 하는 동시에 변동금리로 단기 부채를 조달하는 셈이 된다.

금리스왑은 스왑거래를 체결하는 당시에 거래당사자 중 어느 쪽도 손해나 이익을 보지 않도록 '고정금리 현금흐름(Fixed Interest Rate Leg)'과 '변동금리 현금흐름(Floating Interest Rate Leg)'의 현재가치를 동일하게 만드는 수준으로 조건이 설정된다. 고정금리 현금흐름의 가치는 계약 체결 당시에 이자 금액이 이미 결정되기 때문에(채권가치 평가는 박스 B 참조) 쉽게 계산할 수 있지만 변동금리 현금흐름의 경우에는 미래의 단기 변동금리를 계약 체결 시점에 알 수 없다는 문제가 존재한다. 미래의 단기 변동금리는 무이자할인채권(Zero-coupon Bond)의 수익률곡선(Yield Curve)에서 선도금리(Forwards Interest Rate)를 추출하는 방법으로 시장 기반의 예측치를 도출할 수 있다. 이렇게 산출한 예측치를 활용해 고정금리 현금흐름의 가치를 계산한 것과 동일한 방법으로 변동금리 현금흐름의 가치를 구할 수 있다. 금리스왑은 대부분 자금조달 비용을 절감하고 기업의 금리 변동에 대한 노출을 줄이기 위해 사용된다.

LTCM은 고도의 레버리지 덕분에 이 전략을 활용해 엄청난 돈을 벌어들였다. 스왑률(Swap Rate)은 스왑계약을 체결하면서 6개월 리보 변동금리를 지급하는 대가로 거래당사자(은행, 보험회사, 기타 기관투자자 등)가 요구하는 고정금리를 말한다. 스왑스프레드는 스왑계약과 만기가 동일한 미 국채수익률과 이 고정금리와의 차이다.

선진 금융시장에서 중요한 기준금리의 역할을 하는 스왑률은 일반적으로 만기가 동일한 미 국채수익률보다 약간 높은 수준으로 설정된다. 미국에서는 90년대 전반에 걸쳐 스왑스프레드가 17베이시스포인트에서 35베이시스포인트 정도의 좁은 범위 안에서 움직였다. 하지만 경기침체가 발생한 1990년에는 84베이시스포인트까지 상승했고 1998년 4월에도 48베이시스포인트까지 상승하는 등 예외적으로 급등한 경우도 있었다.

LTCM은 스왑스프레드가 미리 설정한 하한선으로 떨어지거나 상한선으로 상승할 때마다 스왑계약을 체결했다. 여기에는 스프레드가 평균치로 회귀할 것이라는 예측이 깔려 있었다. 이 거래는 적용되는 금리수준은 약간 다르지만 변동금리로 자금을 조달해 미 국채를 매수하는 거래를 거의 동일하게 모방하는 것이었다. 변동금리로 자금을 조달해 미 국채를 매수하는 경우 국채에서 발생하는 고정금리는 스왑계약의 고정금리 현금흐름에 해당하고, 변동금리로 조달한 부채에 대해 지급하는 이자는 금리스왑의 변동금리 현금흐름에 해당한다. 이 거래의 기법을 더 자세히 살펴보자.[163]

---

163) 이 거래에 대한 페롤드(Perold)의 자세하고 명쾌한 설명은 다음을 참조. Perold, A. Long Term Capital Management LP:(A), 9-200-007(Harvard Business School, 1999), pp. 4-6.

**시나리오 1 스왑스프레드가 낮게 형성된 경우:** 고정금리 현금흐름과, 스왑계약과 만기가 동일한 국채수익률 사이의 스프레드가 과거 자료에 비추어 볼 때 비정상적으로 낮은 경우 LTCM은 환매조건부채권 계약을 통해 조달한 자금으로 국채를 매입한 뒤, 고정금리를 지급하고 6개월 리보금리를 지급받는 스왑계약을 체결했다. 환매조건부채권의 금리가 일반적으로 리보금리 20베이시스포인트라 가정하면 이 거래에 수반되는 이익구조는 다음과 같다.[164]

**(국채수익률-스왑률)+(리보금리-환매조건부채권 금리)**
　**= -스왑스프레드+[리보금리-(리보금리-20베이시스포인트)]**
　**= 20베이시스포인트-스왑스프레드**

이때 환매조건부채권의 금리는 낮은 국채수익률과 상대적으로 높은 스왑률로 인해 발생하는 손실을 메우는 역할을 한다. 하지만 이 거래에는 장기적으로 리보금리와 환매조건부채권금리의 격차가 좁아져 음의 값인 스왑스프레드를 상쇄하지 못할 위험이 뒤따른다 (이 위험의 정도는 LTCM이 거래를 종료할 때까지의 시간이 얼마나 걸리느냐에 따라 다르다). 이 전략에서 LTCM은 스왑스프레드가 다시 넓어지는 것을 가정하고 있기 때문에 LTCM은 수익률을 조달비용보다 몇 베이시스포인트 정도 높게 유지하는 동시에 스왑계약 청산 시 자본수익을 노리는 전략을 취했다.

　**시나리오 2 스왑스프레드가 높게 형성된 경우:** 스왑스프레드가 과거 변동범위의 상한선에 도달하는 경우 LTCM은 고정금리를 지급받

---

164) 굵은 글씨체로 표시된 부분은 이자 수익을, 가는 글씨체로 표시된 부분은 이자 비용을 각각 나타낸다.

고 리보금리를 지급하는 스왑계약을 체결하는 동시에, 국채를 대여한 뒤 매도함으로써 리보금리 −40베이시스포인트의 금리를 지급받는 역환매조건부 채권 거래를 체결한다. 이 시나리오 하에서의 수렴거래는 다음과 같이 표현할 수 있는데, 스왑스프레드가 낮게 형성되는 경우와 대칭이 되는 구조를 가진다.

**(스왑률**−국채수익률)**+(역환매조건부채권금리**−리보금리)
=스왑스프레드−40베이시스포인트

양쪽 거래 모두 거래 자체에서 발생하는 수익은 3~5베이시스포인트밖에 되지 않았지만(어떨 때는 겨우 손해를 면하는 수준이었다), 스왑스프레드의 변동성을 활용할 수 있는 옵션을 제공했다. 이 옵션에서 발생하는 수익은 레버리지를 통해 수십 배로 증폭될 수도 있었다. 리보금리와 환매조건부 채권금리의 격차가 일정하게 유지되기만 하면 고정금리와 변동금리의 차이에서 발생하는 위험은 완벽하게 제거됐기 때문에 LTCM은 이 수렴거래 전략이 자신들의 거래 철학에 완벽하게 부합한다고 생각했다(유럽 채권시장에서의 기타 수렴거래 전략은 박스 E 참조).

---

**박스 E**　　**'수렴거래'의 유사전략**

비효율적인 시장가격은 미국 채권시장보다 유동성이 떨어지고 가격 불균형이 자주 발생하는 해외의 채권시장에서 쉽게 찾아볼 수 있다. 미국 밖의 시장에서는 강력한 컴퓨터로 무장하고 LTCM과 경쟁하는 차익거래자들의 숫자가 더 적었던 것으로 보인다. LTCM은 미국 채권시장에서 갈고닦은 실력을 바탕으로 영국, 독일, 이탈리아, 일본 등 여러 해외 채권시장에서 해당 국가의 국채와 금리스왑에 대해 수렴거래 전략을 마음껏 실행에 옮겼다. LTCM은 이에 만족하지 않고 덴마크를 비롯한 여러 유럽 국가에서 주택저당증권 시장에도 진출했다.

**이탈리아의 스왑스프레드 활용**  LTCM은 이탈리아의 국채금리가 스왑률보다 높게 형성된 것을 보고 국채가격이 지나치게 비관적으로 형성된 것을 간파했다. 이렇게 스왑스프레드가 역전된 비정상적인 상황은 이탈리아 국채가 AAA 등급을 받은 이탈리아 기업채권보다 어느 정도 더 위험하다는 시장의 정서를 반영한 것이었다. LTCM은 유럽이 단일통화(유로)를 1999년 출범시키려고 준비하고 있기 때문에 스프레드가 곧 다시 역전될 것이라고 예측했다. 이런 판단에 따라 LTCM은 환매조건부채권 매도를 통해 자금을 조달해 수익률이 높은 이탈리아 국채를 사들이는 동시에, 고정금리(이때 고정금리는 국채수익률보다 낮다)를 지급하고 이탈리아 리라 리보금리(환매조건부채권금리보다 높다)를 지급받는 금리스왑을 체결했다.[165] 이 전략으로 LTCM은 금리의 방향성에 대한 포지션을 취하지 않으면서도 수익을 올릴 수 있었을 뿐더러, 스왑스프레드가 좁혀지면 포지션을 청산할 때 자본이익을 기대할 수도 있었다.

**덴마크의 부동산담보부사채 활용**  30년 만기 덴마크 부동산담보부사채와 10년 만기 덴마크 국채 사이에는 140베이시스포인트에 이르는 수익률 격차가 존재했다. LTCM은 이 스프레드가 좁혀질 것으로 보고 더 위험한 거래를 감행했다. 1998년 초 LTCM은 80억 달러 규모의 부동산담보부사채를 매입해 덴마크 부동산담보부사채 시장에서 가장 큰 투자자가 됐다. LTCM은 동시에 10년 만기 덴마크 국채를 같은 규모로 매도하고 있었다. 하지만 1998년 여름 러시아 금융위기가 세계 금융시장을 휩쓸면서 담보부사채와 국채 사이의 스프레드가 줄어들기는 커녕 오히려 당초 140베이시스포인트에서 200베이시스포인트로 확대되면서 역대 최고 수준으로 치솟았다.

---

165) LTCM은 처음에는 국채와 회사채 모두에 대해 보증보험에 가입했다. 하지만 거래규모가 크게 늘어나고 LTCM이 채권 매매에 더 익숙해지자 굳이 보험을 들지 않았다.

LTCM이 엄청난 규모의 차익거래를 실행한 결과 채권시장에서 가격 불균형이 점차 줄어들자 LTCM은 방향성에 대한 투기와 수렴거래를 조합한 위험한 거래로 전략 방향을 틀었다. 1998년 초 LTCM은 미국 S&P 500, 프랑스 CAC 40, 독일 DAX 등 주가지수에 대한 장기 옵션을 매도하기 시작했다. 주가지수에 대한 옵션을 매도하는 것은 공매도 또는 전문가들이 '변동성 매도'라 부르는 것과 동일한 전략이다 (박스 F 참조).

## 박스 F    변동성과 옵션의 가치

변동성을 측정하는 것은 쉽지 않은 일이다. 변동성은 일반적으로 과거 주가지수 가격 변동폭의 표준편차를 사용해 추산한다. 이 방법은 주가지수가 대수정규분포(Lognormal Distribution)를 따른다는 가정을 기반으로 하고 있다. 하지만 사후에 측정한 과거 변동성이 꼭 미래 변동성을 신뢰성 있게 예측한다고 보기는 어렵다. 이 방법과는 반대로 옵션의 시장가격에서 도출하는 내재변동성(Implied Volatility)은 미래 변동성에 대한 시장의 공통된 시각을 반영한다. 일반적으로 변동성이 증가하면 옵션 프리미엄도 높아지고, 변동성이 낮아지면 프리미엄도 따라서 하락한다. 어느 한 시점의 내재변동성은 옵션가격으로부터 구할 수 있는데, 변동성을 구하는데 필요한 다른 변수들은 모두 알려져 있기 때문에 옵션가격결정 모델을 변동성에 대해 풀기만 하면 구할 수 있다. 하지만 한 가지 주의할 점은 옵션가격 결정 모델에 트레이더들이 자체적으로 측정한 변동성을 입력해 구하는 옵션가격 자체도 어느 정도 과거 변동성을 반영한 자료를 기반으로 하고 있다는 사실이다.

아시아 금융위기 이후 주식시장은 최악의 주가폭락을 예고하는 멸망론이 등장하는 등 매우 불안한 상태였다. 시장의 변동성이 증가하자, 잠재적으로 수익을 낼 수 있는 여지는 남겨두면서 손해를 입을 가능성은 제거하려고 하는 개인투자자의 수요가 증가했다. 은행들은 이런 수요에 대응하기 위해 투자원금을 보전할 수 있는 무이자 할인채(Zero-Coupon Bonds)와 5년 만기 주가지수 콜옵션을 묶어 판매했다. 또 주가지수에 대한 롱포지션을 동일 지수에 대한 5년 만기 풋옵션과 결합해 팔기도 했다.

**LTCM이 변동성 매도 전략을 사용한 이유:** LTCM이 만기가 긴 옵션을 판매하는 데 열을 올린 것은 이 옵션의 내재변동성이 과거 변동성을 훨씬 넘어서는 수준이라고 확신했기 때문이다. 장기적으로 프랑스 CAC 40이나 독일 DAX 같은 유럽 주가지수들의 과거 평균 15% 정도의 변동성을 기록해왔다. 하지만 1997년 말과 1998년 초, 아시아 금융위기의 여파로 CAC 40과 DAX에 대한 내재변동성은 22%로 치솟았다. 이는 옵션가격이 비싸졌다는 것을 의미한다. LTCM은 변동성을 매수해 위험을 회피하고자 하는 엄청난 수요에 대응하기 위해 기꺼이 주가지수 옵션을 매도했다.[166] LTCM은 주가지수 옵션가격이 고평가됐다고 믿고 있었던 것이다.

LTCM은 혼자서 전체 시장의 1/4을 차지할 정도로 엄청난 양의 옵션을 팔아치웠다. 경쟁사 중 한 곳에서는 LTCM에게 '변동성 중앙은행'이라는 별명을 붙여줬다. LTCM은 변동성이 다시 정상적인 수준으로 낮아질 것이고, 매도한 것보다 낮은 가격에 옵션을 되살 수 있을 것으로 확신했다(옵션가격은 기초자산의 변동성과 밀접하게

---

166) Lowenstein, op.cit., p.126.

연관돼 있는데 이 경우에는 주가지수가 이에 해당한다). LTCM은 실질적으로 과거 자료를 기반으로 미래 변동성을 예측하고 있었다. 즉 LTCM은 과거 자료가 미래를 예측하기 위한 신뢰성 있는 예측변수가 확실하다는 데에 돈을 걸고 있었던 것이다. 역설적이게도 박사과정을 거치면서 시장의 효율성을 진리로 여기도록 훈련받은 LTCM의 파트너들이 옵션가격에 포함된 미래지향적 시장예측치인 내재변동성보다 과거의 변동성 추세를 더 신뢰하고 있었던 것이다. LTCM이 굳게 믿었던 것과 다르게 변동성이 과거 추세를 따르지 않게 되자, 이 거래는 결국 LTCM에게 재앙을 불러왔다. LTCM의 전략은 한 쌍으로만 매매가 이뤄져서 시장의 움직임에 크게 영향을 받지 않았던 과거의 수렴거래 전략에서 크게 벗어나 있었다.

사실 LTCM은 옵션 포지션을 만기까지 보유할 생각이 전혀 없었다. LTCM은 단지 변동성이 완화돼 수익을 얻을 수 있게 되기만을 기다렸다. LTCM이 변동성에 도박을 건 것은 주가지수가 단기간 동안 크게 출렁이고 있다는 사실을 잘 알고 있었기 때문이다. LTCM은 주식시장이 곧 안정될 것이라는 데 돈을 걸었다. 옵션 프리미엄은 기반 주가지수의 변동성에 밀접하게 연계돼 있었기 때문에 변동성이 낮아지면 옵션가격도 따라서 떨어지도록 돼 있었다. 어떤 옵션을 조합해서 매도했든 간에 LTCM은 나중에 매도한 옵션을 훨씬 낮은 가격에 되사 포지션을 청산하면서 큰 이익을 남길 수 있을 것으로 기대했다. 사실 옵션을 적절히 활용하면 특정 변동성 시나리오에서는 큰 수익을 낼 수 있다.

**변동성 매도의 기법:** 변동성 매매가 실제로 어떻게 행해지는지 살펴보자. 변동성을 활용하는 데 가장 적합한 전략으로는 스트래들

(Straddle)과 스트랭글(Strangle)이 있다. LTCM은 풋옵션과 콜옵션[167]을 조합해 이 전략을 실행에 옮겼다. 여기서 중요한 점은 LTCM이 옵션을 매수하지 않고 매도했다는 점이다. 옵션을 매도하면서 옵션 프리미엄으로 엄청난 현금을 손에 쥔 LTCM이 노린 것은 옵션 만기가 돌아올 때 옵션이 행사되지 않거나, 만기 이전에 옵션을 매도한 것보다 싼 가격에 되사는 것이었다. 만약 LTCM의 예상이 빗나가 옵션이 행사된다면 LTCM은 천문학적인 손실을 입게 될 수도 있었다.

**스트래들:** 스트래들 1계약을 매수한다는 것은 행사가격과 만기가 동일한 풋옵션과 콜옵션 1계약씩을 매수한다는 의미다. 이 전략은 향후 변동성이 높을 것으로 예상되지만 주식시장이 어느 방향으로 움직일지 예측하기 힘든 경우에 특히 매력적이다. LTCM은 반대로 스트래들을 매도하고 있었는데, 그 바탕에는 CAC 40지수의 변동성이 완화될 것이라는 전제가 깔려 있었다. 1998년 1월 14일 다음과 같은 시장 환경에서 LTCM이 어떻게 CAC40 지수에 대한 풋옵션과 콜옵션을 1,900 프랑스프랑(FF)의 동일한 가격에 매도해 스트래들을 구성했는지 살펴보자.

거래일: 1998년 1월 14일
옵션 종류: CAC 40지수에 대한 98년 3월물 옵션
콜옵션 행사가격: 1,900프랑(FF)  풋옵션 행사가격: 1,900프랑(FF)
콜옵션 프리미엄: 50프랑(FF)     풋옵션 프리미엄: 50프랑(FF)

---

167) 옵션에 대한 기초는 소시에테제네랄(Société Générale)을 다룬 11장 참조.

*콜옵션 매도* LTCM은 1998년 1월 14일 50프랑의 옵션 프리미엄을 받는 대가로, 만약 옵션이 행사될 경우 CAC 40지수를 행사가격인 1,900프랑에 매도하기로 약속한다. 만약 주가지수가 1,900프랑 아래에서 유지된다면 옵션은 행사되지 않을 것이고 LTCM은 옵션 프리미엄을 전부 이익으로 남길 수 있을 것이다. 하지만 주가지수가 행사가격보다 더 높이 상승하는 경우 LTCM은 주가지수를 1,900프랑에 매도해야 한다. LTCM은 이 주가지수를 시장에서 더 높은 가격에 조달해야 하기 때문에 CAC40 지수가 더 높이 놀라갈수록 LTCM이 입는 손실도 따라서 더 커질 것이다.

[그림 2]의 선 (1)은 콜옵션 매도에 따른 손익을 나타내고 있다. 주가지수가 행사가격인 1,900프랑에 도달할 때까지는 옵션이 행사되지 않기 때문에 LTCM은 옵션 프리미엄에 해당하는 50프랑의 이익을 얻는다. 하지만 주가지수가 1,900프랑과 1,950(행사가격+옵션 프리미엄)프랑 사이에 위치하면 옵션은 행사될 것이고, 옵션이 행사되면서 발생하는 손실이 옵션 프리미엄에서 발생하는 이익을 부분적으로 상쇄한다. 1,950은 손익분기점으로, 옵션 행사로 인한 손실이 옵션 프리미엄과 정확히 일치하는 지점이다. 주가지수가 1,950을 넘어서면 LTCM은 손실을 입기 시작하고, 주가지수가 높이 상승할수록 LTCM의 손실도 점점 커진다.

*풋옵션 매도* LTCM은 CAC40 지수에 대한 풋옵션을 매도하면서 50프랑의 옵션 프리미엄을 받는 대가로 옵션이 행사될 경우 CAC 40지수를 행사가격인 1,900프랑에 매입하기로 약속한다. [그림 2]의 선 (2)는 풋옵션 매도에 따른 손익구조를 나타내고 있다. 주가지수가 1,900 이하일 때 옵션 매수자는 옵션을 행사해 CAC 40지수를 1,900프랑에 매도할 것이다. 이 경우 LTCM은 CAC 40지수를 1,900

프랑에 매입해 시장에서 더 낮은 가격에 되팔 수밖에 없기 때문에 손해를 입을 것이다. 손해는 주가지수가 1,850프랑(행사가격-옵션 프리미엄)에 이를 때까지 발생하고, 주가지수가 손익분기점인 1,850프랑에 이르면 옵션 행사로 인한 손실이 옵션 프리미엄과 같아진다. 행사가격인 1,900프랑 이상으로 주가지수가 상승하는 경우 옵션은 행사되지 않을 것이고 LTCM은 옵션 1계약당 50프랑의 옵션 프리미엄을 고스란히 이익으로 남긴다.

*스트래들의 구성* 스트래들은 [그림 2]의 콜옵션(선 (1))과 풋옵션(선 (2))의 그래프를 합쳐놓은 선 (3)에서 확인할 수 있듯이 풋옵션과 콜옵션을 조합해 구성할 수 있다.[168] 이때 LTCM은 피라미드 모양의 꼭대기 부분에서 이익을 남길 수 있는 점에 주목하자. 특히 주의를 기울여야 할 점은 손익분기점 A와 B로, 주가지수가 두 점 사이에 머무르면 LTCM이 이익을 낼 수 있는 반면 변동성이 심해 주가지수가 두 점 밖으로 벗어나면 LTCM은 손실을 입을 수밖에 없다. 스트래들이 가로축과 만나는 손익분기점의 주가지수는 콜옵션과 풋옵션의 프리미엄을 행사가격에서 더하거나 빼서 간단히 구할 수 있다.

손익분기점 A: $S(90)^A$=행사가격-(콜옵션 프리미엄+풋옵션 프리미엄)

$$S(90)^A=1,900-(50+50)=1,800$$

손익분기점 B: $S(90)^B$=행사가격+(콜옵션 프리미엄+풋옵션 프리미엄)

$$S(90)^B=1,900+(50+50)=2,000$$

---

168) [그림 2]에서 CAC40지수에 대해 선 (1)과 선 (2) 그래프를 합한다는 것은 선 (1)과 선 (2)의 손익을 합한다는 말이다.

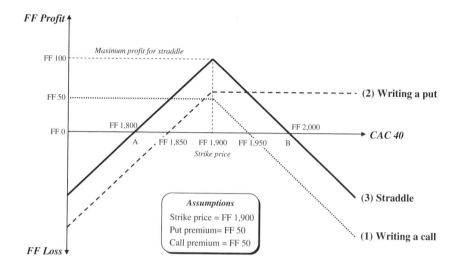

따라서 주가지수가 1,800을 밑돌거나 2,000을 웃도는 경우 LTCM은 손해를 입게 되는데, 이때 잠재적으로 발생할 수 있는 손실에는 제한이 없다. 반면 주가지수 변동성이 낮아져 주가지수가 1,800~2,000 사이에서 형성되면 LTCM은 이익을 얻는다. LTCM이 가장 큰 이익을 얻을 수 있는 경우는 주가지수가 두 옵션의 행사가격과 같은 1,900에 위치하게 될 때다. 이때는 어떤 옵션도 행사되지 않기 때문에 LTCM은 주가지수의 움직임으로 인한 손실을 전혀 입지 않고 풋옵션과 콜옵션의 프리미엄으로 받은 100프랑을 전부 이익으로 남길 수 있다.

**스트랭글 매도:** 스트랭글 매도 전략 역시 콜옵션과 풋옵션을 조합하는 변동성에 기반한 전략이다. 스트래들 전략과의 가장 큰 차이점은 스트랭글 전략에서는 행사가격이 서로 다른 외가격(Out-of-the-Money) 콜옵션과 풋옵션을 활용한다는 점이다. 이에 따라 등가격(At-the-Money) 옵션에 기반한 스트래들 전략의 경우보다 옵션가격이 저렴하다. [그림 3]에서 볼 수 있는 것처럼 스트랭글을 매도해 이익을 얻을 수 있는 범위가 스트래들보다 크기 때문에 스트랭글 매도 전략은 스트래들 매도 전략보다 투기 성격이 약하다. 물론 앞서 말한 것처럼 위험이 낮은 만큼 옵션 프리미엄으로 얻을 수 있는 이익의 규모가 작은 것이 단점이다.

■ 그림 3  스트랭글 매도에 따른 손익구조

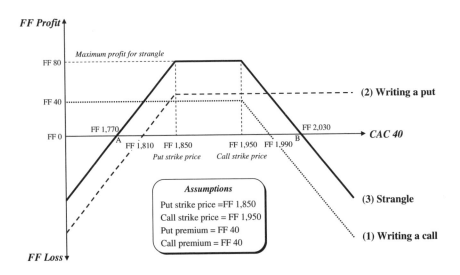

거래일: 1998년 1월 14일. 옵션 종류: CAC 40지수에 대한 98년 3월물 옵션
콜옵션 행사가격: 1,950프랑(FF)  풋옵션 행사가격: 1,850프랑(FF)
콜옵션 프리미엄: 40프랑(FF)    풋옵션 프리미엄: 40프랑(FF)

위와 같은 상황에서 콜옵션을 매도할 때 발생하는 손익이 [그림 3]의 선 (1)에 나타나 있다. 이때 손익분기점의 주가지수는 1,990프랑(행사가격 1,950프랑+옵션 프리미엄 40프랑)이다. 같은 방식으로 풋옵션의 손익구조도 그려볼 수 있다. 풋옵션의 경우 [그림 3]의 선 (2)에 나타난 것처럼 주가지수가 1,810프랑(행사가격 1,850프랑-옵션 프리미엄 40프랑)일 때 손익분기점에 도달한다. 스트랭글 매도는 콜옵션(선 1)과 풋옵션(선 2)의 그래프를 조합한 것에 지나지 않는다. 여기서 스트랭글의 손익이 가로축과 교차하는 지점인 손익분기점에는 특별히 주의를 기울여야 한다.

손익분기점 A: $S(90)^A$=풋옵션 행사가격-(콜옵션 프리미엄+풋옵션 프리미엄)

$$S(90)^A=1,850-(40+40)=1,770$$

손익분기점 B: $S(90)^B$=콜옵션 행사가격+(콜옵션 프리미엄+풋옵션 프리미엄)

$$S(90)^B=1,950+(40+40)=2,030$$

결국 주가지수가 1,770~2,030 사이에 위치하기만 하면 LTCM은 스트랭글 전략을 사용해 이익을 낼 수 있다. 또 풋옵션과 콜옵션의 행사가격 사이에서 주가지수가 형성되는 경우 어떤 옵션도 행사되지 않기 때문에 LTCM은 풋옵션과 콜옵션의 프리미엄을 합한 80프랑을 고스란히 남겨 가장 큰 이익을 얻는다.

**변동성을 활용한 투기의 모든 것:** 장기 옵션의 경우 거래는 끊임없이 일어나지 않는 반면 옵션 매도자가 계약을 이행하지 않는 상황으로부터 매수자를 보호하기 위한 증거금이나 담보 규모는 매일 재평가가 이뤄진다. LTCM은 옵션을 판매하고 받은 엄청난 프리미엄을 담보로 납부했다. 만약 변동성이 줄어들게 되면 옵션은 내가격(In-the-

Money) 상태가 되고 LTCM은 증거금을 줄일 수 있었다. 하지만 반대로 변동성이 증가하는 경우 LTCM은 외가격(Out-of-the-Money) 상태로 바뀌는 옵션에 대한 증거금 규모를 늘려야 했다. 단기적인 변동성의 증감은 고려하지 않고 장기적으로 변동성이 약화되는 데만 돈을 건 전략이 LTCM을 더욱 큰 위험으로 내몰았다. LTCM은 비이성적 투자자들의 손에 자신들의 운명을 맡긴 셈이 된 것이다. 이는 결국 LTCM 붕괴에 중요한 원인으로 작용했다.

## 어긋난 계획

채권과 옵션시장에서 가격 불균형에 따른 스프레드가 사라져 차익거래로 수익을 올리기가 점점 힘들어지자 LTCM은 수렴거래로 시작한 거래 철학을 잘 알려지지 않은 영역으로 확장해 가면서 점점 위험한 거래에 손을 대기 시작했다. 한 기업이 서로 다른 두 주식시장에 상장한 한 쌍의 주식에 대한 거래와 M&A 기업에 대한 위험차익거래가 대표적인 예다.

**한 쌍으로 구성된 주식 거래:** LTCM은 로열더치쉘을 목표물로 삼았다. 로열더치쉘은 2개의 지주회사가 분산해서 경영하고, 암스테르담주식거래소와 런던주식거래소에 각각 로열더치페트롤륨(Royal Dutch Petroleum N.V.)과 쉘트랜스포트앤드트레이딩(Shell Transport & Trading plc.)으로 독립적으로 상장돼 있었다. 두 주식 모두 로열더치쉘 그룹의 이익 공유나 배당금 측면에서는 동일한 권리를 가지고 있었지만 1992년부터 로열더치가 쉘보다 7~12% 더 높은 가격에 거래되고 있었다. 투자자들이 한 주식보다 다른 주식을 더 선호하는 이런 상황을 어떻게 설명할 수 있을까? 이런 가격 차이는 대부분 투자자가 거주

하는 국가, 세금 환급 여부, 외국과의 조세협약을 활용할 수 있는지 여부, 배당금에 대한 원천징수 여부 등에 따라 선호하는 주식이 달라져 발생하는 것으로 보인다.[169]

LTCM은 두 주식의 가격차가 좁혀질 것으로 예상하고, 쉘 주식을 20억 달러 규모로 매입하는 동시에 그보다 가격이 높게 형성돼 있던 로열더치 주식을 같은 규모로 매도했다. 이 수렴 거래는 국회에 계류 중이던 영국 내 세금 법안을 기반으로 하고 있었다. 이 법안이 통과되기만 하면 다양한 투자자들이 쉘 주식을 로열더치 주식보다 매력적인 투자대상으로 인식할 것으로 예상됐다. 법안이 통과되면 두 주식이 하나로 합쳐질 수 있다는 소문까지 떠돌았다. 따라서 LTCM이 수렴거래의 원칙을 완전히 저버렸다고는 할 수 없지만 LTCM이 무슨 생각으로 이 거래를 실행에 옮겼는지는 의문스럽기만 하다. 1998년 여름 금융위기가 금융시장을 휩쓸자 두 주식의 가격차가 줄어들기는 커녕 오히려 22%로 치솟았다. LTCM은 이 전략으로 총 2억 8,600만 달러를 잃었는데, 그 손실 중 중 절반 이상이 로열더치쉘 거래에서 발생한 것이었다.

**위험차익거래:** LTCM은 인수·합병 거래를 둘러싼 불확실성을 활용하고 싶어 했다. M&A 계약이 처음 발표되면 피인수기업의 주가는 발표된 인수가격보다 약간 낮은 가격으로 뛴다. 발표된 인수가격과 피

---

169) Perold(1999) op. cit., p.9. 는 다음과 같은 예를 들어 이를 설명한다. "예를 들어 미국 연기금은 로열더치에 투자한 자금에 대해서는 원천징수 세금을 환급받지만 쉘에 투자한 자금에 대해서는 환급받지 못한다. 다시 말해, 로열더치가 지급하는 배당금은 100% 받을 수 있지만 쉘이 지급하는 배당금은 58%밖에 받지 못하는 것이다. 반면 영국에 세금을 납부하는 기업은 쉘이 지급하는 배당금에서 세금을 제하고도 80%를 받지만 로열더치가 지급하는 배당금은 69%밖에 받지 못하기 때문에 쉘 주식을 선호할 것이다."

인수기업의 주가 사이에 생기는 약간의 격차는 합병계약이 규제당국의 승인을 제때 받을 수 있을지에 대한 불확실성을 반영한다. 가격 격차는 거래가 완료에 가까워지면 서서히 줄어들다가 계약이 체결되면 마침내 완전히 사라진다. 이 기간은 짧게는 수개월이 걸릴 수도 있고, 길게는 1년 이상 걸리는 경우도 있다. LTCM은 일시적으로 저평가된 피인수기업의 주식을 매입하고 인수기업의 주식을 공매도하는 방법을 사용했다. 하지만 이 전략은 M&A 계약이 깨질 위험에 노출돼 있었다. 실제로 LTCM은 텔랍스(Tellabs)가 시에나(Ciena)를 인수하는 데 실패했을 때 1억 5,000만 달러를 잃었다. LTCM은 그 계약이 성사될 것으로 예상하고 시에나의 주식을 사들였지만 시에나의 주가는 1998년 8월 21일 56달러에서 31.25달러로 폭락하고 말았다.

일반적으로 LTCM은 적대적 M&A나 규제 측면에서 난관이 예상되는 계약은 피하고 위험도가 낮은 계약을 선호했다. 위험차익거래 전략은 채권시장의 수익률 격차를 활용한 차익거래와는 완전히 다른 분야였다. 계약에 관련된 기업들에 대한 지식뿐 아니라 산업 내 역학관계, 반독점 규제나 기타 규제 문제에 대해서도 전문성이 요구됐지만 LTCM은 어느 분야에도 전문성을 가지고 있지 않았다. 위험차익거래 분야에서 활발하게 활동하는 투자은행들은 전문가들로 구성된 전담팀을 만드는 것이 일반적이지만 LTCM은 한 번도 이런 방식을 시도하지 않았다.

## LTCM의 붕괴

1997년이 거의 다 지났을 무렵 LTCM은 투자자들에게 27억 달러를 되돌려줬다. LTCM이 헤지펀드로서 이런 흔치 않은 결정을 내린 배경에는 금융시장에서 가격 비효율성과 차익거래 기회가 점점 귀해지고 있다는 인식이 깔려 있었다. 어떻게 보면 LTCM이 차익거래의 기회들을 적극적으로 발굴함으로써 시장의 효율성 향상에 기여한 측면도 있었다. 1997년 LTCM은 고작 17%의 수익률을 올리는 데 그쳤다. 이는 35%의 수익률을 기록한 S&P지수에도 한참 못 미치는 실적이었다. 게다가 세계 투자시장에서 소수 세력에 불과했던 헤지펀드가 상대적으로 힘을 얻으면서 금융시장을 완전히 장악할 정도는 아니더라도 분명 월스트리트에서 예전보다 훨씬 큰 세력으로 떠오르고 있었다. LTCM은 자신들이 일군 성공에 사로잡힌 희생자였고, 메리웨더가 다음과 같이 언급한 것처럼 투자자들에게 이를 솔직히 털어놓았다.

> 우리가 지금까지 기록했던 수익률을 앞으로도 지속적으로 기록하기는 쉽지 않을 것입니다. 따라서 우리는 시장을 능가하는 수익률을 내기 쉽도록 펀드 규모를 축소하기로 결정했습니다.

1997년은 무섭게 성장하던 아시아의 신흥 국가들에 금융위기가 덮친 해이기도 했다. 미국 달러에 대해 환율을 고정시켜 자신들의 통화가치를 높게 유지하고 있던 동아시아와 동남아시아의 여러 국가들은 자국 통화가치가 투기 세력의 쉴 새 없는 공격으로 추락하는 것을 지켜볼 수밖에 없었다. 그 해 여름, 태국 바트(Baht)화, 인도네시아 루피아(Rupiah)화, 필리핀 페소(Peso)화, 그리고 한국 원화 가치가 눈 깜짝할 사이에 절반 이상 곤두박질했다. 대규모 해외자본 유입과 차입에 의한 투기에 힘입은 아시아의 폭발적인 성장은 해외자본이 빠져나가자 갑자기 멈춰섰다. 아시아 국가들은 깊은 경기침체에 빠져들었다.

안전한 피난처를 찾는 대규모 자금이 유동성이 풍부한 미국과 유럽 국채에 몰리면서 모기지, 투자적격등급 회사채, 투기등급 회사채 등 위험이 수반된 상품과 무위험 국채와의 수익률 격차는 대폭 상승했다. 수익률 격차가 수렴할 것이라는 예측에 끊임없이 도박을 걸었던 LTCM은 꼼짝없이 손실을 입을 수밖에 없었다. 당발물과 경과물 국채 사이의 수익률 격차가 좁아지지 않고 벌어지면서 LTCM의 대표적인 거래였던 30년 만기의 당발물과 경과물 국채에 대한 수렴거래에서마저 채권자로부터 담보보충요구가 쇄도했다.

이와 더불어 주식시장의 변동성이 과거 수준으로 낮아질 것이라는 LTCM의 예상과는 달리 신흥시장에서 자본이 빠져나오면서 변동성이 오히려 더 높아졌다. 앞에서 설명한 것처럼 LTCM은 '변동성의 중앙은행'으로 불릴 정도로 주가지수 옵션을 조합한 스트래들과 스트랭글 전략을 통해 엄청난 규모로 변동성을 매도했다. 아시아 주식시장의 혼란은 1998년 여름에 러시아로 옮겨가 주요 주식시장 전반에 걸쳐 그 여파가 미쳤다. LTCM이 대규모로 매도한 S&P 500지수나 CAC 40지수와 같은 주가지수에 대한 장기 옵션은 깊은 외가격이 돼 엄청난 규모의 마진콜을 촉발시켰다.

소용돌이에 휘말린 금융시장과는 별도의 사건이 이미 심각한 LTCM의 상황을 더욱 복잡하게 만들었다. 2008년 트래블러스 (Travelers)와 씨티코프(Citicorp) 간의 합병이 발표됐는데, 합병 계약의 일환으로 트래블러스가 살로몬브라더스의 운영권을 넘겨받았다. 살로몬은 LTCM의 주요 인물들([표 1] 참조)에게는 친정과 같은 곳일 뿐 아니라 LTCM의 수렴거래 전략을 상당 부분 모방하던 채권 차익거래 전문 투자은행이었다. 트래블러스의 최고경영자인 샌디 웨일(Sandy Weill)과 그의 오른팔인 제이미 다이먼(Jamie Dimon)은 살로몬의 사업 모델이 과학의 탈을 쓴 도박이라는 의혹을 품고 있었다. 그들은 얼마 지나지 않아 살로몬이 가진 포지션을 모두 없애 버리기로 결정했다.

살로몬이 시장에서 서둘러 빠져나가면서 LTCM이 보유하고 있던 채권과 금리스왑의 수렴거래를 교란시키는 결과를 불러왔다. 7월 17일을 시작으로 손실이 급격하게 쌓여가기 시작했다. "7월의 남은 기간 동안 LTCM은 투자한 돈의 약 10%를 잃었다. 살로몬이 LTCM이 보유한 것은 모조리 팔아버렸기 때문이었다."[170] 살로몬은 LTCM이 보유한 거래와 상당 부분 같은 쪽에 있었기 때문에, 유동성이 없는 포지션을 청산하자 스프레드가 줄어들기보다는 오히려 늘어났다. 결국 LTCM은 1998년 7월 최악의 한 달을 보내면서 펀드 규모가 14%나 줄어들었다. 역설적이게도 메리웨더는 LTCM의 전신이라 할 수 있는 살로몬을 능가했지만 결국 살로몬의 종말로 치명적인 상처를 입었다.

그로부터 한 달 후인 1998년 8월 17일, 러시아는 루블(Rubble)을 평가절하하고 정부 부채에 대해 채무불이행을 선언했다. 러시아의 은행과 기업들도 불가항력으로 인한 파생상품 계약 파기를 선언해 서구의 계약상대들에게 엄청난 손실을 안기면서 러시아 파산의 여

---

170) Lewis, M. How the Eggheads Cracked, The New York Times(January 24, 1999).

파가 세계 금융시장을 휩쓸었다. LTCM은 상당한 규모의 루블화 표시 러시아 국채(GKO라고도 부른다)를 보유하고 있었다. LTCM은 동일한 규모의 루블 선도환 매도계약을 통해 국채 매입에 수반된 위험을 제거했다. LTCM은 러시아의 파산으로 인한 투자원금 손실은 루블화의 가치 하락으로 인한 환차익으로 상쇄할 수 있을 것이라고 생각했다.

예를 들어, LTCM은 GKO에 1,000루블을 투자한 뒤 선도환 계약을 통해 2,000루블을 매도했다. LTCM의 예상대로라면 러시아가 채무불이행을 선언해 GKO의 가치가 1,000루블에서 500루블로 하락하더라도, 루블의 가치가 50% 떨어지는 경우 2,000루블의 이익이 발생(달러당 50루블에 루블을 선도환 매도한 뒤 이를 달러당 100루블에 되산다고 가정하면 2,000루블×(1/50-1/100)×100=2,000루블의 이익이 발생한다)하기 때문에 손실을 충분히 만회할 수 있었다. 달러 기준으로 보면 선도환 매도계약에서 발생하는 환차익으로 채권가치 50% 하락과 루블화 가치 50% 하락을 만회할 수 있기 때문에 투자원금은 보전할 수 있었다. 하지만 불행하게도 러시아의 채무불이행 선언으로 심각한 타격을 입은 러시아 은행들은 선도환 계약을 모두 파기해버렸다. 러시아는 LTCM의 헤지 계획을 무력화시켜 버리고 만 것이다.

러시아가 채무불이행을 선언하자 금융시장의 자금은 안전자산과 유동성이 높은 자산으로 대거 이동했다. 이는 살로몬의 포지션 청산으로 인해 이미 손실을 입은 LTCM의 어려움을 더욱 가중시켰다. 공황상태에 빠진 투자자들이 위험 자산을 내팽개치고 위험이 없는 안전자산으로 몰려가면서 스프레드가 급등했다. 당발물과 경과물 사이의 수렴거래를 주요 전략으로 사용하던 LTCM은 러시아가 채무불이행을 선언한 지 며칠 지나지 않아 스프레드가 6베이시스포인트에서 19베이시스포인트로 치솟는 것을 지켜볼 수밖에 없었다. 1998년 8월 21일 LTCM은 하루 동안 5억 5,000만 달러의 손실을 입었다. 이는 LTCM이 하루 동안 입은 손실로는 최대 규모였다. 변동성이 확대된 주식시장에서는 많은 투자자들이 장기 옵션을 매입해 손실을 입을 위험을 제거했다. 이 장기 옵션의 최대 매도자는 LTCM이었다. 자연히 옵션가격은 상승했고, LTCM은 마진콜을 받으면서 장기 주가지수 옵션에서 대규모 손실을 입었다. LTCM은 이 전략에서도 잘못된 선택을 한 것이다.

9월 21일 LTCM은 다시 5억 달러의 손실을 입었다. 이는 일일 손실로는 두 번째 규모였다. 이제 LTCM이 보유한 1,000억 달러의 자산 포트폴리오와 1조 2,000억 달러의 파생상품 포지션에 대해 남아 있는 자기자본은 고작 10억 달러에 불과했다(4월까지만 해도 LTCM의 자기자본 규모는 45억 달러였다). 레버리지는 100:1이라는 충격적인 수준에 도달했다. 총 44억 달러 중 30억 달러의 손실이 금리스왑을 통한 채권시장에서의 수렴거래와 옵션 매도를 활용한 주가지수의 변동성에 대한 투기 거래에서 발생했다. 두 전략은 모두 LTCM이 경쟁우위를 가지고 있다고 자부하던 영역이었다. LTCM이 잃은 44억 달러 중 19억 달러는 파트너들 개인 자금이었지만 7억 달러는 스위스유니온은행(Union Bank of Switzerland)이 투자한 자금이었고, 나머지 18억 달러는 유럽계 은행을 비롯한 기타 투자자의 자금이었다. 투자자들의 투자원금은 이미 오래 전에 되돌려줬기 때문에 잃게 된 돈은 펀드에 남겨진 이익이 대부분이었다는 사실이 그나마 다행이었다. 파산이 다가오고 있었다.

| | |
|---|---|
| 러시아 및 기타 신흥시장: | 4억 3,000만 달러 |
| 선진시장에서의 방향성 매매(일본 채권 공매도 등): | 3억 7,100만 달러 |
| 짝맞춤 거래 (폭스바겐, 쉘 등): | 2억 8,600만 달러 |
| 수익률곡선 차익거래: | 2억 1,500만 달러 |
| S&P 500 주식투자: | 2억 300만 달러 |
| 투기등급 채권 차익거래: | 1억 달러 |
| 합병 차익거래: | 미미한 수준의 손실 |
| 스왑: | 16억 달러 |
| 주식변동성거래: | 13억 달러 |

\* 출처: Lowenstein, R. When the Geniuses Failed: The Rise and Fall of Long Term Capital Management(Random House, 2000), p.234.

## LTCM을 구제하라

9월 2일, 메리웨더는 투자자들에게 보내는 편지에서 이렇게 말했다.

> 여러분도 이미 잘 알고 계시는 바와 같이, 러시아 위기를 둘러싼 일련의 사건들로 인해 8월 내내 전 세계 금융시장에서는 변동성이 급격하게 증가했습니다… 불행하게도, 이로 인해 롱텀캐피탈 매니지먼트의 포트폴리오의 순자산가치도 가파르게 하락했습니다… 8월 한 달 동안 44% 하락했고, 지난 1년 동안에는 52% 하락했습니다. 분명 여러분도 충격을 받으셨겠지만 이런 손실은 저희에게도 충격적입니다. 이는 특히 과거 펀드의 변동성을 감안하면 더욱 받아들이기 힘든 결과입니다.[171]

---

171) Lowenstein, p.161.에서 재인용.

메리웨더의 편지는 평소처럼 직설적이고 핵심을 담고 있었지만 구체적인 내용은 매우 짧게 언급하는데 그쳤고 55:1에 달한 레버리지는 아예 언급조차 하지 않았다. 그 편지는 당일에 모든 투자자에게 팩스로 전송됐다. 한 투자자가 금융 뉴스를 제공하는 블룸버그(Bloomerg)에 이 편지의 내용을 알렸고 블룸버그는 즉시 이에 대한 기사를 게재했다. 사실 메리웨더가 비밀 유지에 공을 들인 것과는 달리 LTCM의 전략은 월스트리트에서 공공연한 비밀이었다.

> 예전에 LTCM은 엄청난 규모의 거래를 체결하면서 자신들의 능력을 대대적으로 과시했다. 하지만 이제 그들은 마치 사냥꾼에게 쫓겨 무릎까지밖에 오지 않는 풀숲에라도 몸을 숨기려고 하는 코끼리 같은 신세가 됐다. 대부분의 증권사나 대규모 헤지펀드들은 현금 부족에 시달리는 LTCM이 뭐든 내다팔아야 한다는 것을 알고 있었을 뿐 아니라 LTCM이 무엇을 팔 것인지도 훤히 알고 있었다.[172]

이 사건은 살로몬의 매각과 러시아 사태로 이미 휘청거리던 LTCM에 결정적 타격을 가했다. 금융시장에 있어서는 착한 사마리아인이 꼭 모범적인 역할 모델이라고 보기 어려운 법이다. LTCM의 손실에 대한 소문이 꼬리를 물면서 추가적인 손실을 낳았고, 이는 다시 소문을 증폭시키고 이로 인해 더 큰 손실이 발생하는 악순환이 반복됐다. 마치 월스트리트의 금융기관들이 몰락하는 LTCM에 집단으로 공격을 가하는 것처럼 보였다.

뉴욕연방준비은행이 월스트리트의 주요 금융기관들에게 전화를

---

172) Bookstaber, R. A Demon of Our Own Design(JohnWiley, 2007), p.104.

돌려 LTCM에 대한 자금 지원을 요청하던 와중에, 9월 21일에 워런 버핏과 골드만삭스, AIG가 공동으로 LTCM을 40억 달러에 인수하겠다고 제안했다. 이는 실질적으로 LTCM의 파트너들로부터 펀드를 몰수하겠다는 이야기였다.[173] 같은 날 LTCM은 하루 동안 5억 달러의 손실을 입어 펀드 설립 이후 두 번째로 큰 규모의 손실을 기록했다. 그 손실 중 절반은 5년 만기 주가지수 옵션에 대한 매도 포지션에서 발생한 것이었다. 그 결과 펀드의 자산은 여전히 1,000억 달러가 넘는 상황에서 자기자본은 10억 달러로 줄어들었고, 레버리지는 100:1에 이르렀다. 사실 존 메리웨더를 넘어뜨린 것은 JP모건과 UBS의 트레이더들이었고, LTCM이 옵션계약에서 손실을 입은 것은 AIG가 공격적으로 옵션을 사들인 결과였다.

그것도 모자라 AIG는 버핏과 함께 컨소시엄을 구성해 메리웨더가 펀드를 헐값에 팔도록 압력을 넣고 있었다. 메리웨더는 주어진 시간이 너무 짧아(워런 버핏은 인수를 제안한 뒤 한 시간 안에 답을 달라고 요구했다) 파트너들과 협의할 시간이 부족하다는 이유를 들어 인수 제안을 거절했다. 1998년 9월 23일, 뉴욕연준은 LTCM에게 자금을 빌려준 14개 주요 상업은행과 투자은행을 모아놓고 LTCM에 35억 달러의 자본금을 제공하도록 설득했다. 펀드의 파트너들은 투자자금의 대부분을 잃고, 새로운 자본이 투자된 펀드의 10%를 할

---

173) 워런 버핏의 투자회사인 버크셔헤서웨이(Birkshire Hathaway), 골드만삭스, AIG는 2억 5,000만 달러에 펀드를 인수하고, 인수 즉시 37억 5,000만 달러를 투입하겠다고 제안했다(그중 30억 달러는 버크셔가 지급하기로 돼 있었다). 또 제안에는 모든 파트너들을 인수 즉시 해고하고 골드만삭스가 LTCM의 포트폴리오를 관리하는 내용이 포함돼 있었다. 7년 전에도 살로몬브라더스에서 똑같이 워런 버핏에 의해 쫓겨난 경험이 있는 메리웨더에게 이는 완전한 패배를 의미했을 것이다.

당받았다. LTCM에 대한 자금지원은 구제금융이라기보다는 '협상파산'에 가까웠고, 지원된 자금에 세금은 한 푼도 포함되지 않았다.

> LTCM을 지원한 금융기관들은 실질적으로 LTCM의 자산에 대한 통제권을 손에 넣었다. 여전히 예전 LTCM의 직원들은 충분한 보수를 받으면서 지원단의 감독 하에 포트폴리오를 계속 운용했다. 뉴욕연준은 인수 과정 전반을 이끌었지만 LTCM에 직접 구제금융을 제공한 것은 아니었다. 다수의 채권은행들은 LTCM에게 납부해야 할 담보를 제공하지 않는 편이 자신들에게 더 유리하다고 판단하고 있었고, 다른 채권자들은 서로 이익 분배에서 우선순위를 가지겠다고 주장했다. 뉴욕연준이 신속하게 이런 문제들을 해결하려 발벗고 나서지 않았다면 LTCM은 파산신청을 했어야 할지도 모른다… LTCM은 실질적으로 청산됐기 때문에, 만약 구제금융이 제공됐다면 명백히 실패했을 것이다. [174]

하지만 연방정부가 자금지원 과정에서 보여준 강압적인 자세는, 붕괴할 경우 세계 금융시스템의 안정성을 위협할 정도의 영향력을 가진 대형 금융기관은 어떻게 해서든 구제를 받게 된다는 '대마불사(Too Big To Fail)'를 입증하는 듯 했다.

여기서 월스트리트의 주요 금융기관들이 손실과 주가하락으로 자신들도 어려움에 처한 상황에서 왜 군이 LTCM을 구제하는 결단을 내렸는지 의문이 든다. [175] LTCM이 사용한 극도의 레버리지와, LTCM의 붕괴가 몰고올 재앙을 고려하면 월스트리트 금융기관들의

---

174) Lowenstein, R. op. cit.

175) 기업공개(IPO)가 예정돼 있던 골드만삭스는 LTCM이 무너지면 기업공개(IPO)에 차질이 발생할 수도 있었기 때문에 이를 가장 걱정했다. 이와 비슷하게 샌디 웨일은 LTCM의 파산이 트래블러스와 씨티은행의 합병을 방해할 것을 우려했다.

진정한 동기를 짐작할 수 있다. 대부분의 주요 은행들이 LTCM과 복잡하게 얽혀 위험에 노출돼 있었던 사실이 많은 부분을 설명한다. LTCM에 대한 대출도 부실이 심각한 상황이었지만 더 큰 위험은 따로 있었다. 이는 바로 월스트리트의 주요 은행들을 거미줄처럼 복잡하게 옭아매고 있던 수조 달러에 이르는 장외(Over-the-Counter) 파생상품 계약이었다. LTCM의 파산은 금융계 전체에 도미노 현상을 촉발시킬 것이 자명했고, 정보가 투명하게 공개되지 않는 장외 파생상품 계약의 특성상 정확한 피해 규모를 예상하기도 힘들었다. 장외 파생상품 계약에서는 중앙집중화된 청산소가 존재하지 않을 뿐더러, 회계 자료를 제공해 감시를 용이하게 하는 증거금 체계도 사용되지 않는다. 장외 파생상품 계약에서 거래상대위험을 측정하는 것은 각 거래당사자의 책임이다.

　LTCM에 대한 자금 지원은 이렇게 금융기관 자신들을 지키기 위한 목적도 있었지만 탐욕이라는 오래된 동기도 무시할 수 없었다. 컨소시엄에 참여한 대부분의 금융기관들은 종종 LTCM의 거래를 모방하기도 할 만큼 LTCM이 체결한 거래에 대해 훤히 알고 있었기 때문에, 시장 상황이 정상화되면 얻을 수 있는 잠재 수익이 얼마인지도 당연히 알고 있었다. 그들은 몇 개월 전만 해도 생각할 수도 없었던 조건에 엄청난 수익을 얻을 수 있는 기회에 발을 담그고 싶었던 것이다.

**투자자를 위한 교훈_ 정보 공개에 대해:** 헤지펀드에 대한 투자는 소극적 투자자에게는 결코 어울리지 않는 일이다. 연기금, 대학 기금, 수십억 달러의 자산을 가진 고액자산가 등 헤지펀드에 돈을 맡길 만한 투자자들은 모두 고도의 정보력을 가지고 있는 이들이다. 이런 투자자들도 헤지펀드에 투자할 때는 전체 자금의 극히 일부만을 맡긴다. 이들이 헤지펀드에 투자할 때는 모든 정보를 파악한 뒤 돈을 잃게 될 위험을 감수하고 돈을 맡기는 것이다. 이들은 위험을 고려할 때 시장수익률인 '베타($\beta$)' 수익률을 뛰어넘는 '알파($\alpha$)' 수익률을 추구한다. 그런데 이때 투자에 대한 중요 정보에 접근할 수 있는 권리를 제한 당하면서까지 알파수익률을 추구하는 것이 올바른지에 대해 질문을 던져봐야 한다. 헤지펀드는 자신들의 매매전략을 노출시키지 않으려 최소한의 정보만 공개한다. 투자자들에게 보낸 메리웨더의 편지는 애매모호함의 전형을 보여준다. 투자자들은 LTCM이 얼마나 높은 레버리지를 사용했는지 전혀 알지 못했지만 LTCM이 엄청난 수익을 돌려주는 한 곤란한 질문은 던지지 않았다.

**헤지펀드의 위험관리자를 위한 교훈_ 역사가 꼭 되풀이되지는 않는다:** LTCM의 수렴거래전략은 안정적이었던 과거의 추세가 지속된다는 전제를 기반으로 하고 있었다. LTCM의 가정은 채권 스프레드와 주가지수 변동성이 일시적으로 과거 수준을 벗어난다 해도 필연적으로 정상 수준으로 복귀한다는 것이었다. LTCM 런던지사의 유명 트레이더이자 시장전략가인 빅터 하가니(Victor Haghani)는 이를 다음과 같이 표현했다. "우리가 한 일은 경험에 의존하는 것이었습니다. 모든 과학은 경험에 의존하게 마련이거든요. 만약 경험으로부터 아무런 결론도 이끌어내지 못한다면 아무것도 하지 않는 것이나 마찬가지입니다." 100년에 한 번 올까말까한 대재앙이 찾아오는 경우를 제외하고는 과거 추세를 그대로 활용해 미래를 예측하는 것도 나쁜 방법은 아니다. 하지만 불행하게도 금융의 역사는 발생 가능성은 낮지만 한 번 발생하면 파국적인 결과를 불러오는 '블랙스완'들로 점철돼 왔다.

LTCM은 VaR 지표를 펀드의 위험 수준에 대한 포괄적인 지표로 굳게 신뢰했다. 1998년 8월에 99% 신뢰수준에서의 일일 VaR는 3,500만 달러로 추산됐다. 하지만 1998년 9월 21일 LTCM이 입은 손실은 무려 5억 달러였다. VaR는 주요 변수를 예측하는 기간에 대해 충분한 주의만 기울인다면 매우 유용한 지표다. 하지만 LTCM은 VaR를 추산하기 위한 모델에 비교적 최근의 자료만을 활용하면서 블랙스완을 고려하지 못한 것으로 보인다.

**헤지펀드의 시장전략가를 위한 교훈_ (1) 투자대상을 다변화하라는 요구에 귀를 기울여라:** LTCM은 자신들이 대부분의 주요 자본시장에서 왕성하게 활동하고 있다는 착각에 빠져 펀드의 투자대상이 매우 다변화돼 있다고 믿었다. 하지만 실제로 대부분의 거래들은 스프레드의 수렴이라는 한 가지 투자 영역을 변형한 것에 지나지 않았다. 금융위기가 닥칠 때는 안전자산으로의 회귀 현상이 나타나면서 전 세계 채권시장에 스프레드가 일제히 치솟는다. 또 위험성이 높고 유동성은 낮은 상품들은 모두 동시에 매각되면서 위험성은 더 높아지는 동시에 유동성은 더욱 하락하는 경향이 있다. 이렇게 투매가 발생하면 위험성이 높은 채권과 무위험 국채 간의 스프레드는 상승할 수밖에 없기 때문에, 결과적으로 비슷한 종류의 스프레드간 상관관계도 높아진다.

**헤지펀드의 시장전략가를 위한 교훈_ (2) '레버리지와 비유동성' 이라는 악의 축을 경계하라:** 레버리지는 그 자체로도 충분히 위험하지만 만약 유동성이 낮은 자산에 대한 투자와 결합하는 경우에는 특히 치명적이다. LTCM은 30년 만기 경과물·당발물 국채 거래에서 볼 수 있는 것처럼 가격이 저평가되고 대체로 유동성이 낮은 채권과, 이와 매우 유사하지만 가격이 약간 고평가되고 유동성이 풍부한 채권을 한 쌍으로 묶어 거래했다. 이런 거래는 두 채권의 가격이 균형가격으로 회귀해 가격차가 사라진다는 예측에 기반한 것이었다. 이런 전략은 인내자본(Patient Capital)의 전제가 있어야 가능한 일이기 때문에 LTCM은 투자자들에게 오랫동안 자금을 맡길 것을 요구했다. 하지만 LTCM의 자금 대부분은 대출로 조달한 것이었고, 채권자들은 투자자들만큼 인내심이 강하지도 않다. 채권자는 돈을 빌린 기관이 고도의 레버리지를 사용하고 있을 경우에는 더욱 조바심을 내게 마련이다. 사실 금융위기가 발생하고 투자자들이 유동성이 높은 안전 자산에만 몰릴 경우에는 유동성이 낮은 자산의 유동성은 더욱 약화된다. 채권자들

의 조바심으로 인한 갑작스러운 마진콜에 대응하기 위해 유
동성이 낮은 자산을 급하게 매각해야 하는 경우 자산의 가격
은 더욱 떨어진다.

금융위기가 발생할 때 중요한 것은 공정가치가 아니라 시
장가치(시장가치는 유동성에 매우 민감하게 반응한다)이고,
해당 자산의 유동성이 낮아질수록 두 가치 사이의 격차도 커
진다. LTCM이 매입한 금융상품들은 대부분 유동성이 낮은
것들이었기 때문에 LTCM은 '유동성위험(Liquidity Risk)'에
그대로 노출돼 있었다. LTCM은 위에서 설명한 악순환의 희
생양이었던 것이다. LTCM은 유동성위험을 기준으로 포트폴
리오를 분류하고 균형을 유지했어야 했지만 유동성위험을 간
과하고 말았다.

**헤지펀드의 채권기관을 위한 교훈_ 실사를 소홀히 하지 말라:** 월
스트리트의 금융기관들은 LTCM에 돈을 빌려줄 때 제대로 정
보를 파악하지 않았다. 주요 상업은행들은 LTCM과 함께 일
하는 데 지나치게 집착한 나머지 핵심적인 재무정보는 살펴
보지도 않고 LTCM에 천문학적 자금을 빌려주는 실수를 저질
렀다. 채권은행의 경영진 중 LTCM에 개인적으로 투자한 사
람도 한둘이 아니었을 만큼 LTCM에 대한 투자는 정실자본주
의(Crony Capitalism)로 변질됐는데, 이것이 LTCM의 신용위
험을 평가하는 데 영향을 미쳤음은 자명하다. 만약 LTCM이
사용한 레버리지의 정도와 거미줄처럼 얽혀 있는 장외 파생
상품 계약에 대해 알았다면, 선량한 채권자들은 대출 조건을
한번 더 고려했을지도 모른다. 메리웨더가 LTCM의 신비로

운 이미지를 활용해 강하게 밀어붙인 덕분에 LTCM은 투명성 부족으로 곤란을 겪지도 않았고, 보전비율 또한 크게 낮출 수 있었다. 같은 금융기관들이 겨우 몇 천 달러를 빌리는 개인 고객들에게는 대출을 제공하기 전에 세세한 정보까지 요구하면서, 고도의 레버리지를 사용한 LTCM에게는 아무것도 묻지 않고 수십억 달러에 이르는 돈을 무담보로 선뜻 빌려줬다는 사실은 역설(逆說)적이기까지 하다.

**규제당국을 위한 교훈_ 장외 파생상품이라는 괴물에 대처하라:** 2006년 아마란스투자자문(Amaranth Advisors)이 가스 선물 시장에서 60억 달러를 잃었을 때는 금융시장이 거의 영향을 받지 않았던 것과는 달리, 그보다 8년 앞서 LTCM이 46억 달러를 잃었을 때는 전 세계 금융계가 거의 파산 직전까지 갔다. 두 경우 모두 헤지펀드가 끝없는 욕심으로 무모한 투기를 감행한 결과라는 점은 같았지만 한 가지 중요한 차이점은 아마란스가 천연가스에 대한 선물 · 옵션 등 거래소를 통한 계약에 거의 전적으로 의존한 반면 LTCM은 장외 파생상품 거래를 사용했다는 사실이다.

장외 파생상품 계약에는 중앙 집중화된 청산소가 존재하는 것도 아니고 증거금이 요구되지도 않으며, 단지 독립적인 두 거래상대가 필요에 따라 거래조건을 정해 계약을 체결할 뿐이다. 따라서 어느 한 시점에 청산되지 않고 남아 있는 장외 파생상품의 규모를 정확히 파악하기는 어렵다. 이와는 반대로 장내(Exchnage-traded) 파생상품은 뉴욕상업거래소나 시카고상품거래소 등 거래소를 통해 거래되며, 계약조건이 표준화돼 있다. 거래상대 위험은 증거금 제도와 하루 두 차례 이뤄지는 시가평가(필요시 마진콜이 발생한다) 덕분에 완벽하게 제거된다. 규제당국은 1998년에 금융시장이 붕괴될 뻔한 경험에서 교훈을 얻었어야 한다. 증거금이나 담보가 전혀 필요하지 않은 장외 파생상품 계약이 있었기 때문에 LTCM은 겨우 45억 달러의 자본금만을 가지고 무려 1조 달러가 넘는 파생상품 계약을 쌓을 수 있었다.

LTCM과 계약을 체결한 상대들은 LTCM이 어느 정도의 레버리지를 사용하는지, 또 LTCM의 금융 위험은 어느 정도인지 확실히 알지 못했다. 하지만 어느 누구도 계약을 보호하기 위해 적당한 담보를 요구하지 않았다. 2008년에 금융계를 휩쓴 거대한 파도와 AIG에 대한 구제금융은, 1998년에 일어난 LTCM의 실패가 훨씬 더 큰 규모로 그대로 재현된 사건이었다. 이때도 역시 수백조 달러 규모의 파생상품 계약(대부분 신용부도스왑이었다)은 장외 계약이었다. 규제당국은 장외 파생상품이라는 괴물을 중앙청산소와 업무 자동화를 도입하는 방향으로 유도해야 한다. 이렇게 하면 투명성이 크게 향상돼 트레이더와 계약에 대한 정보 등 규제당국에서 꼭 필요로 하는 정보를 쉽게 얻을 수 있을 것이며, 이는 다시 가격 조작과 사기의 위험을 감소시킬 것이다. 투명성을 강화하고 거래상대위험을 감소시켜 궁극적으로 체계적 위험(Systemic Risk)을 최소화하기 위한 개혁의 일환으로 계약조건의 표준화도 추진할 필요가 있다.

1998년 9월에 37억 달러의 자금 지원으로 살아난 이후에도 손실은 계속돼 LTCM은 3억 달러를 추가로 잃었다. 하지만 파트너들이 예상한 대로 1998년 말에 가서는 다시 수익을 내기 시작했다. 1999년 중반까지 LTCM은 구제금융을 받은 이후의 자본금 규모를 수수료를 제외하고도 14.1% 늘렸고, 1999년 7월 6일 기존의 투자자들에게 3억 달러를 되돌려줬다. 기존 투자자들의 비중은 자금 지원 이후 전체 펀드의 겨우 9% 수준으로 줄어들어 있었다. 또 LTCM은 펀드를 인수한 14개 은행 컨소시엄에게도 10억 달러를 돌려줬다. 그해 늦은 가을에 자금을 지원한 은행에게 돈을 모두 갚은 후 LTCM은 마침내 해체됐다.

모든 채권자들은 돈을 모두 돌려받았다. 투자자들은 1997년 후반기에 27억 달러를 돌려받으면서 돈을 받아가도록 강요당해 차별을 당했다고 느꼈지만 덕분에 1998년의 화를 면할 수 있었을 뿐 아니라 연 20%에 이르는 수익률도 올릴 수 있었다. 6개월 후 앨런 그린스펀(Alan Greenspan)은 금융시장은 자체적으로 규제하도록 하는 것이 최선이라는 이유를 들어 파생상품에 대한 규제를 더욱 완화했다.

존 메리웨더는 LTCM을 떠나자마자 그의 이름은 딴 JWM파트너스(JWM Partners LLC)라는 헤지펀드를 새로 설립하면서 다시 모습을 드러냈다. JWM파트너스의 레버리지는 상대적으로 낮은 수준이었지만 투자전략에 있어서는 LTCM의 전략을 상당 부분 차용했다. JWM 파트너스는 2008년 금융위기가 닥쳐오기 이전까지 8년간 매우 성공적인 수익률을 거뒀으며, 정점에 다다랐을 때는 26억 달러의 자금을 운용하기도 했다.

마이런 숄즈는 캘리포니아에 위치한 50억 달러 규모의 헤지펀드
인 플래티넘그로브에셋(Platinum Grove Asset)의 운영에 밀접하게
관여하고 있다.

로버트 머튼은 하버드경영대학원으로 돌아가 학생들을 가르치는
동시에 JP모건체이스를 비롯해 월스트리트의 투자은행을 상대하는
컨설팅 회사를 운영하고 있다.

### 참고문헌

1. Dunbar, N. Inventing Money: the Story of Long Term Capital Management and the Legends Behind It(JohnWiley&Sons, 2000).
2. Edwards, F. R. Hedge Funds and the Collapse of Long Term Capital Management. Journal of Economic Perspectives, 189-210(Spring 1999).
3. Lowenstein, R. When the Genius Failed: The Rise and Fall of Long Term Capital Management(Random House, 2000).
4. Perold, A. Long Term Capital Management LP:(A) 9-200-007 Harvard Business School(1999).
5. Stein, M. Unbounded Irrationality: Risk and Organizational Narcissism at Long Term Capital Management" Human Relations, 56(5),523-540.
6. Stulz, R. M. Hedge Funds: Past, Present and Future. Journal of Economic Perspectives 175-194(Spring 2007).

## Question

1. 상대가격거래, 수렴거래, 방향성거래 사이의 차이점을 설명하라.
2. 스왑스프레드 거래에서 LTCM이 노출된 위험은 무엇이었으며, 이 거래가 1998년 여름에 LTCM이 입은 손실 중 상당 부분을 차지했던 이유는 무엇이었는지 설명하라.

3. LTCM의 변동성 거래를 수렴거래나 방향성거래로 볼 수 있는가?

4. LTCM이 '변동성 중앙은행'으로 불린 이유는 무엇인가?

5. LTCM이 점차적으로 수렴거래에서 벗어나게 된 이유는 무엇인가?

6. 헤지펀드는 체계적 위험을 발생시키는 원인인가? 헤지펀드도 다른 금융기관들처럼 규제를 받아야 하는가?

7. 규제당국이 LTCM의 실패 사례를 통해 배웠어야 하는 교훈은 무엇인가?

*신용부도스왑에 수반된 위험은 너무나 낮아*
*판매 수수료는 거의 눈 먼 돈이나 다름없었습니다.*
*회계장부에 올려놓고 이익을 즐기면 그만이었습니다.*[176]

― 톰 새비지(Tom Savage)


　최근 발생한 사상 최악의 파생상품 실패 사례는 보험업계의 거대기업 AIG[177]를 파산 직전으로 몰고갔다. 이렇게 엄청난 재앙을 불러온 주인공은 바로 상대적으로 최근에 개발된 신용부도스왑(Credit Default Swap: CDS)이라는 금융상품이었다. 채권 발행기관의 파산에 대비한 보험과도 같은 파생상품이 어떻게 보험을 판매하는 AIG의 파산을 불러온 것일까? AIG가 어떻게 붕괴됐는지 알기 위해 먼저 CDS가 어

---

176) Brady D. and R. O'Harrow. A crack in the system, The Washington Post(December 30, 2008).

177) 이 사건으로 미국 정부가 제공한 구제금융은 전례가 없는 규모로, 현재 1,500억 달러를 넘어 계속 늘어나고 있다.

떻게 금융증권화 혁명의 핵심이 됐는지부터 이해하고 넘어가야 한다.

## 금융증권화와 신용부도스왑

비우량주택담보대출(Subprime Mortgage)로 인해 촉발된 2007년의 금융위기와 보험업계의 거인 AIG의 붕괴 사이에는 미국 가정의 소비자금융에 대한 접근성을 강화시킨 증권화 혁명이 자리 잡고 있다. 증권화는 간단히 말해 자동차할부대출, 주택담보대출, 신용카드 매출채권 등 전통적인 비유동성 자산을 연기금 등 기관투자자들이 쉽게 투자할 수 있도록 유동성이 크고 판매가 가능한 유가증권으로 변환시키는 것을 말한다(박스 A 참조).

---

### 박스 A  증권화[178]

1970년대 중반 미국에서 지니매(Ginnie Mae)와 프레디맥(Freddie Mac)이 처음 시도한 증권화는 소비자금융에 큰 변혁을 몰고 왔다. 증권화(Securitization)는 상업은행이나 저축은행을 비롯한 기타 금융기관이 보유한 소비자대출(주택담보대출, 자동차할부대출, 신용카드매출채권 등)을 유동성이 큰 유가증권으로 다시 포장하는 과정이다. 일종의 탈중개화(Disintermediation)인 증권화의 발전에 따라 소비자금융의 비용이 전반적으로 낮아졌다. [그림 1]에 묘사된 것처럼, 증권화 과정

---

178) Jacque, L. L. Financial Innovations and the Dynamics of Emerging Capital Markets. Financial Innovations and the Welfare of Nations, edited by Jacque L.L. and P.M. Vaaler(Kluwer Academic Publishers, 2001),pp.1-21.

은 일반적으로 6가지 요소로 구성된다.

1. 대출 조성(Origination)  이 과정은 전통적으로 소비자금융을 제공해 온 금융기관들이 담당한다. 신용카드를 사용하거나 주택·자동차를 구입하는 경우 대출을 제공하는 업무가 여기에 해당한다.

2. 구조화(Structuring)  이 과정에서는 1건의 증권화 거래만을 담당하는 특수목적법인(Special Purpose Vehicle)이라는 독립법인이 설립된다. 이 특수목적법인은 최초 대출기관에서 상환청구권(Recourse) 없이 대출을 매입한 뒤 이를 담보로 채권을 발행한다. 이때 최초 대출기관은 일반적으로 신용보강 과정에도 참여하는데, 이는 대출기관이 대출 업무를 성실히 수행하도록 하는 유인책이다.

3. 신용보강(Credit Enhancement)  AIG와 같은 보험사로부터 채권 부도에 대비한 보험을 매입해 채권 발행의 기초자산이 되는 대출의 신용등급을 향상시킨다. 다양한 소규모 소비자 대출을 묶어 구성한 포트폴리오의 부도율은 보험 계리 기법을 통해 정확하게 계산할 수 있기 때문에 신용보강에 사용되는 보험 프리미엄의 가격도 비교적 수월하게 산출할 수 있다. 신용보강의 기반에는 대출 업무가 신중하게 이뤄졌다는 가정이 깔려 있다. 하지만 비우량주택담보대출로 인해 금융위기가 발생했을 때 현실은 이런 가정에서 명백하게 어긋나 있었다. 증권화가 비용을 낮출 수 있는 경제적인 기법이 되도록 하는 데에 CDS가 중요한 기여를 하는 과정이 바로 이 단계다.

4~5. 심사 및 인수  증권화 과정을 거쳐 새로 발행된 증권을 투자자들에게 판매한다.

6. 대출 회수  대출 이자와 원금을 회수해 채권 보유자들에게 수익을 돌려준다.

주택담보대출에서 발생하는 현금흐름을 담보로 발행된 주택저당
증권(Mortgage-Backed Securities: MBS)은 증권화의 좋은 예다. 성
공적인 증권화에 있어 가장 중요한 영역은 새로 발행된 채권에 대한
신용보강 단계이다. 신용보강은 부도 위험에 대비해 일종의 보험을
제공하는 단계로, 전통적으로는 채권 보증보험을 통해 이뤄졌지만
최근에는 신용부도스왑이 사용된다. 유가증권은 신용보강을 거치
면 더 높은 신용등급을 받을 수 있기 때문에 신용보강 과정은 결과
적으로 유가증권의 발행 금리를 낮추는 역할을 한다. 물론 신용보강
은 유가증권을 발행할 때 절감할 수 있는 금리보다 신용보강에 소요
되는 비용(보통 35~55베이시스포인트 정도이다)이 낮을 때만 정당
화될 수 있다.

**■■ 그림 ❙ 증권화의 구성요소**

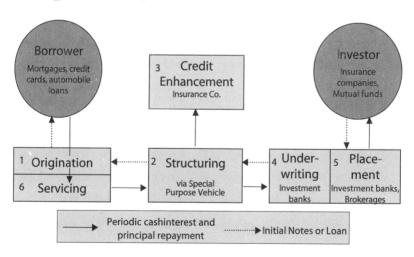

AAA 신용등급을 자랑하던 AIG는 부도 위험에 대한 보험을 제공하는 기관으로 선호도가 대단히 높았다. AIG 또한 2000년대 들어이런 지위를 활용해 신용부도스왑을 적극적으로 판매했다. 2008년까지 AIG가 판매한 신용부도스왑의 명목가액은 5,000억 달러에 달했다. 낮은 신용등급을 받은 유가증권도 AIG의 높은 신용등급을 빌리면 AIG와 동일한 AAA 등급을 받을 수 있었다. AIG는 투자자들에게 유가증권의 부도위험에 대해 보증을 제공하는 대가로 수수료를 받았다. 여기까지는 모든 것이 좋았다. 여기서 2가지 중요한 질문이 떠오른다. 다른 모든 보험과 마찬가지로 신용부도스왑의 경우에도 프리미엄을 받아야 하는데 이 프리미엄의 금액은 얼마가 적정할까? 또 프리미엄으로 받은 금액 중 어느 정도를 미래의 손실에 대비해 비축해 두어야 하는가? 2가지 질문에 대답하기 전에 신용부도스왑을 더 자세히 살펴보자.

## 신용부도스왑이란 무엇인가?

신용부도스왑은 90년대 중반부터 일종의 보증보험으로 사용되기시작했다. 신용부도스왑은 매수자(피보험자)가 매도자(보험회사)에게 주기적으로 보험료를 납부하는 대가로 대출이나 어음의 부도로발생하는 손해로부터 보호받는 장외(Over-the-Counter) 파생상품계약이다. 손실에 대한 보상금은 주로 유가증권 발행기관이 부도를냈을 때 지급되지만 신용등급이 하락하거나 유가증권 발행기관이구조조정에 돌입하는 경우에도 보상금이 지급될 수 있다. 보증보험의 매수자가 대출이나 채권 등 기반자산을 소유한 상태에서 파산 위

험으로부터 보호받기 위해 보증보험을 매수하는 것과는 달리, 신용
부도스왑의 경우(특히 이른바 무담보 신용부도스왑의 경우) 채권을
보유하지 않고도 매수가 가능하다(박스 B 참조). 따라서 신용부도
스왑은 위험의 헤지 목적뿐 아니라 차익거래와 투기의 목적으로도
거래할 수 있는 가능성이 열려 있다.

보증보험은 명확한 규제 하에서 보험회사가 보험의 대상이 되
는 채권을 소유한 기관에게 제공한다. 누구나 채권의 부도위험
에 대해 도박을 할 수 있게 만든 신용부도스왑과 달리 보증보
험은 명백히 위험 제거를 목적으로 한다. 은행을 비롯해 신용
부도스왑을 판매하는 기관들은 규제를 받지 않기 때문에 손실
에 대비해 일정 금액을 비축해 놓을 필요가 없고(하지만 여전
히 규제자본은 확보해야 한다), 상당수는 위험을 제거하기 위해
신용부도스왑을 제3자에게 매도한다. 신용부도스왑의 매수자
는 거래상대위험에 노출되는데, 증거금을 납부함으로써 거래상
대위험을 어느 정도 경감시킬 수는 있다. 하지만 증거금 규모
에 대한 정보는 주기적으로 갱신되기는 하지만 장내(Exchange-
traded) 파생상품의 경우처럼 매일 갱신되지는 않는다.

꼭 채권을 기초자산으로 보유하고 있지 않더라도 신용부도
스왑을 매수하는 것이 가능하기 때문에 투기 목적으로 신용부
도스왑을 매입하는 경우도 흔히 볼 수 있다. 이 때문에 신용부
도스왑의 계약 금액은 신용부도스왑의 기초자산인 채권 가치
보다 훨씬 큰 것이 일반적이다. 리먼브라더스의 파산 당시 리
먼이 발행한 채권 규모는 1,250억 달러였지만 이 채권에 대해
판매된 신용부도스왑은 5,000억 달러에 달했다.

예를 들어, 2008년 1월 1일 현재 리먼브라더스에서 발행한 표면 금리 7.50%의 5년 만기 채권을 1억 달러어치 보유하고 있는 미국의 대형 연기금 TIAA-CREF가 리먼의 부도 위험에 대비하기 위해 6개월마다 35만 달러를 지급하는 조건으로 AIG로부터 신용부도스왑을 매입한다고 가정하자. 이 계약을 통해 TIAA-CREF는 리먼브라더스가 지급불능 상태에 빠지지 않는 한 채권의 수명이 지속되는 5년간 AIG에게 수수료를 10번 지급하기로 약속한 것이다. 하지만 만약 리먼이 부도를 내는 경우(2008년에 리먼은 실제로 파산했다) AIG는 TIAA-CREF에게 1억 달러를 전액 지급해야 한다.

AIG가 매도한 신용부도스왑은 공평하게 가격이 매겨졌을까? 또 AIG는 잠재적인 손실에 대비해 충분한 금액을 비축하고 있었을까? 생명보험이나 손해보험, 상해보험 등 전통적인 보험상품을 매도할 때 보험사가 판매된 보험에 따른 위험에 대해 충분한 금액을 지급준비금으로 유보하는 것과 달리, AIG는 신용부도스왑을 판매하면서 어떤 방식으로도 준비금을 전혀 쌓지 않았다. 이는 신용부도스왑의 가치평가 모델에 위험이 지속적으로 미미한 수준으로 나타났기 때문이기도 하지만 신용부도스왑에 전통적인 보험상품과는 달리 자기자본 규제가 전혀 적용되지 않은 데도 원인이 있다.

신용부도스왑은 드렉셀램버트(Drexel Lambert)은행에 근무했던 세 은행가가 1987년에 함께 설립한 AIG파이낸셜프로덕츠(AIG Financial Products)라는 독립 사업부에서 처음 개발했다. 설립되고 처음 10년 동안 표준금리스왑 같은 상품을 팔면서 크게 성장한 AIG파이낸셜은 1998년에 JP모건으로부터 부채담보부증권(Collateralized Debt Obligation: CDO)의 신용을 강화해 달라는 제안을 받았다.

AIG파이낸셜의 매출(보험료 수입)은 2005년 32억 6,000만 달러로 최고치를 기록했고, 그해의 영업이익은 AIG 전체 영업이익의 17.5%를 차지했다. AIG의 수많은 자회사와 달리 AIG파이낸셜은 판매하는 보험상품에 대해 적정 금액을 유보하거나 자기자본을 준비금으로 비축해야 한다고 생각하지 않았다. AIG파이낸셜 회장의 언급은 이런 인식을 명확하게 드러내고 있다. "모델에 나타난 신용부도스왑의 위험이 너무나 낮아서 보험료는 거의 눈먼 돈이나 다름 없었습니다. 회계장부에 올려놓고 이익을 즐기면 그만이었습니다."[179] AIG파이낸셜은 2005년 83%의 순이익률을 기록했다고 공시했지만 이는 불완전한 사업 모델을 기반으로 이룬 성과였기 때문에 자신들뿐 아니라 모기업과 투자자들을 오도하는 주장이었다. AIG파이낸셜이 직원들의 연봉과 보너스에 지나치게 많은 금액을 쏟아부은 것은 그리 놀라운 일도 아니었다.

> 조셉 J. 카사노(Joseph J. Cassano)와 그의 동료들은 신용부도스왑의 호황이 지속되는 동안 큰돈을 벌어들였다. 연례보고서에 따르면, 회사 규모도 크지 않은 AIG파이낸셜에서 2001년부터 매년 4억 2,300~6억 1,600만 달러에 달하는 금액을 급여로 지급한 것으로 드러났다. 이는 그 사업부의 직원 평균연봉이 100만 달러 이상이라는 것을 의미한다. 실제로 급여비용은 AIG파이낸셜 매출의 상당 부분을 차지했다. 사업이 어려울 때도 급여비용이 전체 매출에서 차지하는 비중은 33%나 됐고, 이 비중은 사업이 호황을 누릴 때는 46%까지 치솟았다. AIG가 지난 7년간 급여비용으로 지출한 금액은 총 35억 6,000만 달러에 이른다.[180]

179) Brady D. and R. O'Harrow. A crack in the system, The Washington Post (December 30, 2008).

180) Morgenson, G. Behind biggest insurer's crisis, a blind eye to a web of risk, The New York Times(September 28, 2008).

결과적으로 AIG는 '공짜 점심은 없다'는 금융의 기본 원칙을 완전히 무시했다. 보험업계의 공룡기업인 AIG가 보증보험을 수십억 달러어치나 판매하면서 손해는 전혀 보상해주지 않아도 된다고 믿을 만큼 어수룩했다는 사실은 믿기지 않는다.

또 신용부도스왑이 보험상품보다 금융상품에 더 가까운지에 대해서는 논란의 여지가 있을지 몰라도, 신용부도스왑이 전통적인 보험상품과 관련이 있고 보험업의 핵심은 계리 업무라는 사실에는 의심의 여지가 없다. 장기에 걸친 손해율 자료로부터 부도 위험을 추산하면 보험회사는 공정한 보험료를 부과할 수 있을 뿐 아니라, 실제 손해가 발생할 때 적절한 배상액을 지불할 수 있도록 적절한 준비금을 쌓을 수도 있다.

보다 근본적으로, 수세기 동안 보험회사들이 생명보험, 손해보험, 상해보험 등은 적극적으로 다루면서 비즈니스에 수반되는 위험을 다루지 않았던 데에는 그만한 이유가 있다. 이는 위험의 본질과 더불어, 해당 위험을 측정할 수 있는 보험사의 역량과 관련이 있다. 위험 측정과 요율 산정의 관점에서 볼 때 생명보험에서 사용하는 연령별 사망률표는 비교적 변화가 적을 뿐더러, 누군가 사망함으로써 손해가 발생하는 각각의 사건이 통계적으로 서로 독립적이라는 장점이 있다(전염병이 돌지 않는 개개인의 죽음은 서로 연관돼 있지 않다). 비슷한 맥락에서 홍수, 화재, 토네이도 등은 자연현상이며 서로 통계적인 연관성이 존재하지 않는다. 하지만 기업의 수와 보험에 가입된 대출의 수는 경기의 영향에 따라 같은 방향으로 움직이기 때문에(소위 말하는 도미노 현상) 사업위험(부도의 위험을 말한다)은 앞서 언급한 위험과는 본질적으로 차이가 있다. 다시 말해, 기업에 대한 부도위험의 경우 서로 다른 기업끼리의 상관관계가 매우 높을 뿐 아니라 정확하게 측정하기도 훨씬 더 어려운 것이다.

만약 부도 확률을 정확하게 측정할 수 있다고 해도 일반적으로 대규모 법인 대출보다는 소규모 소비자대출을 대상으로 측정하는 편이 더 수월하다. 지난 75년간 보험통계표 상에서 주택담보대출과 자동차할부대출의 부도율은 대체로 안정 상태를 유지해왔다. 하지만 이 보험통계표의 신뢰도는 대출 업무가 신중하게 처리됐다는 가정이 지켜졌는지에 달려 있다. 주택담보대출의 원칙이 완전히 무시되고 있었다는 사실은 비우량주택담보대출 사태를 통해 명백히 드러났다.

집을 구매할 때 계약금이 전혀 요구되지도 않았고(예전에는 일반적으로 20~30% 정도의 계약금을 납부하는 것이 관례였다), 세후수입이 최소한 주택 소유에 수반되는 비용(주택담보대출 원리금, 부동산 세금, 보험료)의 3배는 돼야 한다는 원칙도 무시됐다. 그 결과 미래 부도율에 대한 예측이 정확하게 이뤄지지 못하게 되면서 신용부도스왑에 대해 공정한 보험료를 부과하는 데에도 문제가 생기고 말았다. AIG는 자신들이 신용보강을 도와준 주택저당증권의 부도위험이 미미한 수준이라고 판단해 신용부도스왑의 가격은 적정 수준보다 낮게 책정하는 동시에 보상 수준은 보험료에 비해 과다하게 책정했다. 물론 손해 보상을 위한 준비금도 따로 비축하지 않았다. 2008년 비우량주택저당증권에 대한 부도율이 증가하면서 AIG가 재앙을 맞게 된 것은 당연한 결과라 할 수 있다.

# Chapter 17

## 이론과 현실의 차이: 실패 사례를 통해 배우는 교훈

From Theory to Malpractice: Lessons Leearned

> 인생에서 가장 중요한 것은 위험을 관리하는 것이지
> 모든 위험을 제거하는 것이 아니다.

> — 월터 B. 리스턴(Walter B. Wriston)

금융계에 집단지성이라는 것이 있다면 이 장은 존재할 필요가 없을 것이다. 이 책에서 소개된 각 파생상품 실패 사례에서 얻을 수 있는 교훈은 모두 자명하다. 여러 사례에서 많은 것들이 변했지만 핵심은 결코 변하지 않았다. 관련 파생상품의 이름이나 사용 기법이 다양해지고 피해 규모도 기하급수적으로 커졌지만 한 가지 변하지 않은 것은 건전성에 대한 원칙이 계속해서 무시되거나 위반됐다는 사실이다.

1960년대 중반 씨티은행이 브뤼셀 지점 트레이더의 부정행위로 800만 달러의 손실을 입은 사건부터 속젠(SocGen)이 72억 달러를 날려버린 사건을 거쳐 2008년 AIG에 대한 1,500억 달러의 구제금융에 이르기까지, 하나의 사건을 계속해서 되돌려보는 느낌이다. 이

장에서는 지금까지 익힌 교훈들을 실물기업, 금융기관, 규제당국, 투자자의 입장에서 정리한다.

## 기본 원칙

이 책에서 다룬 파생상품 실패 사례들의 핵심에는 위험관리 기능의 실패가 자리 잡고 있다. 위험관리는 기본적으로 기업이 어떤 종류의 위험(시장위험, 신용위험, 유동성위험, 운영위험 등)에 처해 있는지 파악하고 각 위험의 정도를 측정(0~100%까지)한 뒤, 기업의 위험 추구 성향에 적합한 위험관리 정책(각 위험에 대한 최적헤지비율)을 수립·실행하는 것이다. 이는 이사회가 위험관리의 전략적 목적과 위험에 대한 감내 수준을 명확하게 설정해 위험관리 정책 수립의 범위를 적절히 설정해준다는 전제가 있어야 가능한 일이다.

위험관리 전략 수립에서 위험 추구 성향을 정의하는 것도 빼놓을 수 없는 중요한 요소다. 기업의 경영진은 위험 회피 수준을 설정함으로써 위험관리 전략을 얼마나 보수적으로 추구할지를 결정할 책임이 있다. 위험을 수반하는 주요 의사결정을 내리는 것 역시 경영진의 몫이다.

예를 들어, 위험관리의 목표로 어느 정도의 신용등급을 설정할 것인가 하는 결정에 따라 투자결정에서 취할 수 있는 수익과 위험의 균형점이 결정된다. 마지막으로, 위험관리 정책을 수립한 뒤 이 정책이 일상적인 기업활동에 녹아들도록 하는 역할도 최고경영진이 해야 한다. 이때 한 가지 주의할 점은 위험관리 지침이 엄격해질수록 기업은 값비싼 대가를 치를 수도 있다는 것이다.

최소한 이론적으로는 항상 모든 것을 알 수 있도록 기업의 위험

관리 기능을 설계할 수 있다. 하지만 위험관리가 실제로 이런 식
으로 수행된다면 위험관리 기능을 운영하는데 엄청나게 비용이
많이 들 뿐 아니라, 혁신이 발생할 여지를 없애 결국 기업의 경
쟁력을 약화시킬 것이다. 급속히 변하는 시장에서는 유연성도
필요한 법이다. [181]

## 박스 A  운영위험

이 책에서 다룬 사례들에서 계속해서 떠오르는 교훈 중 하나는, 운영
위험(Operational Risk)은 본질적으로 관리하기 어렵다는 점이다. 운
영위험은 기업 내부의 업무 처리 방식, 모델이나 컴퓨터시스템의 결
함, 직원의 부주의, 외부 사건 등으로 엄청난 손실을 입을 가능성을 말
한다(일반적으로 손실을 촉발하는 것은 트레이더의 허가받지 않은 임
의 매매행위다). 보험상품이나 파생상품을 통해 위험을 포괄적으로 헤
지할 수 있는 시장위험이나 거래상대위험과 달리 운영위험은 제거하
기가 까다롭다. 실제로 운영위험에 대비한 보험을 찾아보기는 쉽지 않
다. 스위스리(Swiss Re)만이 예외적으로 이런 보험을 제공하는데, 세계
최대의 보험회사 중 하나인 스위스리는 '금융기관 운영위험보험'을 통
해 임의 거래나 다른 종류의 운영위험에 대한 보험을 제공한다. [182] 바
젤 II에서도 운영위험의 중요성을 인정해, 금융기관에 대한 자기자본
규제의 일환으로 운영위험 규모에 따라 적절한 규모의 자기자본을 의
무적으로 보유하도록 강제하고 있다.

---

181) Stulz, R. M. Risk management failures: What are they and when do they
happen, Journal of Applied Corporate Finance(Fall, 2008), p.66.

182) Jorion, P. Value at Risk: the New Benchmark for Managing Financial
Risk(McGrawHill, 3rded n: 2007), p.507.

금융업 바깥의 기업들은 주로 파생상품을 위험관리에 사용한다. 파생상품 사용에 대한 결정을 내리는 데 있어 가장 중요한 기준은 파생상품이 진정으로 기업가치 증대에 기여하는가 하는 것이다. 이 책에서 제시된 증거들을 보면 꼭 그렇지는 않은 것 같다. 각 이야기에서 파생상품을 사용한 기업들은 잘못된 상품 설계(메탈게젤샤프트), 트레이더의 미승인 투기거래(얼라이드라이온스), 파생상품에 대한 이해 부족(P&G), 투기 거래에서 발생한 손실의 은폐(쇼와쉘) 등 다양한 이유로 파멸을 맞았다.

앞에서 언급된 사례들을 자세히 살펴보면, 재무부서가 이익중심점으로 설정돼 있는지 여부와 더불어 재무부서가 주로 사용하는 파생상품이 장외(Over-the-Counter) 파생상품인지 장내(Exchnage-traded) 파생상품인지가 파생상품의 잘못된 사용으로 인해 손실을 입을 위험성을 판단하는 기준이 된다는 것을 알 수 있다([표 1] 참조).

**표 1  비금융기업이 파생상품 사용의 실패로 손해를 입게 될 위험성**

| 구 분 | 장외 파생상품 | 장내 파생상품 |
| --- | --- | --- |
| 재무부서가 이익중심점이 아닌 경우 | 중간 | 낮음 |
| 재무부서가 이익중심점인 경우 | 높음 | 중간 |

여러 사례들을 통해 충분히 이야기한 것처럼 재무부서의 운영 목적을 명확하게 정의하는 데 실패하는 경우, 파생상품의 잘못된 사용으로 기업이 손해를 입게 될 위험성이 더욱 커진다(교훈 1 참조). 에너지 회사가 가스나 석유 파생상품을 활용하는 경우처럼 파생상품에 대해 특별히 전문성을 쌓아온 경우가 아니라면 금융기관이 아닌 대부분의 기업은 재무부서에 이익에 관련된 성격을 부여하지 않는 편이 낫다. 만약 재무부서를 이익중심적으로 설정하는 경우 자기자본거래를 전통적인 재무 업무와 명확히 구분하고 엄격한 감시 하에 두는 것이 중요하다.

장외 파생상품에 의존하는 경우에도 파생상품의 잘못된 사용으로 큰 실패를 경험하게 될 위험이 커진다. 장외 파생상품에 대해 포지션 한도나 거래손실 규모를 제한하기 위해서는 내부적으로 시가평가 알고리즘을 개발해야 하기 때문이다(교훈 2 참조). 장외 파생상품에 대해서는 증거금이 요구되지 않기 때문에(증거금은 장내 파생상품의 핵심적인 특징이다) 막대한 포지션을 쌓아놓고도 이를 감사로부터 쉽게 숨길 수 있다.

**교훈 1_ 재무부서의 명확한 미션 설정 실패:** 재무부서는 기본적으로 1)공급자로부터 매출채권의 형태로 들어오는 단기자금에서부터 은행이나 자본시장을 통한 중장기자금에 이르기까지 최소의 비용으로 자금을 조달하고, 2)기업의 위험 추구 성향에 부합하는 방향으로 환율 변동, 상품 가격 변동, 금리 위험 등에 대한 위험을 헤지하는 2가지 업무를 담당한다. 자금 조달의 목표는 조달비용을 최소화하는 것이고, 헤지는 위험을 최소화하는 데 목적을 두고 있기 때문에 어느 쪽도 이익을 추구하는 업무라고 보기 어렵다. 그러나 지난 25년간 수많은 기업들이 재무부서의 미션을 새로 정립해 이익중심점으로 탈바꿈시켰다.

얼라이드라이온스는 1987년에 재무 기능을 재정립하면서 이미 재무부서를 실질적인 이익중심점으로 변경했지만 재무부서가 추구할 수 있는 위험과 이익의 구조에 대해서는 한번도 명확하게 언급하지 않았다. 외환거래에서의 수익이 크게 증가하자 얼라이드의 재무부서는 점점 대담해져 결국 도박에 가까운 외환거래에 막대한 금액을 쏟아붓고 말았다. 애초에 얼라이드가 이익을 얻은 것도 대규모 투기를 통해서였는데, 회사 경영진은 이를 모른 척 넘어간 것 같다. 재무부서 내부적으로 준칙을 정한 뒤에는 재무 책임자의 지원하에 경영진 사이에서 논의를 거친 후 이사회 승인을 받는 절차를 거치게 되는데, 불행하게도 얼라이드의 재무부서는 이런 과정을 전혀 거치지 않았다. 재무부서의 투기 행각은 모두가 아는 사실이었고, 여러 차례 경보가 작동하기도 했지만 경영진은 끝내 재무부서의 고삐를 죄지 못했다. 이와 비슷한 사례로, P&G는 금융공학을 활용해 자본 조달 비용을 낮춰주겠다는 뱅커스트러스트의 약속을 굳게 믿었다가 결국 어리석게도 잘 이해하지도 못하는 위험에 노출되는 결과를 가져오고 말았다.

**교훈 2_ 포지션 한도 및 손실규모 제한 실패:** 많은 경우 파생상품의 효과적인 사용에 약점이 되는 것은 바로 트레이딩 부서다. 대부분의 대기업이나 대형 금융기관의 트레이딩 부서에는 순포지션 규모 및 거래손실 한도 제한 규정과 더불어 보고지침이 존재한다. 얼라이드는 포지션 한도를 5억 달러로 제한하고 있었던 것으로 알려졌지만 바틀렛을 비롯한 부하직원들은 이를 손쉽게 피해갔다. 쇼와쉘도 3억 달러의 포지션 한도 규정을 보유하고 있었다. 두 경우 모두 포지션 한도가 존재하기는 했지만 감시가 제대로 이뤄지지도 않았을 뿐더러, 한도 제한 규정이 강제성을 띠지도 않았다. 사실 포지션 한도를 제한하는 것만으로는 충분한 효과를 기대하기 어렵다.

기업 입장에서 포지션 규모보다는 거래손실 규모가 더 중요한 정보를 내포하고 있기 때문에 포지션 한도보다는 거래손실 한도를 제한하는 것이 바람직하다. 거래손실 한도를 제한하기 위해서는 각 파생상품 계약의 잔액을 시가평가해야 한다. 선도계약을 비롯해 장외 스왑이나 옵션계약은 선물계약이나 다른 장내 파생상품 계약들과 달리 끊임없이 거래가 일어나지 않기 때문에 시가평가를 위해서는 매 영업일 종료 시점에 가치를 평가하는 데 각별히 주의를 기울여야 한다. 이때 장외 파생상품 계약에 장내 파생상품 계약의 증거금과 유사한 체계를 적용하면 트레이딩 부서의 투명성을 크게 향상시킬 수 있다. 이는 이자율평형이론(외환 파생상품의 경우), 보유비용 공식(상품 파생상품의 경우), 블랙-숄즈 모델(옵션의 경우), 금리·통화·신용부도스왑 등에 대한 가치평가 모델을 적절히 활용하면 그리 어렵지 않은 일이다.

트레이딩 부서를 면밀히 감시하기 위해서는 계약이 체결된 이후 매매 근거를 첨부한 거래티켓을 후방부서에서 빠짐없이 기록하도록 하는 것도 중요하다. 얼라이드나 쇼와쉘 같은 실물기업들이 외환 매매를 할 때는 반드시 재화나 서비스의 수입·수출 등 실물 거래와 짝을 맞춰야 한다. 이는 거래위험이나 환산위험을 관리하는 데 가장 적절한 방법이다. 만약 재무부서를 이익중심점으로 설정해 투기성 자기자본 거래를 허용하는 경우에는, 비관적 상황을 가정한 스트레스테스트와 함께 VaR 분석을 바탕으로 자기자본 거래에 대한 엄격한 감독이 이뤄져야 한다. 불행히도, 얼라이드는 통제체계를 지나치게 느슨하게 운영함으로써 트레이더들이 해외 영업활동과는 아무런 관련도 없는 투기성 포지션을 15억 달러도 넘게 쌓도록 내버려 두는 결과는 초래했다. 마찬가지로 쇼와쉘의 트레이더들 역시 60억 달러가 넘는 막대한 포지션을 쌓았지만 경영진은 이를 전혀 눈치채지 못했다.

**교훈 3_ 보고의 실패:** 대기업이 파생상품을 사용하면서 무엇을, 언제, 누구에게 보고할지를 제대로 다루지 않는 경우가 종종 있다. 씨티은행처럼 투기로 큰 손실을 입지 않기 위해서는 전체 파생상품 포지션을 만기별로 구별하는 것이 중요하다. 보고는 하루 단위로 이뤄져야 하고, 재무 책임자뿐 아니라 기업의 최고경영진에게까지 보고 내용이 전달돼야 한다(물론 최고경영진에게 보고하는 빈도는 더 낮을 수 있다). 일본 최대의 정유기업이면서 쇼와쉘의 직접적인 경쟁사인 니폰오일의 경우, 재무부서의 외환 담당 부장이 매월 열리는 이사회 회의에서 외환거래 포지션 규모와 헤지 정책에 대해 보고하도록 돼 있다. 얼라이드와 쇼와쉘의 경우 재무부서가 축적한 막대한 포지션을 재무부서 외부의 최고경영진(가능하면 이사회 수준이 적합하다)이 주기적으로 면밀히 검토하지 않은 책임이 크다.

**교훈 4_ 감사의 실패:** 트레이딩 부서에서 다루는 거래의 복잡성과 엄청난 규모를 고려하면, 체계적인 감사로 보고체계를 보완하는 것이 꼭 필요하다. 하지만 감사 인력이 부족하고 그나마 감사를 진행하는 회계사들도 파생상품의 가치 평가와 트레이딩에 대해 잘 알지 못하는 경우가 많아 파생상품에 대한 감사 업무가 충실히 진행되지 않는 경우가 대부분이다. 감사는 내부에서만 실행할 것이 아니라 외부로부터도 이뤄져야 하며, 감사 시에는 감사자와 피감사자 사이의 독립성을 유지하는 것이 중요하다. 감사가 진행될 때 거래티켓은 감사자가 전방부서와 후방부서에서 기록한 거래 내용을 대조해서 불법행위를 밝혀내는 데 기반이 되기 때문에 거래티켓의 존재가 매우 중요하다. 또 어떤 계약이든 거래상대가 존재하기 때문에, 파생상품 계약의 거래상대(일반적으로 은행의 트레이딩 부서나 거래소의 청산소)와의 의사소통 채널을 마련해 놓는 것도 감사에서 핵심적인 부분이다. 실제로 파생상품의 잘못된 사용이 실패를 몰고 온 사례 중 쇼와쉘을 비롯한 상당수의 경우는 거래상대가 우연히 비정상적인 거래의 존재를 알려주면서 사건의 전말이 드러났다.

**교훈 5_위험관리 기능의 통합 실패:** 제조업체의 경우에는 '실물(이는 금융과 대비되는 개념이다)' 영업 활동에서 발생하는 위험을 헤지하기 위해 파생상품을 사용한다. 상품, 외환, 금리 등의 위험에 대한 헤지에는 다수의 관련 부서가 있을 수 있기 때문에, 이사회가 기업 전체 관점에서 위험 감내 한도를 설정한 뒤 위험 노출 정도를 그 이하로 유지할 수 있도록 개별 부서의 파생상품 사용을 조절하는 것이 대단히 중요하다. 예를 들어, 원유 구매를 담당하는 쇼와쉘의 구매부서는 재무부서와 전혀 의사소통을 하지 않았을 뿐더러, 석유 구매대금에 수반되는 위험의 헤지를 실행해야 할 트레이더들에게도 아무런 연락을 취하지 않았다. 헤지 정책을 효과적으로 수립하고 실행하는 데 여러 부서 사이의 조정 과정이 필수적이라는 것은 의심의 여지가 없다. 일본의 국내 기업으로 달러 가치와 유가에 모든 위험이 집중돼 있던 쇼와쉘이 외환위험과 유가위험을 통합적으로 관리하지 않았다는 사실은 놀라울 따름이다. 원유 구매 담당자와 재무부서의 책임자는 서로 독립적·순차적으로 결정을 내릴 것이 아니라 공동으로 의사결정을 내렸어야 했다.

**교훈 6_위험관리시스템의 실패:** 파생상품을 활용한 거래는 통화, 상품, 유가증권, 지수 등 기초자산의 가치에 따라 손익이 결정되기 때문에 본질적으로 위험이 따른다. 파생상품의 가치를 측정하는 데에는 다양한 방법이 존재한다. VaR과 같은 통계적 기법을 활용할 수도 있고, 최악의 시나리오를 분석하는 방법을 사용할 수도 있다. 그중 과거의 추세를 그대로 대입해 미래를 예측하는 방법이 지나치게 흔히 사용된다. 하지만 과거의 추세가 미래에도 반복되리라는 보장은 어디에도 없다. 메탈게젤샤프트가 수립한 헤지 프로그램은 대담하고 혁신적이었지만 결국 메탈게젤샤프트는 석유 선물시장이 지속적으로 백워데이션 상태에 있었던 과거 추세를 그대로 미래에 대입한 결과에 의존하고 말았다. 인류에게는 과거의 경험을 기반으로 미래를 예측하는 경향이 있는데, 이는 대단히 위험한 일이다.

간단하지만 강력한 방법론인 스트레스테스트와 복합 시나리오분석을 활용해 최악의 상황이나 예외적인 사건이 발생할 경우를 대비함으로써 인간에게 내재돼 있는 이런 편향성을 조정하는 것이 가능하다. 스트레스테스트는 특정 통화나 상품의 가격, 금리 수준 등 통제할 수 없는 하나의 변수를 기반으로 하는 방법이다. 복합시나리오분석을 활용하면 2개 이상의 통제 불가능한 변수를 기반으로 미래의 상황을 그려볼 수 있다.

메탈게젤샤프트의 북미 지사에서 계약 원금 기준으로 30억 달러(이는 모기업 자본 가치의 2배에 달하는 금액이다)를 넘어서는 파생상품 계약을 통해 위험을 제거하기 위한 전략을 수립해 놓고, 상황이 불리하게 돌아갈 경우에 발생할 수 있는 위험에 대해 검토조차하지 않았다는 사실은 역설적이기까지 하다. 메탈게젤샤프트의 이사회는 '어느 정도의 손실을 입을 수 있는가?'와 '손실을 입을 가능성이 얼마나 되는가?' 하는 2가지 질문을 던져봤어야 했다. 물론 2가지 중 어느 것도 대답하기 쉬운 질문은 아니다. 첫 번째 질문은 스트레스테스트와 복합시나리오분석 기법을 활용했더라면 답할 수 있었을 것이고, 두 번째 질문은 더 정교한 VaR 지표를 통해 측정할 수 있었을 것이다.

P&G 역시 금리가 상승하는 경우 막대한 비용이 발생하는 줄도 모르고 레버리지 금리스왑계약을 기꺼이 체결하는 실수를 저질렀다. 만약 P&G가 간단한 스트레스테스트를 통해 금리가 상승할 때 스왑계약이 얼마나 위험해지는지 확인했더라면 1억 5,000만 달러의 손실을 막을 수 있었을 뿐만 아니라 기업 이미지에 먹칠을 하지도 않았을 것이다.

## 금융기관을 위한 제언

금융기관은 파생상품을 중개하는 역할을 맡는 동시에 최종사용자이기도 하다. 금융기관들이 전통적인 위탁 업무에서 벗어나 자기자본 거래를 통해 얻는 이익의 비중을 늘리면서 트레이더의 부정행위와 운영위험에 대한 노출도 따라서 증가해왔다. 사실 비금융기업에 대한 제언 중 대부분은 금융기관에도 해당되는 내용이다. 운영위험은 트레이딩 부서의 매매활동을 주의 깊게 관찰함으로써 어느 정도 억제할 수 있다.

주의를 기울여야 할 영역에 확실히 집중하기 위해서는 고객을 위한 위탁 매매와 금융기관 자체의 수익 추구를 목적으로 하는 자기자본 매매를 구분하고, 장내 파생상품과 장외 파생상품을 구별해 각 분류별로 파생상품이 문제를 일으킬 위험성을 파악하는 것이 중요하다. 이때 장외 파생상품을 활용해 이익을 목적으로 한 자기자본거래에 집중하는 금융기관이 가장 높은 위험에 노출되는 것은 자명하다([표 2] 참조).

■ 표 2   금융기관이 파생상품의 잘못된 사용으로 피해를 입을 위험성

| 구 분 | 장내 파생상품 | 장외 파생상품 |
| --- | --- | --- |
| 위탁거래 | 낮음 | 중간 |
| 자기자본거래 | 중간 | 높음 |

**교훈 1_포지션 한도 및 손실규모 제한 실패:** 역시 가장 중요한 점은 파생상품 계약 잔액을 매일 시가평가해 거래손실 한도를 수립하는 것이다. 이는 일반적으로 중간부서와 후방부서가 공동으로 수행한다. 장내 파생상품의 경우 시장가치를 실시간으로 파악할 수 있기 때문에 시가평가가 간단하다. 장외 파생상품 계약은 장내 계약과 달리 각 거래상대에 맞게 조건이 변경될 뿐 아니라 끊임없이 거래가 이뤄지지도 않기 때문에 시가평가를 위해서는 매 영업일 종료 시점에 내부적으로 가치를 평가해야 한다.

트레이더별로 일정 금액(예를 들어 50만 달러)의 거래손실 한도를 설정해 놓으면, 이 한도를 넘어서는 경우 포지션에 대한 회계처리가 적절히 이뤄질 때까지 추가적인 매매활동이 중단되기 때문에 후방부서에서 투기 계획을 조기에 중단시킬 수 있는 힘을 가지게 된다. 씨티은행의 사례에서 배웠듯이, 손실이 실현될 지 확실하지 않은 거래들을 얼마든지 뭉뚱그려 은폐할 수 있는 스퀘어포지션 규정보다 이 방법이 은행의 총 위험 수준을 제한하는 데 훨씬 효과적이

다. 거래손실 한도의 효과를 더욱 강화하기 위해서는 각 트레이더로 하여금 파생상품의 최종 사용자 정보 등 거래의 본질을 명확하게 기록하도록 해야 한다. 이때 후방부서(회계 및 통제)를 전방부서와 명확히 구분해 독립적으로 운영하는 것이 핵심적이다.

총 포지션 규모를 만기별로 세분화하는 것도 역시 중요하다. 총 포지션이 정확히 상쇄되는 경우 어느 정도 안전성을 확보할 수는 있지만 트레이딩 부서 어디엔가 투기 거래가 숨겨져 있을 가능성을 완전히 배제할 수는 없다.

저위험·저수익의 위탁거래와 고위험·고수익의 자기자본거래는 위험과 수익의 측면에서 양 극단에 위치한다. 따라서 이익추구 목적의 자기자본거래를 적극적으로 수행하는 금융기관의 경우 마치 헤지펀드를 조직 내에 이식하듯이 독자적인 목적과 운영지침을 바탕으로 자기자본 거래만을 전담하는 독립적인 조직을 만들어야 한다. 베어링스의 경우처럼 위탁거래와 자기자본거래를 뒤섞으면 두 업무 사이의 경계가 희미해져 통제시스템에 혼란을 가져온다. 실제로 많은 투자은행에서 독립적인 자기자본거래 부서를 성공적으로 운영하고 있다.

**교훈 2_ 통제의 실패:** 전방부서와 후방부서 사이에서 일일 보고와 통제체계는 다음과 같이 움직여야 한다. 파생상품 트레이더가 거래를 실행하고, 일일 거래 기록을 작성한 후 거래티켓을 생성한다. 후방부서에서는 이 거래티켓을 은행의 회계시스템에 입력한 후, 거래가 정확하게 체결됐는지 확인하기 위해 독립적으로 거래의 중개인이나 거래상대와 거래 내용을 검증하는 절차를 거친다. 후방부서에서 독립적으로 거래를 확인하는 절차는 통제 업무의 핵심이다. 그 다음으로는 위험관리를 담당하는 중간부서가 파생상품 계약 잔고에서 그 날의 거래 손익을 계산해 일일 거래손실 한도와 비교하는 과정을 거친다.

상업은행들은 이런 통제체계를 구축하기 위해 빠져나갈 구멍이 없는 지침을 수립하는 데 온 힘을 기울인 뒤 후방부서에 통제체계의 실행을 맡긴다. 하지만 통제체계의 수준이 아무리 높더라도 이를 피해가려는 트레이더를 완벽하게 막지는 못한다. 올퍼스트와 속젠의 경우는 모두 통제체계 규정을 무시했을 뿐 아니라 본래 목적에 맞게 운영하려는 자세도 부족했다.

*무시된 규정* 이 책에서 다룬 여러 사례에서 후방부서는 가장 기본적인 책임을 저버리는 모습을 보였다. 바로 트레이더가 아니라 거래상대에게 각 거래를 독립적으로 확인하는 절차를 무시한 것이다. 후방부서에서 확인해야 하는 거래를 체결한 주체가 바로 전방부서이기 때문에, 거래에 대한 확인 절차를 트레이더에게 의지해서는 안 된다. 후방부서는 전방부서가 단순히 규정을 지켰는지 뿐 아니라 거래를 왜 체결했는지에 대해서도 전방부서를 어느 정도 비판적인 시각에서 바라봐야 한다.

*부족한 자세* 트레이더들이 거래를 체결한 동기에 대한 확인 절차도 여러 번 무시됐다. 통제체계의 운영에 있어서 단순히 규정을 시행하는 것만으로는 충분하지 않다. 트레이더들은 전략적 관점에서 이해할 수 있도록 특정 거래를 체결한 타당한 이유를 제시할 수 있어야 한다. 얼라이드아이리시은행(AIB)의 경우, 러스낵이 행사가격은 동일하고 만기는 다른 옵션계약(이는 허위로 꾸민 옵션계약이었다)을 체결하는 이유에 대해 누구도 의문을 품지 않았다. 러스낵이 깊은 내가격 엔화 풋옵션을 매도할 때도 중간부서나 후방부서에서는 아무것도 묻지 않았다. 옵션 프리미엄으로 3억 달러를 조달했

을 때는 누군가는 뭔가 잘못됐다는 것을 알아채야 했지만 신경쓰는 사람은 아무도 없었다.

**교훈 3_ 현금흐름의 추적 실패:** 선물계약을 매매하고 옵션을 매도할 때는 지울 수 없는 현금흐름의 흔적이 남게 된다. 먼저, 선물계약을 매입하거나 옵션을 매도하는 즉시 거래소에서는 증거금을 요구할 것이다. 베어링스가 체결한 싱가포르국제금융거래소와의 거래는 증거금이 거래 규모의 15% 수준으로 설정돼 있었다. 또 매 영업일 종료 시점에는 거래의 시가평가가 이뤄지는데, 이때 계약의 가치 하락으로 손실이 발생하는 경우 계약 보유자의 증거금 계좌에서 손실분이 인출된다. 이 경우 계약 보유자는 증거금을 다시 계약 금액의 15% 수준으로 채워 놓을 것을 요구하는 마진콜을 받게 된다. 마지막으로, 계약이 청산되거나 만기가 돌아올 때 손실이 발생하는 경우 즉시 현금흐름 유출이 일어나 흔적을 남긴다. 베어링스의 최고경영진과 감사자들은 현금흐름이 어떻게 움직이는지 처음부터 제대로 파악하지 못했다.

베어링스가 외부에서 고용한 회계 감사들은 증거금 계좌를 싱가포르국제금융거래소나 오사카증권거래소의 기록과 대조해 봤어야 했지만 이를 실행하지 않은 책임이 있다. 리슨의 대규모 자금 지원 요청은 사실 증거금 계좌에 자금을 대기 위한 것이었지만 그 자금을 어디에 쓸 것인지 누구도 물어보지 않았다. 리슨이 요청하는 자금의 규모가 베어링스의 장부가치보다 더 커졌을 때, 그 자금의 송금을 승인한 사람은(금액의 크기로 보아 베어링스의 고위급 인사였을 것이다) 리슨이 그런 요청을 하게 된 이유를 자세히 조사했어야 했다. 베어링스의 경영진이 맹목적인 신뢰를 보이면서 리슨에게 어수룩하게 속아 넘어간 것은 믿기 힘든 일이다.

기업의 재무제표만 봐서는 현실을 제대로 인식하지 못할 가능성이 크다. 현금흐름의 관점에서 실현 손익과 미실현 손익이 뒤섞여 있을 뿐 아니라 청산되지 않은 파생상품 계약의 가치평가 방식은 혼란을 가중시키기만 한다. 그런데 현금흐름의 움직임을 파악할 수 있는 현금흐름표 대신 손익계산서에만 주의가 집중되는 일이 너무나 자주 일어난다. 만약 현금흐름표에 적절히 주의를 기울였더라면 AIB의 러스낵이나 속젠의 케르비엘이 회계 부서와 감사 부서를 그렇게 오랫동안 속일 수는 없었을 것이다.

거래당사자의 조건에 맞춘 장외 파생상품 계약은 표준화된 장내 파생상품 계약과 다르게 마진콜의 대상이 되지 않는다. 따라서 장외 파생상품은 현금흐름의 흔적이 전혀 남지 않기 때문에 장내 파생상품 계약에 비해 통제하기가 훨씬 어렵다. 만약 씨티은행, AIB, 속젠이 외환거래에 '그림자' 증거금 계좌를 연결해 놓고 모든 장외 외환 계약을 마치 거래소를 통한 계약인 것처럼 다뤘더라면 숫자에 불과한 장부상의 흔적보다는 현금흐름의 흔적을 따라갈 수 있었을지도 모른다. AIB는 결국 러스낵의 무절제한 매매 행위를 억제하기 위해 2001년부터 러스낵에게 은행의 자금을 사용하는 데 대한 비용을 부과하는 훌륭한 결정을 내렸다. 하지만 증거금 계좌를 사용했더라면 실질적으로 이와 동일한 목적을 달성하고도, 투명성과 현금흐름에 대한 감독을 강화하는 효과도 추가로 얻을 수 있었을 것이다.

**교훈 4_ 관습 타파 실패:** 다른 모든 방법이 실패하는 경우, 순환보직과 연속 휴가 규정이 은폐된 사기 행각을 밝혀내는 데 도움이 되기도 한다. 미국은 트레이더들이 매년 연속으로 열흘 이상 휴가를 사용하도록 법으로 강제하고 있다. 이 규정은 트레이더가 휴가를 간 사이 그 업무를 누군가 대신 맡음으로써 부정 거래를 보다 쉽게 밝혀내도록 하기 위해 만들어진 것이 명백하다.

우리가 이미 알고 있는 것처럼, 올퍼스트는 트레이더들에게 이 법을 강제하지 않았고 러스낵은 트레이딩 업무를 쉰 적이 없다. 오히려 올퍼스트는 러스낵이 집에서나 휴가중에 거래를 체결할 수 있도록 블룸버그의 여행용 소프트웨어를 제공함으로써 러스낵이 아무런 방해도 받지 않고 외환 트레이딩 업무를 완전히 통제할 수 있도록 도왔다. 마찬가지로, 속젠은 케르비엘이 실질적으로 휴가를 가지 않을 수 있도록 허용해주었고, 케르비엘은 4일 이상 연속으로 휴가를 낸 적이 없었다.

**교훈 5_ 전방부서와 후방부서 간 업무와 권한의 분리 실패:** 증권 중개업의 가장 중요한 철칙 중 하나는 전방부서와 후방부서의 업무를 분리하는 것이다. 전방부서와 후방부서는 인력 충원이 서로 독립적으로 이뤄져야 하고, 특히 두 부서 간의 공모를 막기 위해서는 후방부서 인력을 자주 순환시키는 것이 중요하다. 후방부서의 업무는 주로 전방부서에서 실행한 거래에 대한 확인, 결제, 기록 등 서류작업에 집중돼 있다. 후방부서의 업무에 있어서 개별 계약의 종류, 가격, 총 계약 규모 등 세부 사항들에 대해 전방부서에서 제공한 정보와 거래상대가 제공한 정보가 일치하는지 대조하는 작업이 가장 핵심적이다. 확인이 완료되면 후방부서에서는 대금 지급이나 해당 증권의 반환을 승인한다. 이렇게 엄격한 확인 절차를 거치는 것은 승인받지 않은 임의 매매나 횡령과 같은 부정행위가 일어나는 것을 막기 위해서다. 베어링스는 여러 회계 감사자들이 거듭 문제를 제기했음에도 불구하고 리슨이 전방부서와 후방부서를 동시에 장악하도록 허용함으로써 파국을 맞았다.

소시에테제네랄의 케르비엘도 트레이더가 되기 전 5년간 후방부서와 중간부서에서 근무했고, 트레이더로 승진한 후에도 비밀번호가 걸려 있어 후방부서 직원들 외에는 접근이 엄격하게 제한된 주요 데이터베이스 등 내부통제 시스템에 마음대로 접속할 수 있는 권한을 보유하고 있었다. 리슨의 경우처럼 한 사람에게 후방부서와 전방부서의 업무를 동시에 모두 맡기거나, 케르비엘의 경우처럼 후방부서를 거쳐 전방부서에서 일하도록 하는 데에는 매우 치명적인 위험이 뒤따를 수 있다. 절대로 후방부서나 중간부서의 직원들을 전방부서로 승진시키는 실수를 범해서는 안 된다.

**교훈 6_ 사업에 대한 정확한 이해의 실패:** 워런 버핏은 여러 가지로 유명하지만 자신이 잘 이해하고 있는 사업에만 투자하는 것으로 특히 유명하다. 선도적인 금융기관에서조차 최고경영진이 파생상품이나 금융공학의 기본적인 내용도 이해하지 못해 기술적인 부분을 부하직원에게 전적으로 의존하는 경우가 너무도 흔하다. 베어링스의 경우에도 은행부문과 증권부문 모두에서 최고경영진이 파생상품 시장에 대해 얼마나 무지했는지를 보여주는 증거가 한둘이 아니다.

> 한번은 동료 중 하나가 홍콩 주식시장에 상장된 관동투자(Guandong Investments)의 풋워런트(Put Warrant)를 크게 할인된 가격에 산 뒤 워런트에 딸려 있는 주식을 팔았습니다. 사실상 완전히 헤지된 풋옵션 매수 포지션을 굉장히 유리한 조건에 수립한 것이었죠. 그런데 베어링스증권의 최고경영자인 피터 노리스(Peter Norris)가 런던에서 직접 전화를 걸어 관동투자의 주가가 떨어질 것 같으니 포지션을 청산해야 한다고 말했어요. 그 친구는 주가가 떨어지면 돈을 벌게 될 거라고 설명할 방법을 찾을 수 없었습니다.[183]

---

183) Barings "wear death experience" (March 1995), p.40.

금융기관의 이사회 구성원들과 최고경영진은 금융업의 핵심적인 지식 정도는 익혀놓을 필요가 있다. 2~3일 정도의 교육 과정에 참가해 파생상품의 개념, 가치평가 기법 등과 더불어 복잡한 금융체계에서 파생상품을 어떻게 통제하고 조정할 수 있는지 등을 배우는 것만으로도 크게 도움이 될 것이다.

**교훈 7: 분산분석 수행 실패** 금융기관의 각 부서에서는 경영계획과 통제 업무의 일환으로 자신들을 둘러싼 경제 상황과 사업 환경에 대한 가정들을 바탕으로 추정손익계산서(Pro-forma Income Statement)를 작성한다. 베어링스에도 물론 이런 업무가 존재했다. 싱가포르국제금융거래소와 오사카증권거래소 사이에서 니케이225 지수 선물에 대한 차익거래만을 수행하는 것으로 돼 있던 리슨이 1994년에 예상 수익의 500%에 해당하는 어마어마한 수익을 올렸을 때 그의 관리자들은 그렇게 비정상적으로 높은 수익률 뒤에 특별한 이유가 있었는지 의문을 품었어야 했다. 하지만 당시 베어링스은행의 회장 피터 베어링스(Peter Barings)에게는 이 수익이 '예상치 못한 기쁨'일 뿐이었다.

분산분석의 핵심은 경영성과의 예측치와 실제 성과 사이에 얼마나 차이가 나는지 확인하고 두 수치 사이에 비정상적인 차이가 존재하는 경우 그 원인을 찾는 데 있다. 하지만 베어링스의 경영진은 곤란한 질문은 던지지 않고 큰 수익을 얻은 것에만 만족했다. 속젠도 케르비엘이 자신의 예상 수익인 300만 달러에서 500만 달러 정도를 훨씬 넘어서는 4,300만 달러를 이익으로 보고했을 때 어려운 질문들은 던지지 않고 모른 척 넘어감으로써 베어링스와 비슷한 실수를 범하고 말았다.

**교훈 8_ 미청산 계약 감시 실패:** 거래소는 상품별로 시장에서 누가 미청산 계약 잔액을 대규모로 보유하고 있는지 주의 깊게 관찰해야한다. 은행의 경영진도 개별 부서에서 보유한 계약 잔액이 얼마나되는지를 파악하고 감사를 위한 외부 의사소통 경로를 확보해 놓아야 한다. 만약 파생상품 계약을 대규모로 보유하고 있는 시장참가자의 미청산 계약 잔액에 급격한 변화가 감지되면 거래소는 즉시 조사에 착수해야 한다. 베어링스가 무너지기 직전에 리슨은 싱가포르국제금융거래소에 존재하던 95년 3월물 니케이225지수 선물계약 잔액 중 무려 49%에 달하는 믿기 힘든 규모의 선물계약을 보유하고있었다. 파생상품 거래소는 트레이더로부터 제공받은 정보의 진실성을 확인하기 위해 거래를 체결한 담당 트레이더뿐 아니라 트레이딩 부서를 관리하는 고위 경영진과도 의사소통 채널을 구축하고 있어야 한다. 트레이더는 결백하다고 밝혀지기 전까지는 부정행위에책임이 있는 것으로 의심을 받아야 하는 것이다.

**교훈 9_ 위탁거래와 이익 추구를 위한 자기자본거래의 분리 실패:** 고객의 요청에 따른 위탁거래와 은행이 자신들의 이익을 목적으로 행하는 거래를 한 트레이더가 동시에 담당하는 경우에는 자연스럽게이해관계의 충돌이 일어나게 되는데, 이때 손해를 보는 쪽은 대개고객이다. 따라서 이익 추구를 위한 거래는 위탁거래 업무와 완벽하게 분리해 트레이딩 부서뿐 아니라 후방부서도 독립적으로 운영해야 한다. 또 양쪽의 감사와 통제구조 역시 본질적으로 다르게 수립해야 한다. 위탁거래는 은행의 고객에게 제공하는 서비스이기 때문에 신용위험관리와 계좌관리만 적절하게 수행한다면 원칙적으로은행은 아무런 위험에도 노출되지 않는다. 반대로 자기자본거래에는 은행의 자본이 투입되기 때문에 트레이더의 매매 활동에 대한 엄격한 통제가 필수적이다.

각 트레이더에 대해 엄격한 포지션 한도가 설정돼야 하고, 일일 보고도 전적으로 필요하다. 베어링스의 리슨은 어떤 감사나 통제도 받지 않고 두 업무를 동시에 담당했다. 위탁거래의 증거금과 자기자본거래의 증거금도 뒤섞여버렸기 때문에 베어링스의 경영진은 어느 부분이 위탁거래에 속하고, 어느 부분이 자기자본거래에 속하는지 전혀 감을 잡지 못했다. 리슨은 니케이225지수 선물과 일본국채 선물의 포지션 한도를 계속해서 위반했지만 리슨을 제어할 수 있는 통제체계는 존재하지 않았다.

**교훈 10_ 파생상품 트레이딩의 모든 것:** 정신없이 바쁘게 돌아가는 트레이딩룸에서는 '큰 그림'을 고민해서 거시적인 전략을 세울 시간이 거의 없다. 당장 다음 거래에 대한 초단기 계획을 세우느라 트레이더들의 시야는 좁아질 대로 좁아지기 일쑤다. 트레이더들이 매매를 실행하면서 생각할 수 있는 가장 먼 시점은 매일 영업일이 끝나는 시점에 불과하기 때문에 '당장'마저 장기로 인식하는 것도 무리는 아니다.

아마란스는 자신들이 보유한 천연가스선물 포지션 중 상당수가 뉴욕상업거래소 전체 미청산 계약의 50% 이상을 차지한다는 사실에 얼마나 주의를 기울였을까? 보유한 포지션 규모가 클수록 시장에서 빠져나가려고 할 때 더 큰 위험이 따른다. 유동성 위험을 무시한 것은 아마란스의 트레이더들만이 아니다. 아마란스의 리스크 책임자는 필요한 경우 시장에서 손쉽게 빠져나갈 수 있도록 포지션 최대한도를 시장 전체의 계약 잔액 대비 약 12.5% 정도로 엄격하게 관리했어야 했다. 하지만 포지션 한도 제한은 유명무실하게 운영됐고, 아마란스는 파산이라는 최악의 대가를 치르고 말았다.

## 투자자를 위한 제언

파생상품은 어떤 형태로든 대부분의 투자상품에 포함돼 있다. 투자자에게 파생상품은 피할 수 없는 현실의 일부이기 때문에 두려움을 가지기보다는 기쁜 마음으로 받아들이는 편이 낫다. 파생상품의 잘못된 사용은 투자 범위의 양 극단에 위치한 고위험·고수익의 헤지펀드와 저위험·저수익의 지방정부 채권 양쪽 모두에 대한 투자 환경을 심각하게 왜곡시켰다. 따라서 투자를 고려할 때는 전통적인 투자지침과 함께 다음의 원칙을 추가적으로 고려하는 것이 바람직하다.

교훈 1_ 헤지펀드에 대한 투자: 소극적인 투자자는 헤지펀드에 절대로 투자해서는 안 된다. 연기금, 대학기금, 수십억 달러를 가진 고액 자산가 등 헤지펀드에 돈을 맡길 만한 투자자들은 모두 투자에 대해 해박한 지식을 가지고 있고, 전체 투자자금 중 아주 작은 부분만을 헤지펀드에 할당한다. 그런 투자자들은 헤지펀드에 투자하는 것이 어떤 것인지 인지하고, 위험을 무릅쓰고 투자하는 것이다. 헤지펀드에 돈을 맡기는 투자자들은 시장수익률 '베타($\beta$)'를 초과하는 위험조정 수익률 '알파($\alpha$)'를 추구한다. 헤지펀드가 물론 파생상품에 대한 전문성을 가지고 있기는 하지만 한때 엄청난 성공을 거둔 LTCM과 아마란스도 결국 파생상품의 잘못된 사용으로 붕괴되고 말았다.

헤지펀드에 투자하려는 투자자들은 헤지펀드의 기본적인 투자철학, 트레이딩팀, 과거 실적 등을 따져봐야 할 뿐 아니라, 리스크관리체계가 잘 운영되고 있는지 질문을 던져봐야 한다. 특히 펀드의 레버리지가 어느 정도인지를 측정해 위험도를 파악하는 것이 가장 중요한 일이다. 투자하려는 헤지펀드가 주요 상관계수 추정의 기반

가설에 대한 정보를 제공하는 경우에는 VaR 지표를 살펴보는 것 역시 도움이 된다. 하지만 만약 주요 지표들이 기반으로 삼고 있는 기간이 너무 짧거나 과거의 위기 상황이 분석 기간에서 제외돼 있다면 VaR는 펀드 매니저와 투자자에게 안전하다는 잘못된 인식을 심어줄 수도 있다. LTCM이 측정했던 VaR는 근래의 자료만을 기반으로 했기 때문에 아시아 금융위기가 세계 금융시장을 강타하자 전혀 쓸모가 없었다. 불행하게도, 헤지펀드는 모든 활동을 비밀에 부치기를 원하고 투자자들에게 정보를 제공하는 일에도 매우 인색하다. LTCM도 역시 투자자에게 정보를 제공하지 않는 것으로 악명이 높았다.

최근 인기가 높은 상품관련 헤지펀드의 경우, 포트폴리오의 분산 정도와 시장의 전체 미청산 계약 잔액 대비 펀드가 보유한 포지션 규모 등이 핵심적인 지표이다. 특정 선물 상품에 대해 미청산 계약 규모가 지나치게 큰 경우에는 유동성이 떨어지는 시장에서 포트폴리오가 과도하게 집중돼 있을 수도 있기 때문에 포지션 규모에 주의를 기울여 살펴봐야 한다.

마지막으로, 상품관련 선물계약에 대한 시가평가는 정상적인 시장 환경에서라면 상대적으로 간단하게 보일지 모른다. 하지만 비정상적인(한 시장참가자가 시장 전체 계약 잔고 중 비정상적으로 높은 비중을 차지하는 경우) 시장 상황 속에서 아마란스가 여러 차례 시도한 것처럼 과도하게 큰 포지션을 매도하면 실제 매도 가격은 거래 전에 형성된 가격과 크게 차이가 날 수도 있다. 이는 파생상품 실제 가치를 왜곡하고, 이에 따라 포트폴리오의 실제 성과나 위험 수준에 대한 투자자들의 인식 역시 왜곡하는 결과를 낳는다.

**교훈 2_ 지방정부 채권에 대한 투자:** 지방정부 채권에 투자하려는 개인투자자 혹은 기관투자자들은 투자를 실행하기 전에 직접 실사(Due Diligence)를 수행해 채권 발행기관의 신용위험을 직접 파악하는 편이 안전하다. 오렌지카운티의 경우, 투자자들은 오렌지카운티가 과거에 지속적으로 비정상적으로 높은 수익을 올린 사실을 경고 신호로 받아들였어야 한다. 수많은 언론에서 시트론을 투자의 귀재로 묘사하면서 비정상적인 수익률을 올린 사실은 이미 널리 알려진 정보였다. 위험과 수익 간에 강력한 균형관계가 존재한다는 것은 이미 오래 전에 정립된 금융이론이다. 투자자들에게 높은 수익을 돌려주기 위해 시트론은 큰 위험을 감당할 수밖에 없었다. 오렌지카운티의 실패에는 기본적인 질문도 던지지 않고 OCIP가 발행한 채권에 대해 AA 등급을 부여한 것이 분명한 신용평가기관들에게도 책임이 있다.

신중한 투자자라면 지방정부 채권에 투자하는 경우 포트폴리오 다각화와, 보증보험 매입 등을 통한 신용보강(Credit Enhancement) 등 투자 원칙을 지켜야 할 것이다. 신용평가기관에만 의존하면 과도한 레버리지나 파생상품에 대한 의존 등 심각한 결함을 알지 못하고 넘어갈 수도 있다. 만약 OCIP가 발행한 투자성과보고서만 제대로 읽어봤더라도 투자자들은 시트론의 투자성과에 숨겨진 실상을 파악할 수 있었을 것이다.

## 규제 당국을 위한 정책 제언

**교훈 1_ 체계적 위험과 장외·장내 파생상품:** 장외 파생상품 계약은 중앙 집중화된 청산소를 통해 결제가 이뤄지는 것도 아니고 증거금이 요구되지도 않으며, 단지 독립적인 두 거래상대가 필요에 따라 거래조건을 결정하는 계약이다. 따라서 어느 한 시점에 청산되지 않고 남아 있는 장외 파생상품의 규모를 정확히 파악하기는 어렵다. 이와는 반대로, 장내 파생상품은 계약조건이 표준화돼 있을 뿐 아니라, 뉴욕상업거래소나 시카고상품거래소 등 거래소를 통해 거래가 이뤄진다. 뿐만 아니라, 증거금 제도와 하루 두 차례 이뤄지는 시가평가(필요시 마진콜이 발생한다) 덕분에 거래상대 위험이 완벽하게 제거된다.

이 책에서 다룬 두 헤지펀드인 아마란스와 LTCM의 사례를 떠올려 보자. 아마란스가 2006년에 천연가스선물에서 60억 달러의 손실을 입고도 금융시장에 그다지 큰 파문을 일으키지 않은 것과는 달리 그보다 8년 앞서 LTCM이 46억 달러를 잃었을 때는 전 세계 금융체계가 파산 직전까지 몰렸다. 양쪽 모두 투기 거래에 대한 탐욕이 끝이 없던 헤지펀드였다는 점은 동일하지만 LTCM이 장외 파생상품에 의존한데 반해 아마란스는 거의 전적으로 천연가스 선물·옵션 등 장내 파생상품만을 다뤘다는 점은 두 헤지펀드의 중요한 차이점이다.

규제당국은 1998년에 LTCM이 붕괴 직전까지 내몰린 경험에서 뭔가 깨달은 것이 있어야 했다. LTCM이 겨우 45억 달러의 자본금만을 가지고 파생상품 계약을 무려 1조 달러 이상 쌓을 수 있었던 것은 거미줄처럼 복잡하게 얽혀 있는 장외 파생상품 계약에 대해 증거금이나 담보가 전혀 요구되지 않았기 때문이다. LTCM의 거래상대들은 LTCM이 실제 어느 정도 레버리지를 사용하는지도 몰랐고 재무위험에 얼마나 노출돼 있는지 알지도 못했지만 위험으로부터 보호받기 위해 적절한 담보를 요구하지도 않았다. 2008년 금융계에 몰아닥친 쓰나미는 1998년에 LTCM이 불러온 혼돈보다 규모는 훨씬 컸지만 본질적으로는 LTCM 사태가 그대로 재현된 것이다. 이번 금융위기에서도 수백조 달러 규모의 파생상품들 중 대부분이 AIG가 체결한 신용부도스왑 등 장외 파생상품이다. 미국 정부가 AIG를 쓰러지도록 놔둘 수 없었던 것은 단지 규모가 너무 크기 때문만이 아니었다. 그보다 더 큰 이유는 AIG가 국제 금융체계에 너무나 복잡하게 얽혀 있기 때문이었다. 이 때문에 미 정부는 결국 1,500억 달러를 넘어서는 구제금융을 제공해야 했던 것이다.

규제당국은 중앙청산소와 업무 자동화를 도입하는 방향으로 장외 파생상품이라는 괴물을 이끌어야 한다. 이렇게 하면 투명성이 크게 향상돼 트레이더와 계약에 대한 정보 등 규제당국에서 꼭 필요로 하는 정보를 쉽게 얻을 수 있을 것이며, 이는 다시 가격조작과 사기의 위험을 감소시키는 효과를 가져올 것이다. 투명성을 강화하고 거래상대위험을 감소시켜 궁극적으로 체계적 위험을 최소화하기 위한 개혁의 일환으로 계약조건의 표준화도 추진할 필요가 있다.

**교훈 2_ 파생상품 시장에 대한 감시:** 파생상품 시장은 위험을 감당할 능력이 없는 시장 참가자로부터 위험을 가장 잘 감당할 수 있는 참가자에게로 위험을 효율적으로 이전시키는 중요한 경제적 기능을 담당한다. 투기자들 역시 비금융기관이 가격 위험을 제거하려고 할 때 이와 반대되는 포지션을 취해 파생상품 거래에서 중요한 역할을 맡는다. 하지만 한 기관이 지나치게 큰 규모의 포지션을 보유하면 가격과 변동성 패턴을 왜곡시키고, 이는 다시 위험 분배 과정을 교란시켜 결국 파생상품 사용자들이 해를 입게 될 수도 있다. 이는 상품(Commodity) 관련 파생상품 시장에 특히 해당되는 이야기다.

아마란스는 천연가스선물시장에서 포지션 한도를 몇 배나 초과했다. 뉴욕상업거래소는 한 기관이 보유할 수 있는 포지션 한도를

12,000계약으로 제한하는 단순한 규칙을 모든 시장 참가자들이 지키도록 하는데 실패하면서 시장 감시자로의 역할을 저버렸다. 뉴욕 상업거래소가 마침내 아마란스에게 포지션 한도를 지키라고 압력을 가했을 때 아마란스의 반응은 간단했다. 아마란스는 포지션 한도에 구애받지 않고 정보 공개의 의무도 전혀 없는 대륙 간 상품거래소로 보유하고 있던 포지션을 모두 옮겨버린 것이다. 바로 이것이 대륙 간 상품거래소에도 똑같은 공시 의무와 포지션 규모 제한을 적용해 '엔론 루프홀(Enron Loophole)'을 제거해야 하는 이유다.

천연가스 파생상품을 사용하는 여러 기관 중 하나인 조지아지방가스관리청은 상원위원회에서 2006년 겨울 동안 1,800만 달러의 불필요한 헤지비용이 발생했고, 이 추가 비용은 소비자에게 전가될 수밖에 없었다고 증언했다. 아마란스를 비롯한 투기꾼들의 과도한 투기 행위와 시장가격 조작이 이렇게 비정상적인 헤지 비용의 직접적인 원인인 것은 자명한 일이다.

**교훈 3_ 지방재정의 지배구조와 규제:** 지방정부가 투자기금을 운용할 때 투자 정의서와 지배구조를 명확하게 마련하도록 하기 위해서는 주정부뿐 아니라 연방정부에서도 규제의 끈을 놓지 않아야 한다. 역설적이게도 연방정부는 선량한 투자자의 피해를 막는다는 명목으로 뮤추얼펀드를 수십년 간 규제해 왔다. 당연히 지방정부 투자기금에게도 이와 비슷한 규제를 적용해 지방정부의 투자기금에 참여하는 정부기관과 기금에 자금을 조달하는 투자자들을 보호하는 명확한 지침을 수립하도록 해야 한다.

지방재정 투자기금의 규제를 위해서는 최소한 투자기금의 투자 목적과 만기, 신용위험, 시장위험 등의 관점에서 용인되는 자산이 무엇인지를 정의하는 조직 정의서라도 수립해야 한다. 레버리지를 사용하도록 허용할 것인지, 허용한다면 어느 정도까지 허용할 것인지도 중요한 문제다. 오렌지카운티의 사례에서 볼 수 있듯이 레버리지는 직접적으로 발견되기도 하지만 간접적으로 레버리지가 사용되는 경우도 있다. 전체 자산 포트폴리오의 규모를 키우기 위해 자금을 차입하는 경우가 레버리지를 직접적으로 사용하는 경우에 해당한다. 만약 지방정부의 투자기금이 뮤추얼펀드와 동일한 형태를 추구했다면, 오렌지카운티는 OCIP를 헤지펀드와 유사하게 바꿔놓은 직접적인 레버리지를 허용하지 말았어야 했다. 레버리지는 역변동금리채권이나 레버리지 금리스왑 같은 파생상품에 포함돼 간접적으로 사용될 수도 있다. 이렇게 위험한 상품들은 금지하거나 최소한으로만 허용해야 하는 것이 아닐까? 분명한 것은, 만약 어느 정도 레버리지를 허용하는 경우에는 그 규모를 감시와 규제가 가능한 수준으로 명확하게 설정해야 한다는 점이다.

투자기금 운영지침에는 보고의 시기 및 주기 등 보고체계와 정보공개 방안이 포함돼야 한다. 월별 혹은 분기별로 단순히 대차대조표만 보고하는 선에서 더 나아가 손익계산서, 현금흐름표도 보고에 포함돼야 한다. 뿐만 아니라 VaR을 비롯한 위험관리 지표들을 활용해 기금의 위험구조에 대한 핵심적인 정보를 전달하는 것이 중요하다. 오렌지카운티의 경우, 여러 금리 변동 시나리오를 바탕으로 펀드의 시장가치에 대한 스트레스테스트를 수행했어야 했지만 이는 전혀 이루어지지 않았다.

투자기금 업무에 대한 감독의 중요성도 무시할 수 없다. 특히 이사회의 대부분은 이해관계의 충돌 위험이 없는 독립적인 투자 전문가들로 채우도록 해야 하고, 지방정부의 재무책임자를 뽑을 때는 자산운용에 대한 전문성을 보유한 후보군을 미리 압축해 그중에서 선정하는 것이 바람직하다. 덧붙여, 재무책임자와 운용팀이 선정되면 주기적으로 자산운용에 대한 교육을 받도록 해야 하고 임기 제한을 준수하도록 해야 한다. 각 분기별로 투자기금이 목표로 잡은 성과와 실제 성과 사이의 차이를 자세히 분석할 수 있도록 감사의 독립성을 보장하는 것 역시 중요하다.

지방정부의 재정업무에 대한 보호를 더욱 강화하기 위해서는 복잡한 금융상품을 오렌지카운티와 같은 정부기관에 판매하는 금융기관들에 대해서도 연방정부 수준에서 구체적인 지침이 마련돼야 한다. 금융상품의 매수자가 헤지펀드이거나, 마이크로소프트, 엑손모빌 같은 다국적기업의 재무책임자 정도 된다면 '매수자 위험 부담 원칙'이 정당한 원칙이겠지만 지방정부의 재무책임자에게 금융상품을 판매하는 경우 매도자가 각별한 주의를 기울이도록 하는 것이 합당하다.

\* \* \*

이 책의 마지막 장을 쓰는 이 시점에도 파생상품의 그릇된 사용으로 천문학적 손실을 입어 언론에 크게 실리는 일이 거듭 일어나고 있다. 이 책에서 다룬 이야기들은 파생상품이 혼란을 몰고 온 슬픈 이야기들이지만 그 속에서도 다윈의 진화론처럼 세계 금융체계를 더욱 견고하게 만들 수 있는 한 줄기 희망을 발견할 수 있기를 바란다.